| www.dongyangbooks.com |

새로운 도서, 다양한 자료
동양북스 홈페이지에서 만나보세요!

홈페이지 활용하여 외국어 실력 두 배 늘리기!

홈페이지 이렇게 활용해보세요!

1 도서 자료실에서 학습자료 및 MP3 무료 다운로드!

❶ 도서 자료실 클릭
❷ 검색어 입력
❸ MP3, 정답과 해설, 부가자료 등 첨부파일 다운로드
* 원하는 자료가 없는 경우 '요청하기' 클릭!

2 동영상 강의를 어디서나 쉽게! 외국어부터 바둑까지!

500만 독자가 선택한

가장 쉬운
독학 일본어 첫걸음
14,000원

가장 쉬운
독학 중국어 첫걸음
14,000원

가장 쉬운
독학 베트남어 첫걸음
15,000원

가장 쉬운
독학 스페인어 첫걸음
15,000원

가장 쉬운
독학 프랑스어 첫걸음
16,500원

가장 쉬운
독학 태국어 첫걸음
16,500원

가장 쉬운
프랑스어 첫걸음의 모든 것
17,000원

가장 쉬운
독일어 첫걸음의 모든 것
18,000원

가장 쉬운
스페인어 첫걸음의 모든 것
14,500원

첫걸음 베스트 1위!

동양북스
www.dongyangbooks.com
m.dongyangbooks.com

가장 쉬운 러시아어　　가장 쉬운 이탈리아어　　가장 쉬운 포르투갈어
첫걸음의 모든 것　　　첫걸음의 모든 것　　　첫걸음의 모든 것
16,000원　　　　　　17,500원　　　　　　18,000원

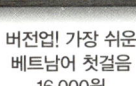

버전업! 가장 쉬운　　가장 쉬운 터키어　　버전업! 가장 쉬운　　가장 쉬운 인도네시아어
베트남어 첫걸음　　　첫걸음의 모든 것　　　아랍어 첫걸음　　　첫걸음의 모든 것
16,000원　　　　　　16,500원　　　　　　18,500원　　　　　　18,500원

버전업! 가장 쉬운　　가장 쉬운 영어　　　버전업! 굿모닝　　　가장 쉬운 중국어
태국어 첫걸음　　　　첫걸음의 모든 것　　　독학 일본어 첫걸음　첫걸음의 모든 것
16,800원　　　　　　16,500원　　　　　　14,500원　　　　　　14,500원

오늘부터는 팟캐스트로 공부하자!

팟캐스트 무료 음성 강의

▶1 iOS 사용자
Podcast 앱에서
'동양북스' 검색

▶2 안드로이드 사용자
플레이스토어에서 '팟빵' 등
팟캐스트 앱 다운로드,
다운받은 앱에서
'동양북스' 검색

▶3 PC에서
팟빵(www.podbbang.com)에서
'동양북스' 검색
애플 iTunes 프로그램에서
'동양북스' 검색

◉ **현재 서비스 중인 강의 목록** (팟캐스트 강의는 수시로 업데이트 됩니다.)

- 가장 쉬운 독학 일본어 첫걸음
- 가장 쉬운 독학 중국어 첫걸음
- 가장 쉬운 독학 베트남어 첫걸음
- 페이의 적재적소 중국어
- 중국어 한글로 시작해

매일 매일 업데이트 되는 동양북스 SNS! 동양북스의 새로운 소식과 다양한 정보를 만나보세요.

blog.naver.com/dymg98 instagram.com/dybooks facebook.com/dybooks twitter.com/dy_books

전 세계 20만 학습자가 검증한

北京大学
중국어 어법의 모든 것

李宝贵 지음
임정빈·강혜성·장미라·郑琴 편역

동양북스

전 세계 20만 학습자가 검증한
北京大学
중국어 어법의 모든 것

초판 6쇄 | 2019년 4월 10일

지은이 | 李宝贵
편 역 | 임정빈, 강혜성, 장미라, 郑琴
발행인 | 김태웅
편집장 | 강석기
마케팅 | 나재승
제 작 | 현대순
편 집 | 정지선, 김다정
디자인 | 방혜자, 김효정, 서진희, 강은비

발행처 | 동양북스
등 록 | 제10-806호(1993년 4월 3일)
주 소 | 서울시 마포구 동교로22길 12 (04030)
구입 문의 | 전화 (02)337-1737   팩스 (02)334-6624
내용 문의 | 전화 (02)337-1762   dybooks2@gmail.com

ISBN   978-89-8300-951-7 13720

本作品原由北京大学出版社有限公司出版。韩文版经由北京大学出版社有限公司授权DongYang Books于全球独家出版发行。保留一切权利。未经书面许可，任何人不得复制、发行。 李宝贵 编著 2005年
≪HSK语法精讲与自测≫7-301-07987-7/H1238

▶ 본 책은 저작권법에 의해 보호를 받는 저작물이므로 무단 전재와 복제를 금합니다.
▶ 잘못된 책은 구입처에서 교환해드립니다.
▶ 도서출판 동양북스에서는 소중한 원고, 새로운 기획을 기다리고 있습니다.
   http://www.dongyangbooks.com

머리말

    이 교재는 한어수평고시(HSK)를 준비하는 학생들을 위하여 어법 학습 및 훈련을 목표로 만든 책으로, 수험생을 위한 시험대비용 어법 강화훈련 자습 교재인 동시에 대외한어 교사들의 교육용 참고서이다.

    교재는 국가대외한어교육지도판공실의 한어수평고시부에서 제작한 《汉语水平等级标准与语法等级大纲》(이하《大纲》)을 큰 틀로 잡았으므로, 어법 용어 및 어법의 중요사항과 내용은《大纲》을 그대로 유지했다. 또한《大纲》에서 설명한 어법 사항에 따라 요점을 골라 해설하여, 원래의 체계와 전반적인 면을 유지하면서 어법의 중요 사항과 난점을 부각시켜 맞춤성과 실용성을 갖추도록 했다. 각 PART는 '핵심' 어법과 '핵심 콕콕!' 어휘, '핵심테스트', '적중! 新HSK 실전 문제' 네 부분으로 구성되어 있다.

    '핵심' 어법에서는《初中等语法大纲》에서 나온 甲, 乙, 丙 어휘 중 중요 어휘를 선별하여 각각의 난이도에 해당하는 어법을 상세하게 해설하고 분석했다. 해설은 주로 실용성에 주안점을 두고 어법 현상과 어법 규칙에 대해 구체적으로 서술하고 묘사한 뒤, 다량의 예문을 들어 학습자들이 중국어를 올바르게 이해하고 사용하도록 했다.

    어법 현상을 설명할 때 본 교재는 독자들이 '어떠한 상황에서 어떠한 표현방식을 사용할 것인가', 그리고 '어떠한 표현방식을 썼을 때 어떤 제한이나 조건에 주의해야 하는가'를 잘 이해할 수 있도록 어휘의 의미와 기능 및 용법 설명에 특별히 중점을 두었다.

    요약, 도표, 대비 등의 다양한 방식으로 어법을 설명하여, 최대한 간결하게 요점을 정리하고자 하였으며, 혼동하기 쉬운 전문용어는 사용을 가능한 지양 했다. 예문은 외국인 학습자들의 중국어 학습 시의 특징 및 특성을 최대한 고려하여, 구체적이고 실용적이며 간결하고 통속적이고 대표적인 성격을 갖는 것으로 선택하여 만들었다.

    본 교재는 외국인 학생들이 중국어를 공부하고 新HSK를 준비할 때 느끼는 어려운 점과 발생하기 쉬운 착오, 헷갈리기 쉬운 어법 현상 및 중요한 어법 등에 대해 비교분석하고 증명을 통하여 학습자들이 어법 규칙을 한눈에 명확히 이해하여 실제 중국어 사용 시 적용할 수 있도록 했다.

그밖에 본 교재에서는 각기 다른 수준의 어법 수학 능력과 수준에 따라 다른 학습 난이도를 고려하여 모든 어법 항목을 학습할 수 있게 했기 때문에 학습자는 다방면의 내용을 학습할 수 있다.

'적중! 新HSK 실전 문제'는 각 PART 뒷부분에 있으며, 최신 기출문제를 담고 있다. 문제 유형은 급수별로 학습자들이 제일 어려워하는 문제 유형을 기준으로 선정하였으며, 문제마다 급수가 표시되어 있어 학습자의 수준에 따라 선택하여 학습할 수 있게 했다. 이러한 문제는 대다수가 평상시 누적된 교육자료에서 엄선한 것으로, 《大纲》에서 열거한 어법의 요점을 두루 포함하고 있다. 학습자는 '핵심테스트'와 '적중! 新HSK 실전 문제'를 풀어봄으로써 이미 학습한 어법지식을 복습하고 어법의 요점을 숙지함과 동시에 자신의 부족한 점을 발견하게 될 것이다. 그리하여 학습의 목적과 중점을 두어야 할 부분을 인식하고 반복 연습하는 과정 중에서 어법실력이 향상되어, 시험에 대한 대응능력이 향상될 것이다.

저자의 능력 한계로 인하여 오류와 부적합한 곳이 있으리라 본다. 그렇지만, 아무쪼록 이 교재를 사용하는 여러 선생님과 학생들의 고귀한 의견을 통해 한 단계 더 업그레이드될 수 있길 바란다.

집필 중 그리고 저작물로 시범수업을 했을 때, 동료와 유학생들의 친절한 도움을 많이 받았다. 부분 원고 정리와 자료 제공을 도와준 付妮妮, 车慧帮, 학교 업무를 도와준 韩玉慧, 胡丹, 周正红, 魏伟 등, 그리고 마지막으로 이 교재를 출판하는 데 큰 힘과 많은 지원을 아끼지 않고 보내준 북경대학출판사 편집자 进凯编에게 깊은 감사를 드린다.

지은이 李 宝 贵

일러두기

1 중국인 인명은 중국어 발음으로 표기하고, 그 외 외국인 인명은 그 나라에서 불리는 발음을 한글로 표기했습니다.

예 小王 샤오왕   玛丽 메리

2 각 지명은 중국어 발음으로 표기하였으며, 단위가 작은 지역 및 관광지는 한자 발음으로 표기하였습니다.

예 杭州 항저우   中山陵 중산릉

3 품사와 문장성분은 아래와 같이 표기했습니다.

품사
- 명사 [名词]
- 대사 [代词]
- 동사 [动词]
- 조동사 [能愿动词]
- 형용사 [形容词]
- 수사 [数词]
- 양사 [量词]
- 부사 [副词]
- 접속사 [连词]
- 전치사 [介词]
- 조사 [助词]
- 이합사 [离合词]

문장성분
- 주어 [主语]
- 술어 [谓语]
- 목적어 [宾语]
- 한정어 [定语]
- 부사어 [状语]
- 보어 [补语]

이 책의 구성

이 책은 중국어 문장을 이루는 근간인 품사부터 각각의 품사가 문장 안에서 하는 역할을 말하는 문장성분, 그리고 단어들이 모여 이루어진 단어의 조합 및 문장의 종류와 형태, 그리고 특수한 문형으로 나누어 중국어 어법의 모든 것을 다루고 있습니다. 기존의 많은 어법서는 어법만 다뤄서 각 어휘별로 예외적 용법이 많은 중국어를 공부하는 데 쉽지 않았습니다. 그러나 이 책은 어법에 대해서만 설명하지 않고, 그 어법에 해당하는 주요 어휘들의 쓰임새를 자세하게 풀이하여 단어와 어법을 연결시킴으로써, 어휘에 대한 이해뿐만 아니라 어휘를 어법에 정확하게 적용할 수 있게 했습니다.

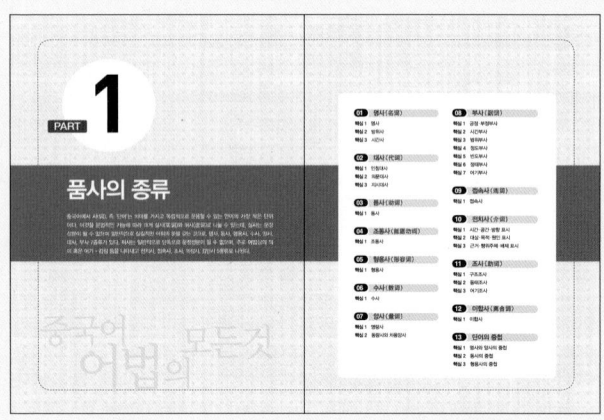

용어 설명

각 파트의 시작을 알리는 첫 페이지에는 중국어 어법에 사용되는 용어의 의미를 풀이하고, 그 파트에 나올 어법 요소를 간략하게 소개했습니다. 중국어 어법의 정의와 특징을 개괄적으로 이해하는 데 도움을 주므로, 반드시 읽어보는 것이 좋습니다.

어법 설명

문장성분에 대한 간단한 설명이 수록되었으며, 관련 품사를 '핵심' 어법으로 나누어 어법을 자세하고도 간결하게 설명하고, 많은 어휘와 예문을 통해 확실하게 이해하도록 했습니다. 또한 난이도 별로 모든 어법 내용을 담아 학습자들이 新HSK에도 쉽게 다가갈 수 있도록 했습니다.

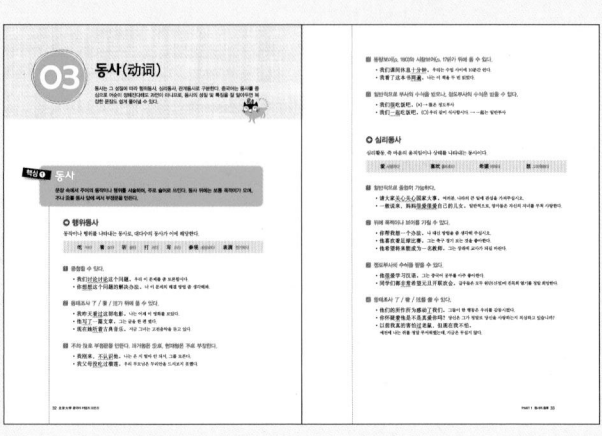

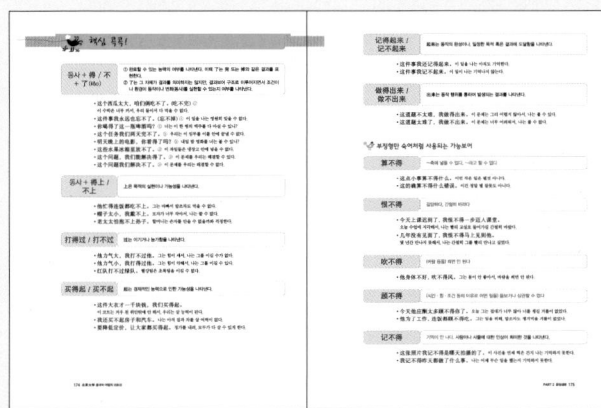

핵심 콕콕!

이 교재의 핵심인 어휘 설명! 각 어법에 해당하는 어휘들을 新HSK에서 정한 난이도에 맞게 골고루 다루었습니다. 단순하게 뜻만 풀이하지 않고 각 어휘별 어법적 특성과 예문도 상세하게 서술하여 어휘와 어법의 상관관계를 파악하고 이해할 수 있도록 했습니다.

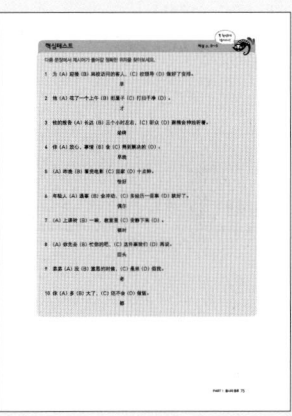

핵심테스트

'핵심' 어법 해설과 '핵심 콕콕!'의 내용을 토대로 新HSK 문제 유형을 응용한 연습문제입니다. 공부한 것을 제대로 이해했는지 간단하게 체크할 수 있으며, 배운 내용을 한 번 더 복습할 수 있습니다.

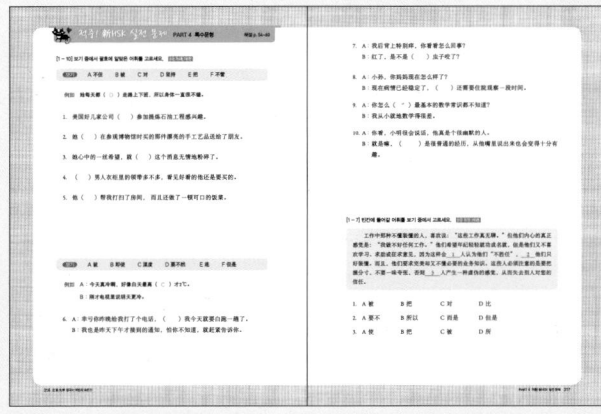

적중! 新HSK 실전 문제

앞에서 배운 내용과 관련하여 新HSK 4·5·6급 문제 유형을 응용한 실전 문제입니다. 최근 출제 경향을 반영하여 출제빈도가 높은 문제들 위주로 선정하였으며, 문제마다 급수를 표기하여 학습자의 수준에 맞게 문제를 선별하거나 다양하게 풀 수 있도록 했습니다.

목차

머리말 3
일러두기 5
이 책의 구성 6

PART 1 품사의 종류

01 명사(名词)
핵심❶ 명사 · 14
　　　핵심테스트 · · · · · · · · · · · · · · · · · 16
핵심❷ 방위사 · 17
　　　핵심테스트 · · · · · · · · · · · · · · · · · 20
핵심❸ 시간사 · 21
　　　핵심테스트 · · · · · · · · · · · · · · · · · 22

02 대사(代词)
핵심❶ 인칭대사 · · · · · · · · · · · · · · · · · · · 23
　　　핵심테스트 · · · · · · · · · · · · · · · · · 25
핵심❷ 의문대사 · · · · · · · · · · · · · · · · · · · 26
　　　핵심테스트 · · · · · · · · · · · · · · · · · 28
핵심❸ 지시대사 · · · · · · · · · · · · · · · · · · · 29
　　　핵심테스트 · · · · · · · · · · · · · · · · · 31

03 동사(动词)
핵심❶ 동사 · 32
　　　핵심테스트 · · · · · · · · · · · · · · · · · 42

04 조동사(能愿动词)
핵심❶ 조동사 · 43
　　　핵심테스트 · · · · · · · · · · · · · · · · · 47

05 형용사(形容词)
핵심❶ 형용사 · 48
　　　핵심테스트 · · · · · · · · · · · · · · · · · 51

06 수사(数词)
핵심❶ 수사 · 52
　　　핵심테스트 · · · · · · · · · · · · · · · · · 56

07 양사(量词)
핵심❶ 명량사 · 57
　　　핵심테스트 · · · · · · · · · · · · · · · · · 60
핵심❷ 동량사와 차용양사 · · · · · · · · · · · 61
　　　핵심테스트 · · · · · · · · · · · · · · · · · 63

08 부사(副词)
핵심❶ 긍정·부정부사 · · · · · · · · · · · · · · · 64
　　　핵심테스트 · · · · · · · · · · · · · · · · · 67
핵심❷ 시간부사 · · · · · · · · · · · · · · · · · · · 68
　　　핵심테스트 · · · · · · · · · · · · · · · · · 75
핵심❸ 범위부사 · · · · · · · · · · · · · · · · · · · 76
　　　핵심테스트 · · · · · · · · · · · · · · · · · 78
핵심❹ 정도부사 · · · · · · · · · · · · · · · · · · · 79
　　　핵심테스트 · · · · · · · · · · · · · · · · · 83
핵심❺ 빈도부사 · · · · · · · · · · · · · · · · · · · 84
　　　핵심테스트 · · · · · · · · · · · · · · · · · 86

핵심 ❻ 정태부사 · · · · · · · · · · · · · · · 87	핵심 ❷ 동태조사 · · · · · · · · · · · · · · · 121
핵심테스트 · · · · · · · · · · · · · · · 89	핵심테스트 · · · · · · · · · · · · · · · 123
핵심 ❼ 어기부사 · · · · · · · · · · · · · · · 90	핵심 ❸ 어기조사 · · · · · · · · · · · · · · · 124
핵심테스트 · · · · · · · · · · · · · · · 99	핵심테스트 · · · · · · · · · · · · · · · 127

09 접속사(连词)

핵심 ❶ 접속사 · · · · · · · · · · · · · · · 100
　　　 핵심테스트 · · · · · · · · · · · · · · · 105

12 이합사(离合词)

핵심 ❶ 이합사 · · · · · · · · · · · · · · · 128
　　　 핵심테스트 · · · · · · · · · · · · · · · 131

10 전치사(介词)

핵심 ❶ 시간·공간·방향 표시 · · · · · · 106
　　　 핵심테스트 · · · · · · · · · · · · · · · 109
핵심 ❷ 대상·목적·원인 표시 · · · · · · 110
　　　 핵심테스트 · · · · · · · · · · · · · · · 114
핵심 ❸ 근거·행위주체·배제 표시 · · · 115
　　　 핵심테스트 · · · · · · · · · · · · · · · 118

13 단어의 중첩

핵심 ❶ 명사와 양사의 중첩 · · · · · · · 132
　　　 핵심테스트 · · · · · · · · · · · · · · · 134
핵심 ❷ 동사의 중첩 · · · · · · · · · · · · 135
　　　 핵심테스트 · · · · · · · · · · · · · · · 136
핵심 ❸ 형용사의 중첩 · · · · · · · · · · · 137
　　　 핵심테스트 · · · · · · · · · · · · · · · 138

적중! 新HSK 실전 문제 · · · · · · · · · · · · · 139

11 조사(助词)

핵심 ❶ 구조조사 · · · · · · · · · · · · · · · 119
　　　 핵심테스트 · · · · · · · · · · · · · · · 120

PART 2 문장성분

01 기본성분

핵심 ❶ 주어 · · · · · · · · · · · · · · · 146
　　　 핵심테스트 · · · · · · · · · · · · · · · 147
핵심 ❷ 술어 · · · · · · · · · · · · · · · 148
　　　 핵심테스트 · · · · · · · · · · · · · · · 149
핵심 ❸ 목적어 · · · · · · · · · · · · · · · 150
　　　 핵심테스트 · · · · · · · · · · · · · · · 152

02 수식어(修饰词)

핵심 ❶ 한정어 · · · · · · · · · · · · · · · 153
　　　 핵심테스트 · · · · · · · · · · · · · · · 155
핵심 ❷ 부사어 · · · · · · · · · · · · · · · 156
　　　 핵심테스트 · · · · · · · · · · · · · · · 157

03 보어(补语)

핵심 ① 결과보어 · · · · · · · · · · · · · · · 158
　　　 핵심테스트 · · · · · · · · · · · · · · · · 160
핵심 ② 방향보어 · · · · · · · · · · · · · · · 161
　　　 핵심테스트 · · · · · · · · · · · · · · · · 167
핵심 ③ 정도보어 · · · · · · · · · · · · · · · 168
　　　 핵심테스트 · · · · · · · · · · · · · · · · 172

핵심 ④ 가능보어 · · · · · · · · · · · · · · · 173
　　　 핵심테스트 · · · · · · · · · · · · · · · · 178
핵심 ⑤ 수량보어 · · · · · · · · · · · · · · · 179
　　　 핵심테스트 · · · · · · · · · · · · · · · · 181
핵심 ⑥ 정태보어 · · · · · · · · · · · · · · · 182
　　　 핵심테스트 · · · · · · · · · · · · · · · · 182

적중! 新HSK 실전 문제 · · · · · · · · · · · · 183

PART 3　구와 고정격식

01 구의 종류

핵심 ① 구조 형태별 구의 종류 · · · · · · · 190
　　　 핵심테스트 · · · · · · · · · · · · · · · · 198
핵심 ② 성질·기능별 구의 종류 · · · · · · 199
　　　 핵심테스트 · · · · · · · · · · · · · · · · 200

02 고정구 · 201
핵심테스트 · 207

03 관용어 · 208
핵심테스트 · 213

04 사자성어 · 214
핵심테스트 · 217

05 고정격식 · 218
핵심테스트 · 226

적중! 新HSK 실전 문제 · · · · · · · · · · · · 227

PART 4　특수문형

01 是자구

핵심 ① 是자구 · · · · · · · · · · · · · · · · · 234
　　　 핵심테스트 · · · · · · · · · · · · · · · · 237

02 有자구

핵심 ① 有자구 · · · · · · · · · · · · · · · · · 238
　　　 핵심테스트 · · · · · · · · · · · · · · · · 241

03 존현문과 연동문

핵심 ① 존현문 · · · · · · · · · · · · · · · · · 242
　　　 핵심테스트 · · · · · · · · · · · · · · · · 243
핵심 ② 연동문 · · · · · · · · · · · · · · · · · 244
　　　 핵심테스트 · · · · · · · · · · · · · · · · 245

04 겸어문(兼语句)

핵심 ① 겸어문 ·········· 246
       핵심테스트 ·········· 248

05 是…的구

핵심 ① 是…的구 ·········· 249
       핵심테스트 ·········· 252

06 피동문(被动句)

핵심 ① 피동문 ·········· 253
       핵심테스트 ·········· 255

07 비교문(比较句)

핵심 ① 比자구 ·········· 256
       핵심테스트 ·········· 258
핵심 ② 比가 없는 비교문 ·········· 259
       핵심테스트 ·········· 260
핵심 ③ 수량 표시 비교문 ·········· 261
       핵심테스트 ·········· 261

08 把자구

핵심 ① 把자구 ·········· 262
       핵심테스트 ·········· 265

09 강조의 방법

핵심 ① 반어문 ·········· 266
       핵심테스트 ·········· 267
핵심 ② 连A也/都B ·········· 268
       핵심테스트 ·········· 268
핵심 ③ 강조의 부사 是 / 就 / 可 ·········· 269
       핵심테스트 ·········· 270
핵심 ④ 강조의 고정격식 ·········· 271
       핵심테스트 ·········· 272

10 동사의 태

핵심 ① 완성태와 변화태 ·········· 273
       핵심테스트 ·········· 276
핵심 ② 지속태와 진행태 ·········· 277
       핵심테스트 ·········· 278
핵심 ③ 경험태 ·········· 279
       핵심테스트 ·········· 280

11 복문(复句)

핵심 ① 병렬복문 ·········· 281
핵심 ② 승접복문 ·········· 284
       핵심테스트 ·········· 286
핵심 ③ 점층복문 ·········· 287
       핵심테스트 ·········· 290
핵심 ④ 선택복문 ·········· 291
       핵심테스트 ·········· 294
핵심 ⑤ 조건복문 ·········· 295
       핵심테스트 ·········· 297
핵심 ⑥ 가정복문 ·········· 298
       핵심테스트 ·········· 299
핵심 ⑦ 전환복문 ·········· 300
       핵심테스트 ·········· 304
핵심 ⑧ 목적복문 ·········· 305
       핵심테스트 ·········· 306
핵심 ⑨ 인과복문 ·········· 307
       핵심테스트 ·········· 311
핵심 ⑩ 양보복문 ·········· 312
       핵심테스트 ·········· 313
핵심 ⑪ 긴축복문 ·········· 314
       핵심테스트 ·········· 315

적중! 新HSK 실전 문제 ·········· 316

특별부록 해설지

PART 1

품사의 종류

중국어에서 사(词), 즉 '단어'는 의미를 가지고 독립적으로 운용할 수 있는 언어의 가장 작은 단위이다. 이것을 문법적인 기능에 따라 크게 실사(实词)와 허사(虚词)로 나눌 수 있는데, 실사는 문장성분이 될 수 있으며 일반적으로 실질적인 어휘의 뜻을 갖는 것으로, 명사, 동사, 형용사, 수사, 양사, 대사, 부사 7종류가 있다. 허사는 일반적으로 단독으로 문장성분이 될 수 없으며, 주로 어법상의 의미 혹은 어기·감정 등을 나타내고 전치사, 접속사, 조사, 의성사, 감탄사 5종류로 나뉜다.

01 명사(名词)
핵심 1 명사
핵심 2 방위사
핵심 3 시간사

02 대사(代词)
핵심 1 인칭대사
핵심 2 의문대사
핵심 3 지시대사

03 동사(动词)
핵심 1 동사

04 조동사(能愿动词)
핵심 1 조동사

05 형용사(形容词)
핵심 1 형용사

06 수사(数词)
핵심 1 수사

07 양사(量词)
핵심 1 명량사
핵심 2 동량사와 차용양사

08 부사(副词)
핵심 1 긍정·부정부사
핵심 2 시간부사
핵심 3 범위부사
핵심 4 정도부사
핵심 5 빈도부사
핵심 6 정태부사
핵심 7 어기부사

09 접속사(连词)
핵심 1 접속사

10 전치사(介词)
핵심 1 시간·공간·방향 표시
핵심 2 대상·목적·원인 표시
핵심 3 근거·행위주체·배제 표시

11 조사(助词)
핵심 1 구조조사
핵심 2 동태조사
핵심 3 어기조사

12 이합사(离合词)
핵심 1 이합사

13 단어의 중첩
핵심 1 명사와 양사의 중첩
핵심 2 동사의 중첩
핵심 3 형용사의 중첩

01 명사(名词)

명사는 사람 혹은 사물의 명칭을 가리킨다. 중국어에서 명사는 보통 일반명사, 고유명사, 집합명사, 추상명사 4가지로 분류된다. 이외에 방위사와 장소명사, 시간명사 등이 있는데 이들은 앞의 일반적인 명사들과 다른 용법을 갖고 있다.

핵심 ❶ 명사

사물·사람·추상적인 개념 등의 명칭을 '명사'라고 하며, 문장 속에서 주로 주어, 목적어, 한정어 등으로 사용된다.

일반명사	手 손	床 침대	书架 책꽂이	学生 학생	售票员 매표원	专家 전문가
고유명사	中国 중국	长江 장강	北京 베이징	西湖 서호	长城 만리장성	
집합명사	人类 인류	人口 인구	书本 서적	车辆 차량	瓷器 도자기	物资 물자
추상명사	概念 개념	水平 수준	原则 원칙	意识 의식	成就 성취	气氛 분위기

❶ 주어, 목적어(전치사의 목적어 포함), 한정어로 쓰인다.

• 北京是中国的首都。 베이징은 중국의 수도이다.

❷ 명사는 한정어로 쓰이는 대사·명사·형용사 및 일부 동사의 수식을 받을 수 있다.

汉语老师 중국어 교사 - 명사   比赛项目 경기종목 - 명사
你的朋友 너의 친구 - 대사   他的书 그의 책 - 대사
红灯 붉은 등 - 형용사   袖珍词典 포켓사전 - 형용사
学习计划 학습계획 - 동사   我说的话 내가 한 말 - 주술구

❸ 일반적으로 부사의 수식을 받지 않는다.

不时间 (✗)   很桌子 (✗)   都书 (✗)   都人学习汉语 (✗)

❹ 중국어에서 명사는 단수, 복수의 형태상 변화가 없다.

대신 수를 셀 때 사용하는 양사 및 수사의 수식을 받는다. 이때 수사는 직접 명사를 수식할 수 없으며, 반드시 '수사 + 양사 + 명사'의 형태로 쓴다.

```
三书 / 本书 (✗)  →  三本书 책 세 권        一学生 / 个学生 (✗)  →  一个学生 학생 한 명
这本书 이 책         那些书 저 책들         一张桌子 책상 하나      五张桌子 책상 다섯
一个学生 학생 한 명   十个学生 학생 열 명
```

5 사람을 가리키는 명사는 뒤에 们을 덧붙여 복수를 나타낸다.

만일 명사 앞에 수량사가 있거나 혹은 구절에 다른 복수 표시가 있을 때는 们을 붙이지 않는다.

- 朋友们 친구들   孩子们 아이들
- 我们班有九个留学生们。(✗)
  → 我们班有九个留学生。 우리 반에는 9명의 유학생이 있다.
- 参加这次演讲比赛的学生们很多。(✗)
  → 参加这次演讲比赛的学生很多。 이번 웅변대회에 참가한 학생들은 많다.

6 명사는 일반적으로 부사어로 쓰이지 않으나, 장소명사는 시간명사와 더불어 다른 명사들과 쓰임새가 달라 부사어로 쓰이기도 한다. 장소명사에는 图书馆 도서관 / 附近 부근 / 国外 외국 등과 같이 장소, 위치를 나타내는 명사가 있다.

- 昨天我访问了一位很有名的画家。 어제 나는 유명한 화가 한 분을 방문했다.
- 星期六我们常常去教师俱乐部过周末。 토요일에 우리는 항상 교사클럽에 가서 주말을 보낸다.

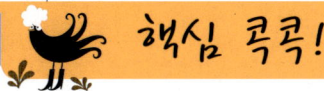

| 方面 | 부분, 측면, 분야. 나열되거나 비교되는 몇 가지의 사건 혹은 사람들 가운데 하나 또는 일부분을 가리킨다. 단독으로 사용되지 않고, 그 앞에 반드시 한정어로 다른 명사나 대사가 오며, 문장에서 주어나 목적어 등으로 쓰인다. |

- 在生活方面，他对我的帮助很大。 생활하는 데 있어서, 그는 내게 많은 도움을 준다.
- 学校方面提供了很好的学习环境。 학교측에서는 좋은 학습환경을 마련해 주었다.

| 上 | ~상, ~측면. 명사 뒤에서 方面의 의미를 이끌어낸다. |

- 只有在学习上认真努力，才能取得好成绩。
  학습적 측면에서는 열심히 노력해야만 좋은 성적을 얻을 수 있다.
- 工作上要不断开拓创新。 업무에 있어서 끊임없이 새로운 것을 개발해야 한다.
- 老师帮助我们解决生活上的困难。 선생님은 우리 생활상의 어려움을 해결하도록 도와주셨다.

| 群 / 本 / 辆 / 张 | 人群 군중 / 书本 책 / 车辆 차량 / 纸张 종이 등과 같이 다른 명사 뒤에 쓰여 집합·단체를 나타내는 한 단어를 만든다. 이러한 명사를 '집합명사' 또는 '집체명사'라고 한다. |

- 节日的天安门广场，到处是欢乐的人群。 명절 때 천안문 광장은 즐거워하는 인파로 가득하다.
- 马路上的车辆，来来往往，川流不息。 도로 위에 차들이 끊임없이 오가고 있다.
- 最近，纸张的价格越来越贵。 최근, 종이 가격이 점점 비싸지고 있다.

| 一带 | 일대. 장소명사 뒤에 쓰여 소재 지역 및 부근을 나타낸다. |

- 1976年夏天，唐山一带发生了强烈地震。 1976년 여름, 탕산 일대에서 강력한 지진이 발생했다.
- 学校一带文化环境比较好。 학교 일대의 문화환경은 비교적 좋은 편이다.

핵심테스트

해설 p. 5

다음 문장에서 제시어가 들어갈 정확한 위치를 찾아보세요.

1. 在 (A) 中国 (B)，沿海 (C) 的城市，正以飞快的速度向前 (D) 发展。
   　　　　　　　　　　一带

2. 只学习 (A) 知识，而不经过 (B) 实践锻炼，(C) 是适应不了现代社会 (D) 的。
   　　　　　　　　　　书本

3. 在 (A) 过往的 (B) 中，我好像看到了 (C) 那个熟悉的 (D) 身影。
   　　　　　　　　　　人群

4. 事业 (A) 上她是个女强人，可 (B) 在婚姻 (C) 却总是处理 (D) 不好。
   　　　　　　　　　　方面

5. 这种 (A) 质量 (B) 很好，就是价格贵了 (C) 点儿 (D)。
   　　　　　　　　　　纸张

6. 这里 (A) 发生了交通 (B) 事故，所有 (C) 过往的 (D) 都需绕道而行。
   　　　　　　　　　　车辆

7. 这 (A) 的气候很 (B) 适合 (C) 人们 (D) 居住。
   　　　　　　　　　　一带

8. 他总是为自己 (A) 交际 (B) 的困难 (C) 而 (D) 烦恼。
   　　　　　　　　　　上

핵심 ❷ 방위사

방위사는 방향과 위치를 나타내는 말로, 명사의 범주에 포함되며, 단순방위사와 합성방위사가 있다.

● 단순방위사

단음절 어휘로, 기본 형태의 방위사이다.

东 동	南 남	西 서	北 북	上 위	下 아래	前 앞	后 뒤
左 왼쪽	右 오른쪽	里 안	外 밖	内 안	中 가운데	旁 옆	

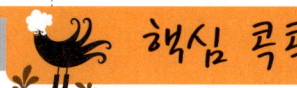

| 上 | ① 위, 위쪽. 물질명사 뒤에 붙어, 해당 명사의 표면이나 그 위쪽을 가리킨다.
② ~상, ~측면, 분야. 추상명사 뒤에 붙어 어떤 분야, 범위 혹은 어떤 측면을 뜻한다. |

床上 침대 위　　手上 손 위　　地上 땅 위　　桌子上 책상 위　　树上 나무 위
思想上 사상적으로　事业上 사업상　原则上 원칙상　在这个问题上 이 문제에서

| 下 | ① 아래, 밑. 아래 위치함을 나타낸다.
② ~아래, ~하에서. 일정한 범위, 상황, 조건 등에 속함을 나타낸다. |

楼下 아래층　　床下 침대 밑　　车下 차 밑　　树下 나무 밑　　山下 산 아래
在…努力下 ~의 노력하에　　在…指导下 ~의 지도 아래　　在…帮助下 ~의 도움으로

| 里 | 안, 속. 안쪽, 내부 혹은 어떤 범위를 나타낸다. |

教室里 교실 안　　公园里 공원 안　　箱子里 상자 속　　心里 마음속　　眼里 눈 속

| 中 | ① 안, 속, ~가운데. 어떤 범위에 포함됨을 나타낸다.
② ~(하는) 중에. 과정을 나타낸다. |

家中 집안　　山中 산속　　心中 마음속　　学生中 학생 가운데　　学校中 학교 내
复习中 복습 중　　考试中 시험 도중　　比赛中 경기 도중　　演讲中 강연 중

주의 ❶ '명사 + 上 / 下 / 里 / 中'이 문장 속에서 부사어로 쓰이는 경우에는 보통 在와 함께 쓴다.
(고정격식 p. 218 참고)

- 老师黑板上写了几个句子。(×)
  → 老师在黑板上写了几个句子。 선생님은 칠판에 문장 몇 개를 쓰셨다.
- 老师的指导下，我的汉语水平不断提高。(×)
  → 在老师的指导下，我的汉语水平不断提高。
    선생님의 지도 아래, 내 중국어실력은 계속 향상되었다.
- 他教室里看书。(×) → 他在教室里看书。 그는 교실에서 책을 본다.
- 他比赛中受伤了。(×) → 他在比赛中受伤了。 그는 경기 도중에 다쳤다.

주의 ❷ '명사 + 上 / 下 / 里 / 中'이 문장 첫머리에 오면서 장소·위치·범위를 의미할 때는 在를 쓰지 않는다.

- 在墙上挂着一张世界地图。(×)
  → 墙上挂着一张世界地图。 벽에 세계지도 한 장이 걸려 있다.
- 在树下站着两个人。(×) → 树下站着两个人。 나무 아래 두 사람이 서 있다.
- 在衣柜里挂着几件新衣服。(×)
  → 衣柜里挂着几件新衣服。 옷장 안에 새 옷이 몇 벌 걸려 있다.
- 在老师们中有很多人有国外教学的经历。(×)
  → 老师们中有很多人有国外教学的经历。
    교사들 중에는 외국에서 가르친 경력이 있는 사람이 많다.

주의 ❸ 里는 보통명사에만 사용되며, 국가명, 지명 등의 고유명사에는 사용하지 않는다.
- 教室在上课。(×) → 教室里在上课。 교실에서는 수업 중이다.
- 玛丽在中国里学习。(×) → 玛丽在中国学习。 메리는 중국에서 공부한다.
- 约翰在上海里工作。(×) → 约翰在上海工作。 존은 상하이에서 일한다.

内 / 外

안, 내부 / 바깥, 외부. 어떤 범위의 안, 내부 / 바깥, 외부를 가리킨다.

| 室内 실내 | 校内 교내 | 国内 국내 | 内地 내륙 | 内部 내부 | 内心 속마음 |
| 室外 실외 | 校外 교외 | 国外 국외 | 外地 외지 | 外部 외부 | 外貌 외모 |

● 합성방위사

단순방위사의 앞에 以 또는 之를 붙이거나 뒤에 边 / 面 / 头 / 部 등을 붙이면 합성방위사가 된다.

以上 이상	以下 이하	以内 이내	以外 이외	以前 이전	以后 이후	中间 중간	旁边 옆
之上 ~의 위	之下 ~의 아래	之内 ~의 안	之外 ~의 밖	之前 ~의 앞, 이전	之后 ~의 뒤, 이후		
上边(…面 / …头) 위	下边(…面 / …头) 아래	前边(…面 / …头) 앞	后边(…面 / …头) 뒤				
里边(…面 / …头) 안	左边(…面) 왼쪽	右边(…面) 오른쪽					

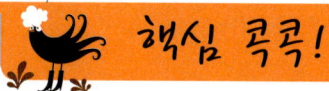

前后

앞뒤, 전후.
① 공간적인 의미에 있어서, 어떤 사물의 앞과 뒤를 가리킨다. 추상적인 의미의 방향이나 범위를 나타내기도 한다.
② 시간 상의 전후 순서를 나타낸다. 어떤 사건의 시작부터 끝날 때까지의 시간을 표시하거나, 어떤 사건이 일어나는 시점을 전후로 한 기간을 의미한다.

- 住宅前后是绿地和树林。① 주택 앞뒤는 녹지와 숲이다.
- 写文章要前后照应。① 글을 쓸 때는 앞뒷말이 호응 되어야 한다.
- 这项工程从动工到完成前后用了两年时间。②
  이 공사는 시공에서 착공까지 전후 합해서 2년이라는 시간이 걸렸다.
- 春节前后我们回家看望父母。② 춘절 전후로 우리는 부모님을 뵈러 집에 간다.

其中

그 중. 장소, 범위의 안에 있는 것을 뜻한다. 다른 방위사들과는 달리, 다른 명사 뒤에 붙지 않고 단독으로만 쓰인다.

- A班有20个学生，其中大部分是韩国人。
  A반에는 20명의 학생이 있는데, 그 중 대부분은 한국 사람이다.
- 这份报告我已看过，其中提出的问题值得重视。
  이 보고서는 내가 이미 봤는데, 그 속에 제시된 문제는 중시할 만하다.
- 这种药对胃病有一定疗效，但是其中的效能却很少有人知道。
  이 약은 위장병에 약효가 있지만, 오히려 그 효능을 아는 사람은 드물다.

以上 / 以下

이상 / 이하. 以上은 어느 기준점보다 높거나 앞선다는 것을, 以下는 어느 기준점보다 낮거나 순서 상 뒤에 위치함을 나타낸다. 둘 다 다른 명사 없이 단독으로 문장성분이 될 수 있다.

- 雪线以上常年积雪。설선(만년설의 하한선을 나타내는 선) 위는 1년 내내 눈이 쌓여 있다.
- 以上是我们对这个问题的看法。이상은 이 문제에 대한 우리의 견해이다.

- 期终考试60分以上为合格。 기말시험은 60점 이상이 합격이다.
- 以下是古汉语里的例子。 다음은 고대 중국어 속에 있는 예이다.
- 气温降到零度以下。 기온이 0℃ 아래로 떨어졌다.
- 个子1.3米以下的儿童免费乘车。 키가 130cm 이하의 어린아이는 무임승차이다.

> **以内 / 以外**
>
> 이내 / 이외. 以内는 장소·시간·범위·수량 등이 어느 기준점을 초과하지 않음을 나타내고, 以外는 장소·시간·범위·수량 등이 어느 한계를 넘어서는 것을 뜻한다. 둘다 다른 명사와 함께 사용되며, 단독으로는 사용할 수 없다.

- 会场以内座无虚席。 회의장 안에는 자리가 꽉 찼다.
- 今年以内他要发表五篇论文。 올해 안으로 그는 논문 5편을 발표해야 한다.
- 这项工程已经列入计划以内。 이 공정은 이미 계획 속에 포함되어 있다.
- 考试要求在3个小时以内完成。 시험은 3시간 안에 끝내도록 되어있다.
- 校园以外有不少商店。 캠퍼스 밖에는 많은 상점이 있다.
- 这篇文章的正文以外还有参考目录。 이 문장의 본문 외에 참고목록도 있다.
- 会议只安排三天，三天以外自己解决食宿。
  회의는 3일만 계획되어 있어서, 3일 외에는 자체적으로 숙식을 해결한다.

핵심테스트

해설 p. 5

다음 문장에서 제시어가 들어갈 정확한 위치를 찾아보세요.

1. 这（A）批产品（B），（C）有一部分（D）是进口的。
   中

2. （A）节日（B），铁路等交通运输部门（C）便（D）特别繁忙。
   前后

3. 他每天（A）除了上课（B），还要（C）出去（D）打工挣钱。
   以外

4. 在我心（A），生我养我的父母（B）是世界（C）上最伟大的（D）人。
   里

5. 这篇论文（A）要求的字数在四千字（B），（C）不宜过短或（D）过长。
   以内

핵심 ❸ 시간사

'시간사'란 시간을 나타내는 명사 혹은 명사구를 말한다. 시간사에는 '언제'인지를 나타내는 '시점'과 '얼마 동안'인지를 나타내는 '시간의 기간' 두 가지가 있다.

年 년	月 월	日 일	小时 시간	点钟 시	钟头 시간	分钟 분	四点 4시
2008年 2008년	上午 오전	下午 오후	今年 올해	去年 작년	现在 현재	将来 장래	
当时 당시	上旬 상순	开学后 개학 후	三个月 3개월	5年 5년	21世纪 21세기	国庆节 국경절	

1 주어로 쓰인다. 이때는 시간 자체가 어떠한 상황인지를 설명한다.
- 新年快要到了。 새해가 곧 된다.
- 一年是12个月。 1년은 12개월이다.

2 목적어로 쓰인다.
- 我的生日是8月8日。 내 생일은 8월 8일이다.
- 圣诞节是12月25日。 성탄절은 12월 25일이다.

3 한정어로 쓰인다. 보통 '시간사 + 的 + 피수식어' 형식으로 쓰인다.
- 早晨的空气很清新。 새벽 공기는 정말 신선하다.
- 两年的留学生活给我留下了美好的记忆。
  2년간의 유학 생활은 내게 아름다운 기억을 남겼다.

4 보어로 쓰인다. 주로 '수량사 + 시간사'의 형식으로 쓰여 시간의 기간을 나타낸다.
- 我打算在中国学习两年。 나는 중국에서 2년간 공부할 계획이다.
- 我每天工作十个小时。 나는 매일 10시간 일한다.

5 부사어로 쓰인다. 주어 앞이나 동사 술어 앞에 온다.
- 我们上午八点上第一节课。 우리는 오전 8시에 제1교시 수업을 한다.
- 上午我们一起看电影。 오전에 우리는 함께 영화를 본다.
- 我们学校从1月10号开始放假。 우리 학교는 1월 10일부터 방학이 시작한다.

6 다른 명사들과 달리 술어로 쓰인다. 단독으로 술어로 쓰여 시간, 날짜 등을 나타낸다.
- 明天中秋节。 내일은 중추절이다.
- 今天星期二。 오늘은 화요일이다.

핵심 콕콕!

当时
당시. 과거에 어떤 일이 발생한 때를 가리킨다. 부사어일 경우 주어의 앞에 위치할 수 있으며, 한정어일 경우 的를 수반한다. 전치사구를 이루어 부사어가 되기도 한다.

- 他在当时就预言今天的事情会发生。 그는 그때 바로 오늘의 일이 일어날 것이라고 예언했다.
- 当时的情形我们还记得清清楚楚。 그때의 정황을 우리는 아직도 분명하게 기억한다.
- 我当时来不及思考就答应了他的要求。
  나는 그때 생각할 겨를도 없이 그의 부탁을 승낙해 버렸다.

…以来
~이래로. 과거의 어느 시점부터 말하는 그때까지를 가리킨다. 自 / 从 / 自从…以来 형식으로 자주 사용된다.

- 自开学以来，学校召开了三次会议。 개학 이래, 학교는 회의를 세 차례 소집했다.
- 展览会开幕以来，每天都接待上千观众。
  전람회는 개막 이래, 매일 천 명이 넘는 관람객을 맞이하고 있다.

上旬 / 中旬 / 下旬
상순 / 중순 / 하순. 상순은 매달 1일~10일, 중순은 11일~20일, 하순은 21일~말일을 가리킨다.

- 我是八月上旬来中国的。 나는 8월 초에 중국에 왔다.
- 我九月中旬开始上课。 나는 9월 중순에 수업을 시작한다.
- 我们一月下旬放寒假。 우리는 1월 하순에 겨울방학을 한다.

핵심테스트

해설 p. 5

다음 문장에서 제시어가 들어갈 정확한 위치를 찾아보세요.

1 自（A）参加工作（B），他一直（C）都很努力（D）。

　　　　　　　以来

02 대사(代词)

'대사'란 구체적인 사람·사물·성질·행위·생각 등을 대신해 지칭하는 말이다. 중국어의 대사는 명사 같은 체언으로만 쓰이는 것이 아니라 부사 등의 용언으로도 사용되기 때문에 이 점에 늘 유의해야 한다.

핵심 ① 인칭대사

사람이나 사물을 대신해 지칭하는 말이다. 문장 속에서의 역할은 대체로 명사와 유사하여, 주어, 목적어, 한정어 등으로 쓰인다.

	단수	복수
제1인칭	我 나	我们 우리 咱们 우리
제2인칭	你 너 您 당신, 귀하	你们 너희
제3인칭	他 그 她 그녀 它 그것	他们 그들 她们 그녀들 它们 그것들
기타	自己 자신 别人 다른 사람 人家 남 大家 모두	

 핵심 콕콕!

你 / 您 너 / 당신. 2인칭 단수 대사. 你는 일반적인 호칭이고, 您은 상대를 높이거나 상대적으로 자신을 낮추며 상대방을 부르는 말이다. 你의 복수형은 인칭의 복수를 나타내는 们을 붙인 你们이며, 您의 복수형태는 您们이라 하지 않고, 您两位처럼 수량사를 사용하여 나타낸다.

- 你学习汉语几年了? 너는 중국어를 공부한 지 몇 년 되었니?
- 您老人家请休息吧。 어르신께서는 쉬십시오.
- 您老的身体好吗? 어르신께서는 건강하시지요?

他 / 她

그 / 그녀. 3인칭 단수 대사. 글자로 표기할 때 他는 남성을 나타내고 她는 여성을 나타낸다. 복수로 표시할 경우 남성은 他们, 여성은 她们으로 나타내는데, 만약 동시에 남녀를 모두 나타낼 때는 他们으로 표기하고, 她们은 사용하지 않는다.

- 王兰的丈夫非常关心她。 왕란의 남편은 그녀에게 매우 관심을 기울인다.
- 她们都当了妇女代表。 그녀들은 모두 부녀 대표가 되었다.
- 李明、王峰和张丹，他们是同班同学。 리밍, 왕펑과 장단 그들은 동기동창이다.

我们 / 咱们

우리. 1인칭 복수 대사. 咱们은 화자와 청자 모두를 포함하는 '우리'이다. 我们은 때로는 화자와 청자 모두를 포함하기도 하고, 때로는 청자를 배제한 화자측만을 가리키기도 한다.

- 咱们是自己人，不要客气。 우리는 한 식구 같은 사이이니 사양하지 마세요. (화자, 청자)
- 你学习汉语，我们不学习汉语，我们学习英语。
  너는 중국어를 배우지만, 우리는 중국어를 배우지 않고 영어를 배운다. (화자)

别人

다른 사람, 남. 제3인칭을 가리키며 구어체에서 많이 쓰인다. 주어나 목적어로 쓰이기도 하고, 的와 결합해 한정어로 쓰이기도 한다.

- 别人有了困难，咱们应该热情帮助。 남이 어려움에 처하면, 우리는 친절하게 도와야 한다.
- 你的话我要听，别人的话我也要听。 나는 네 말도 듣겠지만, 다른 사람의 말도 들을 거야.

它 / 它们

그, 그것 / 그들. 사람 이외의 기타 생물이나 사물을 가리키지만, 형식상 남아 있을 뿐 실제로는 거의 생략해버리고 사용하지 않는다.

- 我家的小狗非常可爱，每天都是我喂(它)。
  우리 집 강아지는 아주 귀여우며, 매일 내가 먹이를 준다.
- 这本书放在这儿好几天了，是谁的？ 이 책은 여기에 놓은 지 며칠 됐는데, 누구 거야?
  → 这本书放在这儿好几天了，它是谁的？ (×)
- 这两件毛衣很好看，我很想买。 이 스웨터 두 벌은 너무 예뻐, 정말 사고 싶어.
  → 这两件毛衣很好看，我很想买它们。 (×)

人家

사람, 다른 사람, 나, 그 사람, 그 사람들.
① 화자와 청자 외의 불특정인을 가리키며, 别人과 같은 뜻이다.
② 화자와 청자가 앞서 언급하여 이미 알고 있는 제3자, 즉 他나 他们과 같은 표현이다.
③ 자기 자신, 즉 我와 같은 뜻이며, 이 경우 대체로 불만을 나타낸다.

- 人家能搞出成绩来，我们也能。 ① 남들이 성과를 낼 수 있다면, 우리도 할 수 있다.
- 一个人不能只看到人家的缺点，看不到人家的优点。 ①
  사람이 남의 단점만 보고 장점은 못 보면 안 된다.
- 老师这样关心我，我要不努力学习怎么能对得起人家呢。 ②
  선생님께서 나한테 이렇게 관심을 가져주시는데 내가 열심히 공부하지 않으면 어떻게 그분을 떳떳하게 대할 수 있겠어.
- 初级班的同学做得很好，我们应该向人家学习。 ②
  초급반 학생이 잘하니, 우리는 그들을 본받아야 한다.

- 你让我给你借小说，人家给你借来了你又不看。③
  나한테 소설책을 빌려달라고 해놓고, 내가 빌려다줬더니 보지도 않잖아.
- 你们不来帮忙，还站在旁边笑话人家，真讨厌。③
  너희들 와서 돕지는 않고 옆에 서서 나를 비웃고 있다니, 정말 얄밉다.

自我

자기 자신. 이음절 동사 앞에서 부사어, 한정어 역할을 한다. 동작의 행위자가 자신이며, 동시에 동작의 대상 역시 자기 자신임을 강조한다. 따라서 동사 뒤에는 목적어가 올 수 없다.

- 我做一下自我介绍。 제가 자기 소개를 하겠습니다.
- 这个人总是自我感觉不错。 이 사람은 항상 자신에게 만족스럽게 생각한다.

彼此

피차, 서로, 양측. 주로 이미 앞에서 언급한 양자, 쌍방을 가리킨다. 단독으로 주어로 쓰일 수 있으며, 한정어로 쓰일 경우에는 뒤에 的 혹은 之间的를 붙인다.

- 他们初次见面，彼此还不熟悉。 그들은 처음 만나 서로 아직 잘 모른다.
- 我们毕业之后，彼此之间的联系少多了。
  우리는 졸업한 후에 서로 간의 연락이 많이 줄었다.
- 对同一个问题，彼此的认识不同是完全可能的。
  동일한 문제에 대해서 서로의 인식이 다른 것은 분명히 있을 수 있는 일이다.

各自

각자. 일반적으로 앞 문장에서 이미 언급한 대상을 가리킨다. '대사 + 各自'와 같이 다른 대사와 결합하기도 하고, 단독으로 쓰여서 주어나 한정어 역할을 한다. 보통 的를 수반한다.

- 根据需要，你们各自计划一下吧。 필요에 따라, 당신들 각자 계획을 세우세요.
- 工作中出了问题，不能只责怪对方，各自要多做自我批评。
  업무 중 문제가 생기면, 상대방만 탓하지 말고 각자 좀 더 자기반성을 해야 한다.
- 留学生们从各自不同的目的出发，制定暑假的活动计划。
  유학생들은 각기 다른 목적에서 시작하여, 여름방학 활동계획을 세운다.

핵심테스트

해설 p. 5

다음 문장에서 제시어가 들어갈 정확한 위치를 찾아보세요.

1 分手（A）之后，（B）他们（C）俩（D）之间的感情都受到了伤害。

　　　　　　　　　　　彼此

2 （A）每个学期末我们（B）都要（C）做（D）总结。

　　　　　　　　　　　自我

핵심 ❷ 의문대사

의문을 나타내는 대사로, 의문문을 만들 수 있다.

1 의문대사의 종류와 뜻

사람	谁 누구		
사건 / 사물	什么 무엇	哪 어느	
시간	多会儿 언제		
장소	哪儿 어디	哪里 어디	
방식 / 성질	怎么 어떻게	怎样 어떠한	怎么样 어떠한가
수 / 수량	多少 얼마나	几 몇	

- 这是谁的词典？이건 누구의 사전이니? (사람)
- 你在看什么？너는 무얼 보고 있니? (사물)
- 你喜欢哪本书？너는 어느 책을 좋아하니? (사물)
- 你在哪儿学习汉语？너는 어디에서 중국어를 배우니? (장소)
- 老师，这个汉字怎么写？선생님, 이 한자는 어떻게 써요? (방식)
- 玛丽学习怎么样？메리는 공부를 잘하나요? (성질)
- 一斤苹果多少钱？사과는 한 근에 얼마예요? (수량)
- 你的孩子几岁了？네 아이는 몇 살이니? (수)

2 의문대사의 임지(任指)용법

谁 / 什么 / 哪 / 哪儿 / 怎么 / 哪里 등의 의문대사는 일부 문장에 쓰여 의문을 나타내지 않고, '누구든지, 무엇이든지, 어떻게 하든지' 등 임의의 불특정 대상이나 임의의 동작·행위·방법 등을 가리키기도 한다.

谁 (누구든지) → 임의의 불특정인   什么 (무엇이든) → 임의의 불특정물

1) 의문대사가 임지용법으로 사용되면, 구체적인 대답을 요구하는 것이 아니다. 보통 부사 都나 也와 호응하여, 아무런 예외가 없음을 의미하며, 문장 첫 머리에 접속사 无论 / 不管 등을 사용하면 '예외가 없다'는 의미를 더욱 강조할 수 있다.

- 谁都明白这个道理。누구나 이 이치를 안다.
- 他第一次来中国，哪儿都想去看看。그는 중국에 처음 와서 어디든지 가보고 싶어한다.
- 这个汉字有两种念法，你怎么念都可以。
  이 한자는 읽는 방법이 두 가지 있는데, 당신이 어떻게 읽어도 다 상관없다.
- 无论什么意见都可提。어떤 의견이든 다 제기해도 된다.
- 不管你怎么问他，他也不嫌烦。네가 그에게 어떻게 물어봐도, 그는 귀찮아하지 않을 거야.

2) 의문대사가 임지용법으로 사용되면, 从 / 对 / 在 등의 전치사 뒤에 위치할 수 있다.
- 你从哪儿走都可以，距离一样。 거리가 같으니, 네가 어느 길로 가든지 상관없다.
- 她对谁都那么热情。 그녀는 누구한테나 그렇게 친절하다.
- 在哪儿工作都可以发挥自己的光和热。
  어디에서 일을 하든 자신의 잠재력과 능력을 발휘할 수 있다.

3) 두 개의 같은 의문대사가 앞뒤로 호응하면 같은 사람(사물·방식·시간·장소)을 가리킨다. 이때 첫 번째 의문대사는 임의의 불확실한 대상을 가리키고, 두 번째 의문대사는 첫 번째 의문대사가 가리킨 것과 동일한 대상을 가리킨다. 앞의 구나 절은 주로 가설이나 조건의 의미를 나타내며, 뒤의 구나 절과는 부사 就를 사용하여 연결한다.
- 谁知道就请谁回答。 누구든지 아는 사람이 대답하세요.
- 谁学习好，我就向谁学习。 누구든 나는 공부 잘하는 사람을 본받을 것이다.
- 你喜欢哪个，就选哪个。 어느 것이든 네가 좋아하는 것으로 골라라.
- 哪种便宜就买哪种。 어느 것이든 싼 것으로 사라.
- 哪里有困难他就出现在哪里。 어디든 그는 어려움이 있는 곳에 나타난다.
- 你愿意怎么去就怎么去。 어떻게든 네가 가고 싶은 대로 가라.

3 의문대사의 허지(虛指)용법

의문대사가 허지용법으로 사용되면 대답을 요구하는 것이 아니라, 알 수 없거나 설명할 필요가 없는 대상을 가리킨다.
- 这件事好像谁告诉过我。 이 일은 마치 누군가 내게 알려준 적이 있는 것 같다.
  → '누가' 중요한 것이 아니라 누군가가 내게 '말했다'는 것이 중요하다.
- 咱们哪天到长城去玩玩儿。 우리 언제 만리장성에 놀러 가자.
  → '언제'가 문제가 아니라, '장성에 가는' 것이 핵심이다.
- 我的钱包不知怎么丢了。 내 지갑을 어떻게 잃어버렸는지 모르겠어.
  → '어떻게'가 됐던간에 문제는 '지갑을 잃어버렸다'라는 것이다.

핵심 콕콕!

| 如何 | 어떻게, 어떠한. 怎么 / 怎么样과 같은 의미로, 중첩 사용이 가능하다. 일반적으로 의문문에서 술어나 부사어로 사용된다. |

- 最近你家里的情况如何？ 최근에 너희 집(형편)은 어떠니?
- 如何挑选和使用电视机？ TV를 어떻게 고르고 사용하는가?
- 她常常向我讲述，山城如何如何地美。
  그녀는 산간도시가 어떻게 아름다운지 내게 자주 이야기한다.

| 任何 | 어떠한 (~이라도). 같은 종류의 사물 가운데 공통점을 가진 모든 것을 가리킨다. '任何 + 명사 + 都 / 也' 형식의 '어떠한 ~라도 모두 ~하다' 의미로 자주 쓰인다. |

- 办任何事情都要认真对待。 어떤 일을 처리하든지 진지하게 대처해야 한다.
- 任何困难都挡不住中国人民前进的步伐。
  어떤 어려움도 중국 국민의 전진하는 발걸음을 막을 수 없다.
- 任何成就都是辛勤劳动的结果。 어떠한 업적이든지 모두 부지런히 일한 결과이다.

핵심테스트

해설 p. 6

다음 문장에서 제시어가 들어갈 정확한 위치를 찾아보세요.

1 这个计划（A）暂时（B）需要（C）保密，（D）也不能说出去。

　　　　　　　　　　　谁

2 我们（A）好容易（B）才爬到山顶，（C）能马上就（D）下去呢？

　　　　　　　　　　　怎么

3 不管做（A）事情都要讲究（B）方法，否则，（C）只能是（D）事倍功半。

　　　　　　　　　　　什么

4 （A）这个问题（B）解决就要（C）看（D）你的本事了。

　　　　　　　　　　　如何

5 他是（A）一个（B）相当认真负责的人，（C）工作上从没出现过（D）差错。

　　　　　　　　　　　任何

핵심 ❸ 지시대사

'지시대사'란 사람 혹은 사물 등의 명칭을 대신해서 지적하며 가리킬 때 사용하는 대사이다.

	근칭	원칭
사람 혹은 사물	这张桌子 이 책상	那张桌子 저, 그 책상
장소	这儿 / 这里 여기	那儿 / 那里 저기 / 거기
시간	这会儿 지금	那会儿 그때
성질·방식·정도	这么 / 这样 / 这么样 이렇게	那么 / 那样 / 那么样 그렇게, 저렇게
기타	每 매, 各 각	

핵심 콕콕!

各 — 각(각각). 어떤 범위 안에 있는 하나하나의 모든 개체를 가리킨다. 보통 '各 + (양사 +) 명사'의 형태로 사용하는데, 이렇게 사용할 수 있는 명사는 한정되어 있다.

各单位 각 단위 各民族 각 민족 各党派 각 당파 各种书籍 각종 서적
各组织 각 조직 各阶级 각 계급 各机构 각 기구 各门功课 각 과목
各人 각 사람   各党团 각 정당(단체) 各方代表 각측 대표

每 — 매, 모든. 전체 가운데 공통성을 가진 하나하나를 가리킨다. 보통 '每 + 수량사'의 형태로 쓰여 한정어나 부사어 역할을 한다.

- 每一件事情都要认真去做。 모든 일은 다 착실하게 해야 한다.
- 每两天交一次作业。 이틀에 한 번씩 숙제를 제출한다.
- 每次晚会都来很多人。 저녁파티마다 사람들이 많이 온다.

有的 — 어떤. 사람 혹은 사물의 일부분을 표시하며, 단수이다. 보통 '有的…, 有的…'의 형식을 취하며, 주어로 사용된다.

- 有的去上海旅游，有的去北京旅游。
  어떤 사람은 상하이로 여행가고, 어떤 사람은 베이징으로 여행간다.
- 我们班同学中，有的是韩国人，有的是日本人。
  우리 반 친구 중에 어떤 사람은 한국인이고, 어떤 사람은 일본인이다.

| 有些 | 어떤, 일부분의. 전체 가운데 일부분을 나타내며, 복수이다. 주로 주어나 한정어로 사용되고, 일반적으로 명사를 수식한다. |

- 在这些问题中，有些是比较难的。 이 문제들 중에서 어떤 것들은 비교적 어렵다.
- 操场上，有些人在跑步，有些人在踢球。
  운동장에서 어떤 사람들은 달리기를 하고, 어떤 사람들은 축구를 한다.

| 别的 | 다른. 그 밖의 다른 것을 말하며, 주로 한정어로 쓰인다. |

- 我只喜欢红色，别的颜色我都不太喜欢。
  나는 빨간색만 좋아하고, 다른 색은 모두 그다지 좋아하지 않는다.
- 除了大连，你还去过别的地方吗? 다롄 말고 다른 곳에도 가봤니?

| 本 | 본. '本 + 명사'의 형식으로 쓰이는데, 다음 3가지 뜻을 갖는다.
① 서면어에서 명사 앞에 위치하여 말하는 사람 자신 혹은 자신이 속한 단체, 기관, 장소를 가리킨다.
예 本市 본시 / 本校 본교 / 本人 본인 / 本书 본서
② 화자 혹은 화자가 속한 단체나 기관 등에 국한되지 않고, 앞에서 언급한 대상을 다시 가리킨다.
③ 这의 의미를 갖는다. 제작자 혹은 주관자의 입장에서 사용한다. |

- 本校定于3月1日开学。 ① 본교는 3월 1일에 개학 예정이다.
- 大家都知道了玛丽的成绩，但她本人还不知道。 ①
  모두들 메리의 성적을 알았지만, 정작 본인은 아직 모르고 있다.
- 他说的话不像四川本地口音。 ② 그가 하는 말은 쓰촨 본토 말씨 같지 않다.
- 医疗费应该由你们本单位解决。 ② 의료비는 당신들(의 본) 부서가 해결해야 한다.
- 本书一共有10章。 ③ 본서(이 책)는 모두 10장으로 되어 있다.
- 本片由大连电视台协助拍摄。 ③ 본 영화(이 영화)는 다롄 TV의 협조로 촬영했다.

| 某 | 어느, 모. 명사 앞에 위치하여, 알고 있지만 밝히고 싶지 않거나, 밝힐 필요가 없거나, 밝힐 수 없거나, 불확실한 사람이나 사물을 대신한다. 주로 서면어로 쓰인다. |

- 这个地区某年某月发生过大地震。 이 지역은 모년 모월에 대지진이 일어났다.
- 这个故事发生在南方的某个县城。 이 이야기는 남쪽의 어느 현 도시에서 일어난 것이다.
- 这个工厂的某些产品的质量已经达到世界先进水平。
  이 공장 어떤 제품의 품질은 이미 세계 선진수준에 도달했다.
- 在实验中，如发生某种不正常现象，请保持镇静。
  실험 중, 만약 모종의 비정상적인 현상이 발생하더라도 침착하기 바랍니다.

这会儿	① 지금, 현재. 주로 주어와 목적어로 쓰이며, 的를 수반하여 한정어로도 쓰인다. ② 이때. 앞뒤 문맥이 명확할 경우, 과거 혹은 미래의 어느 시점을 가리킨다.

- 你这会儿到哪儿去？ ① 너 지금 어디 가니?
- 这会儿雾已经散了。① 지금 안개가 이미 걷혔다.
- 这会儿的事情，这会儿办，不要拖拉。① 지금 할 일은 지금 하고, 미루지 마라.
- 去年这会儿我在北京。② 작년 이맘때 나는 베이징에 있었다.
- 等到后天这会儿，你就到家了。② 모레 이맘때면, 너는 집에 도착하게 된다.

那会儿	그때. 현재가 아닌 과거 혹은 미래의 어느 시간을 나타내며 주어, 부사어로 사용되고 한정어로 사용될 때는 的를 수반한다. 다른 명사 뒤에 쓰여, 가리키는 시간을 더욱 명확하게 한다.

- 你那会儿还是个小孩子呢。너는 그때 아직 어린아이였단다.
- 那会儿还很落后，现在不一样了。그때까지만 해도 매우 낙후했지만, 지금은 달라졌다.
- 那会儿的事，至今还记得很多。그때의 일을 지금도 많이 기억하고 있다.
- 傍晚那会儿下了一阵雨。저녁 그 무렵 비가 한바탕 내렸다.

某些	어떤(것들), 모종의 일들. 한 가지 이상의 불확실한 수량을 나타내며 한정어로 쓴다.

- 这本书的某些特点很突出。이 책의 몇 가지 특징은 잘 드러나 있다.
- 事情很复杂，免不了出现某些事情。
  일이 너무 복잡해서, 어떠한 일들이 일어나는 것을 피할 수 없다.
- 某些情况的出现，不是偶然的。몇몇 상황의 출현은 우연이 아니다.

핵심테스트

해설 p. 6

다음 문장에서 제시어가 들어갈 정확한 위치를 찾아보세요.

1 （A）有（B）好的条件而不用，（C）真是（D）太浪费了。
   这么

2 刚才（A）还是（B）满天乌云，（C）又出（D）太阳了。
   这会儿

3 （A）他的口才，（B）就是有（C）点儿了（D）不起。
   那么

03 동사(动词)

동사는 그 성질에 따라 행위동사, 심리동사, 관계동사로 구분한다. 중국어는 동사를 중심으로 어순이 정해진다해도 과언이 아니므로, 동사의 성질 및 특징을 잘 알아두면 복잡한 문장도 쉽게 풀어낼 수 있다.

핵심 ① 동사

문장 속에서 주어의 동작이나 행위를 서술하며, 주로 술어로 쓰인다. 동사 뒤에는 보통 목적어가 오며, 不나 没를 동사 앞에 써서 부정문을 만든다.

◆ 행위동사

동작이나 행위를 나타내는 동사로, 대다수의 동사가 이에 해당한다.

| 吃 먹다 | 看 보다 | 听 듣다 | 打 치다 | 写 쓰다 | 参观 참관하다 | 表演 연기하다 |

1 중첩할 수 있다.

- 我们讨论讨论这个问题。 우리 이 문제를 좀 토론합시다.
- 你想想这个问题的解决办法。 너 이 문제의 해결 방법 좀 생각해봐.

2 동태조사 了 / 着 / 过가 뒤에 올 수 있다.

- 我昨天看过这部电影。 나는 어제 이 영화를 보았다.
- 他写了一篇文章。 그는 글을 한 편 썼다.
- 现在她听着古典音乐。 지금 그녀는 고전음악을 듣고 있다.

3 不와 没로 부정문을 만든다. 과거형은 没로, 현재형은 不로 부정한다.

- 我刚来，不认识他。 나는 온 지 얼마 안 되서, 그를 모른다.
- 我父母没吃过榴莲。 우리 부모님은 두리안을 드셔보지 못했다.

4 동량보어(p. 180)와 시량보어(p. 179)가 뒤에 올 수 있다.

- 我们课间休息十分钟。 우리는 수업 사이에 10분간 쉰다.
- 我看了这本书两遍。 나는 이 책을 두 번 읽었다.

5 일반적으로 부사의 수식을 받으나, 정도부사의 수식은 받을 수 없다.

- 我们很吃饭吧。 (✗) → 很은 정도부사
- 我们一起吃饭吧。 (○) 우리 같이 식사합시다. → 一起는 일반부사

● 심리동사

심리활동, 즉 마음의 움직임이나 상태를 나타내는 동사이다.

| 爱 사랑하다 | 喜欢 좋아하다 | 希望 바라다 | 想 그리워하다 |

1 일반적으로 중첩이 가능하다.

- 请大家关心关心国家大事。 여러분, 나라의 큰 일에 관심을 가져주십시오.
- 一般说来，妈妈很爱很爱自己的儿女。 일반적으로, 엄마들은 자신의 자녀를 무척 사랑한다.

2 뒤에 목적어나 보어를 가질 수 있다.

- 你帮我想一个办法。 나 대신 방법을 좀 생각해 주십시오.
- 他喜欢看足球比赛。 그는 축구 경기 보는 것을 좋아한다.
- 他希望将来能成为一名教师。 그는 장래에 교사가 되길 바란다.

3 정도부사의 수식을 받을 수 있다.

- 他很爱学习汉语。 그는 중국어 공부를 아주 좋아한다.
- 同学们都非常希望元旦开联欢会。 급우들은 모두 원단(신정)에 친목회 열기를 정말 희망한다.

4 동태조사 了 / 着 / 过를 쓸 수 있다.

- 他们的所作所为感动了我们。 그들이 한 행동은 우리를 감동시켰다.
- 你怀疑着他是不是真爱你吗？ 당신은 그가 정말로 당신을 사랑하는지 의심하고 있습니까?
- 以前我真的害怕过老鼠，但现在我不怕。
  예전에 나는 쥐를 정말 무서워했는데, 지금은 무섭지 않다.

◐ 关系动词

주어와 목적어를 연결하면서 그 사이에 존재하는 관계를 나타낸다.

叫	~라고 부르다	像	~를 닮다	姓	성이 ~이다	是	~이다
有	~이 있다	当做	~로 삼다	成为	~으로 되다	等于	~와 같다

1 주로 주어와 목적어를 연결시켜 둘 사이에 어떤 관계가 존재함을 나타낸다.

- 她<u>叫</u>玛丽，<u>是</u>美国人。 그녀는 메리라고 하고, 미국인이다.
- 四加四<u>等于</u>八。 4 더하기 4는 8이다.

2 뒤에 일반적으로 목적어가 위치한다.

- 他<u>姓</u>张，<u>叫</u>张洁。 그는 성이 장씨로, 장지에라고 한다.
- 树上<u>有</u>两只小鸟。 나무에 작은 새 두 마리가 있다.
- 他不<u>像</u>我这样聪明，但<u>像</u>你一样勤奋。
  그는 나처럼 이렇게 똑똑하지는 않지만, 너처럼 성실하다.

3 주로 不로 부정한다. 그러나 有는 没로 부정한다.

- 树上<u>没有</u>小鸟。 나무에는 새가 없다.
- 他<u>不是</u>我们学校的学生。 그는 우리 학교의 학생이 아니다.

4 像을 제외하고, 很 / 太 등의 정도부사 수식을 받지 않는다.

- 他<u>很像</u>他的父亲。 그는 그의 아버지를 매우 닮았다.
- 我们<u>有</u>办法解决困难。 우리는 어려움을 해결할 방법이 있다.

5 관계동사는 일반적으로 중첩하지 않는다.

- 她<u>叫叫</u>玛丽，<u>是是</u>美国人。(×)
- 他<u>像像</u>你一样勤奋。(×)

6 관계동사 뒤에는 동태조사 了 / 着 / 过가 오지 않는다.

- 她叫<u>了</u>玛丽，是<u>了</u>美国人。(×)
- 四加四等于<u>着</u>八。(×)
- 他姓<u>了</u>张，叫<u>着</u>张洁。他像<u>过</u>他的父亲。(×)

핵심 콕콕!

在 ~에 있다. 사람 혹은 사물이 소재, 존재하는 위치를 나타내며, 뒤에 장소 목적어가 온다. 부정은 不在이다.

- 玛丽在图书馆，不在教室。 메리는 교실에는 없고, 도서관에 있다.
- 王老师在学校，不在家。 왕 선생님은 집에 안 계시고, 학교에 계신다.
- 我们的学校在北京，不在上海。 우리 학교는 상하이에 있지 않고, 베이징에 있다.

进行 진행하다. 동사나 형용사를 목적어로 갖는데, 이렇게 동사나 형용사를 목적어로 취하는 동사로 다음과 같은 것들이 있다.

加以 ~을 가하다	以为 ~로 여기다	认为 ~라고 생각하다
给予 주다	开始 시작하다	继续 계속하다
主张 주장하다	希望 희망하다	从事 종사하다
装作 ~인 체하다	声明 성명하다	断定 단정하다

- 同学们正在进行讨论。 급우들은 지금 토론 중이다.
- 事情进行得很顺利。 일이 매우 순조롭게 진행되고 있다.

掌握
① 장악하다, 마스터하다. 学会의 '배워서 할 수 있다'는 의미를 가지고 있어 지식이나 기술, 외국어 등을 주로 목적어로 취한다.
② 통제하다, 장악하다. 권력, 정권 등을 손에 쥐고 통제하는 것을 뜻한다.

- 掌握一门外语很重要。 ① 외국어를 하나 마스터하는 것은 매우 중요하다.
- 要想掌握一门技术，需要刻苦钻研的精神。①
  하나의 기술을 마스터하려면, 열심히 깊이 연구하는 정신이 필요하다.
- 命运掌握在自己的手里。② 운명은 자신의 손에 달려 있다.

作为
① ~이다, ~으로 삼다, 간주하다(= 当做). 반드시 명사성 목적어만 가진다.
② ~으로서. 뒤에 신분·직업·지위 등의 단어가 온다. 문두에 나오며, 作为의 목적어는 뒷절의 주어가 되기 때문에 주어를 다시 쓰지 않는다.
③ 作为가 문두에 있을 때 뒷절에 주어가 나와 있다면 作为의 목적어와 뒷절의 주어는 동격, 즉 동일한 대상이다. 간혹 주어가 作为 앞에 오기도 한다.

- 我把学好汉语作为我的一个目标。① 나는 중국어 마스터 하기를 나의 목표로 삼았다.
- 我的专业是文学，音乐只是作为我的一个业余爱好。①
  내 전공은 문학이고, 음악은 단지 취미생활일 뿐이다.
- 作为一个学生，就要努力学习。② 학생으로서 열심히 공부해야 한다.
- 作为好的文学作品，应该有健康的内容。②
  훌륭한 문학작품으로서는, 건전한 내용이 있어야 한다.
- 作为校长，我有责任把教学质量搞上去。③
  교장으로서, 나는 교육의 질을 향상시킬 책임이 있다.
- 你作为一名学生，应该遵守学校的规章制度。③
  너는 학생으로서, 학교의 규정제도를 지켜야 한다.

| 善于 | ~을 잘하다, 정통하다, 능숙하다. 정도부사의 수식을 받을 수 있다. 술어로 쓰이며, 반드시 목적어를 갖는데, 대부분 비(非)명사성 목적어이다. |

- 教师要善于发现学生的错误。 교사는 학생의 잘못을 발견할 줄 알아야 한다.
- 学生应该养成善于思考的好习惯。 학생은 사고하는 좋은 습관을 길러야 한다.

| 具有 | 갖추다, 구비하다(= 有, 存在). 조동사의 수식을 받지 않는다. 일반적으로 추상적 의미를 갖고 있는 이음절 또는 다음절 명사를 목적어로 가지며, 주로 갖는 목적어는 다음과 같다. |

| 意义 의의 | 性质 성질 | 能力 능력 | 作用 작용 | 精神 정신 / 원기 |
| 特点 특징 | 传统 전통 | 生命力 생명력 | 说服力 설득력 | 代表性 대표성 |

- 这种药品具有预防衰老的作用。 이 약은 노화를 예방하는 작용을 한다.
- 玛丽具有很高的汉语水平。 메리는 수준 높은 중국어 실력을 갖고 있다.
- 外国朋友都很喜欢具有中国传统风格的艺术品。
  외국인 친구들은 모두 중국 전통 양식을 갖춘 예술품을 좋아한다.

| 引起 | 일으키다, 야기하다. 어떤 일(현상·활동 등)이 다른 일(현상·활동 등)을 불러일으키거나 발생시킴을 나타낸다. 비명사성 목적어를 가진다. |

- 这本书引起了大家极大的注意。 이 책은 모두의 주의를 크게 끌었다.
- 这部电影在全国范围内引起反响。 이 영화는 전국적으로 반향을 일으켰다.
- 这个问题引起了他的极大兴趣。 이 문제는 그의 대단한 관심을 끌었다.
- 这件事处理不好将会引起不良后果。 이 일은 잘못하면 나쁜 결과를 가져올 것이다.
- 他的发言引起了大家的争论。 그의 발언은 모두의 논쟁을 유발했다.

| 显得 | ~인 것처럼 보이다, ~하게 보이다. 대체로 비명사성 단어를 목적어로 가진다. |

- 雨后的空气显得格外清新。 비 온 뒤의 공기는 유난히 맑고 신선해 보인다.
- 听到那个不幸的消息，他显得很悲伤。 그 불행한 소식을 듣고, 그는 매우 슬퍼 보였다.

| 搞 | ① 하다, 만들다(= 做, 弄, 干). 뒤에 동태조사 了 / 着 / 过가 올 수 있고, 중첩이 가능하다. 명사성 목적어를 갖는다.
② 다른 동사를 대신하여 사용된다. 이때 목적어에 따라 그 의미가 달라진다.
③ 구하다, 얻다. '搞 + 수량사 + 명사' 형식으로 많이 쓰인다. |

- 要把出现问题的原因搞清楚。 ① 문제가 생긴 원인을 분명히 밝혀야 한다.
- 这个活动，学院曾经搞过。 ① 이 행사는 대학에서 전에도 한 적이 있다.
- 咱们应该把这次演讲比赛好好搞。 ① 우리는 이번 웅변대회를 잘 치러야 한다.
- 他们正在搞一个旅游的计划。 (= 制定) ② 그들은 한창 여행계획을 짜고 있다.
- 搞科学工作需要科学的态度。 (= 研究) ② 과학연구에는 과학적인 태도가 필요하다.
- 搞这么大型的活动需要不少资金。 (= 举办) ②
  이런 대형 행사를 개최하려면 자금이 많이 필요하다.
- 你帮我搞两张足球票。 ③ 나 대신 축구 표 두 장 구해줘.
- 我搞到了两张电影票，明天我们去看电影吧。 ③
  내가 영화 표를 두 장 얻었으니, 내일 우리 영화 보러 가자.

弄

하다, 만들다(= 搞, 做). 명사성 목적어를 가지며, 뒤에 동태조사 了 / 着 / 过가 올 수 있고, 중첩할 수 있다.
① 다른 동사를 대신하여 사용할 때는 搞처럼 목적어에 따라 그 의미를 다르게 해석한다.
② 弄得로 쓰여 '~하게 하다(= 使得)'란 뜻을 나타내며, 주로 부정적 의미로 사용된다.
③ 구하다, 얻다, 마련하다. 뒤에 동태조사 了와 过가 올 수 있고, '수량사 + 명사'가 뒤에 자주 쓰인다.
④ 장난치다, 가지고 놀다, 다루다. 중첩할 수 있다.

- 我给玛丽弄了一张看京剧的票。(= 买) ① 나는 메리에게 경극 표 한 장을 구해주었다.
- 我的自行车坏了,你帮我弄弄吧!(= 修理) ① 내 자전거가 망가졌어, 네가 수리 좀 해줘!
- 我去给你弄点儿饭。(= 做) ① 내가 너한테 가서 밥해줄게.
- 这孩子把衣服弄得这么脏。② 이 아이가 옷을 이렇게 더럽혔다.
- 这件事把她弄得很不高兴。② 이 일은 그녀를 언짢게 만들었다.
- 给我弄点儿水来。③ 나에게 물 좀 갖다줘.
- 我给你弄杯咖啡。③ 내가 너에게 커피 한 잔 가져다 줄게.
- 父母帮助我在家里弄孩子。④ 부모님은 나를 도와 집에서 아이를 돌봐주신다.
- 弄弄花草也是一种休息。④ 꽃을 가꾸는 것도 일종의 휴식이다.

来

앞에서 언급된 구체적 의미를 가진 동사를 대신해서 그 동사의 뜻을 나타낸다. 목적어와 보어를 가질 수 있다.

- A : 你买什么? A : 무엇을 드릴까요?
  B : 我来五斤苹果。(= 买) B : 사과 다섯 근을 주세요.
- 唱得太好了,请再来一首。(= 唱) 참 잘 불렀어요. 한 곡 더 불러주세요.
- 你拿那个,这个我自己来。(= 拿) 너는 저걸 가져. 이건 내가 가질게.

赶

늦지 않도록 서두르다. 목적어, 보어를 가질 수 있다.

- 工人们正在加班加点赶任务。 노동자들은 연장 근무를 하며 업무를 서두르고 있다.
- 我们半个小时就能赶到机场。 우리는 30분 안에 공항에 도착할 수 있다.

冒

(위험, 열악한 환경 등을) 무릅쓰다. 중첩할 수 있고, 목적어와 보어를 가질 수 있다. 비명사성 단어를 목적어로 취하기도 한다.

- 清洁工们冒着雨清扫大街。 청소부들이 비를 맞으며 거리를 청소하고 있다.
- 他冒着危险抢救大火中的孩子。 그는 위험을 무릅쓰고 불길 속의 아이를 구조했다.

为 wéi

(직무를) 담당하다, 맡다, ~으로 간주하다, 여기다. 반드시 목적어를 가진다. 겸어문에서 두 번째 동사가 되거나, 혹은 겸어문 외의 문장에서 다른 동사의 뒤에 위치한다. '以A为B(A를 B로 삼다)'의 형태로 쓰여 '把A看做B(A를 B로 간주하다 / 여기다)'의 뜻을 나타낸다.

- 我们选他为代表参加这个重要的会议。 우리는 그를 이 중요한 회의에 참석하는 대표로 뽑았다.
- 北方人以喝绿茶为主。 북방 사람들은 녹차를 주로 마신다.

看 (你看怎么办)

(~을) 보다, 여기다, 생각하다(= 认为, 觉得). 동사나 구를 목적어로 가지며, 看 뒤에서 잠시 끊는다. 주어는 1인칭과 2인칭만 사용한다.

- 我看，玛丽的建议不错。 나는 메리의 제안이 괜찮다고 본다.
- 你看这件衣服的颜色怎么样？ 당신이 보기에 이 옷의 색깔이 어때요?

充满

충만하다, 가득하다.
① 주로 전치사 对와 함께 '~에 대해 ~으로 충만하다'의 뜻으로 쓰이며, 목적어로는 希望，信心，热情，活力 등을 수반한다.
② 존현문에서 술어로 쓰이며 주로 '(어떠한 장소에서 소리나 냄새) 가득하다'로 쓰여 '장소 + 充满 + 소리 / 냄새' 형식으로 나타낸다.

- 我对我的未来充满信心。① 나는 나의 미래에 대해 자신감으로 충만하다.
- 我们欢迎充满活力的年轻人。① 우리는 활력으로 가득한 젊은이들을 환영합니다.
- 教室里总是充满着笑声。② 교실에는 항상 웃음소리로 가득하다.

适合

적합하다, 알맞다. 잘 어울리고 부합하고 적합한 것을 뜻한다. 정도부사의 수식을 받을 수 있으며 목적어로 명사와 구를 가질 수 있다.

- 这件衣服看起来不适合你。 이 옷은 네게 어울리지 않는 것 같다.
- 我想找一份适合我的工作。 나는 내게 어울리는 직업을 찾고 싶다.
- 过去的经验未必适合当前的情况。 과거의 경험이 꼭 현재의 상황에 맞는다고는 할 수 없다.

缺乏

결핍되다, 결여되다. 주로 있어야 할 것이 없어지거나 모자라는 것을 나타낸다.

- 你的观点缺乏说服力。 당신의 관점에는 설득력이 부족합니다.
- 他经常生病就是因为平时缺乏体育锻炼。
  그가 자주 아픈 것은 평소에 체력단련이 부족했기 때문이다.
- 他长得矮，可能是缺乏营养造成的。
  그의 키가 작은 것은 어쩌면 영양이 부족해서 초래된 것일지도 모른다.

扩大

넓히다, 확대하다. 면적을 넓힌다는 의미에서 '영토를 확장하다'로 쓰이기는 하나 주로 범위나 영향력, 시야 등 추상적인 것을 넓힌다는 의미로 쓰인다.

- 这家公司的经营范围扩大了。 이 회사의 경영범위는 확대되었다.
- 我们在不断地扩大西红柿的种植面积。 우리는 끊임없이 토마토의 재배면적을 넓히고 있다.
- 网络可以扩大我们的视野。 인터넷은 우리의 시야를 넓혀줄 수 있다.

打量

① 관찰하다, 훑어보다. ABAB 형식으로 중첩할 수 있다. 관찰하는 대상은 사람의 옷차림, 외모, 표정이나 태도일 수도 있고, 사물의 외부 상황일 수도 있다. 관찰 당하는 사람은 다른 사람일 수도 있고, 자기자신일 수도 있으며, 또는 상호간에 관찰할 수도 있다. 打量은 뒤에 목적어와 보어를 갖는다.
② 생각하다, 예상하다. 주술구를 목적어로 갖는다.

- 初次见面，他不停地打量着我。 ① 처음 만나자, 그는 계속 나를 훑어보았다.
- 出门前，她仔细地打量了一下自己。 ① 외출 전, 그녀는 자신을 꼼꼼히 훑어보았다.
- 我打量玛丽会来参加舞会的。 ② 나는 메리가 댄스파티에 올 거라고 생각한다.
- 他打量这次考试一定会顺利通过的。 ② 그는 이번 시험에 분명 무난히 합격할 거라고 예측했다.

给予 jǐyǔ

주다, 베풀다. 동작이나 태도가 상대방에게 미치다. 대체로 서면어로 사용된다. 목적어와 보어를 가질 수 있으며, 주로 동사를 목적어로 취하지만, 간혹 명사를 취하기도 한다. 여기서 给를 jǐ로 읽는 것에 주의한다.

- 学校给予我们很大的支持。 학교는 우리에게 많은 지원을 해준다.
- 王老师给予学生母亲般的关怀。 왕 선생님은 학생들을 어머니처럼 보살핀다.

给以 gěiyǐ

주다(= 给). 주로 서면어로 사용된다. 반드시 이음절 동사를 목적어로 가지며, 앞에 일반적으로 조동사나 应当 / 必须 등의 부사가 온다. 동작을 받는 대상은 반드시 주어 앞 또는 给以 앞에 위치한다. 만일 대상이 给以 뒤에 오면 给以를 给나 '给…以…' 형식으로 바꿔야 한다.

- 别人有困难，我们应当给以帮助。 다른 사람에게 어려움이 있으면, 우리는 마땅히 도와야 한다.
- 孩子犯错误，我们应当给以理解。 아이가 잘못을 하더라도, 우리는 이해해야 한다.
- 他现在有麻烦，我们应该给他帮助。 그는 지금 골치를 앓고 있으니, 우리가 도와야 한다.
- 运动员的出色表现给我们以深刻印象。 운동선수의 뛰어난 기량은 우리에게 깊은 인상을 주었다.

归

① 돌아가다, 돌려주다. 어떤 한 곳을 향하거나 그곳으로 집중되는 의미를 나타낸다. 중첩할 수 없고, 목적어와 보어를 가질 수 있다.
② ~에게 속하다. 소유를 나타내며, 반드시 목적어를 가진다. 이때 목적어가 바로 소유주가 된다.

- 水流千里归大海。 ① 물이 천 리를 흘러 대해로 들어간다.
- 把性质相同的问题归于一类。 ① 성격이 같은 문제를 한 부류로 묶는다.
- 这件衣服归妹妹。 ② 이 옷은 여동생 것이다.
- 这个学校归国家。 ② 이 학교는 국가 소유이다.

愣

정신이 나감, 멍함, 어리둥절하다. 주로 구어체에 사용된다. 종종 보어로 쓰이는데, 이때 앞에 반드시 得(de)를 써야 한다. 동사 发의 목적어가 되어, 发愣의 형태로도 많이 쓰인다.

- 听了我的话，他突然愣了一下。 내 말을 듣고, 그는 갑자기 어리둥절해졌다.
- 气得她愣了半天。 화가 나서, 그녀는 한참 동안 멍해 있었다.
- 他一直在发愣，不知发生了什么事。
  그는 계속 어리둥절해 하며, 무슨 일이 일어났는지 알지 못했다.

配

① 어울리다, 자격이 있다. 주로 구어체에 사용되며, 사람을 대상으로 한다. 목적어와 보어를 가질 수 있으며, 목적어로 비명사성 단어를 취하기도 한다.
② 뒷받침하다, 깔다, 다른 것을 돋보이게 하다. 목적어와 보어를 가질 수 있다.
③ (적당한 비율로 배합하여 부족한 부분을) 보충하다, 맞추다

- 只有在各方面做得出色的人，才配做经理。① 각 분야에서 뛰어난 자만이 관리자가 될 자격이 있다.
- 这首歌适合用钢琴配乐。② 이 노래는 피아노 반주가 어울린다.
- 这两种颜色配在一起不谐调。③ 이 두 색깔은 같이 놓으면 맞지 않는다.

嫌

싫어하다, 불만이다. 주로 구어체에서 사용하며, 비명사성 목적어를 갖는다.

- 他自己不用功，还嫌作业太多。 그는 열심히 하지도 않으면서, 숙제가 너무 많다고 불평한다.
- 做事情要认真，不要嫌麻烦。 일은 착실하게 해야지 귀찮아하면 안 된다.

敢于

용감하게, 대담하게 ~하다. 주로 서면어로 사용하며, 부정형은 不敢이다. 이음절 이상의 동사 앞에 주로 사용하며, 동사 등의 비명사성 목적어를 가진다.

- 自己犯错误自己要敢于承认。 자기가 잘못을 했으면 용감하게 인정해야 한다.
- 没有你的鼓励，我不敢参加比赛。 네가 격려해주지 않았다면, 나는 시합에 참가하지 못했다.
- 因为有大家的支持和帮助，我才敢于这么做。
  모두의 지지와 도움이 있었기 때문에, 내가 용감하게 이렇게 할 수 있었다.

便于

~에 편리하다. 동사를 목적어로 갖는다.

- 在学校住宿便于学习。 학교에서 묵으면 공부하기에 편하다.
- 为了便于携带，还是买本袖珍词典吧。 휴대하기 편하도록, 포켓사전으로 사자.

不顾

고려하지 않다, 생각하지 않다. 목적어, 보어를 가질 수 있다.

- 他不顾别人的反对，坚持自己的做法。
  그는 다른 사람들의 반대에도 아랑곳없이, 자신의 방법을 고수했다.
- 他只顾自己，不顾别人。 그는 자기만 알고 남은 생각하지 않는다.

多亏

은혜를 입다, 덕택을 입다. 뒤에 조사 了가 올 수 있으며, 명사, 동사, 구를 목적어로 갖는다. 부정형식은 없다.

- 多亏警察来得及时，否则小偷就跑了。
  경찰이 제때에 왔으니 망정이지, 안 그랬다면 도둑이 달아났을 거다.
- 多亏你帮我，不然我得多走很多路。
  네가 날 도와주었으니 망정이지, 안 그랬으면 길을 한참 더 갔을 거야.
- 多亏了你的帮助，要不然我们不能按时完成任务。
  네가 도와주었으니 망정이지, 그렇지 않았으면 우리는 제 시간에 일을 마치지 못했을 거야.

不比 비교할 수가 없다, 비할 바가 못 된다. 반드시 목적어를 갖는다.

- 我们学校的条件不比其他学校，但我们的成绩要比其他学校好。
  우리 학교의 조건은 다른 학교보다 못하지만, 우리 성적은 다른 학교보다 낫다.
- 入秋以后不比夏天了，老人要适当多穿点儿衣服。
  입추가 지나면 여름과 달라서, 노인은 옷을 적당하게 좀 더 입어야 한다.

算是 ~인 셈 치다, ~인 편이다(= 算做, 当做). 마지못해 억지로 하는 의미를 표현하기도 한다. 뒤에 명사 · 동사 · 형용사구를 목적어나 보어로 취한다.

- 玛丽算是一个好学生。 메리는 착한 학생이라 할 수 있다.
- 你算是说对了，这次HSK我确实过了六级。
  네 말이 맞은 셈이야, 이번 HSK에서 정말로 6급을 땄어.
- 我虽然年纪大了，但身体还算是结实。 나는 나이가 많지만, 몸은 그런대로 튼튼한 편이다.
- 今天算是我请客，大家都不要客气。 오늘은 내가 한턱 내는 셈이니, 다들 사양하지 마십시오.

好比 흡사 ~와 같다, 예를 들면 마치 ~와 같다(= 如同). 비명사성 목적어를 갖는다.

- 我们之间的友谊好比亲兄弟。 우리 사이의 우정은 친형제와 같다.
- 批评和自我批评好比洗脸扫地，要经常做。
  비평과 자기비판은 세수나 마당쓸기처럼 자주 해야 한다.

怀 마음에 품다. 종종 동태조사 着와 함께 사용된다. 목적어를 가지며, 연동문에서 첫 번째 술어로 사용되기도 한다.

- 他这样做是不怀好意。 그가 이렇게 하는 것은 좋은 마음에서가 아니다.
- 我们怀着极大的兴趣观看孩子们的演出。 우리는 지대한 관심을 가지고 아이들의 공연을 봤다.

面临 직면하다. 주로 동작의 임박을 나타내는 부사 将이나 진행을 나타내는 부사 正 또는 동태조사 着와 함께 쓰이며 목적어로는 危险, 危机, 挑战, 调整, 考研 등을 수반한다.

- 那家公司正面临着破产的危机。 그 회사는 파산의 위기에 직면해 있다.
- 他面临着人生最重要的选择。 그는 인생에서 가장 중요한 선택에 직면해 있다.
- 股票市场即将面临新的挑战。 주식시장은 머지않아 새로운 도전에 직면할 것이다.

佩服 감탄하다, 탄복하다, 경탄하다. 마음 속 깊이 감탄하고 탄복함을 나타내는 단어로 정도부사의 수식을 받을 수 있으며 주로 명사 목적어를 가진다.

- 我很佩服你的勇气。 나는 당신의 용기에 정말 경탄합니다.
- 他为人很正直，我不得不佩服他。 그는 사람됨됨이가 정직해서, 나는 그에게 탄복할 수 밖에 없다.
- 我很佩服那些助人为乐的人。 나는 타인을 돕는 것을 즐거움으로 여기는 사람들에게 매우 탄복한다.
- 我很佩服她的毅力和耐力。 나는 그녀의 의지력과 인내력에 매우 탄복한다.

| 犹豫 | 주저하다, 망설이다. 주로 보어와 함께 쓰이며, 단어를 목적어로 취하지 않고 절이나 구를 목적어로 가진다. |

- 她在拿起听筒前犹豫了一下。 그녀는 수화기를 들기 전에 잠시 머뭇거렸다.
- 他犹豫了一下才走进房间。 그는 잠시 망설이다가 방으로 들어갔다.
- 我很后悔当时犹豫了，没去帮他。 나는 그때 주저하고 그를 도와주지 않았던 것을 매우 후회한다.
- 我刚才还在犹豫要不要做这件事。 나는 방금 전까지도 이 일을 해야 할지 망설였다.

| 缓解 | 완화시키다, 완화하다. 완전히 해소하는 것이 아닌 긴장된 상태나 급박한 상황을 느슨하게 하는 것을 뜻하며 주로 스트레스, 피로, 상황 등을 명사 목적어로 취한다. |

- 缓解市内交通拥挤状况。 시내의 교통 혼잡 상황을 완화시키다.
- 请给我介绍一下缓解疲劳的食物。 제게 피로를 완화시키는 음식을 소개해 주세요.
- 充足的睡眠有助于缓解压力。 충분한 수면은 스트레스를 해소하는데 도움이 된다.

| 造成 | 초래하다, 만들다. 나쁜 일이나 결과가 초래되는 것을 뜻하며 동의어로는 导致，引起가 있다. |

- 白色垃圾造成了城市污染。 플라스틱류 폐기물은 도시의 오염을 가져왔다.
- 这次坠机事件造成了很多人伤亡。 이번 비행기 추락사고는 많은 사상자를 초래했다.
- 父母吵架会对孩子造成负面影响。 부모가 싸우면 아이에게 부정적인 영향을 초래할 것이다.

핵심테스트

해설 p. 6

다음 문장에서 제시어가 들어갈 정확한 위치를 찾아보세요.

1 我今天（A）头脑（B）特别（C）清醒（D）。
　　　　　　　　　　显得

2 父母（A）都（B）自己的孩子（C）为骄傲（D）。
　　　　　　　　　　以

3 我（A）花了很长时间（B）大量金钱才（C）清楚（D）事情的真相。
　　　　　　　　　　搞

4 现在（A）正在（B）一场（C）足球比赛（D）。
　　　　　　　　　　进行

5 （A）你（B）一个（C）班长，（D）应该为同学服务。
　　　　　　　　　　作为

6 （A）他的出现（B）现场的（C）一片混乱（D）。
　　　　　　　　　　引起了

7 我们（A）要学会（B）发现（C）周围的事物（D）。
　　　　　　　　　　善于

8 （A）她出众的外表（B）我们（C）以（D）深刻的印象。
　　　　　　　　　　给

04 조동사(能愿动词)

조동사는 동사 앞에 쓰이며, 이름의 뜻 그대로 능력(能)이나 바람(愿)을 나타내는 동사이다.

핵심 ① 조동사

동사 앞에 위치하여 바람·필요·가능·당부 등의 뜻을 나타내는 동사로, 要 / 会 / 想 / 得 / 可能 / 愿意 / 可以 / 肯 등이 있다. 반드시 동사와 함께 쓰이며, 단독으로 문장성분이 될 수 없다.

1 조동사가 있으면 그 뒤에 반드시 동사가 있다.

- 他要学习汉语。 그는 중국어를 배우려고 한다. (바람)
- 我们会说英语，也会说汉语。 우리는 영어를 할 줄 알고, 중국어도 할 줄 안다. (가능, 능력)
- 我想去旅游。 나는 여행을 가고 싶다. (바람)
- 休息室里可以抽烟。 휴게실에서는 담배를 피워도 된다. (가능)
- 他可能去上海了。 그는 아마 상하이로 갔을 것이다. (가능, 짐작)
- 你应该注意身体。 당신은 건강에 신경 써야 한다. (당부)
- 他愿意一个人去日本。 그는 혼자 일본에 가고 싶어한다. (바람)
- 你得考虑这个条件。 당신은 이 조건을 고려해야 한다. (당부)

2 조동사는 부정부사의 수식을 받을 수 있다. 따라서 조동사가 쓰인 문장의 부정문을 만들 때는 동사가 아닌 조동사 앞에 不를 쓴다.

- 他不会开车。 그는 운전할 줄 모른다.
- 我不要学习汉语。 나는 중국어를 배우지 않을 거다.
- 我不想去旅游。 나는 여행을 가고 싶지 않다.
- 教室里不可以抽烟。 교실에서 담배를 피워서는 안 된다.
- 他不可能去上海了。 그는 상하이로 갈 수 없다.
- 你不应该忽视健康。 당신은 건강을 소홀히 해서는 안 된다.
- 他不愿意一个人去日本。 그는 일본에 혼자 가고 싶어하지 않는다.

3 조동사 뒤에는 보어나 동태조사가 올 수 없다. 보어나 동태조사 了 / 着 / 过는 모두 조동사 다음에 오는 동사 뒤에 온다.

→ 주어 + 조동사 + 동사 + 동태조사 / 보어

- 现在我们要着认真地解决同学们的生活问题。(×)
  → 现在我们要认真地解决同学们的生活问题。
  지금 우리는 학우들의 생활문제를 신중하게 해결해야 한다.
- 星期六的晚上他想了找朋友们玩玩。(×)
  → 星期六的晚上他想找朋友们玩玩。
  토요일 저녁 그는 친구들을 찾아 놀려고 한다.
- 让我去吧，我去过那儿很多次了，我能过找到那儿。(×)
  → 让我去吧，我去过那儿很多次了，我能找到那儿。
  내가 갈게, 나는 그곳을 여러 번 가봐서 찾을 수 있어.

4 조동사는 중첩할 수 없다.

- 你是我的朋友，我应该应该帮助你。(×)
  → 你是我的朋友，我应该帮助你。 너는 내 친구니, 내가 너를 도와야 한다.

5 조동사가 쓰인 문장의 정반의문문은 동사가 아닌 조동사의 긍정형과 부정형을 나열한다. 이음절 조동사의 경우 첫 번째 조동사의 두 번째 글자는 생략할 수 있다.

- 你会不会画画儿？ 너는 그림을 그릴 줄 아니?
- 你能不能陪我去一下商店？ 너는 나랑 상점에 같이 갈 수 있니?
- 你今天想不想逛商店？ 너는 오늘 상점을 구경하고 싶니?
- 你能不能小声说话？别人正在休息。 다른 사람이 쉬고 있는데 너는 작은 소리로 말할 수 없겠니?
- 我可以不可以进去？(혹은 我可不可以进去？) 내가 들어가도 되니?
- 我可以不可先休息几天再工作？(×)
  → 我可(以)不可以先休息几天再工作？ 내가 먼저 며칠 쉬고 나서 일해도 되겠습니까?
- 你愿意不愿和我一块儿旅行？(×)
  → 你愿(意)不愿意和我一块儿旅行？ 너는 나랑 같이 여행가고 싶니?

6 把자구나 被자구 등의 전치사구에서 조동사는 把와 被 등의 전치사 앞에 온다. 전치사구의 수식을 받는 것은 조동사가 아니라 동사이기 때문이다.

- 今天晚上你把精读作业可以写完吧？(×)
  → 今天晚上你可以把精读作业写完吧？ 오늘 저녁 정독 숙제를 다 할 수 있겠지?
- 你把那个故事得讲完。(×)
  → 你得把那个故事讲完。 너는 그 이야기를 끝내야 한다.
- 你被他的谎话不应该欺骗。(×)
  → 你不应该被他的谎话欺骗。 너는 그의 거짓말에 속아서는 안 된다.
- 每个人被人都不愿意误解。(×)
  → 每个人都不愿意被人误解。 누구나 오해받길 원치 않는다.

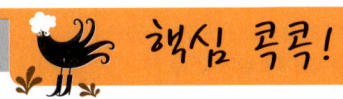

| 得 děi | ~해야만 한다. 의지나 사실상, 도리상의 필요를 나타낸다(= 需要，应该，必需). 구어체에 많이 사용되며, 부정형식은 不用이다. |

- 要取得好成绩就得努力学习。 좋은 성적을 받으려면 열심히 공부해야 한다.
- 发展经济，得依靠科学技术。 경제를 발전시키려면 과학기술에 의존해야 한다.
- 成年人学外语，总得学语法。 성인이 외국어를 배우려면 반드시 어법을 배워야 한다.
- 我得先回家，然后再去商店。 나는 먼저 집에 갔다가, 그리고 나서 상점에 가야 한다.
- 你不用天天来看我，但你得天天给我打电话。
  너는 매일 나를 찾아올 필요는 없지만, 매일 내게 전화는 해야 한다

| 能 / 可以 | ~할 수 있다, ~해도 좋다. 능력의 유무 및 허가와 금지를 나타낸다. |

- 玛丽能写很多汉字了。 메리는 많은 한자를 쓸 줄 안다.
- 你们今天能不能写完作业? 너희들 오늘 숙제를 다 할 수 있겠니?
- 他可以翻译这类文章了。 그는 이런 글을 번역할 수 있다.
- 休息了几天，她可以上班了。 며칠 쉬어서, 그녀는 출근할 수 있다.
- 在医院里不能大声喧哗。 병원에서 큰소리로 떠들어서는 안 된다.
- 现在我工作不忙，能去陪你。 지금 일이 바쁘지 않으니, 너와 같이 갈 수 있어.
- 教室里不可以吸烟。 교실에선 담배를 피우면 안 된다.
- 可以进来吗? 들어가도 됩니까?
- 学生无故旷课，是不可以的。 학생은 이유 없이 수업을 빼먹어서는 안 된다.

| 要 | ~하고자 한다, ~할 것이다(= 将要), ~해야만 한다(= 必须). 바람이나 의지 또는 필요성을 나타낸다. 부정형식은 要 앞에 不를 쓴다. 要는 필요를 나타내기도 하는데, 이때의 부정형은 不用이다. |

- 我要去中国学习汉语。 나는 중국어를 배우러 중국에 갈 것이다.
- 下雪路滑，开车要小心。 눈이 와서 길이 미끄러우니, 운전에 조심해야 한다.
- 下个月我要到苏州旅行。 다음 달에, 나는 쑤저우로 여행을 갈 것이다.
- 马上要下雨了，你一定要带伞。 금방 비가 올 것 같으니, 너는 우산을 꼭 가지고 가라.
- 这个句子要翻译成英语吗? 이 문장을 영어로 번역해야 합니까?
- 他不要买汉语词典，他要买英汉词典。 그는 중국어 사전을 사지 않고, 영중 사전을 사려고 한다.
- A：这个问题要回答吗? A：이 질문에 대답해야 합니까? (대답할 필요가 있습니까?)
  B：这个问题不用回答。 B：이 질문에 대답할 필요 없어요.

想

~하고 싶다, ~하고자 한다. 동사로는 '생각하다'란 의미가 있으며, 조동사로도 쓰인다. 앞으로의 바람·계획·의향을 나타내며, 이때의 의미는 要와 비슷하다. 부정형식은 想 앞에 不를 쓴다.

- 我想看一会儿电视。 나는 잠깐 TV를 보고 싶다.
- 星期日我想去书店买书。 일요일에 나는 서점에 가서 책을 사려고 한다.
- 约翰想买汉语词典，不想买汉语杂志。
  존은 중국어 사전은 사고 싶어하지만, 중국어 잡지는 사고 싶어하지 않는다.

应该

마땅히 ~해야 한다, 틀림없이 ~일 것이다. 도리상 또는 사실상의 필요성이나 거의 확실한 예상을 나타낸다. 부정형식은 应该 앞에 不를 쓴다.

- 学习汉语，你们应该会说、会听、会写。
  중국어를 배우면, 말할 줄 알고 들을 줄 알고 쓸 줄 알아야 한다.
- 这次旅行，应该带足吃的东西和用的东西。
  이번 여행에는 먹을 것과 쓸 것들을 넉넉히 가져가야 한다.
- 你们日语学得不错，应该去日本进修。
  너희는 일본어를 잘 배웠으니, 일본으로 연수를 가야 한다.
- 她的妹妹应该已经上中学了。 그녀의 여동생은 이미 중학교에 올라갔어야 한다.
- 你不应该听他的话。 너는 그의 말을 듣지 말아야 한다.

愿意

~하기를 바라다. 자신의 바람과 일치해 동의함을 나타낸다. 부정형식은 愿意 앞에 不를 쓴다.

- 他不愿意让我们知道这件事。 그는 우리가 이 사실을 알게 되는 것을 원치 않는다.
- 大家都去，你不愿意去吗？ 모두들 다 가는데, 너는 안 가고 싶니?
- 我愿意当一名教师。 나는 교사가 되고 싶다.

肯

기꺼이 원하다. 부정형은 不肯이며, 단독으로 질문에 대답할 수 있다. 단독으로 사용될 경우에는 앞에 정도부사 很이 올 수 없지만, 다른 동사와 결합하여 구를 이룰 경우에는 앞에 很이 올 수 있다. 반어문이나 부정문에서는 뒤에 형용사가 오기도 한다.

- A：他肯不肯来？ A：그 사람이 온다고 할까?
  B：肯。 B：올 거야.
- 只要你肯下功夫，总是会学好汉语的。
  당신이 열심히 노력만 하면, 결국에는 중국어를 마스터할 것이다.
- 领导都夸她很肯干。 윗사람들은 다들 그녀가 자발적으로 일을 정말 잘한다고 칭찬했다.
- 他是一个肯动脑筋的人。 그는 머리를 잘 쓰는 사람이다.
- 你肯安静一会儿吗？ 너 조용히 좀 해줄래?
- 他对工作向来不肯马虎，总是很认真。 그는 줄곧 일을 건성으로 하지 않고, 늘 매우 열심히 한다.

会	할 줄 안다, 할 수 있다. 학습을 통하여 어떤 기능을 할 줄 알게 되었거나, 능력이 있음을 나타낸다. 때로는 어떤 상태가 출현할 가능성이 있음을 나타내며, 부정형식은 会 앞에 不를 쓴다.

- 玛丽会说汉语，也会说日语。 메리는 중국어를 할 줄 알고, 일본어도 할 줄 안다.
- 我会唱京剧。 나는 경극을 부를 줄 안다.
- A：你会不会跳舞？ A：너 춤출 줄 아니?
  B：我不会跳舞。 B：나 춤출 줄 모르는데.
- 他会考得很好的，你放心。 그는 시험을 잘 칠테니, 너는 안심해.
- 她会唱中国民歌了。 그녀는 중국 민요를 부를 줄 안다.
- 约翰会写很多汉字。 존은 많은 한자를 쓸 줄 안다.
- 下雨了，他会来吗？ 비가 오는데, 그가 올까?
- 这么晚了，他不会来了。 이렇게 늦었는데, 그는 올 리 없다.

敢	감히 ~하다. 두렵고 내키지는 않지만 감히 할 수 있다는 것을 나타내며 부정형식은 敢 앞에 不를 쓴다.

- 你敢来我家吗？ 너는 감히 우리 집에 올 수 있겠니?
- 你竟然敢做这样的事，真大胆。 뜻밖에도 네가 감히 이런 일을 하다니, 정말 대담하구나.
- 他爸爸是律师，谁敢碰他？ 그의 아버지는 변호사인데, 누가 감히 그를 건드릴 수 있겠니?
- 夜路都不敢走，你可真是个胆小鬼。 밤길을 걸을 엄두도 못 내다니, 너 정말 겁쟁이구나.
- 老师布置的作业我们都不敢不做。
  선생님이 내 주신 숙제를 우리는 감히 안 할 엄두도 내지 못한다.

핵심테스트

다음 문장에서 제시어가 들어갈 정확한 위치를 찾아보세요.

1　（A）你（B）把（C）长辈的话（D）记在心里。

　　　　　　　应该

형용사(形容词)

형용사는 사람·사물의 성질이나 상태를 묘사하는 것으로, 주로 술어나 한정어로 쓰인다.

핵심 ❶ 형용사

'형용사'란 사람·사물·행위 등의 성질이나 상태를 나타낸다. 형용사는 문장속에서 술어, 한정어, 보어 등으로 사용되며, 일반 형용사와 비술어 형용사로 나눌 수 있다.

일반 형용사	红 빨갛다	漂亮 예쁘다	可爱 귀엽다	重要 중요하다		
비술어 형용사	初级 초급	主要 주요	新式 신식	袖珍 소형	基本 기본	一切 모든

1 한정어로 쓰인다. 명사 앞에서 명사를 수식하며, 조사 的와 함께 쓰이기도 한다.

- 我有一辆<u>新(的)</u>汽车。 나는 새 차가 한 대 있다.
- 他有一件<u>漂亮</u>的衬衫。 그는 멋진 셔츠가 한 벌 있다.
- 昨天晚上我们看了一场<u>精彩</u>的足球比赛。 어제 저녁 우리는 멋진 축구 경기를 관람했다.

2 술어로 쓰인다. 동사를 따로 첨가하지 않고 단독으로 술어가 된다.

- 教室里很<u>安静</u>。 교실 안은 매우 조용하다.
- 我今天很<u>高兴</u>。 나는 오늘 정말 즐겁다.
- 这孩子非常<u>聪明</u>。 이 아이는 아주 똑똑하다.
- 教室又<u>宽敞</u>又<u>明亮</u>。 교실은 넓고도 밝다.

3 부사어로 쓰인다. 동사 앞에서 부사어가 된다.

- 他<u>努力</u>学习，<u>积极</u>工作。 그는 열심히 공부하고, 적극적으로 일한다.
- 老师<u>常常</u>早来晚走。 선생님은 항상 일찍 오셨다가 늦게 가신다.
- 这个字<u>很</u>容易写。 이 한자는 매우 쓰기 쉽다.

4 동사 뒤에서 동사의 의미를 보충하는 보어로 쓰인다.

- 衣服洗干净了。 옷을 깨끗하게 빨았다.
- 你的话我听明白了。 네 말을 나는 알아들었다.
- 那个人打扮得很漂亮。 그 사람은 예쁘게 치장을 하였다.

5 목적어와 주어로 쓰인다. 단어의 형태 변화 없이도 명사처럼 쓰이기도 한다.

- 我特别怕冷，不怎么怕热。 나는 유난히 추위를 타고, 더위는 별로 타지 않는다.
- 虚心使人进步，骄傲使人落后。 겸손함은 사람을 발전시키고, 교만함은 사람을 퇴보시킨다.

6 대부분의 형용사는 중첩할 수 있다.

好好 아주 좋다　　　　漂漂亮亮 참으로 예쁘다　　　雪白雪白 정말 하얗다

7 부사(특히 정도부사)의 수식을 받는다. 그러나 형용사 가운데 접미사를 가진 형용사, 복합 형용사, 형용사의 중첩형은 그 자체에 정도의 의미가 포함되어 있으므로 정도부사의 수식을 받을 수 없다.

很红 매우 빨갛다　　　　　　非常漂亮 대단히 아름답다　　　十分壮观 몹시 장관이다
很冷清清(×) - 형용사의 중첩　　非常雪白(×) - 복합형용사

8 형용사는 목적어를 가질 수 없으나 동사성 성질을 가지고 있는 일부 형용사는 목적어를 가질 수 있다.

热闹 시끌벅적하다 / 즐겁게 하다　　暖和 따뜻하다 / 따뜻하게 하다　　高兴 기쁘다 / 기뻐하다
痛快 통쾌하다 / 마음껏 놀다　　　　端正 단정하다 / 바르게 하다

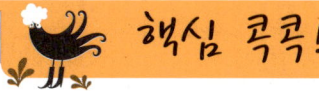

| 大批 | 대량의. 사람이나 사물이 많음을 나타낸다. 주로 한정어로 쓰이지만, 부사어로 쓰이기도 한다. 한정어나 부사어로 쓰일 때에는 구조조사 的나 地를 쓰지 않는다. '一大批 + 명사' 형식으로 자주 쓰인다. |

- 中国向灾区提供了大批救灾物资。 중국은 재난지역에 대량의 구호물자를 보냈다.
- 国庆节期间北京来了大批国外客人。 국경절 기간에 베이징에는 많은 외국 손님들이 왔다.
- 最近，文艺界出现了一大批优秀歌手。 최근, 문예계에 우수한 가수가 많이 나왔다.
- 这种产品大批涌入市场。 이 제품은 시장에 대량 유입되었다.

| 故意 | 고의의, 의식적인. 비술어 형용사로, 단독으로는 술어로 쓰이지 않고, 정도부사의 수식을 받을 수 없다. 是…的구문에 넣어서 '주어 + 是故意的'의 형식으로 많이 사용한다. 또한 한정어로 쓰일 때는 반드시 的를 써서 '故意的 + 명사' 형식으로 써야 한다. |

- 他当面表扬我是故意的行为。 그가 면전에서 나를 칭찬하는 것은 고의적인 행동이다.
- 他这样做完全是故意的。 그가 이렇게 하는 것은 완전히 고의적이다.

| 显然 | 명백하다, 분명하다. 술어나 부사어로 쓰이며, 정도부사의 수식을 받을 수 있다. 是…的구문에 사용할 수 있다. |

- 她的眼睛红红的，显然是刚刚哭过。 그녀의 눈이 붉은 것이 방금 전에 운 것이 분명하다.
- 玛丽的口语水平比我高是很显然的。 메리의 회화 수준이 나보다 높은 것은 매우 분명하다.
- 很显然，电脑在人们的社会生活中起着巨大的作用。
  컴퓨터가 인간의 사회생활에서 지대한 영향을 미치고 있는 것은 매우 분명하다.

| 近 | 가깝다. 시간상·거리상 가까움을 뜻한다. |

- 近几个月来玛丽的进步很快。 근 몇 개월 사이에 메리의 발전은 정말 빠르다.
- 近一二年，他访问了十多个国家。 최근 1~2년 동안, 그는 십여 개 나라를 방문했다.

| 明显 | 뚜렷하다, 분명하다. 눈으로 확연히 드러나는 것을 뜻하며 주로 술어와 한정어로 쓰이며, 부사어로 사용되기도 한다. |

- 很明显，你这道题写错了。 네가 이 문제를 잘못 썼다는 것은 정말 분명하다.
- 小明改善了学习方法后，成绩明显提高了。
  샤오밍은 학습방법을 개선한 후, 성적이 분명히 향상되었다.
- 中国的经济增长速度明显加快起来了。 중국의 경제성장 속도가 눈에 띄게 빨라졌다.
- 我现在吃的药效果不是很明显。 내가 지금 먹는 약은 효과가 매우 뚜렷하지 않다.

| 坚强 | 굳세다, 꿋꿋하다. 의지, 성격 등이 무너지지 않고 동요하지 않음을 나타내며 정도부사의 수식을 받을 수 있고 술어나 한정어로 쓰인다. |

- 小明的意志很坚强。 샤오밍은 의지가 매우 강하다.
- 在困难面前，他总是很坚强。 어려움 앞에서, 그는 늘 매우 강하다.
- 坚强的人心理承受能力强。 강한 사람은 심리적인 감당능력이 뛰어나다.
- 我们在遇到困难时，要学会坚强。 우리는 어려움에 봉착했을 때, 강해지는 것을 배워야 한다.

| 难得 | ① 얻기 어렵다, 구하기 어렵다. '소중하게' 또는 '대단하게' 여기는 의미를 지닌다.
② 모처럼, 어렵게. 자주 발생하지 않음을 나타내며 부사어로 쓰인다. |

- 马丁两次打破世界纪录，真是难得。① 마틴이 세계기록을 두 번 깨다니, 정말 대단하다.
- 这样的大雪是难得遇到的。① 이런 폭설은 만나기 어렵다.
- 约翰是难得的足球人才。② 존은 좀처럼 드문 축구 인재이다.

马马虎虎

① 대충하다, 건성건성하다, 아무렇게나 하다(= 马虎, 随随便便)
② 그저 그렇다, 아쉬운 대로 ~하다(= 勉强, 凑合)

- 你要克服马马虎虎的不良习惯。① 너는 대충대충하는 나쁜 습관을 고쳐야 한다.
- 结婚是终身大事，不能马马虎虎。① 결혼은 인륜지대사이니, 아무렇게나 해서는 안 된다.
- A：过得怎么样？ A : 어떻게 지내니?
  B：马马虎虎吧。② B : 그저 그래.

谦虚

겸손하다. 남을 존중하고 자신을 내세우지 않는 태도를 나타낸다.

- 谦虚使人进步。 겸손은 사람을 향상되게 한다.
- 尽管他已经成功了，但他还是十分谦虚。 그는 이미 성공을 거두었지만, 여전히 매우 겸손하다.
- 那个男人总是假装很谦虚。 그 남자는 늘 겸손한 척 한다.

委屈

억울하다, 답답하다. 부당한 대우나 지적을 받아서 억울하고 괴로운 마음을 나타낸다.

- 这件事让我感到非常委屈。 이 일은 내가 굉장히 억울함을 느끼게 만들었다.
- 妈妈冤枉了我，我感觉很委屈。 엄마가 나에게 누명을 씌워서, 나는 정말 억울함을 느꼈다.
- 无缘无故被母亲骂了一顿，他十分委屈。 이유도 없이 엄마에게 혼나서, 그는 매우 억울했다.

惭愧

부끄럽다, 창피하다. 잘못이나 실수 또는 최선을 다하지 못해서 불안하거나 부끄러움을 느끼는 것을 나타낸다. 주로 술어로 쓰이며 정도부사의 수식을 받을 수 있다.

- 这次考试又考砸了，回到家时，看着妈妈期待的眼神，我感到十分惭愧。
  이번 시험은 또 망해서 집에 갔을 때, 엄마의 기대하는 눈빛을 보고 나는 매우 부끄러웠다.
- 夏明做错了事情，感觉很惭愧。 샤밍은 일을 실수해서, 매우 창피함을 느꼈다.
- 老师交办的事情我没有做好，心里感到很惭愧。
  선생님께서 처리하라고 맡긴 일을 잘하지 못해서, 마음속으로 정말 창피함을 느꼈다.

핵심테스트

해설 p. 7

다음 문장에서 제시어가 들어갈 정확한 위치를 찾아보세요.

1　宽阔 (A) 天安门 (B) 广场上升起一面 (C) 五星 (D) 红旗。

的

06 수사(数词)

'수사'란 숫자나 수량을 나타내는 말로, 수의 종류를 가리키는 기수(정수・분수・소수・배수 등)와 순서나 서열을 나타내는 서수로 나누어진다. 수사는 일반적으로 양사와 함께 사용된다.

핵심 ① 수사

수사는 기수와 서수, 그리고 대략의 수를 나타내는 개수의 어법에 주의해야 한다. 또한 분수와 백분율, 二과 两은 어법 뿐만 아니라 읽는 방법도 주의해야 한다.

● 서수

서수는 순서를 나타내는 수사를 가리킨다. 서수를 표현하는 기본 방법은 정수 앞에 第를 붙여서 '第 + 정수'의 형태를 취하는 것인데, 일부 서수는 第를 붙이지 않는다.

第 + 정수	第一次 처음	第二名 제2등	第五卷 제5권	第85号 제85호
등급	头等 1등	二等 2등	末等 꼴찌	
가족서열	大哥 큰 형님	三叔 셋째 삼촌	四弟 넷째 동생	
일련번호	一班 1반	五楼 5층	卷一 1권	101路 101번 노선
열거 / 나열	一、开会 1. 개회	二、讨论 2. 토론	三、总结 3. 총괄	
년 / 월 / 일 / 요일	2013年1月22日 星期六 2013년 1월 22일 토요일			

● 개수

구체적인 수가 아닌 대략의 수, 어림수를 가리킨다. 대략의 수를 나타낼 때는 숫자를 연이어 쓰거나 어림수를 나타내는 단어를 숫자 뒤에 쓴다.

1 인접한 두 개의 숫자를 연이어 쓴다. 이때 작은 숫자는 앞에, 큰 숫자는 뒤에 놓는다. 인접하지 않은 숫자도 연용하여 어림수를 나타낼 수 있다.

三四个 서너 명　　　　　　五六岁 대여섯 살
七八百人 7~800명　　　　 三五天 3~5일 정도

2 수사 뒤에 어림수를 나타내는 단어를 더한다.

八里来路 8리 정도의 길 　　　十多天 10여 일 　　　二十几个 스물 몇 개
十天左右 열흘 안팎 　　　　　一米上下 1m 안팎 　　　九十分以上(以下) 90점 이상(이하)

- 今天参加晚会的有一百来人。 오늘 저녁파티에 참석하는 사람은 100명 가량 된다.
- 他今天喝了十多瓶啤酒。 그는 오늘 맥주를 10병 넘게 마셨다.
- 我们去中国照了十几张相。 우리는 중국에 가서 사진을 10여 장 찍었다.
- 这条大街长一千米左右。 이 대로는 길이가 1,000m 가량 된다.
- 这个人看上去不过才30岁上下。 이 사람은 불과 겨우 30세쯤 되어 보인다.
- 她的身高一米八以上。 그녀의 키는 1m 80cm 이상이다.
- 这次考试我的成绩在90分以下。 나의 이번 시험성적은 90점 이하이다.

◐ 분수와 백분율

분수와 백분율을 읽을 때는 分之를 사용한다.

1 분수(分数)는 '분모 分之 분자'로 읽는다. 분수 앞에 정수가 있는 대분수의 경우 '정수 又 분모 分之 분자'로 읽는다.

2/3 → 三分之二 　　　　　　　　4/5 → 五分之四
1과 1/5 → 一又五分之一 　　　　3과 7/10 → 三又十分之七

- 我校去年的留学生人数是1000人，今年是500人，那么今年的人数是去年的二分之一。
  우리 학교의 작년 유학생 수는 1,000명이었는데, 금년은 500명이다. 그렇다면 금년의 유학생 수는 작년의 1/2이다.
- 今年比去年减少了五分之二。 금년에는 작년보다 2/5가 감소하였다.

2 백분율(百分数)은 일반적으로 분모가 100이므로 '百分之…'라고 읽는다.

30% → 百分之三十 　　　　　　　105% → 百分之一百零五

◐ 배수와 소수

소수를 읽는 방법은 우리말과 별 차이가 없지만, 배수를 읽을 때는 우리와 계산된 표현이 다른 것에 유의해야 한다.

1 배수(倍数) : 수사 뒤에 倍를 붙여 읽으며, '~보다 크거나 증가된' 상황을 나타낸다.

'A는 B의 X배이다'라고 할 때는 그대로 A와 B의 비율을 비교하면 되지만, 만일 'A는 B보다 X배 많다, 증가했다'라고 할 때는 A와 B의 비율이 아니라 증가분만을 표현한다.

- 我校去年的留学生的人数是500人，今年是1000人，那么今年的留学生的人数是去年的2倍。
  우리 학교의 작년 유학생 수는 500명이었는데, 금년은 1,000명이다. 그렇다면 금년의 유학생 수는 작년의 두 배이다.
- 今年的留学生的人数比去年增加了1倍。 올해의 유학생 수는 작년보다 배로 늘었다.
- 9比3多2倍。 9는 3보다 두 배 많다.

2 소수(小数) : 소수점 앞의 숫자는 정수법으로 읽고, 소수점 뒤는 숫자 하나하나 읽는다.

7.8 → 七点八   3.1415 → 三点一四一五   35.78 → 三十五点七八

● 특수한 수사 용법

1 两과 二은 모두 2를 뜻하지만 쓰임새가 다르다. 양사 앞(또는 양사가 필요 없는 명사 앞)에는 两을 사용하고, 10 이상의 숫자에 있는 2는 양사에 관계없이 모두 二로 읽는다. 도량단위를 나타내는 양사 앞에는 两과 二 모두 가능하다.

二本书 (×) → 两本书 책 두 권   二张机票 (×) → 两张机票 비행기표 두 장
十两个月 (×) → 十二个月 열두 달   五十两个星期 (×) → 五十二个星期 52주
2斤大米 → 两斤大米 / 二斤大米 (○) 쌀 두 근
2公里路 → 两公里路 / 二公里路 (○) 2km의 여정(길)

2 半은 1/2, 반을 가리키며, 단독으로 사용하지 않고 반드시 양사와 함께 사용한다. 정수가 없으면 '半 + 양사 + 명사'로, 정수가 있으면 '정수 + 양사 + 半 + 명사'의 형식으로 쓴다.

半斤糖 설탕 반 근   半瓶酒 술 반 병   半里路 반 리의 길
两斤半水果 과일 두 근 반   一天半时间 하루 반나절   两个半小时 두 시간 반

핵심 콕콕!

多 ~여, 남짓. 수량사 뒤에 쓰여, 그 수를 초과하는 대략적인 숫자를 나타낸다.
① 1~10 이내의 숫자는 '수사 + 양사 + 多 (+ 명사)'의 순으로 쓴다.
② 10 이상이면서 끝자리가 '0'인 숫자는 '수사 + 多 + 양사 (+ 명사)'의 순으로, 10 이상이면서 끝자리가 '0'이 아닌 숫자는 '수사 + 양사 + 多 (+ 명사)'의 순으로 쓴다.

十多封信 10여 통의 편지   一百多个人 100여 명   五十多张桌子 50여 개의 책상
两千多公斤大米 2천여 kg의 쌀   四米多布 4m가 넘는 천   三公斤多牛肉 3kg이 넘는 쇠고기
五十六天多 56여 일   一个多月 1개월 여   三年多(时间) 3년 여(의 시간)

来	가량, 정도. 수사 뒤에서 어떤 숫자에 못 미치거나 약간 초과함을 나타낸다. 来 뒤에는 숫자와 관련된 명사나 형용사가 따라온다. ① 1~10 이내의 숫자는 양사 뒤, 즉 '수사 + 양사 + 来 + 명사 / 형용사' 순서로 쓴다. ② 10 이상이거나 끝자리가 '0'인 숫자는 양사 앞, 즉 '수사 + 来 + 양사 + 명사 / 형용사' 순서로 쓴다.

三米来长 3m (정도의) 길이   五斤来重 5근 정도의 무게   五十来里路 50여 리의 길
两千来人 2,000여 명(의 인파)   三十来岁 30여 세   二百来页 200여 쪽

左右	가량, 정도, 내외. 수사 뒤에서 그 숫자와 차이가 크지 않은 대략의 수를 나타낸다. 문장 안에 양사가 있으면 양사의 뒤에, 시간사가 있으면 시간사 뒤에, 돈이 있으면 钱 뒤에 쓰는데, 钱은 생략할 수 있다.

- 我们学校的留学生有800人左右。 우리 학교의 유학생은 800명 가량 된다.
- 这条大街长1000米左右。 이 대로는 길이가 1,000m 정도이다.
- 我准备在北京学习两个月左右的汉语。 나는 베이징에서 중국어를 2개월 가량 배우려고 한다.
- 这本汉语词典得50块(钱)左右。 이 중국어 사전은 50위안 가량 되어야 한다.

上下	안팎, 쯤, 가량. 수량사 뒤에 쓰이며 의미는 대체로 左右와 같으나 주로 나이, 높이, 무게 등을 나타낸다. 단, 나이를 나타낼 때는 주로 성인의 나이에 사용한다. 二十岁上下 (O) 五岁上下 (×)

- 王老师看上去也就三十岁上下。 왕 선생님은 30세 안팎으로 밖에 안 보인다.
- 玛丽的身高1.7米上下。 메리의 키는 1m 70cm 가량 된다.

十之八九	열에 여덟 아홉, 십중팔구, 대부분. 가능성이 매우 큼을 나타낸다.

- 放假期间留学生十之八九回国了。 방학 기간에 유학생들은 대부분 귀국한다.
- 玛丽今天没来上课, 十之八九是病了。 메리는 오늘 결석했어, 분명히 병이 난 거야.

三五	서너너덧. 연속되지 않은 숫자로도 어림수를 나타낼 수 있다.

- 我准备用三五年的时间在中国学习汉语。 나는 3~5년가량 중국에서 중국어를 공부할 계획이다.
- 我每天晚上都要学习三五个小时。 나는 매일 저녁마다 서너 시간가량 공부를 한다.

把	쯤, 가량. 来의 의미와 같다. 일반적으로 百 / 千 / 万과 일부 양사 里 / 丈 / 斤 / 个 등 뒤에서 이 숫자에 가까움을 나타낸다. 뒤에 다른 수사는 사용할 수 없다.

百把人 100여 명   千把斤大米 1,000여 근의 쌀
万把块钱 1만여 위안   个把月(= 一个来月) 한두 달

핵심테스트

해설 p.7

다음 문장에서 제시어가 들어갈 정확한 위치를 찾아보세요.

1 中国 (A) 有 (B) 五千 (C) 年 (D) 的悠久历史。
　　　　　　　　　多

2 其实一年 (A) 有 (B) 三百六十五 (C) 天 (D)。
　　　　　　　　　多

3 这个会议厅 (A) 只 (B) 坐得下 (C) 百 (D) 人。
　　　　　　　　　把

4 这么长的课文 (A) 得背 (B) 一个半 (C) 小时 (D)。
　　　　　　　　　左右

5 她的身高 (A) 一米 (B) 六 (C) 五 (D)，属于中等个。
　　　　　　　　　上下

6 她的年龄 (A) 也就 (B) 二十 (C) 岁 (D)，打扮得却很成熟。
　　　　　　　　　上下

7 (A) 听说超市商品打 (B) 半折，附近的居民 (C) 都去 (D) 采购了。
　　　　　　　　　十之八九

8 这种药每 (A) 次 (B) 吃 (C) 片 (D)，每天吃三次。
　　　　　　　　　半

9 他非常渴，一口气喝了 (A) 两 (B) 瓶 (C) 汽水 (D)。
　　　　　　　　　半

10 这个城市太大了，有一千 (A) 五百 (B) 万 (C) 人 (D)。
　　　　　　　　　来

07 양사(量词)

'양사'란 수를 세는 단위를 나타내는 명사이다. 양사에는 사람이나 사물 등의 명사를 세는 명량사와 동작의 횟수를 표시하는 동량사, 양사는 아니지만 임의로 양사 역할을 하는 차용양사 등이 있다. 문장 속에서 명량사는 한정어 역할을 주로 하고, 동량사는 동량보어 역할을 많이 한다.

핵심 ❶ 명량사

명량사는 사람이나 사물의 단위를 표시하며, 한정어로 쓰인다.

핵심 콕콕!

个 개. 가장 광범위하게 사용되는 양사. 거의 모든 사물에 사용된다.

一个人 한 사람　　两个苹果 사과 두 개　　一个手表 손목시계 하나　　五个锅 솥 다섯 개
一个湖 호수 하나　　三个玻璃杯 유리컵 세 개　　一个理想 하나의 이상　　一个梦 하나의 꿈

位 분. 사람을 세는 양사이며, 존칭이다.

五位代表 다섯 분의 대표　　三位老师 선생님 세 분　　两位教授 교수님 두 분

本 권. 서적류를 세는 단위

三本书 책 세 권　　两本杂志 잡지 두 권　　一本小说 소설 한 권
十本笔记 노트 열 권　　一本回忆录 회고록 한 권

件 벌, 개. 사물이나 의류 등을 세는 단위

一件衬衫 셔츠 한 벌　　两件衣服 옷 두 벌　　三件行李 짐 세 개　　一件事 한 가지 일

| 张 | 장, 개. 펼칠 수 있는 사물, 면이 넓은 사물을 세는 단위 |

一张桌子 탁자 하나　　几张纸 종이 몇 장　　三张画 그림 세 장　　两张报纸 신문 두 장

| 把 | 손잡이가 있는 사물을 세는 단위 |

一把刀 칼 한 자루　　两把叉子 포크 두 개　　一把壶 주전자 하나　　五把椅子 의자 다섯 개

| 只 | 마리, 짝. 동물을 세거나, 쌍을 이룬 물건의 한 짝을 가리킨다. |

一只鞋 신발 한 짝　　一只手套 장갑 한 짝　　一只鸡 닭 한 마리　　两只老虎 호랑이 두 마리

| 条 | 폭이 좁고 가는 것을 세는 단위 |

一条裤子 바지 한 벌　　两条领带 넥타이 두 개　　三条项链 목걸이 세 개
一条路 하나의 길　　一条蛇 뱀 한 마리　　两条带子 끈 두 개

| 间 | 칸. 방 또는 집을 세는 단위 |

一间客房 객실 한 칸　　两间房子 집 두 칸

| 朵 | 송이, 점. 꽃, 구름 따위의 사물을 세는 단위 |

一朵花 꽃 한 송이　　两朵云 구름 두 점

| 棵 | 포기, 그루. 식물을 세는 단위 |

一棵草 풀 한 포기　　一棵牡丹 모란 한 그루　　三棵树 나무 세 그루
一棵白菜 배추 한 포기　　两棵卷心菜 양배추 두 포기

| 课 | 과. 수업의 시간을 세는 단위. 일반적으로 한 시간 이내를 가리킨다. |

一共二十课 모두 20과　　上两课 2과를 수업하다

| 口 | 식구, 마리, 마디. 식구, 가축을 세거나 아가리가 있는 물건을 셀 때 또는 입에서 나오거나 넣는 것을 셀 때 사용한다. |

一口井 우물 하나　　三口之家 세 식구 가정　　两口猪 돼지 두 마리
说一口流利的北京话 베이징 말을 유창하게 하다　　讲一口漂亮的英语 영어를 잘하다

| 包 | 갑, 봉지. 포장의 단위 |

一包香烟 담배 한 갑　　两包药 약 두 봉지　　三包食品 식품 세 봉지　　一包糖 사탕 한 봉지

| 袋 | 포대, 부대, 자루. 부대에 넣은 물건을 세는 단위 |

一袋米 쌀 한 자루　　　　一袋食品 음식 한 봉지　　　　一袋面 밀가루 한 포대

| 份 | 부, 권. 신문, 문건을 세는 단위 |

三份报纸 신문 세 부　　两份杂志 잡지 두 권

| 届 | 회, 기. 정기적인 행사에 쓰인다. |

历届毕业生 역대 졸업생　　第二届国际会议 제2회 국제회의

| 颗 | 알, 방울. 둥글고 알맹이 모양과 같은 것을 세는 단위 |

三颗黄豆 황두 세 알　　两颗绿豆 녹두 두 알　　一颗心 한 조각 마음

| 列 | 열, 줄. 행렬 모양의 사물이나 사람을 세는 단위 |

一列火车 열차 하나　　一列队伍 대열 한 줄

| 匹 | 필. 직물, 말 모양의 가축과 비단, 천 등의 길이를 세는 단위 |

一匹军马 군마 한 필　　一匹布 천 한 필　　三匹骆驼 낙타 세 필

| 项 | 가지, 항목. 항목을 나눌 수 있는 사물 |

八项注意 8가지 주의사항　　一项任务 한 가지 임무　　一项调查 한 가지 조사

| 伙 | 무리, 떼. 사람의 무리 |

这伙学生 한 무리의 학생　　那伙年轻人 저 젊은 무리　　围了一伙人 한 무리(사람)가 에워싸다

| 丸 | 알, 환. 둥근 모양의 약을 세는 단위 |

一丸中药 한약 한 알　　一次吃三丸 한 번에 세 알 먹기

| 盏 | 술, 차, 등(灯)을 세는 단위 |

　　一盏茶 차 한 잔　　　　一盏小花灯 작은 꽃등 하나　　一盏盏酒 한잔 한잔의 술

| 串 | 송이, 꿰미. 연관된 일, 꿰어진 물건을 세는 단위이며 一串串 / 一串一串 등으로 중첩이 가능하다. |

　　一串香蕉 바나나 한 송이　　一串珠子 구슬 한 꾸러미
　　一串串葡萄 송이송이의 포도　　一串串红红的辣椒 주렁주렁 붉은 고추

전통 도량형과 현대식 도량형 등 각종 단위들 또한 양사에 포함된다.

克 그램(g)　　　米 / 公尺 미터(m)　　公里 킬로미터(km)　　斤 근(1근 = 500g)
公斤 킬로그램(1kg = 2斤)　　成 10분의 1(1~9의 숫자와만 사용)

500克糖 설탕 500g　　10克药品 약품 10g　　两斤梨 배 두 근　　三斤糖 설탕 세 근
一公斤橘子 귤 1kg　　两公斤大米 쌀 2kg　　三公尺布 직물 3m　　十米电线 전선 10m
一千公里跑道 트랙 1km

- 收入比去年增长了两成。 수입이 작년보다 20% 증가했다.

핵심테스트

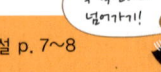

해설 p. 7~8

다음 문장에서 제시어가 들어갈 정확한 위치를 찾아보세요.

1　每个人的身体里只有一_____心。

　　A. 课　　　B. 颗　　　C. 棵　　　D. 个

2　他是我的一_____老师，我非常尊敬他。

　　A. 位　　　B. 口　　　C. 个　　　D. 伙

3　这_____衣服很适合你，你一定要买。

　　A. 个　　　B. 件　　　C. 张　　　D. 双

4　这_____椅子已经坏了，你为什么还留着它?

　　A. 块　　　B. 间　　　C. 把　　　D. 套

핵심 ❷ 동량사와 차용양사

명량사와 달리 동작의 횟수를 세는 것을 '동량사'라 하며, 원래는 양사가 아닌데 양사로 쓰인 명사를 '차용양사'라 부른다.

● 동량사

동량사는 동작의 단위 또는 동작의 횟수를 표시하며, 동량보어로 쓰인다.

핵심 콕콕!

次 　동작의 횟수를 나타내며, 반복적으로 나타날 수 있는 사건에 주로 사용하는데, 来 / 去 / 参观 / 找 등의 동사와 함께 쓰인다.

- 这个问题我们讨论了三次。 이 문제를 우리는 세 번 토론했다.
- 我去过那里三次。 나는 그곳에 세 번 갔었다.
- 我见过他一次。 나는 그를 한 번 본 적이 있다.

遍 　과정이 있는 동작에 사용되어, 특히 '처음부터 끝까지'의 완전한 한 차례를 강조한다. 주로 听 / 说 / 读 / 写 / 念 / 抄 / 看 / 翻译 등의 동사와 함께 쓰인다.

- 这个电影我看了三遍。 이 영화를 나는 (처음부터 끝까지) 세 번 봤다.
- 把课文从头到尾念一遍。 본문을 처음부터 끝까지 한 번 읽으세요.

回 　동작의 횟수를 나타내고, 반복적으로 나타날 수 있는 사건에 주로 사용하며, 次와 같지만 구어체적인 성격이 더 강하다.

- 他家我去过三回。 그의 집에 나는 세 번 갔었다.
- 一回生，两回熟。 처음에는 낯설지만, 두 번째는 익숙하다.

下儿 　횟수를 나타낸다. 특별히 一와 결합했을 때 주의할 점이 있다. 一下儿에서 下儿을 강하게 읽으면 구체적인 동작의 횟수인 '한 차례'를 나타내고, 약하게 읽으면 '잠시, 잠깐'의 뜻이 되어 동작의 진행 시간이 상당히 짧음을 나타내며, 어기를 완화하는 작용을 한다.

- 钟敲了五下儿。 시계가 다섯 번 울렸다.
- 他打了一下儿鼓。 그는 북을 한 번 쳤다.
- 请等一下儿。 잠시 기다리세요.
- 谈一下这儿的情况。 이곳의 상황을 좀 얘기해보세요.

| 口 | 입을 사용한 동작을 센다. 사람이나 동물의 행위에 주로 사용한다. |

- 他被蛇咬了一口。 그는 뱀에게 한 차례 물렸다.
- 一口吃一个饺子。 만두 하나를 한 입에 먹다.

| 顿 | 식사, 끼니의 양사 또는 욕, 비난 등의 행위를 세는 양사다. |

- 吃了两顿饭 밥을 두 끼 먹었다　　批评了一顿 한 차례 꾸짖었다

| 番 | 시간·힘·노력 등에 수반되어 횟수를 나타낸다. 주로 서면어에서 사용하며, 수사 一(yi)만 호응한다. 성어 三番五次 '거듭, 여러 차례'는 예외적 용법이다. |

- 他又调查了一番，终于把问题搞清楚了。 그는 다시 한 번 조사하여, 마침내 문제를 밝혀냈다.
- 他把事情的经过详细地说了一番。 그는 일의 경과를 상세하게 한 차례 말했다.
- 妈妈三番五次地说他，他就是不听。 엄마는 여러 번 그를 나무랐지만, 그는 도무지 듣지 않는다.

| 趟 | 왕복의 횟수를 나타낸다. 주로 다음 4가지 형식으로 많이 쓰인다. 장소 목적어는 趟 앞에, 일반 목적어는 趟의 뒤에 온다는 것을 주의해야 한다.
① 동사 + 수사 + 趟　　② 수사 + 趟 + 동사
③ 동사 + 장소 목적어 + 수사 + 趟　　④ 동사 + 수사 + 趟 + 일반 목적어 |

- 我去了两趟。① 나는 두 번 다녀 왔다.
- 请你来一趟。① 한 번 다녀가세요.
- 左一趟右一趟地跑来跑去。② 이리저리 왔다갔다한다.
- 我打算去北京一趟。③ 나는 베이징에 한 번 다녀올 계획이야.
- 我去医院看一趟病了。④ 나는 병원에 진찰받으러 한 번 다녀왔다.

| 通 | 보통 수사 一(yi)와 함께 쓰는데, 좋지 않은 행위에 주로 사용한다. |

- 胡说一通 한 차례 헛소리하다　　发了一通牢骚 한 번 불평을 하다

| 阵 | 비교적 짧은 시간 지속되는 움직임에 사용한다. |

- 一阵风 한 차례의 바람　　几阵雨 몇 차례의 비　　干了一阵活儿 잠시 일을 하다

| 场 | 연극, 운동 경기 등이 처음부터 끝까지 완전하게 한 차례 진행되는 것을 뜻하거나, 시험 치르는 것을 가리킨다. |

- 一场篮球比赛 농구 한 게임　　一场电影 영화 한 회　　两场考试 두 차례의 시험

🔸 차용양사

원래 명사인 단어를 잠시 빌려와서 양사로 사용하는 경우를 가리킨다. 一와 함께 써서 '전체, 가득 함'을 나타내며, 뒤에 따라나오는 명사를 수식한다.

- 为了请客，他做了一桌子的菜。손님 초대를 위해, 그는 음식을 한 상 가득 차렸다.
- 坐着一屋子人。방 한가득 사람이 앉아 있다.
- 孩子弄了一手泥。 아이는 손이 온통 진흙투성이다.
- 他累得一头汗。그는 힘들어서 온 얼굴에 땀투성이다.
- 他有一肚子的坏主意。그는 온통 나쁜 생각으로 가득 차 있다.

핵심테스트

다음 문장에서 제시어가 들어갈 정확한 위치를 찾아보세요.

1. 爸爸把儿子狠狠地批评了_____。
   A. 一番　　　B. 一顿　　　C. 一回　　　D. 一阵

2. 他突然从后面拍我一下儿，把我吓了_____。
   A. 一跳　　　B. 一次　　　C. 一回　　　D. 一番

3. 今天我连续看了三_____电影。
   A. 番　　　　B. 阵　　　　C. 回　　　　D. 场

08 부사(副词)

'부사'란 시간·정도·범위·중복·부정·가능·어기 등을 나타내는 말로, 동사나 형용사 앞에서 부사어 역할을 한다. 부사는 긍정부사·부정부사·시간부사·범위부사·정도부사·빈도부사·어기부사·정태부사 등으로 분류한다.

핵심 ❶ 긍정·부정부사

부정부사는 동사나 형용사 앞에 놓여 동작 또는 성질에 대해 부정적 의미를 나타내고, 긍정부사는 동작 또는 성질을 강조한다.

핵심 콕콕!

| 不 | ~하지 않다, ~이 아니다. 상태·심리동사나 의지·바람을 의미하는 조동사 앞에 쓰여 부정문을 만든다. 아직 실현되지 않은 미래의 일이나 현재를 부정한다. |

- 我以后不学音乐了。 나는 앞으로 음악을 배우지 않을 것이다.
- 昨天是他自己不去，不是我们不让他去。
  어제 그는 스스로 안 간 거지, 우리가 못 가게 한 것이 아니다.
- 他不会说英语。 그는 영어를 할 줄 모른다.
- 我们在这儿不上专业课，只上汉语课。
  우리는 여기에서 전공을 배우지 않고 중국어 수업만 한다.
- 他不喜欢喝酒。 그는 술 마시는 것을 좋아하지 않는다.
- 他不会也不应该同意。 그는 동의할 리도 없고 동의해서도 안 된다.
- 那时我不认识你。 그때 나는 너를 몰랐다.
- 天气预报说明天有雨，我们就不去春游了。
  일기예보에서 내일 비가 온다고 하여, 우리는 봄나들이를 가지 않기로 했다.

没(有)

~않다. 이미 발생한 과거의 사건을 부정하는 과거부정문을 만든다. 줄여서 没로 사용하기도 한다.

- 昨天没下雨。 어제는 비가 오지 않았다.
- 以前，我没学过汉语。 전에, 나는 중국어를 배운 적이 없다.
- 天没晴，今天还去不了。 날씨가 개지 않아서, 오늘도 갈 수 없다.
- 我们来的时候没到三点钟。 우리가 왔을 때는 3시가 안 되었다.
- 教室里没有人。 교실에 아무도 없다.

别

~하지 마라. 명령문에 쓰이며, 不要와 같다.

- 今天太累就别学习了。 오늘 너무 피곤하면 그만 공부 해라.
- 你先别走，我有事和你商量。 너와 상의할 일이 있으니 일단 가지 마.
- 咱们别去看球赛了，就在家里看电视吧。 우리 구기 경기 보러 가지 말고 집에서 TV나 보자.

未必

반드시 ~인 것은 아니다(= 不一定，不见得). 반대말은 必定이다. 완곡한 부정의 어기를 나타낸다.

- 这道题他未必懂，还是去问问老师。
  이 문제는 그가 꼭 안다고 볼 수 없으니, 역시 선생님께 여쭤보자.
- 你问他，他也未必肯告诉你。 네가 그에게 물어본다 해도, 그가 네게 알려줄지는 알 수 없다.
- 这样做未必好，还是再商量一下吧。 이렇게 하는 것이 꼭 좋은 건 아니니, 다시 상의해보자.
- 这消息未必可靠，还是慎重一些好。 이 소식은 믿을 만한 것은 아니니, 아무래도 신중해야겠다.

不曾

아직, 여지껏
① 어떤 행위나 상황이 과거에 발생하지 않았거나 존재하지 않았음을 나타내며, 已经과 반대되는 의미를 갖는다. 还와 함께 쓰여 강조를 나타낸다.
② 어떤 상황을 경험한 적이 없음을 나타내며, 曾经과 반대되는 의미를 갖는다. 종종 从来 / 一直 / 始终 등의 부사와 함께 사용된다.

- 天不曾亮，早着呢。 ① 날이 밝지 않았어, 아직 일러.
- 阅览室还不曾开放。 ① 열람실은 아직 열지 않았다.
- 庄稼还不曾成熟呢! ① 농작물이 아직 익지 않았네요!
- 假期里阅览室一直不曾开放。 ② 방학기간 동안에 열람실은 내내 열지 않았다.
- 今年夏天始终不曾太热过。 ② 올 여름은 내내 그다지 덥지 않았다.
- 他不曾亲身体验过，所以没有切身体会。 ②
  그는 직접 경험해본 적이 없어서, 몸소 느끼는 바가 없다.
- 我不曾去过北京。 ② 나는 베이징에 아직 가본 적이 없다.
- 他从来不曾学过汉语。 ② 그는 여태껏 중국어를 배워본 적이 없다.

不用

~할 필요 없다(= 别，不要，不必). 구어체에서는 甭(béng)이라고도 한다.

- 他来了，你就不用去了。 그가 왔으니 너는 갈 필요 없어.
- 这事你就不用管了。 이 일은 네가 상관할 필요 없어.
- 大家都是自己人，不用客气。 다 한 가족 같으니까 예의 차릴 것 없어.

- 你不用急，先听听我的意见再说。 조급하게 굴지 말고, 우선 내 의견을 듣고 나서 말해.
- 你不用生气，事情总会解决的。 화낼 것 없어, 일이란 해결되기 마련이야.

必定

반드시, 틀림없이.
① 자신의 판단이 확실함을 나타낸다. (= 一定, 肯定)
② 반드시 하겠다는 의지를 나타낸다. (= 准)

- 老师这样改动，我看必定有道理。 ①
  선생님이 이렇게 고친 것은, 나는 틀림없이 일리가 있다고 본다.
- 这个消息你听了必定高兴。 ① 이 소식을 들으면 너는 반드시 기뻐할 것이다.
- 你见了必定喜欢。 ① 네가 만나 보면 반드시 좋아할 것이다.
- 我明天下午三点钟必定来，决不失约。 ②
  내가 내일 오후 3시에 꼭 올게, 절대로 약속을 어기지 않을게.
- 下班后，我必定去医院看望他，你可以放心。 ②
  퇴근 후에, 내가 꼭 병원에 병문안 갈 테니 안심해.
- 这本书我明天必定带来。 ② 이 책 내가 내일 꼭 갖고 올게.

핵심테스트

해설 p. 8

다음 문장에서 제시어가 들어갈 정확한 위치를 찾아보세요.

1 （A）比我们的（B）工作环境（C）更（D）优越的了。
　　　　　　　　　没有

2 好容易（A）晴天了，（B）怎么（C）出去（D）散散步哇?
　　　　　　　　　不

3 （A）他的意见（B）正确，但是（C）也有（D）一定的参考价值。
　　　　　　　　　未必

4 既然你已经（A）替我（B）买到了，我就（C）自己再（D）去跑一趟了。
　　　　　　　　　不用

5 （A）他的家（B）离北京不算远，可（C）他却从来（D）去过那儿。
　　　　　　　　　不曾

6 （A）听（B）他的口音，他（C）是南方人（D）。
　　　　　　　　　必定

7 （A）在（B）我住院期间，（C）他（D）来看过我。
　　　　　　　　　不曾

8 你（A）整天（B）就知道上网聊天、打游戏，（C）干点儿（D）正经事儿。
　　　　　　　　　别

9 （A）我们（B）昨天都（C）没去，你去了（D）?
　　　　　　　　　没有

10 天气（A）好，我们今天（B）出去春游的计划（C）泡汤了（D）。
　　　　　　　　　不

핵심 ❷ 시간부사

시간을 나타내며, 동사나 형용사 앞에서 이들을 수식하는 부사어로 쓰인다.

핵심 콕콕!

| 正 / 正在 | 마침, 한창. 동작의 진행 혹은 상태의 지속을 나타낸다. 어기조사 着 / 呢와 호응한다. |

- 他正写着呢。 그는 글을 쓰고 있다.
- 现在正开着会呢。 지금 회의 중이다.
- 他心里正难受着呢。 그는 속으로 괴로워하고 있다.
- 他正发愁呢。 그는 걱정하고 있다.
- 他正在上课呢。 그는 수업 중이다.

| 刚 / 刚刚 | 막, 금방, 바로. 행동·상황이 발생한 지 얼마 되지 않음을 나타낸다. |

- 他刚走了一会儿。 그는 간 지 얼마 안 됐다.
- 他刚进门，大衣还没脱呢！ 그는 막 들어와서 아직 외투도 벗지 않은 걸요!
- 他刚上床，就睡着了。 그는 침대에 눕자마자, 잠이 들었다.
- 天刚刚亮，他就出发了。 날이 밝자마자, 그는 출발했다.

| 常 / 常常 | 항상, 때때로. 동작이 짧은 간격으로 자주 발생함을 가리킨다. |

- 他要常写信来。 그는 자주 편지를 쓰려고 한다.
- 他常去书店买书。 그는 자주 서점에 가서 책을 산다.
- 他常常工作到深夜。 그는 자주 밤 늦게까지 일한다.
- 夏天山里常常发大水。 여름에 산에는 자주 홍수가 난다.

已经
이미, 벌써. 동작의 변화가 완료되었거나 모종의 정도에 이르렀음을 나타낸다.

- 火车已经开了。 기차가 벌써 떠났다.
- 我和他已经两年没见面了。 나와 그는 벌써 2년째 못 만났다.
- 他已经回国了。 그는 벌써 귀국했다.
- 电影已经开始了。 영화가 벌써 시작되었다.
- 枫叶已经红了。 단풍잎이 이미 붉어졌다.

总(是)
늘, 언제나(= 一直, 一向). 상황이 지속적이며, 불변함을 나타낸다.

- 他总(是)不认真听课。 그는 언제나 수업을 착실하게 듣지 않는다.
- 中秋的月亮，总(是)那么明亮。 중추절 때 달은 언제나 그렇게도 밝다.
- 早就想跟你详细谈，总(是)没时间。 진작부터 너랑 자세히 얘기하고 싶었는데, 늘 시간이 없었다.

就(1)
시간부사로 쓰일 경우 다음의 3가지 의미를 갖는다.
① 곧, 바로. 동작이 곧 발생함을 나타낸다.
② 벌써, 일찍이(= 早, 快). '시간 + 就'의 형식을 취해 시간이 이르거나 오래됨을 나타낸다.
③ ~하고 나서 바로. 앞 동작에 곧 이어서 뒤의 동작이 발생함을 나타낸다.

- 饭就好，你稍等一会儿。 ① 밥이 곧 다 되가니, 잠시만 기다려요.
- 樱花就要开了。 ① 벚꽃이 곧 피려고 한다.
- 他每天五点就起床。 ② 그는 매일 5시면 일어난다.
- 我从小就喜欢体育。 ② 나는 어릴 때부터 스포츠를 좋아했다.
- 我们吃完饭就回来了。 ③ 우리는 밥을 먹고 바로 돌아왔다.
- 希望你一到巴黎就来信。 ③ 파리에 도착하면 편지 줘.

才(1)
이제서야, 비로소, 방금, 지금 막, 금방
① 就와 반대 혹은 상대적인 의미를 가지며, 동작 혹은 일이 발생한 지 얼마 되지 않았음을 나타낸다. (= 刚刚) 就를 사용할 수 있는 곳에는 보통 才도 쓸 수 있다.
② 이제서야, 비로소(= 晚, 慢). '시간 + 才'의 형태로 쓰여, 시간적으로 늦거나 절대로 시간 전에 발생할 수 없음을 나타낸다.

- 水才开，你泡茶吗？ ① 물이 이제 막 끓었어, 차를 탈 거니?
- 他才回来，大衣还没脱呢！ ① 그는 이제 막 돌아와서 아직 외투를 벗지도 않았어!
- 他上了高中才学法语的。 ② 그는 고등학교를 가서야 불어를 배웠다.
- 他每天七点才起床呢。 ② 그는 매일 7시가 되어서야 일어난다.
- 他们上完课才回来呢。 ② 그들은 수업을 듣고 나서야 비로소 돌아왔다.

临

막 ~하려고 할 때(= 将要, 快要). 어떤 동작이 곧 발생하려고 할 때를 뜻한다. 주로 동사 앞에 쓰이지만, 전체문장의 부사어로 쓰여 문두나 주어 앞에 위치하기도 한다. 종종 前 / 以前 / 时 / …的 时候 등과 함께 쓰인다.

- 临上车他才忽然想起忘带雨衣了。 막 차에 타려고 할 때, 그는 갑자기 비옷을 안 가져온 것이 생각났다.
- 临行前，大家在车站上合影留念。 출발하기 전, 다들 역에서 기념으로 단체사진을 찍었다.
- 他临走前把别人送的东西都留下来。 그는 떠나기 전 남이 준 것을 모두 남겨두었다.
- 临睡前应该再刷一次牙。 잠자기 전에 이를 한 번 더 닦아야 한다.
- 临别时，大家交换了纪念品。 헤어질 때, 다들 기념품을 주고받았다.
- 临放学的时候，老师通知大家明天参加少年宫活动。
  하교하기 전에, 선생님은 학생들에게 내일 소년궁 행사에 참가한다는 것을 알려주었다.

将

곧, 장차, 앞으로. 가까운 미래에 사건이 발생할 것을 나타내며, 다음 3가지 의미로 사용된다.
① 장차, 곧(= 就要, 快要). 상황이 곧 발생함을 나타내며, 서면어이다.
② 반드시 ~할 것이다(= 一定会, 肯定会). 모종의 상황이 곧 발생할 것임을 나타낸다.
③ 시간이 곧 다가오다, 곧 때가 되다(= 接近, 临近)

- 国庆节将到，街上已经是一片节日景象。① 국경절이 다가오니, 거리엔 벌써 온통 명절 분위기이다.
- 学习已经结束，我们将提前一周回国。①
  학업이 벌써 끝나서 우리는 일주일 먼저 귀국할 예정이다.
- 随着生产力的发展，我们的祖国将更加繁荣富强，人民生活也将越来越美好。②
  생산력이 발전함에 따라, 우리 조국은 더욱더 번영부강하고 국민생활도 점점 나아질 것이다.
- 天将黎明，我们已经起床锻炼身体了。③
  날이 밝아오자, 우리는 이미 일어나서 체력단련을 했다.
- 时将盛夏，工厂应及时做好防暑降温工作。③
  곧 한여름이 되니, 공장에서는 더위맞이 냉방 준비를 제때 해야 한다.

一时

잠시, 당장, 순간
① 잠시, 일시(= 暂时). 짧은 시간을 표시하며, 종종 뒤에 부정문이 따라온다.
② 삽시간에, 순간적으로(= 顿时). 갑자기 발생한 상황이 일으킨 결과를 나타낸다.
③ 갑자기 ~했다가 ~했다가(= 时而, 忽而). 연이어 사용하면 상황이 자꾸 번갈아가며 발생함을 나타낸다.

- 这件事时间已长，我一时想不起来了。①
  이 일은 이미 시간이 오래 되어서, 나는 잠시 떠오르지 않았다.
- 设想是好的，但限于条件，一时还无法实现。①
  구상은 좋지만 여건이 제한되니 당장은 아직 실현할 수 없다.
- 突然停电，一时屋子里变得漆黑。② 갑자기 정전되어 순간 방안이 컴컴해졌다.
- 收到录取通知书，他一时高兴得不知说什么才好。②
  합격 통지서를 받고, 그는 순간 기뻐서 뭐라고 말해야 좋을지 몰랐다.
- 病人一时清醒，一时昏迷。③ 환자가 갑자기 의식을 깼다 잃었다 한다.
- 他一时低头沉思，一时自言自语，连别人叫他也没听到。③
  그는 갑자기 고개를 숙이고, 생각에 잠겼다가 또 혼자 중얼거리는데 다른 사람이 불러도 못 알아 듣는다.
- 梅雨时节，江南地区一时晴，一时雨，天气变化无常。③
  장마철 시기에, 강남지역은 갑자기 맑았다가 비가 내렸다 하며 날씨가 자주 바뀐다.

直

줄곧, 계속
① 줄곧, 내내. 시간이나 범위에서 어떤 상황이 끊임없이 지속됨을 나타낸다. 전치사 从과 함께 자주 쓰인다. 뒤에는 반드시 到 / 至 / 达 등의 단음절 동사가 온다.
② 계속해서, 끊임없이. 동작이 빈번하게 연속해서 행해짐을 나타낸다. 단음절 동사와만 만난다.

- 会议直到12点才结束。① 회의는 12시가 되어서야 끝났다.
- 直到现在我们还没看过中国电影。① 지금까지 우리는 아직 중국 영화를 본 적이 없다.
- 这班车从上海直达北京。① 이 열차는 상하이에서 베이징까지 직행한다.
- 孩子摔了一跤，痛得哇哇直叫。② 아이는 넘어지자 아파서 엉엉 계속 운다.
- 他还没学会游泳，大口大口的水直往肚子里吞。②
  그는 아직 수영할 줄 몰라서 계속 엄청난 물을 마신다.

曾经

과거에, 일찍이. 이미 끝난 과거의 행위나 상황에 대한 경험을 나타낸다. '曾经 + 동사 / 형용사'는 뒤에 보통 过 / 了가 온다. 이 표현에 대한 부정형식은 '没有 + 동사 (+ 过)'이다. 부정문에 曾经을 사용하지 않지만, 시간을 제한하는 표현이 있다면 부정문에 사용할 수 있다.

- 我曾经跟他在一起工作过三年。 나는 그와 3년간 같이 일한 적이 있다.
- 前些天曾经热过一阵，这几天又凉快一些了。
  며칠 전만 해도 한동안 덥더니, 요며칠 다시 선선해졌다.
- 为了做好准备工作，他曾经忙了好几天。
  준비 작업을 잘 하려고, 그는 며칠 동안 바쁘게 지냈다.
- 我没有跟他一起工作过。 나는 그와 같이 일한 적이 없다.
- 这条街从来没有像现在这样热闹。 이 길은 여태껏 지금만큼 이렇게 변화한 적이 없었다.
- 玛丽没有像现在这样努力学习过。 메리는 지금처럼 이렇게 열심히 공부한 적이 없다.
- 为了搞试验，他曾经不出门。(×)
  → 为了搞试验，他曾经三个月不出门。
  실험을 하려고, 그는 3개월 동안 외출을 하지 않았다.

从来

지금까지, 여태껏
① 과거부터 현재까지 줄곧 그러함을 나타낸다. (= 一直, 一向) 从来가 부정부사 不나 没 앞에 놓이면, 부정하는 어기를 강조하며 从来를 从으로 줄여 쓸 수 있다.
② '从来 + 没(有)' 형식으로 써서 '지금까지 ~한 적이 없다'는 의미를 나타낸다. '从来 + 没(有)' 뒤에 단음절 동사나 형용사가 올 경우 그 뒤에 반드시 过를 쓴다.

- 任务再重，他从来也不推辞。① 맡은 일이 아무리 힘들어도, 그는 (결코) 거절하지 않는다.
- 我的屋子从来都很干净。① 내 방은 언제나 매우 깨끗하다.
- 人数从来没少过。② 인원 수가 여태껏 모자란 적이 없다.
- 我从来没去过美国。② 나는 지금까지 미국에 간 적이 없다.
- 我从来没想过。② 나는 지금까지 생각해본 적이 없다.
- 这件事，我从来没听说过。② 이 일은, 내가 지금까지 들어본 적이 없다.

始终

시종, 내내, 줄곧(= 一直). 어느 과정의 처음부터 끝까지 변화가 없음을 나타낸다.

- 正确的意见我们始终支持。 우리는 올바른 의견을 언제나 지지한다.
- 我始终认为，还可以进一步节省人力。 나는 인력을 좀 더 줄일 수 있다고 줄곧 생각해왔다.
- 是谁弄丢了那本书，始终查不到。 그 책을 누가 잃어버렸는지, 결국 알아내지 못했다.
- 他始终没有请过假。 그는 그동안 휴가를 낸 적이 없다.

先后

연이어, 계속하여, 잇따라. 일이 일정한 기간 동안 연이어 발생함을 나타낸다. 동일한 주어가 행하는 연이은 동작을 가리키기도 하고, 둘 이상의 다른 주어가 동일한 행위를 연이어 하는 것을 나타내기도 한다. 수량사와 함께 쓰이는 경우 그 형태와 의미에 주의해야 한다.

- 李老师先后当过农民、工人和经理。 이 선생님은 연이어 농민, 노동자, 사장을 했었다.
- 你先后来信我都及时收到。 네가 계속해서 보낸 편지를 모두 제때에 받았다.
- 这学期我们学校先后举办了文学、语言学、历史学的学术讨论会。
  이번 학기에 우리 학교는 문학, 언어학, 역사학의 학술토론회를 잇달아 가졌다.
- 去年我和他先后去北京开会。 작년에 나와 그는 연이어 베이징에 가서 회의를 열었다.
- 参加会议的各地代表已经先后到达北京。
  회의에 참석할 각지역의 대표들이 이미 잇달아 베이징에 도착했다.

주의 ❶ 先后 + 수량사 + 동사 → 수량사는 횟수를 표시한다.
- 先后两次发言 연이어 두 번 발언하다
- 先后几次问我 계속 몇 번씩 나에게 묻다

주의 ❷ 先后 + 동사 + 수량사 + 명사 + 동사 → 수량사는 동작을 취하는 대상의 수를 표시한다.
- 先后有三个人发言 잇달아 세 사람이 발언하다
- 先后派两个小组去调查处 연이어 두 팀을 조사처로 보내다

终于

드디어, 마침내, 결국. 비교적 긴 시간의 과정을 거쳐 희망이 실현됨을 나타낸다. 주어 앞에 쓰이면 주어를 강조하여 간절한 바람을 두드러지게 한다. 문장 맨 앞에 쓰일 때는 쉼표를 주어 잠시 끊어 읽는다.

- 等了很久，他终于来了。 한참을 기다리자, 그가 마침내 왔다.
- 反复试验，终于成功了。 반복해서 실험하여 마침내 성공했다.
- 实地调查了几次，情况终于弄清楚了。 몇 차례 현장조사로 상황이 마침내 밝혀졌다.
- 经过无数次的失败，终于我们的实验成功了。
  수없는 실패를 거쳐, 우리 실험은 마침내 성공했다.
- 终于，我们自己的人造卫星上天了。 드디어, 우리의 인공위성이 하늘에 올랐다.
- 终于，繁忙而欢快的丰收季节到来了。 드디어, 바쁘고 즐거운 풍성한 수확의 계절이 되었다.

| 往往 | 왕왕, 종종, 자주(= 常常, 每每). 어떤 상황이 자주 발생함을 나타낸다. 그러나 아직 일어나지 않은 앞으로의 일에 대해 말할 때는 往往이 아니라 常常을 사용해야 한다. |

- 短文往往比长篇大论效果更好。 단문은 때때로 장편의 긴 문장보다 효과가 더 좋다.
- 他们是好朋友，往往一谈就是老半天。
  그들은 친한 친구사이라서 얘기했다 하면 종종 한나절이다.
- 他脾气不好，往往为一点小事就生气。 그는 성격이 안 좋아 사소한 일로 늘 화를 내곤 한다.
- 考证一个典故，往往要查许多书。 전고를 고증하려면 때때로 여러 책을 찾아봐야 한다.
- 他希望常常去。 그는 자주 가길 바란다.
- 以后请你常常来玩儿。 앞으로 자주 놀러 오세요.

| 都 | 이미, 벌써(= 已经). 어기를 강조한다. 문미에 了가 자주 온다. |

- 都12点了，还不睡！ 벌써 12시가 되었는데 아직 안 자!
- 饭都凉了，快吃吧！ 밥이 벌써 식었어, 어서 먹어!
- 我都快60岁了，该退休了。 나는 이미 곧 예순이 되어 가니 퇴직할 때가 되었다.
- 你都18岁了，还不知道用功。 벌써 열여덟 살이나 되었으면서 아직도 열심히 공부할 줄 모르다니.
- 天都黑了，怎么还不回来？ 날이 벌써 어두워졌는데, 왜 아직도 안 오니?

| 老 | 언제나, 항상(= 一直, 经常). 상황이 계속 바뀌지 않거나 혹은 계속 반복적으로 출현함을 나타낸다. |

- 我老想学点外语，可就是挤不出时间。
  나는 늘 외국어를 좀 배우고 싶은데, 도무지 시간을 낼 수가 없다.
- 老给你添麻烦，真不好意思。 늘 폐를 끼쳐드려 정말 죄송합니다.
- 工作虽忙，老不学习也不行啊！ 일이 바쁘다고 자꾸 공부 안 하면 안 돼!
- 爷爷待人老(是)那么和气，大家都喜欢他。
  할아버지는 늘 그렇게 상냥하셔서 다들 그분을 좋아한다.
- 他老(是)呆在家里，也不出去走走。 그는 늘 집에만 있고, 밖은 나가보지도 않는다.

| 回头 | 나중에, 조금 있다가(= 等一会儿, 过一个时间以后) |

- 你等一会儿，我回头来找你。 잠시만 기다려. 내가 좀 있다가 찾으러 올게.
- 我回头把信给你捎来。 내가 있다가 인편에 편지를 네게 보낼게.
- 我们回头见。 우리 나중에 보자.
- 我们回头再研究这个问题。 우리 잠시 후에 이 문제를 다시 연구해보자.
- 这个事我们回头再说。 이 일은 우리 나중에 다시 이야기하자.

顿时

졸지에, 삽시간에, 갑자기(= 立刻, 一下子). 앞에서 언급한 원인으로 인해 갑자기 새로운 상황 혹은 변화가 생겼음을 나타낸다. 주어 앞에 위치하면 강조의 의미를 갖는데, 이때는 쉼표로 끊어준다.

- 孩子们来了，屋子里顿时热闹起来。 아이들이 오자, 집이 갑자기 시끌시끌해졌다.
- 闸门一打开，水流顿时凶猛地涌出。 수문이 열리자, 물이 갑자기 콸콸 쏟아져나왔다.
- 演出结束，全场顿时响起了一阵掌声。 공연이 끝나자 장내에는 삽시간에 박수갈채가 터져나왔다.
- 雷声过去，顿时，暴雨铺天盖地袭来，到处都是积水。
  천둥소리가 지나가자, 갑자기 폭우가 마구 쏟아져 사방이 물로 가득 찼다.
- 临时停电，顿时，屋子里黑得伸手不见五指。
  잠시 정전이 되자, 삽시간에 방안이 손을 내밀어도 손가락이 보이지 않을 정도로 어두워졌다.

早晚

조만간, 머지 않아, 언젠가는(= 或早或晚, 到头来). 상황이 언젠가 실현될 것임을 나타낸다. 要 / 得 / 会 등과 같이 쓰이면 필연성을 강조한다.

- 人早晚要死的。 사람은 머지 않아 결국 죽는다.
- 作业早晚要做，现在就动手吧。 숙제는 언제든 해야 하니까, 지금 당장 시작해.
- 你早晚得去，就趁今天有空去一次。 너는 언젠간 가야 하니까, 오늘 시간이 난 김에 한 번 다녀와.
- 急什么，他早晚会回来的。 뭘 걱정해, 그는 조만간 곧 돌아올 거야.
- 自作聪明，听不进别人劝告，早晚得犯错误。
  스스로 잘난 줄 알고 다른 사람의 권고를 듣지 않으면, 언젠가 분명 실수를 저지를 거야.

偶尔

간혹, 이따금, 가끔(= 间或, 有时候). 상황이 출현하는 횟수가 적음을 나타낸다.

- 我星期天常在家，偶尔也到公园走走。
  나는 일요일에 늘 집에 있지만, 가끔은 공원을 거닐기도 해.
- 我们都住在纽约，但也只偶尔见见面。 우리는 모두 뉴욕에 살지만, 그저 가끔씩 만날 뿐이다.
- 他作文写得通顺，只是偶尔有几个错别字。
  그는 글을 매끄럽게 썼고, 간혹 몇 개의 오자만 나왔다.
- 我们来往不多，有时，偶尔打个电话。 우리는 왕래가 많지 않아 가끔씩 전화를 한다.
- 他刚参加工作，偶尔出一些差错也难免，改了就好。
  그는 이제 막 업무에 참여해서, 간혹 실수하는 것은 불가피하니, 고치면 된다.

恰好

마침, 꼭, 공교롭게도(= 正好, 凑巧). 주어 앞에도 쓸 수 있다.

- 你们来得正巧，这里恰好有两张戏票。 너희들 마침 잘 왔다. 여기 마침 연극표가 두 장 있거든.
- 今年中秋，恰好是我生日。 올해 추석은 공교롭게도 내 생일이야.
- 这双皮鞋你穿恰好合适。 이 구두는 네게 딱 맞는다.
- 我正要出门，恰好老王来了。 내가 막 나가려고 하는데, 때마침 라오왕이 왔다.

핵심테스트

해설 p. 8~9

다음 문장에서 제시어가 들어갈 정확한 위치를 찾아보세요.

1　为（A）迎接（B）来校访问的客人，（C）校领导（D）做好了安排。
　　　　　　　　　　　　　早

2　他（A）花了一个上午（B）把屋子（C）打扫干净（D）。
　　　　　　　　　　　　　才

3　他的报告（A）长达（B）三个小时左右，（C）听众（D）聚精会神地听着。
　　　　　　　　　　　　　始终

4　你（A）放心，事情（B）会（C）得到解决的（D）。
　　　　　　　　　　　　　早晚

5　（A）昨晚（B）看完电影（C）回家（D）十点钟。
　　　　　　　　　　　　　恰好

6　年轻人（A）遇事（B）会冲动，（C）多经历一些事（D）就好了。
　　　　　　　　　　　　　偶尔

7　（A）上课铃（B）一响，教室里（C）安静下来（D）。
　　　　　　　　　　　　　顿时

8　（A）你先去（B）忙你的吧，（C）这件事我们（D）再说。
　　　　　　　　　　　　　回头

9　弟弟（A）没（B）意思的时候，（C）是来（D）烦我。
　　　　　　　　　　　　　老

10　你（A）多（B）大了，（C）还不会（D）做饭。
　　　　　　　　　　　　　都

핵심 ❸ 범위부사

'범위부사'란 범위를 나타내는 부사를 가리킨다.

핵심 콕콕!

都

모두, 전부. 말하는 대상 전체를 가리킨다.
① 총괄되는 대상은 명사, 대사, 의문대사, 구 등이 올 수 있으며 都 앞에 온다.
② 의문문에서는 총괄되는 의문대사가 都 형식으로 쓰여 뒤에 오는 것에 주의해야 한다.
③ 不论 / 不管…都… '~와 상관없이 모두 ~하다'는 뜻을 나타낸다.
④ 都是…의 형태로 쓰여 '~탓, ~때문' 등의 이유·원인을 뜻하며, 주로 좋지 않은 어기를 표현한다.

- 我们都是学生。① 우리는 모두 학생이다.
- 大伙儿都同意。① 모두들 찬성했다.
- 一天功夫把这些事都办完了。① 하루만에 이 일을 다 마쳤다.
- 他每天都睡得很晚。① 그는 날마다 매우 늦게 잔다.
- 你给谁都行。① 누구에게나 줘도 된다.
- 怎么办都可以。① 어떻게 처리하든 괜찮다.
- 我什么都不要。① 나는 아무것도 필요 없다.
- 什么时候都可以来找我。① 언제든지 나를 찾아와도 된다.
- 你都去过哪儿？② 너는 어디어디 가봤니? (가본 곳을 모두 말해봐.)
- 老王刚才都说了些什么？② 라오왕이 방금 무슨 말들을 했니? (라오왕이 한 말을 다 말해봐.)
- 不论大小工作，我们都要把它做好。③ 일이 크든 작든 상관 없이, 우리는 모두 잘 해야 한다.
- 无论干什么事情，他都非常认真。③ 그는 어떤 일을 하든지 매우 열심히 한다.
- 都是你，一个人耽误了大伙儿！④ 다 너 때문이야. 너 한 사람 때문에 전체의 일을 그르쳤어!
- 都是你一句话让他生气了。④ 네 말 한마디가 그를 화나게 한거야.

到处

도처에, 여기저기에(= 各处, 任何一个地方). 동작이나 행위가 발생하는 모든 장소를 나타내며, 부사 都를 자주 동반한다.

- 老教授的工作室里到处都堆满了书。 노 교수의 작업실은 온통 책으로 가득 쌓여 있다.
- 你要的那本书，我到处找也没找到。
  네가 원하는 그 책은, 내가 여기저기 다 찾아봤지만 찾지 못했다.
- 节日的街头，到处是欢乐的人群。 명절의 거리는 도처에 기뻐하는 인파로 들끓는다.

只 / 仅 / 光 / 仅仅

단지, 오직, 오로지(= 单). 범위나 수량을 제한하는 의미를 가지며, 주어 역할을 하는 명사나 대사 앞에서 그 가운데 가장 두드러짐을 강조한다. 종종 부정부사 不 / 没(有)와 호응한다.

- 只小张一个人去就行了。샤오장 혼자만 가면 된다.
- 三十多年来，我只生过一次大病。30여 년 동안, 나는 딱 한 번 크게 아팠다.
- 车子太小，仅能坐三个人。차가 너무 작아서 겨우 세 사람만 탈 수 있다.
- 我的意见不一定正确，仅供参考。내 의견이 꼭 옳다는 게 아니라 그저 참고로 제공할 뿐이다.
- 大连队在甲级联赛中成绩突出，仅仅王涛一个人就进了20个球。
  다롄 팀은 A급 리그전 중에서 성적이 뛰어난데, 왕타오 혼자서 무려 20골을 넣었다.
- 今天只请了你，没请别人。오늘 너만 초대했고, 다른 사람은 초대하지 않았다.
- 我光谈学习，不谈其他问题。공부에 대한 것만 이야기하고 다른 문제는 말하지 않겠다.
- 我们不需要光说不做的人。우리는 말만 하고 행동하지 않는 사람은 필요 없다.

一共

모두(합쳐서). 수량의 총계를 나타내며, 뒤에 반드시 수량사구나 수량을 나타내는 의문대사가 온다.

- 我校一共有300名留学生。우리 학교는 유학생이 모두 300명이다.
- 全厂一共有3000名工人。공장 전체에 노동자가 모두 3,000명이다.
- 三天一共积肥5000公斤。3일 동안 모두 5,000kg의 퇴비를 쌓았다.
- 一共来了多少人？모두 몇 사람이 왔는가?

一同 / 一起 / 一块儿

함께, 같이. 같은 장소에서 함께 행동함을 나타낸다.

- 咱们都到北京，明天可以一同走。우리 모두 베이징에 가니, 내일 같이 갈 수 있다.
- 小李和老王一同编写了一个电影剧本。샤오리와 라오왕은 영화 대본을 같이 썼다.
- 我们一起到上海去。우리는 같이 상하이에 간다.
- 这两个问题最好一起研究。이 두 문제는 같이 연구하는 것이 좋겠다.
- 我们自己去，不跟他一块儿走。그와 같이 가지 말고, 우리끼리 가자.
- 今天我们一块儿吃晚饭吧。오늘 우리 저녁 같이 먹자.

净

모두, 늘, 다만, 오직. 다음의 3가지 용법이 있다.
① 온통, 모두(= 全, 都). 사물의 전체 범위를 나타내며, 주로 구어체에 쓰인다. 是와 자주 함께 사용되며, 때로는 과장의 어기를 나타내기도 한다.
② 항상, 언제나, 늘(= 净, 老, 总). 동작의 범위를 총괄함을 나타낸다.
③ 단지, 오직(= 净, 只, 光). 유일하고 제한된 범위를 나타낸다.

- 你说的净是土话，我一句也听不懂。①
  네가 하는 말은 전부 사투리라, 나는 한마디도 못 알아듣겠다.
- 他家里净是书，简直像个图书馆。① 그의 집에는 온통 책만 있어서 아예 도서관이나 다름없다.
- 要多想办法，别净说泄气话。② 맨날 김새는 말만 하지 말고 방법을 강구해봐.
- 不要净顾自己方便，不替人家着想。③ 자기 편한 것만 생각하지 말고 남도 생각해줘.
- 不能整天坐着净看书，还得活动活动。③ 하루 종일 앉아서 책만 볼 수 없으니, 좀 움직여라.

핵심테스트
해설 p.9

다음 문장에서 제시어가 들어갈 정확한 위치를 찾아보세요.

1 (A) 为了 (B) 迎接这次HSK，同学们 (C) 在 (D) 紧张地复习着。
都

2 这个房间 (A) 很长时间 (B) 没有打扫了，(C) 都 (D) 是灰尘。
到处

3 即使 (A) 他 (B) 不好，你就 (C) 没 (D) 一点责任吗?
都是

4 (A) 这本书 (B) 我 (C) 随便翻了翻，(D) 没有认真看。
只

5 (A) 这所大学 (B) 有 (C) 十六个系 (D) 。
一共

6 不管 (A) 刮风还是 (B) 下雨，我 (C) 坚持 (D) 练习游泳。
都

7 不 (A) 能 (B) 看到成绩，(C) 看 (D) 不见缺点。
光

8 今年以来，(A) 留学生 (B) 人数不断增加，(C) 日本留学生就 (D) 来了50人。
仅

9 国庆节 (A) 到了，(B) 各大公园 (C) 是游人 (D) 。
净

핵심 ④ 정도부사

상태가 어느 정도로 심한지를 표현하는 부사를 가리킨다. 일반적으로 형용사를 수식하며, 동사는 제한된 일부만 수식한다.

핵심 콕콕!

很 매우, 대단히. 정도가 상당히 높으나 최고의 상태는 아님을 나타내며, 대부분 부사어로 쓰인다. 강조하지 않고 약하게 발음하면 '대단히, 매우'의 뜻이 없어진다.

- 我家离学校很近。 우리 집은 학교에서 매우 가깝다.
- 他是个很聪明的孩子。 그는 매우 똑똑한 아이다.
- 这个故事发生在很久很久以前。 이 이야기는 아주 아주 오래 전에 일어난 것이다.
- 爸爸很会说笑话。 아버지는 우스갯소리를 참 잘하신다.

太 너무, 대단히. 다음의 3가지 용법으로 사용된다.
① 감탄형으로 쓰여 정도가 매우 높음을 나타낸다. → 太 + 동사 / 형용사 + 了
② 상황이나 요구가 일반적인 경우보다 지나침을 나타내며, 불만스런 상황이나 여의치 않은 상황에 사용한다. 긍정·부정문 모두에 사용할 수 있고, 문미에 어기조사 了가 온다.
③ 太 앞에 부정부사 不가 오면, 긍정의 정도를 감소시켜 완곡한 부정의 어기를 나타내며 '그다지 ~하지 않다'는 뜻을 나타낸다. → 不太 + 동사 / 형용사

- 你参加我们的晚会，太好了。 ① 네가 우리 저녁파티에 참석한다니, 너무 잘됐다.
- 那大熊猫实在太可爱了。 ① 저 큰 판다는 정말 너무 귀엽다.
- 这种颜色太深了。 ② 이 색깔은 너무 짙다.
- 别人的话一句听不进，你太相信自己了。 ②
  다른 사람의 말을 한마디도 안 듣다니, 너는 자신을 너무 믿는구나.
- 晚起晚睡，这习惯太不好。 ② 늦게 일어나고 늦게 자는 습관은 아주 나쁘다.
- 每天上下班要换三次车，太不方便。 ②
  매일 출퇴근할 때 차를 세 번 갈아타야 해서 너무 불편하다.
- 会议时间不太长。 ③ 회의 시간은 그다지 길지 않다.
- 他不太喜欢城市生活。 ③ 그는 도시 생활을 별로 좋아하지 않는다.

| 更 | 더, 더욱. 다음의 2가지 용법으로 사용된다.
① 더욱, 한층(= 越发, 更加). 정도가 더 심해짐을 나타낸다. 형용사, 동사 앞에서만 부사어로 쓸 수 있다.
② 다시, 또(= 还, 又). 동사 앞에서 동작을 되풀이함으로써 정도가 높아짐을 나타낸다. |

- 说法更不清楚了。 ① 의견이 더욱 불분명해졌다.
- 现在的产品更多更好了。 ① 지금의 제품은 더 많아지고 더 좋아졌다.
- 我爱高山，更爱大海。 ① 나는 높은 산을 좋아하지만, 큰 바다는 더 좋아한다.
- 他比我更不爱说话。 ① 그는 나보다 더 말하는 것을 싫어한다.
- 质量更好一点，产量更高一点，就可以创新纪录了。 ②
  품질이 좀 더 좋아지고, 생산량도 좀 더 오르면 신기록을 세울 수가 있다.
- 文章还可以写得更精炼一些。 ② 글은 다시 깔끔하게 쓸 수도 있다.
- 欲穷千里目，更上一层楼。 ② 천 리 멀리 바라보고자, 한 층 더 올라가노라.

| 最 | 가장, 제일. 정도가 가장 높음을 나타낸다.
① 둘 이상의 대상을 비교하여 그 가운데 최고임을 나타낸다.
② 最는 일부 형용사 앞에 쓰여 성질·상태·시간의 최고 정점을 표시하며, 예측이나 제한, 한계의 어기를 포함한다. 이러한 용법으로 쓰이는 형용사는 다음과 같다.

高 높다　低 낮다　大 크다　小 작다　长 길다　短 짧다　快 빠르다　慢 느리다
多 많다　少 적다　冷 춥다　热 덥다　晚 늦다　早 이르다　粗 거칠다　细 가늘다 |

- 他最喜欢看足球比赛。 ① 그는 축구 경기 관람을 제일 좋아한다.
- 吸烟最有害健康。 ① 흡연은 건강에 가장 해롭다.
- 这个方法最简便。 ① 이 방법이 가장 간편하다.
- 数理化三门功课比较起来，他数学学得最好。 ①
  수학, 물리, 화학 세 과목을 비교해보면, 그는 수학을 제일 잘한다.
- 路很远，骑车去最少也得半个小时。 ② 길이 멀어서 자전거를 타도 최소한 30분은 걸린다.
- 这次去，最多十天就可以回来。 ② 이번에 가면 길어야 10일이면 돌아온다.
- 你最晚在上午下班以前给我答复。 ②
  당신은 아무리 늦어도 오전 업무가 끝나기 전에는 제게 회답을 주세요.
- 从北京到上海最快也要一个半小时。 ②
  베이징에서 상하이까지 아무리 빨라도 1시간 반은 걸린다.

| 多么 | 얼마나, 많이, 아무리. 서면어이며, 문장 속에서 주로 부사어로 사용된다.
① 얼마나(= 非常, 十分). 감탄문에서 정도가 높음 또는 과장의 어기와 강렬한 감정적 색채를 띤다.
② 无论(不管)…多么… 형식으로 쓰여 '아무리 ～해도 상관 없이 ～하다'는 뜻을 나타낸다. |

- 你听，这曲子多么优美！ ① 너 들어봐, 이 곡이 얼마나 아름다운지!
- 这个故事多么有意思啊！ ① 이 이야기 정말 재미있구나!
- 我们的祖国是多么富饶啊！ ① 우리 조국은 정말 풍요롭구나!
- 这首民歌多么动听，多么吸引人。 ① 이 민요는 얼마나 감동적이며, 얼마나 매혹적인가.
- 不管生活条件多么艰苦，他们仍坚持工作。 ②
  생활 여건이 얼마나 어렵건 상관 없이, 그들은 여전히 계속 일한다.

| 非常 | 대단히, 몹시, 심히(= 十分, 极). 很보다 훨씬 강한 어기를 띠며, 非常非常(ABAB식)으로 중첩할 수 있다. |

- 老师们非常认真、热情。 선생님은 아주 진지하고 친절하시다.
- 问题非常复杂。 문제는 아주 복잡하다.
- 他学习非常刻苦。 그는 아주 열심히 공부한다.
- 我非常非常喜欢这本工具书。 나는 이 참고서를 아주 아주 좋아한다.
- 这个问题非常非常重要。 이 문제는 아주 아주 중요하다.

| 十分 | 십분, 대단히, 충분히. 주로 서면어로 사용되며, 부사어나 한정어로 쓰인다. |

- 这个问题十分复杂。 이 문제는 아주 복잡하다.
- 这些经验对医务工作者同样十分宝贵。 이 경험들은 의료인에게도 마찬가지로 아주 귀중하다.
- 看了这部电影，同学们十分感动。 이 영화를 보고 급우들은 매우 감동했다.
- 办公桌上的电话响起了十分急促的铃声。 사무실 책상에 있는 전화가 아주 다급하게 울렸다.

| 挺 | 매우, 아주, 너무, 대단히. 정도가 상당히 깊음을 나타내지만, 很보다 조금 약한 어기를 갖는다. 구어체에 자주 쓰이며, 형용사나 동사를 수식하는데, 종종 수식하는 동사나 형용사 뒤에 的가 온다. 긍정 및 부정 표현을 모두 수식할 수 있다. |

- 衣服挺干净的。 옷이 아주 깨끗하다.
- 这篇作文写得挺好。 이 작문은 아주 잘 썼다.
- 老师对我们挺照顾的。 선생님은 우리를 잘 돌봐주신다.
- 我挺喜欢这孩子的。 나는 이 아이를 아주 좋아한다.
- 这个角色演得挺不自然。 이 배역은 연기가 너무 부자연스럽다.
- 你这样处理这事挺不好吧。 당신은 이 일을 이렇게 처리하면 안 된다.

| 极 | 매우, 몹시(= 十分, 非常). 很보다 강한 어기를 띤다.
① 동사나 형용사 앞에서 부사어로 쓰인다.
② 구어체에서 得 없이 동사나 형용사 뒤에서 정도보어로 쓰인다. 极 뒤에 어기조사 了/啦가 온다. |

- 车子开得极慢。 ① 차가 아주 느리게 간다.
- 他极快地看了一遍。 ① 그는 재빨리 한 번 쭉 보았다.
- 我的意见极不成熟，只供你参考。 ① 제 생각은 아주 미숙하니 참고만 하십시오.
- 那只大熊猫，孩子们真是喜爱极啦。 ② 그 큰 판다는 아이들이 정말 너무나 좋아한다.
- 这场足球比赛精彩极了。 ② 이번 축구 경기는 정말 너무 훌륭하다.
- 多年不见，妈妈对我想念极了。 ② 여러 해 동안 못 만나서, 어머니는 나를 몹시 보고 싶어하신다.

| 比较 | 비교적, 상당하게(= 相当). 일정한 정도나 수준을 갖고 있음을 뜻한다. 형용사나 동사 앞에서 부사어로 쓰이며, 부정문에서는 사용하지 않는다. |

- 这条路比较近。 이 길은 가까운 편이다.
- 孩子们都比较喜欢这个故事。 아이들은 모두 이 이야기를 비교적 좋아하는 편이다.
- 他比较有办法。 그는 비교적 수완이 좋다.

白

헛되이, 공짜로. 부사어로 동사만 수식한다.
① 공연히, 헛되이(= 徒然). 행위가 바라던 목표에 다다르지 못하거나 효과를 내지 못함을 의미한다. 중첩하여 어기를 강화할 수 있다.
② 무료로, 공짜로(= 无偿, 免费). 어떤 대가도 없이 이익을 얻음을 나타낸다. 동사 앞에서 부사어로 쓰인다.

- 他说来没来，我白等了两个小时。① 그가 온다고 해놓고 안 와서, 나는 2시간 동안 헛되이 기다렸다.
- 我们的工作没有白做。① 우리가 한 일이 헛되지 않았다.
- 时间白白地过去了。① 시간이 헛되이 지나갔다.
- 大家出钱买票，从来不白看戏。② 다들 돈을 내고 표를 사지, 연극을 공짜로 보지 않는다.
- 这钱不能白要。② 이 돈을 공짜로 달래서는 안 된다.

尤其

특히(= 特别). 전체 중에서 또는 다른 사물과 비교했을 때 특별히 두드러짐을 나타내며, 일반적으로 뒷절에 온다. 是와 결합한 형태의 尤其是는 주로 같은 종류의 여러 가지 중 하나를 강조한다.

- 他各门功课都很好，语文尤其突出。그는 모든 과목을 다 잘하는데, 특히 어문학을 잘한다.
- 我喜欢看书，尤其喜欢看小说。나는 책 읽는 것을 좋아하는데, 특히 소설을 좋아한다.
- 我们班上的同学都很认真，尤其是沈恩。우리 반 친구들 모두 열심히지만, 특히 천언이 그렇다.
- 同志们的意见中尤其是老王的意见，对我的帮助特别大。
  동료들 의견 중 특히 라오왕의 의견이 내게 많은 도움이 됐다.

稍 / 稍微

조금, 약간. 수량이 많지 않거나 정도가 강하지 않음 혹은 시간이 길지 않음을 뜻하며, 동사나 형용사를 수식한다. 주로 点 / 些 / 一点 / 一些 / 一下 / 一会 / 几分 / 几个 등의 양사나 수량사와 함께 쓰인다.
① 稍 뒤에는 단음절 단어만 취하지만, 稍微는 이음절 단어도 취할 수 있다.
② 稍微가 수식하는 단어는 중첩이 가능하다. 단음절일 경우 'A (+ 一) + A'나 'A + 了 + A'로 쓸 수 있는데, 一는 생략이 가능하다.

- 请稍等一会儿。① 잠시 기다려주세요.
- 衣服稍长了一点儿。① 옷이 좀 길다.
- 我因为有事，稍微迟到了几分钟，请原谅。①
  제가 일이 있어서 몇 분 늦었는데, 양해해주세요.
- 衣服稍微旧了一点儿不要紧，凑合穿就行了。①
  옷이 좀 낡아도 괜찮아, 아쉬운 대로 입으면 돼.
- 我想稍微休息休息。② 나는 좀 쉬고 싶다.
- 这本书的内容你只要稍微翻(一)翻就知道。② 이 책의 내용은 네가 좀 뒤적여보기만 해도 안다.
- 汽车在门口稍微停了停又开走了。② 차는 현관에서 잠시 멈췄다가 다시 가버렸다.

才(2)

겨우, 고작, 단지(= 只). 동사, 수량사 또는 시간사 앞에서 시간이 이르거나 수량이 적음, 또는 정도가 낮음을 나타낸다.

- 现在才七点钟，急什么呢！지금 겨우 7시밖에 안 됐는데, 뭐가 급해!
- 这孩子今年才15岁，稚嫩得很。이 아이는 올해 겨우 15살이야, 무척 앳되단다.
- 他明年才初中毕业。그는 내년에야 중학교를 졸업한다.
- 我才能喝一瓶啤酒。나는 맥주 한 병밖에 못 마신다.

| 大大 | 크게, 대단히. 大를 더욱 강조하는 표현이다. 주로 증가 · 상승 · 감소 · 하락을 나타내는 이음절 동사나 형용사 앞에서 부사어로 쓰이며, 뒤에 조사 地를 쓰기도 한다. |

- 工厂技术改造后，产品的质量大大提高了。
  공장 기술을 혁신하자, 제품의 품질이 크게 향상되었다.
- 假期里来了不少留学生，大大地热闹了几天。
  방학 기간 중에 유학생들이 많이 와서 며칠 동안 북적거렸다.

| 相当 | 상당히, 매우. 주로 구어체에 쓰이며, 很보다 약간 가벼운 어기를 띤다. 형용사 앞에서 부사어 역할을 한다. |

- 这场戏演得相当好。 이 연극공연은 상당히 좋았다.
- 这条路相当长。 이 길은 상당히 길다.
- 她的发言相当精彩。 그녀의 발언은 아주 훌륭했다.
- 任务相当艰巨。 주어진 일이 매우 힘들고 막중하다.
- 他工作积极，学习也相当努力。 그는 적극적으로 일하고 공부도 상당히 열심히 한다.

핵심테스트

해설 p. 9

다음 문장에서 제시어가 들어갈 정확한 위치를 찾아보세요.

1 (A) 那里的风景 (B) 比 (C) 这里的风景 (D) 好。

　　　　　　　　　　更

2 由于约翰 (A) 改进了 (B) 学习方法，所以 (C) 提高了 (D) 学习成绩。

　　　　　　　　　　大大地

3 (A) 他来 (B) 北京 (C) 五天，还不 (D) 习惯。

　　　　　　　　　　才

핵심 ⑤ 빈도부사

동작이 반복되는 빈도를 나타내는 부사를 말한다.

핵심 콕콕!

又	또, 다시. 동사 앞에 온다. 문장 안에 조동사가 있으면 그 앞에 쓴다. ① 주로 행위나 동작이 중복되어 발생하거나 반복적으로 연속하여 일어나는 상황을 나타낸다. 이미 발생한 상황에 많이 쓰인다. ② 又의 앞뒤로 같은 동사 또는 '一 + 양사'가 있으면 여러 차례 반복됨을 나타낸다. ③ 어떤 상황이나 동작이 다시 일어날 것을 예상할 때도 쓸 수 있다. ④ 앞뒷절에 又를 각각 한 번씩 사용하면 두 가지 동작이나 상황이 중복교차하여 발생함을 나타낸다.

- 你怎么又来了? ① 너 왜 또 왔어?
- 今年又是一个丰收年。① 올해도 풍년이다.
- 做完作业，他又仔仔细细地看了一遍。① 숙제를 다 하고 나서, 그는 꼼꼼하게 한 번 더 보았다.
- 他拿着妈妈寄来的相片看了又看。② 그는 어머니가 부쳐준 사진을 들고서 보고 또 보았다.
- 你一次又一次地来帮助我，真太感谢了。② 저를 여러 번 도와줘서 정말 감사합니다.
- 明天又是星期日了，我们又可以上街了。③ 내일 또 일요일이니까, 우리는 또 쇼핑갈 수 있어.
- 月亮又圆了，明天大概又是农历十五了。③
  달이 또 둥그레졌으니, 아마 내일이 또 보름인가보다.
- 他把模型拆了又装，装了又拆，最后终于学会了不少手艺。④
  그는 모형을 뜯었다가 조립하고, 조립했다가 또 뜯고 해서 마침내 솜씨가 많이 늘었다.
- 这篇文章他写了又改，改了又写。④ 그는 이 문장을 썼다가 고치고, 고치고 또 썼다.

再	또, 다시, 재차. 한 가지 동작이 지속되거나 반복됨 또는 두 가지 동작이 시간의 흐름에 따라 연이어 일어남을 나타낸다. 의미상 又와 같지만, 又는 이미 발생한 일에 사용하는 반면, 再는 아직 일어나지 않은 상황에 쓰여 곧 실현될 것임을 가리킨다. 문장에 조동사가 있으면 조동사와 동사 사이에 쓴다.

- 时间还早，你再坐一会儿吧。 시간이 아직 이르니 조금 더 앉아 있어. (지속)
- 吃完了饭再走吧。 밥 다 먹고 나서 다시 갑시다. (두 동작의 연이은 발생)
- 此后，我们没有再见面。 그 후로, 우리는 다시 만나지 않았다. (반복)
- 这部小说很好，我想再读一遍。 이 소설은 정말 재미있어서, 나는 다시 한 번 읽고 싶다. (반복)

还

또, 다시, 더욱, 아직, 여전히. 동사나 형용사를 수식하는 부사어로 쓰인다. 동작의 중복, 상황의 지속적인 불변, 사태의 확대, 정도 강화 등을 나타낸다.

- 我明天还要去银行。 나는 내일도 은행에 갈 것이다. (동작의 반복)
- 我们还不能翻译这本书。 우리는 아직 이 책을 번역할 수 없다. (상황의 지속)
- 明天的风力还要增大。 내일 바람은 더 세질 것이다. (정도의 강화)
- 我们不但要提高产量，还要保证质量。
  우리는 생산량을 제고해야 할 뿐 아니라, 품질 역시 보장해야 한다. (사태의 확대)

也

역시, 또한. 동사나 형용사를 수식하는 부사어로, 병렬된 두 상황이 같음을 설명한다. 단독으로 사용하기도 하고 앞뒷절에 연달아 사용하기도 한다.

- 我去图书馆，他也去图书馆。 나는 도서관에 가고, 그도 도서관에 간다.
- 约翰从朋友家来，我也从朋友家来。 존은 친구 집에서 오고, 나도 친구 집에서 온다.
- 大家谈得很亲切，也很随便。 모두들 매우 친밀하고도 편하게 이야기를 했다.
- 我借中文小说，也借英文小说。 나는 중국어 소설을 빌리고 영어 소설도 빌린다.

一连

계속하여, 잇달아, 연이어. 동사 앞에 써서 동작이 계속되거나 상황이 연속하여 발생함을 나타낸다. 줄여서 连으로 쓰기도 한다.

- 一连下了几天雨，气候转凉了。 며칠간 계속 비가 와서 날씨가 시원해졌다.
- 得到这个好消息，我一连高兴了几天。 이 소식을 듣고, 나는 며칠간 줄곧 기뻤다.
- 今天下午一连来了五批参观的人。 오늘 오후에 견학할 다섯 팀의 사람들이 잇달아 왔다.
- 这个问题一连讨论三天，也没结果。 삼일 동안 계속 이 문제를 토론했지만, 결과가 나지 않았다.
- 这个话剧一连演出了一个月，很受欢迎。 이 연극은 한 달간 계속 공연했는데, 인기가 좋았다.

一再

거듭, 재차, 수 차례(= 一次又一次). 상황이 반복 출현함을 강조하며, 동사 앞에만 쓰인다.

- 同学们一再要求分配到祖国最需要的地方去。
  급우들은 조국이 가장 필요로 하는 곳으로 보내달라고 재차 요구했다.
- 学校一再强调学生要出早操。 학교에서는 학생들이 아침체조를 나가야 한다고 거듭 강조했다.
- 他一再表示一定把代表团接待好。 그는 반드시 대표단을 잘 대접하겠다고 재차 밝혔다.
- 实验虽然一再失败，他们也毫不灰心。 실험은 계속 실패했지만, 그들은 전혀 낙심하지 않았다.
- 老王在工作中不断创新，一再被评为优秀服务员。
  라오왕은 끊임없이 창의적으로 일을 해서 여러 차례 우수종업원으로 선정되었다.

再三

재삼, 여러 번(= 一次又一次). 여러 차례 반복됨을 강조하며, 전치사구 앞이나 뒤에 놓일 수 있다.

- 临别时，客人再三道谢。 헤어질 때, 손님은 몇 번이고 사의를 표했다.
- 他考虑再三，决定报考师范院校。
  그는 거듭 생각한 끝에 사범대학에 응시원서를 내기로 결정했다.
- 我向他再三道歉。 나는 그에게 거듭 사과했다.

| 不时 | 때때로, 종종, 늘(= 常常, 时而…时而, 同时). 동작, 행위, 상황이 계속해서 발생하거나 일정한 시간 내에 번갈아 가면서 발생함을 나타낸다. 긍정문에만 사용된다. |

- 水库建成以前，这里不时停电。댐이 건설되기 전에, 이곳은 종종 정전이 되었다.
- 远处不时传来火车的鸣叫。멀리서 이따금 기차의 기적소리가 들려오곤 한다.
- 这几天不时晴，不时阴。요 며칠 종종 흐렸다 맑았다가 한다.

핵심테스트

해설 p. 9~10

다음 문장에서 제시어가 들어갈 정확한 위치를 찾아보세요.

1 上个星期 (A) 去 (B) 了一趟上海，这个星期 (C) 得 (D) 去一次。
    还

2 (A) 从他一封 (B) 一封的来信可以 (C) 看出，他 (D) 是多么想念久别的故乡啊！
    又

3 (A) 比赛场里 (B) 发出 (C) 热烈的掌声 (D)。
    不时

4 (A) 我们 (B) 挽留，他才 (C) 同意 (D) 多住一天。
    再三

5 一个人如果 (A) 连自己的父母都 (B) 不关心，他 (C) 能 (D) 关心谁呢？
    还

6 老师 (A) 叮嘱学生，(B) 考试时 (C) 要 (D) 沉着、细心。
    一再

핵심 ❻ 정태부사

각종 상태를 표시하는 부사를 말한다.

핵심 콕콕!

亲自
직접, 몸소, 친히. 일을 자신이 직접 함을 나타내며 행위를 나타내는 동사 앞에 쓰인다.

- 老校长经常亲自带头参加劳动。 연로하신 교장께서 항상 몸소 솔선수범해서 일하신다.
- 这件事十分重要，请你亲自过问一下。 이 일은 아주 중요하니 직접 관여하시오.
- 重要的稿件最后都由总编辑亲自审批。 중요한 원고는 최종적으로 편집장이 직접 심사한다.
- 他亲自陪同代表团参观访问。 그는 직접 대표단을 대동하고 견학 방문한다.

亲手
직접, 손수, 자기 손으로. 직접 일에 착수함을 나타낸다.

- 这是他亲手种的树。 이것은 그가 직접 심은 나무이다.
- 你亲手做一做。 네가 직접 해 봐.
- 每天晚上他都亲手做饭。 매일 저녁 그는 직접 밥을 짓는다.
- 奶奶亲手给孙子做衣服。 할머니는 손자에게 손수 옷을 지어주신다.

仍 / 仍然 / 仍旧

여전히, 원래대로
① 변함없이, 여전히, 아직도(= 还, 还是). 상황이 변하지 않음을 나타낸다.
② 원래대로, 또(= 又). 원래의 상태로 돌아감을 나타낸다.
③ 仍 / 仍然 / 仍旧는 뜻은 같다. 다만 仍旧는 주로 구어에, 仍 / 仍然은 흔히 서면어에 쓰인다. 仍 뒤에는 단음절, 이음절 다 올 수 있지만, 仍然과 仍旧 뒤에는 주로 이음절 단어만 나온다는 점이 다르다.

- 他渐渐发胖了，但仍不锻炼。① 그는 점점 살이 찌고 있지만, 여전히 운동을 하지 않는다.
- 为了我，他仍然愿意陪我住在中国。① 나를 위해서, 그는 변함 없이 나랑 중국에서 살고자 한다.
- 放出的信鸽仍然飞回原地。② 놓아 보낸 전서구(통신용 비둘기)가 또 제자리로 돌아왔다.
- 阅读完毕，他们仍旧把书摆得整整齐齐。②
  독해가 끝나자, 그들은 책을 원래대로 가지런히 놓았다.
- 伤愈出院之后，他仍然担任车间主任。③
  상처가 나아 퇴원한 후, 그는 원래대로 현장주임을 맡았다.
- 经过几天跋涉我们仍回到原地。③
  며칠간 여러 곳을 다녀보고, 우리는 본래의 자리로 다시 돌아왔다.

渐渐

점점, 점차(= 慢慢). 주로 서면어에 쓰여, 정도나 수량이 점진적으로 변화함을 나타낸다. 주어 앞에 위치할 때는 반드시 조사 地를 사용한다.

- 太阳渐渐(地)从东方升起。 해가 서서히 동쪽에서 떠오른다.
- 过了清明节，天气渐渐(地)暖和起来。 청명절이 지나니, 날씨가 점차 따뜻해진다.
- 走了半天，渐渐接近铁路了。 한참 걸어 점점 철도에 가까이 이르게 되었다.
- 歌声渐渐停止了。 노랫소리가 점차 멈췄다.
- 风渐渐小了。 바람이 점점 잦아들었다.
- 渐渐地，天黑下来了。 조금씩 날씨가 어두워졌다.

纷纷

잇달아, 몇 번이고, 쉴새없이, 계속하여(= 接二连三地)

- 人们纷纷涌向街头，欢迎代表团到来。
  사람들이 잇달아 거리로 몰려나와 대표단의 도착을 환영했다.
- 战士们纷纷跳进急流之中。 병사들은 잇달아 급류 속으로 뛰어들었다.
- 大家纷纷举报非法行为。 모두들 불법행위를 계속해서 고발했다.
- 毕业生纷纷离校了。 졸업생이 잇달아 학교를 떠났다.

一下子

갑자기, 단번에, 돌연. 상황이 단시간에 혹은 갑자기 발생함을 나타낸다. 주로 구어체로 쓰인다.

- 强冷空气南下，气温一下子降低了十度。
  강한 찬 공기가 남하하자, 기온이 단번에 10도나 내려갔다.
- 他渴极了，一下子喝了三碗水。 그는 목이 타서 순식간에 물을 세 그릇이나 마셨다.
- 经老师稍加指点，小敏一下子就领会了。
  징 선생님께서 잠시 지도해주시자, 샤오민은 단번에 이해했다.
- 老王这一问，他一下子问住了。 라오왕이 물어보자, 그는 갑자기 말문이 막혔다.

亲眼

제 눈으로, 직접. 자신의 눈으로 보거나 자신이 직접 한 일임을 강조한다. 주로 동사 앞에서 부사어로 쓰인다.

- 我亲眼看到了那场交通事故。 나는 그 교통사고의 현장을 직접 목격했다.
- 我亲眼看到了改革开放后中国人的精神面貌。
  나는 개혁개방 후 중국인의 정신면모를 직접 보았다.
- 参观的人亲眼看到了这几年农民生活的巨大变化。
  견학자는 요 몇 년 사이에 농민생활의 큰 변화를 직접 보았다.

一口气

단숨에. 어떤 일이 빠른 시간 내에 끊임없이 또는 연속적으로 이루어지는 모습을 나타낸다.

- 玛丽一口气把今天的作业做完了。 메리는 오늘 숙제를 단숨에 다 끝냈다.
- 约翰一口气喝了一瓶啤酒。 존은 맥주 한 병을 단숨에 마셨다.

핵심테스트

해설 p. 10

다음 문장에서 제시어가 들어갈 정확한 위치를 찾아보세요.

1 要想（A）知道（B）梨子的滋味，必须（C）尝一尝（D）。
亲自

2 他（A）把所有的衣服（B）都（C）洗完了（D）。
一口气

3 （A）他的力气真大，（B）就把那个桌子（C）搬了起来（D）。
一下子

4 课堂上，（A）学生们（B）举手（C）回答（D）老师的问题。
纷纷

5 早就（A）听说（B）海南的风光漂亮极了，今天终于（C）有机会（D）去目睹一下。
亲眼

6 （A）拜托（B）你（C）把信交给他（D）。
亲手

7 （A）商场里（B）像往常（C）一样（D）热闹。
仍然

8 天气（A）冷了（B）起来，你（C）要注意多穿衣服，别（D）感冒。
渐渐

9 他（A）参加工作（B）好几年了，可（C）不见他（D）成熟。
仍

10 大家（A）都（B）走了，他（C）却（D）坐在那里。
仍旧

핵심 ⑦ 어기부사

각종 어기와 말투를 나타내는 부사를 말한다.

핵심 콕콕!

到底

① 마침내, 결국, 드디어(= 终于, 毕竟). 많은 노력을 기울여서 목표했던 결과를 얻거나, 정해진 목표에 달성했음을 나타낸다. 동사나 형용사 앞에 오며, 뒤에 반드시 어기조사 了나 완성을 의미하는 단어가 와야 한다.
② 도대체(= 究竟). 의문문에서 동사나 형용사 또는 주어 앞에 놓여 어기를 강조하는 역할을 한다. 이때 吗를 사용한 의문문은 제외된다.
③ 아무래도, 역시, 결국(= 毕竟). 원인이나 특징을 강조한다.
④ 아무래도, 역시(~이니까, ~이라서). 到底是로 쓰여 강조를 표시하는데, 그 앞뒤로 같은 단어나 구를 반복하여 '~는 역시 ~이다'라는 의미를 나타낸다.

- 经过十多次实验，新的农药到底制成了。①
  십여 차례의 실험 끝에 드디어 새 농약이 개발되었다.
- 过了几天，心情到底平静下来了。① 며칠이 지나자, 마음이 마침내 가라앉았다.
- 他到底是哪国人？ ② 그는 도대체 어느 나라 사람이니?
- 这到底是怎么回事？ ② 이거 도대체 어떻게 된 일이야?
- 到底你去还是他去？ ② 도대체 너가 갈 거니, 아니면 그가 갈 거니?
- 你到底想过没有？ ② 너 도대체 생각은 해본 거야?
- 这孩子到底年纪小，没经验。③ 이 아이는 아무래도 나이가 어려서 경험이 없다.
- 到底是年轻人，干起活来像小老虎。③ 역시 젊은 사람이라 일하는 데 힘이 넘친다.
- 他到底有经验，很快就解决了。③ 아무래도 그는 경험이 있어서 빨리 해결했다.
- 说笑话到底是说笑话，不要当真。④ 농담으로 하는 말이니까 진짜로 받아들이지 마.
- 名著到底是名著，大家都喜欢读。④ 명작은 역시 명작이라서, 모두들 즐겨 읽는다.

果然 과연, 생각한 대로(= 真的, 确实). 결과가 예상한 대로 실현되었음을 나타낸다.

- 说来，他果然来了。 온다고 하더니, 과연 그가 왔다.
- 估计你不会迟到，你果然准时来了。 네가 지각하지 않을 거라고 예상했는데 역시 정시에 왔구나.
- 果然不出所料，今年又是一个丰收年。 과연 예상한 대로, 올해도 또 풍년이다.
- 天气预报说今天有雪，下午果然下起雪来了。
  일기예보에서 오늘 눈이 온다더니, 오후부터 정말 눈이 내리기 시작했다.

倒

예상과 어긋나는 상황을 묘사한다.
① 오히려, 도리어(= 反而, 反倒). 일반적인 도리나 예상에 어긋남을 나타낸다.
② 得자구(동사 + 得 + 倒 + 형용사)에 쓰여 사실과 반대됨을 나타낸다. 이때 동사는 说 / 想 / 看, 형용사는 容易 / 简单 / 轻松 등만 온다. 주어는 2인칭, 3인칭에 한정되고 질책의 어기를 띤다.
③ 예상치 못했던 의외의 상황을 나타낸다.
④ 복문에서 전환이나 양보를 나타낸다. 종종 虽然 / 可是 / 但是 / 不过 / 就是 등의 접속사와 호응한다.
⑤ 술어 앞에서 어기를 완화시키는 작용을 한다. 뒤에는 긍정·부정문이 모두 올 수 있다.
⑥ 어서, 빨리, 도대체. 재촉 또는 추궁하는 의미를 나타내며, 못 참겠다거나 성가신 듯한 어투를 표현한다.

- 她的妹妹倒比她先出嫁。① 그녀의 여동생이 도리어 그녀보다 먼저 시집간다.
- 多年的老朋友，他倒跟我客气起来了。①
  오랜 친구인데도, 그는 오히려 나와 정중해지기 시작했다.
- 没吃药，这病倒好了。① 약은 먹지도 않았는데, 오히려 병이 나았다.
- 你说得倒简单，你试试看。② 너 말은 참 간단하게 하는구나, 네가 한번 해봐.
- 他想得倒容易，事情哪有那么好办。②
  그가 생각하기에는 쉽겠지만, 일이라는 게 어디 그렇게 쉬운가.
- 有这样的事？我倒要听听。(不相信) ③ 이런 일이 있어? 내가 좀 들어봐야겠군. (믿지 않음)
- 你一说，我倒想起来了。(本来没想起) ③
  네가 말하니, 나는 생각이 났다. (원래는 생각 나지 않았음)
- 房间不大，陈设倒挺讲究。④ 방은 크지 않지만, 가구는 아주 신경써서 배치했다.
- 电影的内容一般，语言倒挺生动。④ 영화의 내용은 보통이지만, 언어는 아주 생동감이 있다.
- 这地方倒清静，但是交通很不方便。④ 이곳은 조용하긴 하지만, 교통이 아주 불편하다.
- 那间房子虽然不大，装饰得倒挺讲究。④ 그 방은 크지는 않지만, 장식에 아주 신경을 썼다.
- 爸爸倒不反对这件事，妈妈就难说了。⑤
  아빠는 이 일을 반대하시지 않지만, 엄마는 잘 모르겠다.
- 他说他不肯去，这倒不见得。⑤ 그는 안 가겠다고 하지만, 이게 꼭 그렇다고 볼 수는 없다.
- 我倒不反对这么办，只是说要考虑周到一点儿。⑤
  나는 이렇게 하는 걸 반대하는 게 아니라, 그저 좀 더 신중하게 생각해야 한다는 말이야.
- 你倒说说看。⑥ 너 말 좀 해보란 말야.
- 你倒说句话呀！⑥ 너 한마디 말 좀 해봐!
- 你倒去不去呀？他来电话说明天上午准到。⑥
  너 도대체 가 안 가? 그가 내일 오전에 꼭 온다고 전화했단 말야.

究竟

① 도대체(= 到底). 의문문에서 추궁하는 의미를 나타내며 어기를 강조하는데, 여기서 吗를 사용한 의문문은 제외된다. 주로 서면어로 사용된다.
② 어쨌든, 결국, 필경, 끝내는(= 毕竟, 归根到底). 역시 어기를 강조한다.

- 这道题你究竟会做不会做？① 너는 도대체 이 문제를 풀 수 있는 거야, 없는 거야?
- 这究竟是怎么回事？① 이건 도대체 어떻게 된 일이야?
- 究竟室内温度有多高？① 도대체 실내온도가 얼마나 높은 거야?
- 那本书究竟什么时候可以出版？① 그 책은 도대체 언제 출판되는 거야?
- 这本书虽然旧，究竟是珍本。② 이 책은 낡긴 했지만, 어쨌든 진본임이 틀림없다.
- 谎言究竟代替不了事实。② 거짓말은 결국 진실을 대신할 수 없다.

| 准 | 꼭, 틀림없이, 반드시(= 一定, 肯定). 부사어로 쓰여 동사를 수식한다. |

- 这本书上有他的名字，准是他忘记在这里了。
  이 책에 그의 이름이 있으니까, 틀림없이 그가 여기에서 잃어버린 걸 거야.
- 他说话算数，说来准会来。 그는 말에 책임을 지니까, 온다고 했으면 꼭 올 거야.
- 小李的成绩这次准合格了。 샤오리의 성적이면 이번에 꼭 합격할 거야.

| 千万 | 제발, 부디, 절대로, 아무쪼록, 반드시, 꼭, 필히(= 务必, 一定). 기원, 당부의 어기를 나타낸다. 긍정문과 부정문에서 모두 사용할 수 있으며, 긍정문에서는 동사나 조동사 앞에, 부정문에서는 不나 別 등의 부정부사 앞에 온다. |

- 给朋友打电话的事情千万别忘记。 친구에게 전화하는 거 절대로 잊지 마.
- 仓库要注意防火，千万不能大意。 창고는 불조심을 해야 한다. 절대로 소홀해서는 안 된다.
- 历史教训千万要记住。 역사적 교훈은 반드시 기억해야 한다.
- 这里有电，千万要小心。 여기에 전기가 있으니, 필히 조심해야 한다.

| 难道 | 설마 ~하겠는가, ~란 말인가. 주어 앞이나 뒤에서 반문의 어기를 나타내며, 문미에 吗나 不成이 와서 难道와 호응한다. |

- 历史难道会重演吗？ 설마 역사가 되풀이될 리 있겠는가?
- 难道这是偶然吗？ 이게 설마 우연이란 말이야?
- 难道说这些事一件都做不了吗？ 설마 이 일들을 하나도 못한다는 건 아니겠지?
- 干吗非让我去，难道别人去就不成？
  왜 꼭 나더러 가라 그래, 설마 다른 사람이 가면 안 된다는 거니?

| 恐怕 | 아마도(= 也许, 说不定), 대체로, 대략. 대부분 근심이나 부정적인 상황을 예상함을 나타내지만, 간혹 긍정적인 예측에도 사용된다. 조동사 能 / 会 / 要 등이 그 뒤에 자주 온다. |

- 他恐怕不会来了。 그는 아마 오지 않을 것이다.
- 这样做恐怕不太好吧。 이렇게 하면 아마 별로 좋지 않을 것이다.
- 这件事恐怕能解决。 이 일은 아마 해결할 수 있을 것이다.
- 路上恐怕要走三天。 어쩌면 길에서 사흘은 가야 할 것 같다.

| 尽管 | ① 얼마든지, 주저하지 않고, 마음놓고(= 只管). 조건 없이 안심하고 동작을 취하는 것을 나타낸다. 부정문에는 사용하지 않는다.
② 늘, 그냥, 언제나(= 总是, 老是). 주로 구어체에서 동작 행위의 지속을 나타낸다. |

- 有意见你尽管提，不必客气。① 의견이 있으면 체면 차리지 말고 마음놓고 제기하시오.
- 你有困难尽管说，大家可以帮助你。①
  어려운 점이 있으면 얼마든지 말해요. 다들 도와줄 수 있으니까요.
- 把孩子交给我，你尽管上班去吧。① 아이를 내게 맡기고 마음놓고 출근하세요.
- 别人问她，她不说话，尽管笑。②
  다른 사람이 그녀에게 물으면, 그녀는 아무 말 없이 그냥 웃기만 한다.
- 尽管说缺点可不行，也要看到他的优点。②
  항상 단점만 말해서는 안 된다. 그의 장점도 봐야 한다.

尽量
가능한 한, 되도록, 최대한(= 尽可能). 최대 가능한 범위를 말한다.

- 明天的会议很重要，能参加的尽量参加。
  내일 회의는 정말 중요하니, 참가할 수 있으면 되도록 참석하시오.
- 汽车六点钟开，请尽量早一点到。 차가 6시에 출발하니 되도록 좀 일찍 오십시오.
- 今天会上发言的人多，请尽量少谈一点儿。
  오늘 회의에서 발언할 사람이 많으니, 가능하면 짧게 말씀해 주세요.
- 你尽量早一点睡觉。 너는 되도록 좀 일찍 자라.
- 你尽量多听、多说、多读、多写。 너는 가능한 한 많이 듣고, 많이 말하고, 많이 읽고, 많이 써라.

大约
① 대략, 대강, 얼추. 수량, 시간에 대한 불분명한 예측을 나타낸다.
② 아마도, 어쩌면(= 大概). 주로 서면어로 쓰이며, 가능성이 큼을 나타낸다.

- 光速每秒大约30万公里。① 광속은 초당 대략 30만 km이다.
- 银河系大约有一千亿颗以上的恒星。① 은하계에는 대략 천억 개 이상의 항성이 있다.
- 他们大约也听到了声音。② 그들도 아마 소리를 들었을 것이다.
- 此事大约已成定局。② 이 일은 아마 이미 확정되었을 것이다.

差点儿
하마터면, 거의
① 바라지 않던 일의 경우 그 일이 실현되지 않아 다행스럽다는 의미를 갖는다. 동사가 긍정형이든 부정형이든 의미는 같다.
② 일이 다행히 가까스로 이루어졌음을 나타낸다. 이때 동사는 부정형으로 쓰인다.
③ 거의, 아쉽게도, 잘하면 ~이었을 텐데. 바라던 일이 아슬아슬하게 이뤄지지 않음을 나타낸다.

- 差点儿(没)闹笑话。① 하마터면 웃음거리가 될 뻔했다. (웃음거리가 되지 않았다)
- 差点儿(没)答错。① 하마터면 답을 틀릴 뻔했다. (맞게 답했다)
- 差点儿(没)摔倒。① 하마터면 넘어질 뻔했다. (넘어지지 않았다)
- 差点儿没见着。② 하마터면 못 만날 뻔했다. (만났다)
- 差点儿没买到。② 하마터면 못 살 뻔했다. (샀다)
- 差点儿答不上来。② 하마터면 대답하지 못할 뻔했다. (대답했다)
- 差点儿见着了。③ 잘하면 만났을 텐데. (못 만났다)
- 差点儿考上大学。③ 거의 대학에 붙었는데. (못 붙었다)
- 差点儿就赶上参加他们的婚礼了。③ 잘하면 그들의 결혼식에 참석했을 텐데. (참석하지 못했다)

毫
조금도, 전혀 ~않다(= 一点儿). 수량이 극히 적음을 강조한다. 不 / 无 / 没 등의 부정부사 앞에 쓰여 어떤 행위나 상황을 완전히, 철저하게 부정함을 뜻한다.

- 他对什么都很计较，毫不吃亏。 그는 어떤 것이든 잘 따져 조금도 손해보지 않는다.
- 我们学习他毫不利己，专门利人的精神。
  우리는 조금도 이기적이지 않고 오로지 남을 위하는 그의 정신을 본받자.
- 为人民服务，工作再艰苦，他也毫无怨言。
  국민에게 봉사하는 데 있어 일이 아무리 힘들어도, 그는 조금도 불평하지 않는다.

并

① 결코. 非 / 未 / 不 등의 부정부사 앞에서 부정을 강조하며 '결코 ~이 아니다'라는 뜻을 나타낸다.
② 같이, 함께. 앞서 언급한 몇 가지 일이 동시에 진행되거나 동시에 존재하여 모두 포함됨을 나타낸다. 단음절 동사나 형용사 앞에만 사용한다.

- 他是谦虚，并非真的不懂。① 그는 겸손한 것이지 결코 정말 모르는 게 아니다.
- 他并未离开此地。① 그는 결코 여기를 떠나지 않는다.
- 这套书缺了几本，并不完整。① 이 도서 세트는 몇 권이 부족하기 때문에 결코 완전하지 않다.
- 这两件事性质不同，不能相提并论。② 이 두 가지 일은 성격이 달라 같이 논할 수 없다.
- 学习要手脑并用，才能学好、记牢。②
  공부는 손과 머리를 함께 써야 잘 배우고, 기억할 수 있다.
- 学习外语应当听、说、读、写并重。②
  외국어를 배우는 데는 듣기, 말하기, 읽기, 쓰기가 모두 중요하다.

决

결코, 절대로 ~않다(= 一定, 完全). 부정부사 不 / 无 / 非 / 没 등 앞에서 단호한 부정의 의미를 나타낸다.

- 遵守学生守则，决不迟到早退。 학생수칙을 준수하고 절대로 지각 및 조퇴를 하지 않는다.
- 如果你不乐意承担这项工作，我们决不强迫你。
  네가 이 일을 맡기 싫다면, 우리는 결코 강요하지 않겠다.

可

문맥에 따라 뜻을 다양하게 해석할 수 있다. 강조의 어기만 나타낼 뿐 어떤 특정한 의미를 나타내지 않을 때도 있으므로 다양한 의미를 잘 파악해두어야 한다.
① 꽤, 정말, 어지간히, 진짜로. 일반 평서문에서 어기를 강조한다.
② 도대체, 대체. 반어문에서 의문대사 앞에 쓰여 질문의 요점을 강조한다.
③ 꼭, 절대로, 제발, 부디, 정말이지. 명령문에서 요구, 권유, 바람 등의 의미를 강조한다. 주로 要 / 能 / 应该 등이 뒤에서 자주 호응하여 쓰인다.
④ 무척, 매우, 정말. 감탄문에 쓰여 감탄의 어기를 강조한다. 문미에 啦 / 啊 / 了 등의 어기조사가 온다.

- 这问题可不简单，得好好研究一下。① 이 문제는 정말 간단하지 않으니, 충분히 연구해야 한다.
- 他可没说过这话。① 그는 정말 이 말을 한 적이 없다.
- 他跑得可不快。① 그는 정말 느리게 뛴다.
- 光这么说，可谁见过呢？② 이렇게 말만 하는데, 도대체 누가 봤단 말이야?
- 这么大的地方，可上哪去找他呀？②
  이렇게 넓은 곳에서 도대체 어디 가서 그를 찾는단 말이니?
- 你一个小孩儿可怎么能搬得动这么大的石头？②
  너 같은 어린애가 도대체 이렇게 큰 돌을 어떻게 옮긴다는 거니?
- 咱们可要说话算数的。③ 우리는 꼭 말에 책임을 져야 한다.
- 你可不能马马虎虎啊！③ 절대로 대충해선 안 돼!
- 你可应该把烟戒掉。③ 너는 정말이지 담배를 끊어야 한다.
- 他汉语说得可好啦！④ 그는 중국어를 정말 잘하는구나!
- 这可是一件大事啊！④ 이건 정말 큰일이다!
- 这可真成了问题了！④ 이건 정말 문제가 돼버렸다!

幸亏	다행히, 운 좋게도, 요행으로. 어떤 유리한 조건으로 인하여 나쁜 결과를 피하게 됨을 의미한다. 주로 주어 앞에 오며, 종종 不然 / 否则 / 要不 / 才 등과 호응한다. 幸亏A, 才B 다행히 A하기 때문에 (그래서) B하다 幸亏A, 不然 / 否则 / 要不B 다행히도 A하다, 그렇지 않으면 B할 뻔하다

- 没想到明天就出发，幸亏我们早有准备。
  내일 바로 출발할 줄 몰랐어. 다행히 우리가 일찍 준비를 해놨지만.
- 幸亏碰见熟人，我们才没有走错路。 다행히 아는 사람을 만나서, 우리는 길을 잘못 가지 않았다.
- 他们幸亏带了伞，才没有淋雨。 그들은 다행히 우산을 가져왔기 때문에 비를 맞지 않았다.
- 幸亏你提醒了我，不然会耽误大事。
  네가 일깨워줘서 다행이었지, 안 그랬다면 큰 일을 그르칠 뻔했다.
- 幸亏走这条路，要不我们就错过了。
  이 길로 갔으니 망정이지, 안 그랬으면 우리는 스치고 지나갈 뻔했다.

明明	분명히, 틀림없이, 확실히. 주로 복문이나 반어문에 사용한다. 일반적으로 동사 술어 또는 형용사 술어 앞에서 부사어로 쓰이지만, 복문에서는 주어 앞에 쓰여 수식어 역할을 하거나 접속사 역할을 한다. 明明이 포함된 절의 앞절이나 뒷절은 반문이나 전환의 의미를 나타낸다.

- 你明明知道下午开会，为什么还跑去看电影？
  너는 오후에 회의가 있는 줄 분명히 알면서 왜 영화 보러 가? (반문)
- 这不明明是给我出难题吗？ 이건 나를 골탕 먹이려고 하는 게 분명하잖아? (반문)
- 明明屋里很臭，他还说闻不出来。
  분명히 방 안에서 심한 악취가 나는데도, 그는 안 난다고 한다. (전환)
- 明明你亲眼看见，却睁只眼闭只眼装不知道。
  너는 네 눈으로 분명히 보고도 모른 체 하는구나. (전환)

简直	아예, 전혀, 그야말로, 정말. 사물이나 상태가 상당히 높은 수준에 도달했음을 뜻하는데, 강조하고자 하는 대상이 비유 대상과 '완전히 같거나 거의 흡사하다'고 과장하거나 강조한다. 강조되는 내용은 실제의 객관적인 사실일 수도 있고, 그저 추상적으로 비유한 것일 수도 있다. 得자구에서는 동사 앞 또는 得자구 뒤쪽에 놓인다.

- 我的腿疼得厉害，简直站不起来。 나는 다리가 몹시 아파서 전혀 일어서질 못하겠다.
- 听到这个消息，孩子们简直高兴死了。 이 소식을 듣고 애들은 정말 몹시 기뻐했다.
- 这幅画简直像真的一样。 이 그림은 그야말로 진짜 같다.
- 和前几年相比，体力简直差多了。 몇 년 전과 비교해서 체력이 정말 훨씬 나빠졌다.
- 那年夏天，雨下得简直少极了。 그해 여름, 비가 거의 내리지 않았다.

不禁	자기도 모르게, 금치 못하다(= 禁不住). 감정이나 동작, 행위 등을 억누를 수 없음을 나타낸다.

- 听他这么一说，大家不禁哈哈大笑起来。
  그가 이렇게 말하자, 모두들 참지 못하고 웃음을 터뜨렸다.
- 一辆汽车突然在他身边停下，他不禁大吃一惊。
  차 한 대가 갑자기 그의 옆에 서자, 그는 자기도 모르게 깜짝 놀랐다.
- 看到精彩的表演，观众不禁站起来热烈鼓掌。
  멋진 공연을 보자, 관중들은 자기도 모르게 일어나서 뜨거운 박수를 쳤다.

偏偏

굳이, 일부러, 기어코, 뜻밖에, 유달리, 유독
① 기어코, 굳이, 일부러, 기어이. 외부적인 요구 또는 객관적인 상황에 대해 의도적으로 반대의 행동을 취하는 것을 강조한다.
② 마침, 공교롭게, 뜻밖에. 예상치 못했던 의외의 사건이나 상황이 발생하여 본래의 기대가 어긋나는 것에 대한 불만이나 의외의 느낌을 표현한다.
③ 유달리, 유독, 하필, ~만(= 仅仅, 只有). 유독 어느 한 대상에게만 발생하는 모종의 상황에 대한 불만을 나타낸다.

- 不叫他去他偏偏要去。① 그를 못 가게 하는데, 그는 기어코 가려고 한다.
- 你为什么偏偏要钻牛角尖？① 너 왜 안 되는 걸 굳이 하려고 매달리니?
- 事情没成，你怎么偏偏说成了呢？① 일이 성사되지 않았는데, 너는 왜 굳이 성사됐다고 하니?
- 她好容易找到他，可偏偏又碰上小李找他去办事。②
  그녀는 그를 가까스로 찾아냈지만, 공교롭게도 샤오리가 또 일 때문에 그를 찾아왔다.
- 我昨天找你好几次，偏偏你都不在家。② 내가 어제 너를 여러 번 찾았는데 마침 집에 없더구나.
- 小朋友都认真听老师讲课，偏偏他一个人搞小动作。③
  애들은 모두 선생님 수업을 잘 듣고 있는데, 유독 그 사람만 혼자서 딴짓거리를 한다.
- 偏偏你知道这些道理，我就不知道。③ 너만 이 이치를 알고, 나는 모른다.
- 大家都准备好了，偏偏老王一个人磨磨蹭蹭的。③
  다들 다 챙겼는데, 라오왕 혼자서만 꾸물거리고 있다.

何必

뭣하러, 굳이, 구태여(= 不必, 为什么一定要). 반어적인 표현으로 필요하지 않음을 의미하며, 문장 끝에 반드시 어기조사 呢를 붙인다. 뒤에 동사, 형용사 또는 명사가 오거나, 단독으로 사용할 수도 있다. 何必 앞에 又를 사용하여 어기를 강조할 수도 있다.

- 路又不远，何必坐车呢？ 길이 멀지도 않은데 차를 탈 거 있어?
- 为一点小事，何必生气呢？ 사소한 일로 구태여 화낼 거까지 있겠어?
- 何必明天(动手)呢？今天就可以动手。 굳이 내일 할 거 있어? 오늘 바로 착수하면 되는데.
- 何必他(来安装)呢？我自己来吧。 구태여 그가 설치할 거 있어? 내가 할게.
- 为这点小事儿就不高兴，何必呢！ 요만한 일로 언짢아 하다니, 그럴 거 뭐 있어!
- 你亲自去？何必呢，叫小孩去就行啦。 네가 직접 간다고? 뭐 하러 그래, 애더러 가라지 뭐.
- 事情已经解决，又何必再提？ 일이 이미 해결되었는데, 다시 거론할 거 있어?

居然

뜻밖에, 의외로, 갑자기. 일반적인 이치나 예상을 뛰어넘는 의외임을 의미하기도 하고, 불가능하게 여기던 일이 실현되거나 하기 힘든 일을 해내었음을 나타낸다.

- 事情过了才几天，他居然忘了。 사건이 며칠 지나지도 않았는데, 그는 잊어버렸다.
- 我们都认为他会去的，可他居然不肯去。
  우리는 모두 그가 갈 거라 생각하는데, 그는 의외로 가려 하지 않는다.
- 我真没想到他居然会做出这种事来。 나는 그가 이런 일을 해내리라고는 정말 생각지도 못했다.
- 居然有这样的事？我不相信。 과연 이런 일이 있을 수 있는 거야? 못 믿겠어.
- 这么大声音，居然你没听见。 이렇게 큰 소리를 의외로 못 들었다니.
- 俩人性格完全不同，居然成了好朋友。 둘은 성격이 완전히 다른데도 의외로 좋은 친구가 되었다.
- 居然所有的困难都解决了，真不容易。 생각지도 않게 모든 어려움이 해결됐어, 정말 힘들었지.
- 他本来是个急性子，这回居然也冷静起来了。
  그는 본래 성격이 급한 사람인데, 이번엔 뜻밖에도 침착했다.

毕竟

드디어, 필경, 결국(= 到底，终究). 마지막 결과 혹은 결론을 나타내기도 하고 앞절에 쓰여 원인을 강조한다. 毕竟 앞의 단어나 구를 중복 사용하여 의미를 강조하며, 是와 함께 사용할 수 있다.

- 集体的力量毕竟比个人大。단체의 힘은 필경 개인의 힘보다 크다.
- 在兄弟队的积极支援下，我们毕竟提前修成了渠道。
  형제팀의 적극적인 지원 속에, 우리는 결국 앞당겨서 관개수로를 완성했다.
- 现在弄清楚了，这毕竟是个骗局。이제 확실해졌어, 이것은 분명 사기야.
- 毕竟是年轻人，干起活来像小老虎。역시 젊은 사람이라서 일하는 데 힘이 넘친다.
- 他毕竟学过辩证法，分析问题很深刻。
  그는 문제 분석이 매우 예리한 걸 보니 필경 변증법을 배웠을 거야.
- 名著毕竟是名著，大家都爱读。명작은 명작이구나, 모두들 좋아하는 걸 보니.
- 孩子毕竟是孩子，不能当大人看待。아이는 어쨌든 아이잖아, 어른처럼 대하면 안 된다.

分明

명백히, 분명히, 확실히(= 显然)

- 这件事分明是他干的。이 일은 그가 한 것임이 분명하다.
- 他分明已经是一个乞丐了。그는 이미 거지가 되었음이 분명하다.
- 这不是分明给我出难题吗？이건 분명 날 골탕 먹이려는 거 아냐?

竟然

뜻밖에도, 의외로, 예상 밖으로(= 出乎意料，居然，没想到). 동사나 형용사 앞에 쓰인다.

- 这样大的工程，竟然在两年内完成了。이렇게 큰 공사를 예상 외로 2년 내에 완성했다.
- 他的计算竟然如此准确。그의 계산이 뜻밖에도 이렇게 정확할 줄이야.
- 我们的设想竟然能够成为事实。우리의 상상이 예상 밖으로 충분히 현실이 될 수 있다.
- 都以为他不答应，谁知道他竟然答应了。
  모두 그가 응하지 않을 줄 알았지, 의외로 응할 줄 누가 알았겠어.
- 多年不见，没想到竟然在公园相遇。여러 해 동안 못 봤는데, 뜻밖에 공원에서 만날 줄은 몰랐다.

万万

결코, 절대로, 도저히(= 绝对，无论如何). 부정부사 앞에 쓰여 부정의 어기를 강조한다.

- 执行政策，万万不可粗心大意。정책 집행은 절대 조심성 없이 함부로 하면 안 된다.
- 答应人的事，万万不能失信。승낙한 일은 절대로 약속을 어겨서는 안 된다.
- 我万万没有料到他一年竟干了两年半的活儿。
  나는 그가 2년 반 동안 할 일을 1년 만에 할 거라고 전혀 예상 못했다.

其实

사실은, 실제로는(= 实际上). 앞의 내용에 수정이나 보충을 가하여 이 말이 사실임을 강조한다. 전환의 어기를 가지며, 주어나 동사 앞에 위치한다.

- 这个问题看来简单，其实并不如此。이 문제 보기에는 간단한 것 같지만, 사실 결코 그렇지 않다.
- 说是秋天了，其实还是夏天那个样子。가을이 되었다지만, 실제로는 아직도 여름의 양상이다.
- 听口音像北方人，其实他是广州人。억양은 북방 사람 같지만, 사실 그는 광저우 사람이다.

反正

① 어쨌든, 아무튼, 아무래도, 결국(= 总归). 상황이 어떠하든 결과는 모두 변함이 없음을 뜻하며, 주로 뒷절 주어 앞에 위치한다. 앞절에 쓰인 无论 / 不管과 호응하거나, 동사의 긍정과 부정을 중첩한 'A不A' 표현과 호응한다.
② 어차피, 어쨌든 ~이니까(= 既然). 복문에서 주로 앞절의 주어 앞에 온다. 뒷절의 내용을 뒷받침하는 상황이나 이유를 설명한다.

- 去就去，反正现在没事。① 가면 가는 거지 뭐, 어차피 지금은 일이 없으니까.
- 无论天晴下雨，反正他一定要去。① 그는 날씨가 개든 비가 오든 간에 아무튼 꼭 가려고 한다.
- 不管你说得怎么好听，反正我不相信。①
  네가 아무리 듣기 좋은 말을 해도, 어쨌든 나는 안 믿어.
- 信不信由你，反正我不信。① 믿거나 말거나 네 맘이지만, 어쨌든 나는 안 믿어.
- 反正时间还早，我们慢慢走吧。② 어차피 시간이 아직 있으니까, 우리 천천히 가자.
- 反正你明天要去，这封信就托你带去。②
  어차피 너 내일 갈 거니까, 이 편지 좀 부탁할게 갖고 가.

反而

도리어, 오히려, 반대로. 앞 문장과 반대되거나 혹은 예상치 못한 일을 나타내는 전환 작용을 한다. 서면어에서 주로 쓰인다.

- 风不但没停，反而更大了。 바람이 그치기는커녕 오히려 더 세졌다.
- 经过这场病，他的身体比以前反而好了。
  이 병을 앓고 나서, 그는 건강이 전보다 오히려 좋아졌다.
- 小华见大家都夸他，反而很不好意思。
  샤오화는 모두들 자기를 칭찬하자 되려 매우 쑥스러워했다.
- 他们不仅不厌烦，反而热情欢迎他。
  그들은 귀찮아하기는커녕 오히려 그를 따뜻하게 맞아주었다.

竟

뜻밖에, 의외에. 뒤에 주로 단음절 단어가 온다.

- 多年不见，没想到竟在车上相遇。 여러 해 못 만났는데, 뜻밖에 차에서 만날 줄 몰랐다.
- 为了等人，一点钟的会竟到近两点才开。
  사람을 기다리느라 1시 회의가 뜻밖에 2시가 다 돼서야 열렸다.
- 真没想到他竟敢当面撒谎。 그가 뜻밖에도 면전에서 거짓말을 할 줄은 정말 몰랐다.

不免

피할 수 없다, ~하지 않을 수 없다, ~하기 마련이다, 아무래도 ~일 수밖에 없다(= 免不了). 주로 뒷절에 위치하며, 앞절의 어떤 원인으로 인해 바라지 않는 결과가 발생함을 인정하는 의미를 나타낸다.

- 初次见面，不免陌生。 처음 만날 땐, 아무래도 낯설기 마련이다.
- 他是南方人，说普通话不免夹杂着一些方言。
  그는 남방사람이라 표준어로 말해도 사투리가 섞일 수 밖에 없다.
- 这是新的任务，开头不免有点生疏。 이것은 새로 주어진 일이라 처음엔 좀 생소하지 않을 수 없다.
- 刚从事会计工作，有时不免忙乱一点儿。
  회계업무를 맡은 지 얼마 안 돼서 가끔 허둥지둥할 때가 있다.

핵심테스트

해설 p. 10

다음 문장에서 제시어가 들어갈 정확한 위치를 찾아보세요.

1 大家（A）都（B）以为他不赞成，谁（C）知他（D）表示同意。
竟

2 时间（A）快到了，事情（B）还没有做完，心里（C）着急起来（D）。
不免

3 你们（A）只（B）知道，他（C）会说汉语，（D）他的日语也挺好。
其实

4 （A）去不去（B）随你便，（C）车票已经买来了（D）。
反正

5 即使工作中（A）取得了（B）很大的成绩，（C）也（D）骄傲不得。
万万

6 （A）他（B）是故意（C）跟我（D）过不去。
分明

7 年轻时的美貌（A）总会变得衰老，这（B）不可怕，可怕的（C）是那（D）没有光彩的心灵。
并

8 我（A）本想（B）去你家，（C）没想到你（D）先来了。
居然

9 这件事（A）真（B）是太（C）可笑了，（D）无法想像。
简直

10 （A）人们（B）要问，在风景区到处乱涂的坏习惯（C）何时（D）才能灭绝。
不禁

09 접속사(连词)

중국어에서 접속사는 단어나 구, 절을 연결하고 그 사이의 관계를 나타내는 품사이다.

핵심 ❶ 접속사

접속사는 단어나 구, 절을 연결하고 그 사이의 관계를 나타내는데, 병렬·승접·인과·양보·선택·조건·가정·점층·전환·목적 등의 관계로 나눌 수 있다. 접속사는 하나가 단독으로 쓰이기도 하지만, 두 개가 호응하여 쓰이는 경우가 많으므로, 호응관계를 반드시 외워야 한다.

핵심 콕콕!

| 和 | ~와, ~과. 연결한 대상이 병렬관계임을 나타낸다. 단어와 구는 연결하지만, 절은 연결할 수 없다. 셋 이상의 대상을 병렬하는 경우, 앞은 모두 모점(、)으로 연결하고, 마지막에만 和로 연결한다. |

- 长江和黄河是中国最大的两条河。 장강과 황하는 중국에서 가장 큰 두 강이다.
- 图书馆、操场和游泳池都在学校西边。
  도서관, 운동장 그리고 수영장은 모두 학교 서쪽에 있다.
- 生活中听到的和看到的都是很好的写作材料。
  생활 속에서 들은 것과 본 것은 모두 좋은 글쓰기 재료이다.

| 或 / 或者 | 또는, 혹은. 둘 이상의 대상 중 임의의 하나를 선택할 때 쓰인다. 성질이 같거나 유사한 두 단어나 구를 연결한다. |

- 今年夏天，我打算去苏州或桂林旅行。 올 여름, 나는 쑤저우나 꾸이린으로 여행갈 계획이다.
- 我明天或者后天去北京。 나는 내일이나 모레 베이징에 간다.
- 这个会你去参加或者他去参加。 이 모임에는 네가 가거나 그가 가라.

还是

① 아니면, 또는. 주로 의문문에 쓰이며, 두 개의 대상 중 하나를 선택할 때 쓰인다.
② ~인지 아닌지. 평서문에 쓰이면 어떤 일이나 상황이 불확실함을 나타낸다.

- 你去北京还是去上海？ ① 너는 베이징에 가니, 상하이에 가니?
- 你们去还是不去？ ① 너희는 갈 거니 안 갈 거니?
- 我们不知道欢送会在上午还是在下午。 ② 우리는 환송회가 오전인지 오후인지 모른다.
- 她不知你住在三楼还是四楼。 ② 그녀는 네가 3층에 사는지 4층에 사는지 모른다.

跟

~와, ~과, 그리고(= 和). 구어체이며, 동등한 관계의 대상을 나열하거나 연결할 때에 쓰인다. 일반적으로 명사와 대사를 연결한다.

- 这一年来，他听力跟口语都有很大提高。 최근 1년 사이에, 그는 듣기와 회화가 많이 늘었다.
- 约翰跟玛丽都来自美国华盛顿。 존과 메리는 모두 미국 워싱턴에서 왔다.

而

순접과 역접, 인과 등의 뜻을 모두 갖고 있으므로, 문맥을 잘 파악해야 한다.
① ~하고(= 又…又…). 병렬관계를 나타내며, 의미가 서로 상통하는 형용사를 연결한다.
② 그러나, 하지만(= 但, 但是, 可是). 의미가 상대적이거나 상반되는 단어나 구 또는 절을 연결하여 전환관계를 나타낸다.
③ 단독으로 또는 다른 단어와 결합하여 인과·목적·승접 등의 관계를 나타낸다.

- 长而空的文章没有人愿意看。 ① 길고 내용 없는 글을 보고자 하는 사람은 없다. (병렬)
- 江南的梅雨季节天气潮湿而闷热。 ① 쟝난의 장마철 날씨는 습하고 무덥다. (병렬, 순접)
- 球队队员不在人数多而在素质好。 ②
  구기팀 선수는 인원수가 많느냐가 아니라 실력을 갖췄느냐에 달려 있다. (역접)
- 因为失败而灰心，因为成功而骄傲，都是不应该的。 ③
  실패했다고 낙담하고, 성공했다고 자만하는 것은 옳지 않다. (원인과 결과)
- 全国人民都在为实现国家的现代化而奋斗。 ③
  전 국민은 모두 국가의 현대화 실현을 위해 분투하고 있다. (행위와 목적)
- 我们必须努力学习科学文化知识，而科学文化知识不是一下子可以学到手的，必须刻苦钻研，才会取得成绩。 ③
  우리는 반드시 과학문화지식을 열심히 배워야 하는데, 과학문화지식은 단번에 배워지는 것이 아니라서, 꼭 각고의 노력을 기울여야 성과를 거둘 수 있다. (앞 문장을 이으면서 앞뒤 문장을 호응시키고, 설명하는 역할)

此外

그밖에(= 除此之外). 앞에서 말한 것 외에 또 다른 것이 있고 없음을 나타낸다. 주로 서면어에 쓰이며, 구와 절 또는 단락의 시작 부분에 위치한다.

- 这个图书馆藏书上百万册，此外还有不少报纸和期刊。
  이 도서관의 장서는 100만 권이 넘는데, 이 외에도 신문과 간행물이 많다.
- 我们这次留学，提高了汉语水平，此外，我们还了解了不少中国的风土人情。
  우리는 이번 유학에서 중국어 실력을 쌓은 것 외에도 중국의 풍토와 인정을 많이 알게 되었다.
- 玛丽会说汉语和日语，此外也懂点韩语。
  메리는 중국어와 일본어를 할 줄 알고, 그밖에 한국어도 좀 한다.

以及

및, 아울러. 서면어이며, 단어나 구, 절을 연결한다. 단순한 병렬관계라기 보다는 종류를 구분하는, 즉 분류하는 의미를 갖는다. 분류 뿐만 아니라 시간상의 선후관계나, 부분과 전체를 연결하여 범위가 점차 확대됨을 나타내기도 한다. 중요한 단어를 보통 以及 앞에 놓는다.

- 亚洲以及太平洋地区 아시아 및 태평양 지역
- 中国以及周边国家 중국 및 주변 국가
- 自由市场每天供应鱼、肉、家禽以及各种蔬菜。
  자유시장에서는 매일 생선, 육류, 가금류 및 각종 채소를 공급한다.
- 这本刊物登载小说、诗歌、散文、评论以及文艺消息、作家动态等。
  이 간행물은 소설, 시가, 산문, 평론 및 문예 소식과 작가 현황 등을 실었다.
- 山本、玛丽以及另外两名同学在课堂上先后做了发言。
  야마모토, 메리 및 다른 두 학우가 수업 시간에 앞뒤로 이어서 발언했다.
- 至于分不分组以及如何分组，全由你们自己去考虑。
  조를 나눌지와 (나눈다면) 어떻게 나눌지는 모두 너희 스스로 생각해라.
- 这本书在新华书店总店以及各地分店都可以买到。
  이 책은 신화서점 본점 및 각 지점에서 모두 살 수 있다.

总之

① **한마디로, 요컨대, 아무튼(= 总起来说).** 앞 문장을 총괄하여 결론을 맺는 뒷문장과 연결한다. 주로 결론을 맺을 뒷문장의 시작 부분에 위치하며, 쉼표로 잠시 끊어 읽는다. 우리말로 옮길 때는 해석하지 않는 게 자연스러울 때도 있다.
② **어쨌든, 아무튼(= 反正).** 앞 문장을 받아서 개괄적인 결론을 내리는 역할을 한다.

- 有人爱唱歌，有人爱看书，总之，同学们各有各的爱好。①
  어떤 사람은 노래를 좋아하고, 어떤 사람은 독서를 좋아하니, 요컨대 급우들의 취미는 가지가지다.
- 上海、杭州、武汉、沈阳、大连、总之、各大城市每天都有直达车开往首都。①
  상하이, 항저우, 우한, 션양, 다렌 등, 각 대도시에는 매일 수도로 가는 직행열차가 있다.
- 不管你去还是他去，总之要去一个人。② 네가 가든 그가 가든 어쨌든 한 사람은 가야 한다.
- 我已经记不起他叫什么名字，总之他是我大学的同学。②
  나는 그의 이름이 뭐였었는지 이미 기억나진 않지만, 아무튼 그는 나의 대학 동창이다.

则

① **그러면, 그렇다면(= 那, 那么).** 주로 서면어로 쓰이며, 앞에 나온 조건으로 뒤의 결과가 생겨남을 나타낸다.
② **~이긴 하지만(= 虽然).** 동일한 단음절 동사나 형용사 사이에서 'A则A' 형태를 이루어 양보관계를 나타낸다.
③ **오히려, 도리어.** 주로 서면어로 쓰이며, 앞에 나온 사실에 반대되는 결과를 제시하는 전환관계 역할을 한다.

- 主观不努力，则客观条件再好也无用。①
  스스로 노력하지 않으면, 객관적인 조건이 아무리 좋아도 소용없다.
- 抓住了主要问题，则其他问题就可以迎刃而解。①
  주요 문제만 잡으면, 그밖의 문제는 쉽게 해결된다.
- 你介绍的方法好则好，可不容易学。②
  네가 설명한 방법이 좋기는 한데 배우기는 어렵다.
- 夏季到来后，身体功能睡眠中恢复正常，秋冬则较难。③
  여름이 된 후에는 몸 상태가 빠르게 정상으로 회복될 수 있으나, 가을과 겨울에는 비교적 어렵다.

从而

따라서, 그리하여, ~함으로써. 앞의 말한 조건이나 원인에 따라 다음 행동을 실행에 옮기는 것을 나타낸다. 뒷절 시작 부분에 위치하며, 주로 서면어에 쓰인다.

- 通过调查研究发现问题，从而找到解决问题的方法。
  연구조사를 통해 문제점을 알아냄으로써, 문제해결의 방법을 찾아낸다.
- 通过政府的帮助，解决了实际困难，从而恢复了生产。
  정부의 도움으로 난국을 타개함으로써, 다시 생산을 회복하였다.

不然

① 그렇지 않으면, 아니면(= 否则). 앞에서 말한 대로 되지 않으면 다른 상황이 발생될 것임을 나타낸다. 뒤에 的话를 붙여 不然的话라고 하면 가정의 어기를 강조한다.
② 不然의 앞에는 再 / 要 등의 단어가, 뒤에는 就 등이 호응하며, 상황이 교차하여 출현함을 나타내거나 가정의 어기를 나타낸다. 이 경우 否则로 바꿔 쓸 수 없다.

- 该给家里打电话了，不然父母会不放心的。①
  집에 전화를 걸어야겠다. 그렇지 않으면 부모님이 걱정하실 거야.
- 他一定有事，不然的话，为什么这么晚还不回来? ①
  그에게 일이 생긴 게 틀림없어. 그렇지 않으면 왜 이렇게 늦게까지 돌아오지 않겠어?
- 我们应该把学习搞好，不然就不算是好学生。①
  우리는 공부를 잘해야 해, 그렇지 않으면 모범생이라고 할 수 없어.
- 可以打电话去找他，不然就自己跑一趟。②
  전화를 걸어 그를 찾아봐. 아니면 한 번 갔다 오던가.
- 他不在办公室就在教室，要不然就开会去了。②
  그는 사무실에 있지 않으면 교실에 있을 것이고, 그것도 아니면 회의에 갔을 거야.

然而

그렇지만, 그러나, 그런데(= 但是). 주로 서면어에 쓰이며, 뜻이나 용법은 但是와 같지만, 어기는 좀 더 부드럽다. 또한 但是나 可是를 쓰기에 적당치 않은 곳에 사용된다.

- 坚持每天写日记是很有意义的，然而是不容易的。
  매일 꾸준히 일기 쓰는 것은 의미 있는 일이지만 쉬운 게 아니다. (是가 겹쳐서 但是나 可是를 사용할 수 없음)
- 我说的你们可能不相信，然而是事实。
  내 말을 너희가 못 믿겠지만 사실이다. (是가 겹쳐서 但是나 可是를 사용할 수 없음)

何况

① 하물며, 더 말할 것이 있겠는가. 의미가 한층 더 확대되었음을 나타내며, 앞절과 뒷절이 서로 대비되는 반어문이 되어 강조의 어기를 나타낸다. 尚且 / 都 등의 허사와 자주 호응하며, 何况 앞에는 부사 又 / 更 등이 올 수 있다.
② 게다가, 더구나(= 况且). 이유나 근거를 보충 설명한다. 부사 还 / 又 등이 종종 뒤에 따라나온다.

- 平时公园里就很热闹，更何况是国庆节。①
  평소에 공원은 매우 붐비는데, 하물며 국경절은 말할 것도 없지.
- 经常复习都不容易巩固，又何况不复习。①
  늘 복습해도 쉽게 다져지지가 않는데, 하물며 복습을 하지 않는다면 더 말할 것도 없다.
- 我去接他一下，这儿不好找，何况他又是第一次来。②
  내가 그를 마중 나갈게. 이곳은 찾기도 쉽지 않고, 게다가 그는 또 처음 오는 거잖아.
- 你帮他一下吧，他是个新生，何况他又是个外国人。②
  네가 그를 좀 도와줘. 그는 신입생이고, 더군다나 또 외국인이잖아.

| 可见 | ~임을 알 수 있다. 뒷절은 앞절의 사실에 근거하여 내린 판단이나 결론임을 나타낸다. 如此可见이라고 써서 결론을 이끌어내기도 한다. |

- 连最简单的汉字都写错了，可见，他没有认真学习。
  제일 간단한 한자마저도 틀리는 걸 보면, 그가 공부를 열심히 하지 않은 걸 알 수 있다.
- 他连教室都找不到，可见他是个新生。
  그가 교실조차 찾지 못하는 걸 보면, 신입생임을 알 수 있다.

| 要不 | ① 그렇지 않으면(= 不然, 否则, 要不然). 만약 앞절의 내용대로 하지 않으면 뒷절과 같은 결과가 발생할 것임을 나타내는 가설·가정의 접속사이다.
② ~하거나 ~하거나(= 或者, 或是). 부사 就와 자주 함께 사용되면서, 유사하거나 정반대인 상황 속에서 선택을 하도록 하는 문장을 만든다. |

- 你快去给他解释解释，要不他要有意见了。①
  네가 빨리 가서 그에게 설명 좀 해줘, 안 그러면 그는 불평할 거야.
- 咱们该动身了，要不就赶不上这班车了。①
  우리 움직여야 해, 그렇지 않으면 이 차를 놓칠 거야.
- 我们看场电影怎么样，要不就到公园走走。②
  우리 영화 한 편 보는 건 어떨까, 아니면 공원에 가서 좀 걷든가.
- 看他那个高兴的样子，一定是考试得了高分，要不就受到了表扬。②
  그가 기뻐하는 저 모습 좀 봐. 분명 시험에서 높은 점수를 받았거나, 아니면 칭찬을 받았을 거야.

| 况且 | 게다가, 하물며(= 而且, 再说). 원인을 한층 보충 설명한다. 뒤에 부사 也 / 还 / 又와 자주 함께 짝을 이룬다. |

- 我今晚有空，况且这件事很急，就让我去一趟吧。
  나는 오늘밤 시간도 있고, 게다가 이 일은 매우 급하다니, 내가 갔다 올게.
- 他责任心强，况且对这一行也熟悉，一定会干得好。
  그는 책임감이 강하고, 게다가 이 일에 대해서도 잘 알고 있어서, 반드시 잘해 낼 것이다.

| 若 / 倘若 | 만약 ~라면(= 如, 如果). 주로 서면어로 쓰이며, 동사 앞이나 앞절 문두에 위치하여 가정을 나타낸다. 뒷절에는 那么 / 就 / 便 등이 자주 호응하여 쓰인다. |

- 若你有时间，就出席明天的会议。 만약 네가 시간이 되면, 그럼 내일 회의에 참석해.
- 倘若你再推辞，那就不合适了。 만약 네가 또 거절을 한다면, 그건 합당치 않아.

以至	① ~까지, ~에 이르기까지. 시간·수량·정도·범위의 확대를 나타낸다. 예를 들어, 적은 분량에서 많은 분량으로, 얕은 곳에서 깊은 곳으로, 낮은 곳에서 높은 곳으로 확대됨을 의미한다. 때로는 상반된 방향을 나타내기도 한다. ② 심지어, ~ 때문에(= 甚至). 뒷절의 맨 앞에서 앞절의 내용으로 인해 발생한 결과를 이끌어 낸다.

- 生产效率提高了几倍以至几十倍。① 생산 효율은 몇 배에서 몇십 배에 이르기까지 높아졌다.
- 她对我这样热情，以至我感到有点不好意思。②
  그녀가 나에게 이처럼 친절하게 대해서, 심지어 나는 좀 미안스럽기까지 하다.

就(2)	설사, 가령 ~일지라도(= 即使, 就是, 哪怕). 가설이나 양보를 표시하며, 앞절의 주어 뒤에 위치한다. 뒷절에는 부사 也 / 还是 등이 쓰여 호응한다. 주로 '就A, 也 / 还是B'의 문장구조를 이루어 '설령 A할지라도 B하다'라는 뜻을 나타낸다.

- 你就说得再好听，我也不信。 설령 네가 아무리 더 듣기 좋은 말을 해도, 나는 안 믿는다.
- 他就不帮我，我们也有办法。 설령 그가 나를 도와주지 않더라도, 우리도 방법이 있다.

핵심테스트

해설 p. 11

다음 문장에서 제시어가 들어갈 정확한 위치를 찾아보세요.

1 （A）他（B）可能堵车了，（C）早（D）该到了。
  要不

2 （A）你（B）已经来了，（C）外面的天儿又不好，（D）你就别回去了。
  况且

10 전치사(介词)

전치사는 명사나 대사 혹은 다른 품사의 앞에 쓰여 전치사구를 이루며, 동사 앞에서 동작이 행해지는 시간·장소·방향·대상·원인·방식·배제 등의 의미를 나타낸다. 전치사는 단독으로 사용되지 않으며, 중첩할 수도 없고, 동태조사를 가질 수도 없다. 그러므로, 전치사는 단독으로 문장성분으로서의 역할을 수행하지 못하며, 명사나 대사와 결합하여 전치사구를 이룬 다음 부사어, 보어, 한정어 등의 역할을 한다.

핵심 ❶ 시간·공간·방향 표시

핵심 콕콕!

 시점·공간·기점을 이끌어내는 전치사

| 当 | ~할 때. 일이 발생한 바로 그 시간을 가리키며, 뒤에 时 / 的时候 또는 以前 / 以后 등과 함께 쓰이며, 주어가 있을 경우 当은 주어 앞에 쓴다. |

- 当遇到困难的时候，一定要鼓起勇气。 곤란한 일을 만났을 때, 반드시 용기를 내야 한다.
- 正当春暖花开的时节，我们来到西子湖边。
  봄기운 따뜻하고 꽃 피는 계절에, 우리는 서자 호숫가로 나왔다.
- 当洪水来临之前，要做好防汛工作。 홍수가 나기 전에, 홍수 예방 작업을 해놓아야 한다.

| 在 | ~에서, ~때에. 동작·행위가 발생한 시점(시간) 또는 기점(장소)을 나타낸다. |

- 约翰在北京住了三年了。 존은 베이징에서 3년째 살고 있다.
- 这个学校是在1990年办起来的。 이 학교는 1990년에 설립된 것이다.
- 他在钢笔上刻上了自己的名字。 그는 만년필에다 자신의 이름을 새겨놓았다.
- 人在生病的时候，常常想念亲人。 사람은 병이 나면, 종종 가족을 그리워한다.

从

~에서(부터), ~를 거쳐. 시간과 공간적 개념에서 모두 사용되며, 행위동작이 발생한 기점 또는 지나간 곳을 나타내거나 행위·동작이 발생한 시점을 나타낸다. 시작점부터 종점까지를 표현할 때에는 '从…到…'라는 고정격식을 자주 쓴다.

- 太阳从东边升起。 해는 동쪽에서 뜬다.
- 我们从昨天开始放假了。 우리는 어제부터 방학이다.
- 从家到学校只要走五分钟。 집에서 학교까지 5분만 걸으면 된다.
- 他们从早上到深夜一直工作。 그들은 아침부터 한밤중이 될 때까지 계속 일을 한다.

离

~로부터. 시간·공간·사물 사이의 거리를 나타낸다.

- 学校离家不算远。 학교는 집에서 그리 먼 편이 아니다.
- 现在离香港回归中国到十五年了。 지금은 홍콩이 중국으로 반환된 지 15년 되었다.
- 离飞机起飞不到半个小时了。 비행기 이륙시간까지 30분도 안 남았다.

于

~에서(= 在). 장소명사나 시간사와 결합하여 전치사구를 이루어 장소 또는 시간을 표시한다. 장소 전치사구는 동사 뒤에서, 시간전치사구는 동사 앞이나 뒤에서 보어 역할을 한다.

- 黄河发源于青海省。 황하는 칭하이 성에서 발원한다.
- 景德镇瓷器驰名于中外。 징더전의 도자기는 중국과 해외에 명성이 자자하다.
- 运动会将于5月15日举行。 운동회는 5월 15일에 열릴 것이다.
- 中华人民共和国成立于1949年10月。 중화인민공화국은 1949년 10월에 성립됐다.
- 王明2012年毕业于北京大学。 왕밍은 2012년에 베이징대학을 졸업했다.

以

~으로써, ~을 가지고, ~을 근거로. 서면어이다. 단순방위사 앞에 위치하여 합성방위사를 만들기도 하며, 장소나 방향 등의 범위를 제한한다.

- 以老板的资格发言。 사장의 자격으로 발언하다.
- 黄河以北地区旱情严重。 황하 이북 지역은 가뭄이 심하다. (합성방위사)
- 长江以南今年气候炎热。 장강 이남은 금년에 기후가 무덥다. (합성방위사)

自

~으로부터, ~에서(= 从). 서면어이다. 단독으로 또는 장소명사나 방위사와 결합하여 사건이 일어난 기점이나 시점을 나타낸다. '~부터 ~까지'라고 할 때는 '自 + 장소명사 / 방위사 + 至 / 到 / 而…'의 형식으로 쓰인다.

- 本次列车自北京开往上海。 본 열차는 베이징에서 출발하여 상하이로 간다.
- 这批留学生来自世界各地。 이 유학생들은 세계 각지에서 왔다.
- 本文引自《人民日报》。 본문은 〈인민일보〉에서 인용한 것이다.
- 请按照自上而下、自左而右的顺序。 위에서 아래로, 좌에서 우로의 순서대로 따르십시오.
- 自古以来，这种习俗就为人们所喜欢。 예로부터, 사람들은 이런 풍속을 좋아한다.
- 自此以后，我再也没见过他。 이후로, 나는 그를 다시 본 적이 없다.
- 自你走以后，村里又修建了一座水库。 네가 떠난 후, 마을에는 저수지 하나가 또 만들어졌다.
- 他自小在外婆家长大。 그는 어려서부터 외할머니 집에서 자랐다.
- 这次会议自开始到结束只用一个小时。 이번 회의는 시작부터 끝날 때까지 1시간밖에 안 걸렸다.

| 由 | ~로부터, ~에서(= 从). 장소명사나 시간명사와 결합하여, 어떤 행위나 동작이 시작하는 시점, 기점 또는 근원을 표시하기도 하고, 경유하거나 통과하는 장소를 나타내기도 한다. |

- 这些自行车由南到北摆放。 이 자전거들은 남쪽에서 북쪽으로 진열되어 있다.
- 代表们由会场走出来了。 대표들은 회의장에서 걸어나왔다.
- 万米长跑由人民广场出发。 10,000m 장거리 마라톤은 인민광장에서 출발한다.
- 观众由二号门进场。 관중들은 2번 문을 통해 입장한다.
- 会由早上九点开到晚上八点。 회의는 아침 9시부터 저녁 8시까지 한다.
- 他打算由明年开始来中国学习汉语。 그는 내년부터 중국어를 공부하러 중국에 올 계획이다.
- 由今天算起，再过20天就放暑假了。 오늘부터 계산해서, 20일만 더 지나면 여름 방학이다.

| 沿 | ~을 따라, ~을 끼고. 지나가는 노선이나 장소를 나타내며 着와 결합하여 사용할 수 있다. |

- 沿街栽着一排法国梧桐。 길을 따라 한 줄로 프랑스 오동나무가 심어져 있다.
- 他每天早上沿西湖慢跑一圈。 그는 매일 아침 서호를 따라 한 바퀴 돈다.
- 从这里沿公路向西走就是中山公园。
  여기서부터 도로를 따라 서쪽으로 가면 바로 중산 공원이 있다.
- 人们沿着河边走着。 사람들은 강둑을 따라 걸어가고 있다.

| 顺 | ~을 따라(= 沿). 의미는 沿과 같으나, 항상 着와 함께 사용된다. |

- 爬山虎顺墙壁爬上了屋顶。 담쟁이 넝쿨은 벽을 따라 지붕까지 올라갔다.
- 顺着这条小路可以走到后山。 이 작은 길을 따라가면 뒷산까지 갈 수 있다.
- 顺着大路一直往东走就是火车站。 큰길을 따라 계속 동쪽으로 걸어가면 바로 기차역이다.
- 雨水顺着帽沿直流。 빗물이 모자챙을 따라 흘러내린다.
- 顺着大路往东拐就是我们的学校。 큰길을 따라가다 동쪽으로 꺾으면 바로 우리 학교다.

| 自从 | ~에서부터, ~로부터(= 从). 시간의 시작을 나타낸다. 以来 / 以后와 함께 쓰여, 어떤 상황이 시작된 때를 강조한다. |

- 自从五月份以后，我就没有收到他的信。 5월 이후부터, 나는 그의 편지를 받지 못했다.
- 自从上了小学，这孩子懂事多了。 초등학교에 들어간 후, 이 아이는 철이 많이 들었다.
- 我们自从学习了汉语，对中国更加了解了。
  우리는 중국어를 공부하기 시작한 후, 중국에 대해 더 많이 알게 되었다.

🐥 방향을 이끌어내는 전치사

向(1)	~을 향하여. 동작의 방향을 나타내며, 뒤에 방향사 또는 着가 따라오거나, 앞에 단음절 동사가 오는데, 向과 함께 사용하는 단음절 동사는 다음과 같다.
	走 걷다　奔 달리다　冲 돌진하다　飞 날다　流 흐르다　飘 흩날리다　滚 구르다 转 돌다　驶 달리다　通 통하다　划 긋다　射 쏘다　指 가리키다　刺 찌르다 引 끌다　投 던지다　偏 기울다　推 밀다　倒 후퇴하다

- 我们应该始终向前看，不能总留恋过去。
  우리는 언제나 앞을 바라봐야지, 과거에 연연하면 안 된다.

- 人往高处走，水向低处流。 사람은 위를 향해 가지만, 물은 밑을 향해 흐른다.
- 大雁向着东南飞去。 기러기는 동남쪽을 향해 날아간다.
- 他勇敢地奔向前方。 그는 용감하게 앞으로 뛰어나갔다.
- 我们从失败走向胜利。 우리는 실패로부터 승리를 향해 나아간다.

往

~을 향하여. 장소명사와 결합하여 동작의 이동 방향을 나타낸다. 往 앞에는 일부 단음절 동사만 올 수 있다.

| 开 운행하다 | 通 통하다 | 迁 옮기다 | 送 보내다 | 寄 부치다 | 逃 도망하다 |
| 运 옮기다 | 派 보내다 | 飞 날다 | | | |

- 火车开往北京。 기차는 베이징을 향하여 운행한다.
- 公路通往山区。 도로는 산악 지대로 통한다.
- 大庆石油源源不断地运往全国各地。 다칭 석유는 끊임없이 전국 각지로 운반된다.
- 往西走二百步就到家了。 서쪽으로 이백 걸음 걸어가면 바로 집에 도착한다.

朝

~을 향하여. 동작이 향하는 방향을 나타낸다. 뒤에 着를 붙여 쓸 수 있다.

- 学校的大门朝南开。 학교 정문은 남향이다.
- 小船朝湖中心驶去。 작은 배를 호수 가운데로 저었다.
- 他朝我挥手，我朝他点头。 그는 나를 향해 손을 흔들었고, 나는 그를 향해 고개를 끄덕였다.
- 约翰进来，同学们都朝着他笑。 존이 들어오자, 학우들이 모두 그를 향해 웃었다.

핵심테스트

다음 문장에서 제시어가 들어갈 정확한 위치를 찾아보세요.

1 （A）我经常看见他，因为（B）他总（C）我家（D）门前经过。

从

2 （A）这条街（B）一直走到头，你（C）就会（D）找到那家邮局。

顺着

3 （A）他整天在外面（B）工作很辛苦，家务活都（C）他爱人（D）一个人包了。

由

4 不管（A）做（B）什么事，（C）都要（D）实际出发。

从

5 每次（A）相遇，（B）他都会（C）我友好地（D）点点头。

朝

핵심 ❷ 대상·목적·원인 표시

핵심 콕콕!

🐦 대상을 이끌어내는 전치사

| 跟 | ~와, ~과. 비교의 대상이나 함께하는 행위·동작의 대상을 이끌어낸다. 比 / 相同 / 不同 / 一样 / 差不多 / 相 등이 뒤에 자주 등장한다. |

- 她的汉语水平跟你差不多。 그녀의 중국어 수준은 너랑 비슷하다.
- 这件事老王跟我说过了。 이 일은 라오왕이 나에게 말한 적이 있다.
- 跟昨天比，气温下降五度。 어제와 비교해보면, 기온이 5℃ 정도 내려갔다.
- 我的爱好跟你差不多。 내 취미는 너랑 비슷하다.
- 女儿长得跟妈妈一样。 딸은 엄마랑 똑같이 생겼다.
- 他说汉语就跟说日语一样流利。 그의 중국어는 일어를 할 때와 마찬가지로 유창하다.
- 你去跟他去一样。 네가 가는 것과 그가 가는 것은 똑같다.

| 和 | ① ~에게(= 向，对，跟). 동작의 대상을 가리킨다.
② ~와, 과(= 跟). 비교의 대상에 쓴다. |

- 我和你谈谈，好不好？ ① 나 너하고 얘기 좀 하려 하는데, 어때?
- 我和你商量一下这件事。 ① 나 너와 이 일에 대해 상 좀 하자.
- 我和弟弟的年龄相同。 ② 나와 남동생의 나이는 같다.
- 前面讲的和这里讲的是一致的。 ② 앞에서 말한 것과 여기서 말한 것은 일치한다.
- 他说的汉语简直和中国人一样。 ② 그가 말하는 중국어는 정말 중국인이랑 똑같다.
- 大连的天气和仙台的天气差不多。 ② 다롄의 기후와 센타이의 기후는 비슷하다.

| 为
wèi | ~을 위해. 행위·동작이 서비스하는 대상을 집어낸다. |

- 为母校做点事情是应该的。 모교를 위해 뭔가 좀 한다는 것은 당연한 것이다.
- 学校为学生们创造了良好的学习环境。 학교는 학생들을 위해 좋은 학습 환경을 만들었다.

| 给 | ~에게. 행위·동작을 받는 대상을 나타낸다. 给 뒤에는 이익이나 혜택을 받는 대상 혹은 손해를 받는 대상이 모두 올 수 있으며, 전달이나 수여를 받는 대상 또는 동작의 수혜자나 피해자를 이끌어낸다. 위치는 동사의 앞이나 뒤에 온다. |

- 到了之后，给我来封信。 도착한 후, 내게 편지를 해라.
- 你给他去个电话，免得他为你担心。 네가 그에게 전화 좀 해, 너 때문에 그가 걱정하지 않게.
- 留给你一把钥匙。 네게 열쇠 하나를 남겨둘게.
- 通知已经寄给他了。 통지서는 이미 그에게 부쳤다.
- 他给报社写稿。 그는 신문사에 투고한다.
- 我给你当翻译。 네게 통역사가 되어줄게.
- 医生给他治病。 의사는 그에게 치료를 해주었다.
- 对不起，这本书给你弄脏了。 미안해, 이 책을 더럽혔어.
- 这件事给他们公司带来了很多麻烦。 이 일은 그들의 회사에 많은 골칫거리를 가져다주었다.

| 比 | ~보다, ~에 비해. 비교의 대상을 집어낸다. |

- 姐姐比妹妹胖一点儿。 언니는 동생보다 좀 더 뚱뚱하다.
- 他的发音比以前好多了。 그의 발음은 예전에 비해 많이 좋아졌다.
- 他今天比哪一天都高兴。 오늘 그는 그 어떤 날보다도 기쁘다.
- 他比你跑得更快。 그는 너보다 더 빨리 뛴다.
- 他比我会踢足球。 그는 나보다 축구를 잘한다.

| 对 | ~에 대하여. 구어체이며, 행위·동작의 대상이나 연관된 것들을 이끌어낸다. '~에 대해 말하자면'이라는 뜻의 对…来说 형태로 많이 사용된다. |

- 他对工作是负责的。 그는 일에 책임을 질 줄 안다.
- 老王对人很热情。 라오왕은 사람들에게 매우 친절하다.
- 他对这个问题还没有完全理解。 그는 이 문제에 대해 아직 완전히 이해하지 못했다.
- 对我来说，目前最重要的是学好汉语。
  내게 있어서, 지금 제일 중요한 것은 중국어를 잘 배우는 것이다.

| 对于 | ~에 대하여, ~에 대해. 주로 대상을 표시하며, 사람·사물·행위 사이의 대응하는 관계를 표시한다. 对于는 주어 앞이나 뒤에 위치하고, 对于 바로 뒤의 명사는 주어가 언급한 일이나 사물을 가리키며, 동작을 취하는 대상이 된다. 对于에 的를 붙이면 명사를 수식하는 한정어로 만들 수 있다. |

- 广大侨胞对于祖国都十分关心。 많은 교포들은 조국에 매우 큰 관심을 갖고 있다.
- 对于好人好事，要及时表扬。 좋은 사람과 좋은 일에 대해서는, 그때 그때 칭찬을 해야 한다.
- 对于汉语虚词的用法，我还没完全掌握。
  중국어 허사 용법에 대해, 나는 아직 완전히 이해 못 했다.
- 对于这件事，我不同意你的看法。 이 일에 대해서, 나는 네 생각에 동의하지 않는다.
- 早晚散步，对于养病很有好处。
  아침 저녁으로 산책하는 것은, 병을 치료하는 데 아주 도움이 된다.
- 对于改进工作的建议，我们应该虚心接受。
  업무 개선에 대한 건의를, 우리는 마땅히 겸허하게 받아들여야 한다.

| 关于 | ~에 관하여. 관계된 사람이나 사물을 나타내며, 관련된 범위를 나타낸다. 关于는 명사, 동사, 구 등을 앞에서 이끌어 내며, 关于구 뒤에 的를 붙여서 명사를 수식하는 한정어로 쓸 수 있다. 부사어로 쓰일 경우 반드시 주어 앞에 위치하며, 한정어로는 주로 목적어를 한정해주는 역할을 한다. |

- 关于节约用电的建议 전기 사용 절약 건의에 관하여
- 关于神户发生地震的消息 고베에서 발생한 지진 소식에 관해
- 我最近看了一些关于中国国情的材料。 나는 요즘 중국 국정에 관한 몇몇 자료들을 봤다.
- 关于交通问题，我想再说两句。 교통문제에 관해, 나는 몇 마디 더 하고 싶다.
- 他写的小说不少，有关于战争的，有关于农村生活的。
  그가 쓴 소설은 적지 않다. 전쟁에 관한 것도 있고, 농촌 생활에 관한 것도 있다.
- 关于兴修水利，国家正在规划。 수리 공사에 관해, 국가는 계획 중에 있다.
- 关于加强思想教育，学校正在研究。 사상교육 강화에 관하여, 학교는 연구 중이다.
- 关于学校增加招生名额，你们准备采取什么具体措施?
  학교가 학생 모집인원을 증원하는 것에 관해, 당신들은 어떠한 구체적인 조치를 취할 준비를 하고 있는가?

| 替 | ~을 위하여, ~때문에, ~에게(= 为，给). 명사나 대사와 전치사구를 이루어 동작 행위의 대상을 나타낸다. |

- 我们办每一件事都要替学生着想。 우리가 모든 일을 처리할 때마다 학생을 위해 생각해야 한다.
- 球队在国际比赛中替祖国争得了荣誉。
  축구팀은 국제경기에서 조국을 위해 싸워 영예를 얻었다.
- 他被评为三好学生，大家替他高兴。
  그가 모범 학생으로 평가되어, 모두 그로 인하여 기뻐했다.
- 全班同学都替他送行。 반 전체 학생들이 모두 그를 위해 배웅했다.

| 向(2) | ① ~을 향해(= 朝). 동작이 행해지는 방향을 나타낸다.
② ~에게, ~로부터(= 从…那里，对). 동작의 대상을 이끌어낸다. |

- 向左拐就是我们的学校。 ① 좌측으로 꺾으면 바로 우리 학교다.
- 图书馆向东走，学生宿舍向西走。 ① 도서관은 동쪽으로 가고, 학교 기숙사는 서쪽으로 간다.
- 你一直向前走，就是商场。 ① 앞으로 계속 가면, 바로 상가이다.
- 不懂的问题可以向老师请教。 ② 모르는 문제는 선생님께 여쭤 볼 수 있다.
- 我们都要向他学习。 ② 우리 모두는 그에게 본받아야 한다.
- 我们做任何工作，都应当向人民负责。 ②
  우리가 어떤 일을 하든, 국민에 대해 책임을 져야 한다.

| 将 | ① ~을, ~를(= 把). 서면어로 쓰이며, 사람이나 사물을 동사 앞으로 이끌어내어 강조할 때 사용한다.
② ~으로써(= 用). 주로 성어나 방언에서 도구나 수단을 표시할 때 사용한다. |

- 他将钱和药方交给了我。 ① 그는 돈과 처방전을 내게 건넸다.
- 我们一定会将工作进行下去。 ① 우리는 반드시 일을 계속 진행해 나갈 것이다.
- 将鸡蛋碰石头，哪有不碎的。 ① 계란을 돌에다 치는데, 어디 안 깨지는 게 있겠어.
- 与人交往要将心比心。 ② 사람과 교제할 때는 처지를 바꾸어 생각해야 한다.
- 做人不应恩将仇报。 ② 사람은 은혜를 원수로 갚아서는 안 된다.

| 就(3) | ~에 관하여, ~에 대하여, ~에 의하여. 동작의 대상을 이끌어내며, 주어 앞에 위치할 수 있다. 就… 来说 / 来看은 객관적 근거를 나타낸다. |

- 他就事论事，没有针对谁。 그는 사실에 근거해 일을 논할 뿐, 누군가를 겨냥한 것은 아니다.
- 最近有关专家就水资源紧缺问题进行了讨论。
  최근 관련 전문가가 수자원 부족 문제에 관해 토론했다.
- 就现有的技术力量，我们完全能够承担这项任务。
  현재 보유한 기술력으로, 우리는 이 임무를 충분히 감당할 수 있다.
- 这批产品就主要指标来说，已经达到了国际先进水平。
  이 제품들을 주요 지표로 말하자면, 이미 국제적인 선진 수준에 도달했다고 할 수 있다.
- 就前几集的情况来看，电视剧的改编者基本体现了原作者的意图。
  앞의 몇 회 상황으로 볼 때, 드라마 각색자는 원작자의 의도를 대체적으로 드러냈다.

목적·원인을 이끌어내는 전치사

| 为 | ~에게, ~을 위해. 동작의 대상 혹은 수혜를 받는 대상을 나타낸다. |

- 大家都为他的精彩表演热烈鼓掌。 모두 다 그의 훌륭한 공연에 열렬히 박수를 쳤다.
- 大家一起为我们的友谊干杯！ 모두 같이 우리의 우정을 위해 건배!
- 为帮助后进学生，老师经常早来晚走。
  학습이 좀 부진한 학생을 돕기 위해, 선생님은 늘 일찍 왔다가 늦게 가신다.

| 为了 | ~을 위하여. 목적이나 원인을 나타내며, 주어 앞에 위치할 수도 있다. |

- 为了加速四化建设，应大力培养人才。
  4화(네 가지 현대화) 건설을 가속화하려면, 전력으로 인재를 양성해야 한다.
- 为了学汉语，我们来到了中国。 중국어를 배우기 위해, 우리는 중국에 왔다.
- 我们为了更好地了解中国，准备去各地旅行。
  우리는 중국을 좀 더 알기 위해, 각지로 여행을 갈 준비를 하고 있다.

| 由于 | ~때문에, ~으로 인해, ~으로 말미암아. 원인이나 이유를 이끌어낸다. |

- 他由于感冒引起了肺炎。 그는 감기 때문에 폐렴에 걸렸다.
- 我由于马虎造成了错误。 내 부주의가 잘못을 야기했다.
- 由于工作关系，我在北京逗留了几天。 업무상의 이유로, 나는 베이징에 며칠 머물렀다.
- 工程计划由于各种原因而有所变动。 공사계획은 여러 가지 원인으로 변동이 생겼다.
- 由于经济的不断发展，人民的生活越来越好。
  끊임없는 경제발전으로 인해, 국민들의 생활은 점점 더 좋아졌다.
- 由于老师的耐心指导，我的汉语水平提高很快。
  선생님의 참을성 있는 지도로, 나의 중국어 실력이 빠르게 향상됐다.

핵심테스트

해설 p. 11

다음 문장에서 제시어가 들어갈 정확한 위치를 찾아보세요.

1 （A）大家方便，（B）我们（C）宁可（D）辛苦一点儿。
　　　　　　　　为了

2 （A）这家宾馆的服务员（B）旅客（C）十分热情（D）。
　　　　　　　　　　对

3 （A）医生（B）病人（C）家属索取钱财（D）是不对的。
　　　　　　　　向

4 （A）这个笔记本，（B）有（C）一个（D）感人的故事。
　　　　　　　关于

5 （A）经济方面（B）的知识，（C）我了解得（D）不多。
　　　　　　　对于

핵심 ❸ 근거·행위주체·배제 표시

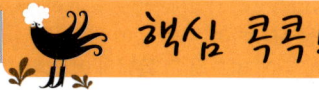

🐦 근거를 이끌어내는 전치사

根据 ~에 근거하여. 어떤 사물이나 동작을 전제로 하거나 토대로 함을 나타내며, 동사와 명사, 절을 이끌어낼 수 있다. 주로 주어 앞에 온다.

- 学校根据学生的要求，新建了语音室。
  학교는 학생들의 요구를 바탕으로, 시청각실을 새로 만들었다.
- 计划还要根据群众的意见加以修改。 계획은 군중의 의견을 바탕으로 하여 수정을 가해야 한다.
- 根据统计，全校有一半的留学生是日本人。 통계에 의하면, 전교의 유학생 절반이 일본인이다.
- 根据工作需要，我们加强了外语学习。 업무상의 필요로 인해, 우리는 외국어 학습을 강화했다.
- 根据气象台预报，明天有大雨。 일기예보에 의하면, 내일은 많은 비가 내린다고 한다.

按照 ~에 따라(= 根据, 遵照). 어떤 기준을 제시할 때 사용되며, 행위·동작의 근거를 나타낸다.

- 简化字要按照国家规定的形体书写。 간체자는 국가에서 규정한 글자체에 따라 써야 한다.
- 这本词典按照汉语拼音字母次序排列。
  이 사전은 한어병음의 자음과 모음 순서에 따라 배열한 것이다.
- 按照计划规定，我们国庆节去旅行。 규정된 계획대로, 우리는 국경절에 여행을 간다.
- 学校按照成绩分班。 학교에서는 성적대로 반을 편성한다.

照 ~에 따라, ~에 의해, ~대로(= 依照, 按照). 보통 행동의 근거를 나타낸다. 说 / 看 / 分析 등의 동사와 자주 결합하는데, 이때는 의견이나 생각의 근거를 나타낸다.

- 请你照这份原稿重抄一遍。 이 원고대로 다시 한 번 베껴 쓰세요.
- 这座桥照计划规定应该在月底完工。 이 다리는 계획한 규정대로 월말에 완공해야 한다.
- 照你说，这事该怎么办？ 네가 말한 대로라면, 이 일은 어떻게 해야 하지?
- 照我看，婚事应该简办。 내가 볼 때, 혼사는 간단하게 치러야 한다.
- 照大家分析，他们的思想倒是一致的。 모두의 분석대로, 그들의 생각은 의외로 일치했다.

趁 기회를 이용하여, ~틈을 타서. 시기나 조건을 충분히 이용해서, 뒤에서 언급하는 동작이나 행위를 실현시킴을 나타낸다. 명사·형용사·동사(구) 앞에 위치할 수 있으며, 뒤에 着를 붙여 쓸 수 있다.

- 姜汤要趁热喝。 생강탕은 뜨거울 때 마셔야 한다.

PART 1 품사의 종류 115

- 趁有空儿把车修一下。 시간이 났을 때 차 수리 좀 해라.
- 趁着晴天晒衣服。 날이 화창할 때 옷을 말리자.
- 趁着年轻多学点外语。 젊을 때 외국어를 많이 배워두어야 한다.
- 趁现在身体还好，我想多做点儿工作。 지금 아직 건강할 때, 나는 좀 더 많은 일을 하고 싶다.
- 趁着课间休息的时候，我们出去散散步。
  수업 중간에 쉬는 시간을 틈타서, 우리 나가서 산책 좀 하자.

| **凭** | ~에 의지하여, ~에 근거하여, ~을 바탕으로. 근거·구실·증거 등을 표시하며, 주어 앞에 올 수 있다. 주로 명사와 함께 전치사구를 이루지만, 동사나 절이 오기도 하며, 뒤에 비교적 긴 음절의 명사성 단어가 올 경우에는 凭着를 쓰기도 한다. |

- 凭常识判断，这么做是对的。 상식적으로 판단할 때, 이렇게 하는 게 맞다.
- 我们凭本事办事。 우리는 능력을 바탕으로 일을 한다.
- 学校凭考试成绩评定奖学金。 학교에서는 시험성적을 가지고 장학금을 결정한다.
- 凭着多年的经验，他解决了这个难题。 다년간의 경험으로, 그는 이 난제를 해결했다.
- 我们就凭着这一点线索，打听到了他的地址。 우리는 이 실마리로, 그의 주소를 알아냈다.
- 单凭这一点还下不了结论。 이 한 가지만 가지고는 아직 결론을 내릴 수 없다.
- 光凭老师讲是不够的，还要多做练习。
  선생님의 강의만으로는 부족해, 연습을 더 많이 해야 해.
- 光凭空想而不努力，是不会成功的。 상상만 하고 노력하지 않으면, 성공할 수 없어.

| **任** | 맡겨두다, 마음대로 ~하게 내버려두다(= 任凭, 听说, 由). 행위의 주체를 이끌어내며, 주로 구어체에 많이 쓰인다. |

- 这些花色品种，任顾客挑选。 이 꽃들의 색과 품종을 고객이 고르게 한다.
- 去不去任你自己决定。 가든 말든 네 마음대로 결정해라.
- 这件事任他们去办。 이 일은 그들이 알아서 하게 해라.
- 招收留学生的学校很多，任你选择。 유학생을 모집하는 학교는 정말 많으니까, 네가 선택해.

🐔 행위의 주체나 대상을 이끌어내는 전치사

| **把** | ~을, ~를. 행위·동작과 그 영향을 받는 대상을 이끌어 내며, 강조하는 의미를 갖는다. |

- 把房间收拾一下。 방 좀 정리해.
- 把孩子培养成有用的人。 아이를 쓸모 있는 사람으로 키우자.
- 把衣服整理整理。 옷 좀 정리해라.

| **让** | ~에 의하여, ~에 의해서. 피동문에서 행위의 주체를 이끌어 내고, 동사 뒤에는 완성이나 결과를 나타내는 보어가 온다. |

- 录音机让小王弄坏了。 녹음기는 샤오왕이 망가뜨렸다.
- 他让人帮他做报告。 어떤 사람이 그에게 보고서를 만들어달라고 부탁했다.
- 活儿都让他们干完了。 그들이 일을 다 끝냈다.

| 叫 | ~에 의하여. 피동문에서의 让과 용법이 같다. |

- 玛丽叫老师批评了几句。 메리는 선생님한테 몇 마디 꾸지람을 들었다.
- 相片叫小妹妹给撕了。 여동생이 사진을 찢었다.
- 窗户叫大树挡住了阳光。 큰 나무가 창문의 햇빛을 가렸다.

| 被 | ~에 의하여, ~에 의해서. 행위·동작의 주체를 이끌어 내며, 被 뒤의 주체는 생략 가능하다. |

- 你的自行车被谁骑走了? 네 자전거를 누가 타고 갔니?
- 他们的秘密被发现了。 그들의 비밀이 들켰다.
- 肉被狗吃了。 고기는 개가 먹었다.

배제와 추가를 나타내는 전치사

배제하거나 추가하는 관계를 표시할 때는 주로 除를 사용한다. 除는 원래 '그 안에 포함되지 않은 것, 그 외의 것, 또 다른 것'을 뜻하는데, 배제 또는 추가의 관계를 표시할 때 반드시 外 / 以外 / 之外 등과 함께 고정격식을 이룬다. 서면어이며, '전치사 + 목적어' 구조를 이루어 부사어로 사용된다. 이 고정격식은 주로 배제, 추가 그리고 유일함을 강조한다.

| 除了A(以)外 / 之外, (都 / 全)B | A를 제외하고 (모두) B이다. A를 다른 것으로부터 배제한다. 都나 全을 넣어 의미를 강조할 수 있다. A부분에는 명사, 동사, 형용사 또는 구가 올 수 있다. 이 형식 전체가 문장 맨 앞에서 부사어 역할을 할 수도 있다. |

- 除了下雨，他每天坚持长跑。 비 올 때 빼고, 그는 매일 계속해서 장거리를 뛴다.
- 我们这里除小王外，都是外地人。 여기 우리들 가운데 샤오왕 외에 모두 타지방 사람이다.
- 除这一间以外，所有的房间都住满了。 이 방을 제외하고는, 모든 방이 다 찼다.
- 除了玛丽，我都通知到了。 메리만 빼고, 나는 모두에게 알렸다.
- 班里除了新的同学，他个个都很熟悉。 반에 새로 온 학생 빼고, 그는 모두를 다 잘 안다.

| 除了A, (都 / 也) 不 / 没… | A 이외에 (모두 / 또한) ~하지 않다. 都나 也로 유일함을 강조할 수 있다. |

- 除了小张，没人来过。 샤오장 외에는 아무도 온 적이 없다.
- 我晚上除了自学汉语，不做别的事。
  나는 저녁에 중국어를 자습하는 거 외에, 다른 일은 하지 않는다.
- 这儿除了咱们俩，没有别人。 여기는 우리 둘 말고는, 아무도 없어.
- 除了你去过，我们都没去过。 네가 가본 거 빼고, 우리는 가본 적이 없다.
- 除了给他留一张，就剩下两张票了。 그에게 한 장 남겨주는 거 빼고, 표는 두 장 남았다.
- 我上午除了写两封信以外，什么也没干。
  나는 오전에 편지 두 통을 쓴 것 외에는, 아무것도 하지 않았다.

除了A(以)外，还 / 也B

A 이외에 또한 B하다. 내용을 추가할 때 쓰인다.

- 李老师除了英语外，还能讲日语。 이 선생님은 영어 외에, 일어도 할 수 있다.
- 除了精读、口语以外，我们还有阅读理解课。
  우리는 정독, 회화 외에도 독해 이해 과목이 더 있다.
- 除了以上几点以外，再补充一点。 이상의 몇 가지 외에도, 조금 더 보충하겠다.
- 我们班的同学除了韩国的以外，还有日本的。
  우리 반에는 한국인 외에 일본인 학생도 있다.
- 这儿懂日语的，除了他还有两个人。
  이곳에서 일어를 아는 사람은 그 말고도 두 명이 더 있다.
- 他除了教书，还搞些研究工作。 그는 강의하는 것 외에도, 연구작업을 한다.

핵심테스트

해설 p. 11

다음 문장에서 제시어가 들어갈 정확한 위치를 찾아보세요.

1. (A) 经理的话 (B) 他刺激得没 (C) 睡着 (D) 觉。
   把

2. 即使 (A) 你 (B) 是经理的儿子，(C) 我们也得 (D) 规矩办事。
   按照

3. (A) 年轻 (B) 多学习点儿知识，千万别 (C) 虚度 (D) 光阴。
   趁

4. (A) 他不认真 (B) 工作，所以 (C) 公司 (D) 开除了。
   被

5. (A) 他现在的汉语 (B) 水平，还 (C) 当不了 (D) 翻译。
   凭

11 조사(助词)

'조사'란 주로 실사·구·문장 뒤에 위치하여 각종 부가적인 의미를 나타낸다. 단독으로 하나의 문장성분이 될 수 없으며, 모두 원래 성조가 아닌 경성으로 읽는다.

핵심 ❶ 구조조사

'구조조사(结构助词)'란 단어와 단어를 연결하여 일정한 어법적 관계를 갖게 하는 조사를 가리킨다. 구조조사에는 한정어를 만드는 的, 부사어를 만드는 地, 여러 가지 의미의 보어를 만드는 得 등이 있다.

 핵심 콕콕!

| 的 | ~의. 명사를 한정어로 만드는 조사이다. 명사에 的가 붙어 한정어가 되면 종속관계나 시간 또는 장소를 나타낸다. |

- 约翰的家在五号楼三层。 존의 집은 5동 3층이다. (종속)
- 这是今天晚上七点半的电影票。 이것은 오늘 밤 7시 반 영화표이다. (시간)
- 东边的大楼是留学生宿舍。 동쪽 건물은 유학생 기숙사이다. (장소)
- 大家的事请大家干。 모두의 일이니 모두 함께 합시다. (종속)

| 的자구 | 的자구는 的가 명사·대사·동사·형용사·주술구 등의 뒤에 붙어 앞이나 뒤에서 언급되어 굳이 다시 표시할 필요가 없는 명사를 대신하여 명사화한 구문을 가리킨다. 대체로 언급된 것이 사물이냐 사람이냐에 따라 '~인 것, ~인 사람'으로 해석하며, 다른 명사처럼 주어나 목적어 역할을 한다. |

- 那本杂志是玛丽的。 저 잡지는 메리의 것(잡지)이다.
- 他的词典是新的。 그의 사전은 새 것(사전)이다.
- 这本小说是英语的，那本小说是汉语的。 이 소설은 영어(소설)고, 저 소설은 중국어(소설)이다.
- 那本书是从图书馆借来的。 그 책은 도서관에서 빌려온 것(책)이다.
- 穿白衬衫的是我哥哥。 흰 셔츠를 입은 사람이 우리 오빠다.

| 地 | 단어 또는 구와 결합하여 바로 뒤에 오는 동사나 형용사를 수식하는 부사어로 만든다. 이음절 형용사나 정도부사의 수식을 받는 단음절 형용사 또는 중첩된 단어의 뒤에는 반드시 地를 붙인다. |

- 他兴奋地问："是谁呀？" 그는 흥분하며 물었다. "누구야？"
- 我们愉快地生活在一起。 우리는 즐겁게 함께 생활한다.
- 他高兴地说："我考试得了100分！" 그는 기쁘게 말했다. "나 시험에서 100점 받았어!"
- 他很准地踢进了一个球。 그는 매우 정확하게 공을 골인시켰다.
- 新来的学生非常详细地介绍了自己的经历。
  새로 온 학생은 아주 자세하게 자신의 경력을 소개했다.

| 得 | 정도·정태·가능 보어를 이끌어내는 구조조사. 동사 술어 또는 형용사 뒤에 쓰이며, 得 뒤의 성분이 동사나 형용사의 의미를 보충해주는 보어임을 나타낸다. |

- 孩子们都玩得很高兴。 애들은 매우 즐겁게 놀았다. (정태보어)
- 他汉语说得跟中国人一样流利。 그는 중국어를 중국 사람처럼 유창하게 한다. (정태보어)
- 他写汉字写得很好。 그는 한자를 잘 쓴다. (정도보어)
- 如果我赶得上那班列车，我能回家。 만일 내가 그 기차를 타면, 나는 집에 갈 수 있어. (가능보어)

| 所 | '所 + 동사 + 的'의 형태로 쓰이며, 동사를 명사화하여 '~한 것'이라는 뜻을 나타낸다. 주로 서면어로 쓰인다. |

- 他所说的不都是真的。 그가 말한 것이 전부 사실이라고 말할 순 없다.
- 他是大家所熟悉的一位电影演员。 그는 모두가 잘 아는 영화배우이다.
- 你所用的方法还是老方法。 네가 쓰는 방법은 여전히 오래된 방법이다.
- 我所知道的就是这些。 내가 알고 있는 것은 이것 뿐이다.
- 我所写的都是关于我在中国学习汉语的经历。
  내가 쓴 것은 모두 내가 중국에서 중국어를 공부한 경험에 관한 것들이다.

| 似的 | ~처럼, ~같이. 일반적으로 '(像 +) 명사 / 동사 / 대사(구) + 似的'의 형식으로 쓰여 비유하거나 어떤 사물 또는 상황의 유사함을 나타낸다. |

- 他像一阵风似的跑过来。 그는 마치 바람처럼 뛰어왔다.
- 他也像我似的常开夜车。 그도 나처럼 자주 밤을 샌다.
- 他十分痛苦似的吃了药。 그는 매우 고통스러운 듯이 약을 먹었다.
- 他们俩仿佛非常熟悉似的。 그들 두 사람은 마치 매우 잘 아는 듯했다.

핵심테스트

해설 p. 12

다음 문장에서 제시어가 들어갈 정확한 위치를 찾아보세요.

1 这两个（A）小孩，一个（B）十岁，另一个年纪小（C）才五岁（D）。

   的

2 过去（A）就让它（B）过去吧，人还是要向前（C）看才有（D）希望。

   的

핵심 ❷ 동태조사

동태조사(动态助词)는 동사나 일부 형용사 뒤에 붙어서 동작의 변화나 상태를 나타낸다. 동태조사에는 了 / 着 / 过가 있다.

핵심 콕콕!

了(1)

동태조사 了는 동사 뒤에서 동작이 이미 완료되었음을 나타낸다. 만일 동사가 목적어와 동태조사를 모두 가질 경우 목적어는 반드시 수사나 기타 한정어의 수식을 받아야 하며, 동태조사 了는 동사 뒤에 붙고 목적어가 그 뒤에 온다.

부정문 → 没(有) + 동사

- 我们参观了一个幼儿园。 우리는 유치원 한 곳을 참관했다. (긍정)
- 他喝了一杯咖啡。 그는 커피를 한 잔 마셨다. (긍정)
- 代表团参观了我们的校园。 대표단이 우리 캠퍼스를 참관했다. (긍정)
- 我没有看今天的新闻。 나는 오늘 뉴스를 보지 못했다. (부정)
- 昨天的电影我没看。 어제 영화를 나는 보지 못했다. (부정)
- 上次晚会我没有参加。 지난 저녁파티에 나는 참석하지 않았다. (부정)

주의 ❶ 동사1 + 了 + 단순목적어 + 就 / 再 + 동사2 (~하자마자, 바로 ~하다)

동태조사 了를 가진 구문에서 목적어가 수식을 받지 않는 단순목적어라면 반드시 뒤에 또 다른 동사나 동사구가 나와야 한다. 이것은 두 개의 동작이 긴밀하게 이어서 발생함을 나타낸다.

- 我们看了电影就回学校了。 우리는 영화를 보고 나서 바로 학교로 돌아갔다.
- 明天我吃了早饭就去故宫。 내일 나는 아침을 먹고 나서 바로 고궁에 갈 거야.

주의 ❷ 동사 + (목적어 +) 了没(有)?
동사 + 没 + 동사 (+ 목적어)?

동작의 완성 여부를 묻는 의문문은 두 가지 형태가 있다. '동사 (+ 목적어)'의 뒤에 了没(有)를 붙이거나, 了없이 부정부사 没를 써서 정반의문문을 만들 수 있다.

- 晚饭开始了没有？ 저녁식사를 시작했니?
- 你们写完作业了没有？ 너희들은 숙제를 끝냈니?
- 你们放没放假？ 너희는 방학했니?
- 他来没来学校？ 그는 학교에 왔니?

주의 ❸ 동태조사 了와 어기조사 了를 한 문장 안에서 같이 쓸 수 있다.

문장 끝에 어기조사 了가 쓰여 상황이 이미 발생했음이 확실한 문장에서 특별히 동작의 완성도 함께 강조해야 하는 경우에는 동사 뒤에 동태조사 了를 또 쓸 수 있다.

- 我已经喝了两瓶啤酒了。 나는 이미 맥주 2병을 마셨다.
- 我去了朋友的家了。 나는 친구 집에 갔다.
- 昨天我已经买了词典了。 어제 나는 이미 사전을 샀다.

주의 ❹ **동태조사 了의 생략**
동작의 완성 또는 이미 발생한 상황을 강조하는 것이 아니라 과거에 있었던 어떤 상황을 서술할 경우 대체로 了를 사용하지 않는다.

- 以前他常常去书店。 예전에 그는 자주 서점에 갔다.
- 去年我在上海住。 작년에 나는 상하이에서 살았다.
- 昨天上午我去书店，下午去看电影。
  어제 오전에는 나는 서점에 갔고, 오후에는 영화를 보러갔다.

着

~하고 있다, ~하고 있는 중이다. 동사 바로 뒤에서 동작이나 상태의 지속을 나타낸다. 동사와 着 사이에는 다른 성분이 올 수 없고, 동작의 진행을 나타내는 부사 正在 / 在 / 正 등과 함께 사용하여, 동작의 상태가 지속됨을 나타내기도 한다. 두 가지 동사를 사용하는 문장에서 '동사1 + 着 + 동사2' 형식을 취하면 두 가지 동작이 동시에 일어남을 의미하며, '~하면서 ~하다'라고 해석한다.

부정문 → 没(有) + 동사 + 着

- 桌子上放着词典。 책상에 사전이 놓여 있다. (긍정)
- 屋子的窗户开着。 방의 창문이 열려 있다. (긍정)
- 墙上没(有)挂着画儿，只挂着地图。
  벽에는 그림은 걸려 있지 않고, 지도만 걸려 있다. (부정, 긍정)
- 我们正在看着电视。 우리는 텔레비전을 보고 있는 중이다. (긍정)
- 外边正下着雨呢，你再等一会儿吧。 밖에 비가 내리고 있으니, 조금만 더 기다려봐. (긍정)
- 很多人站着看球赛。 많은 사람들이 서서 축구시합을 본다. (긍정)
- 她拿着花去医院看朋友。 그녀는 꽃을 들고 병원에 친구 병문안 간다. (긍정)

过

~한 적이 있다. 동사 뒤에 쓰여 과거의 경험이나 이전에 발생한 일을 나타낸다.

부정문 → 没(有) + 동사 + 过
의문문 → 동사 + 过 + (목적어 +) 吗?
정반의문문 → 동사 + 过 + (목적어 +) 没有?

- 他去过美国。 그는 미국에 가본 적이 있다. (긍정)
- 约翰听过中国民歌。 존은 중국 민요를 들어본 적이 있다. (긍정)
- 我们没有去过日本。 우리는 일본에 가본 적이 없다. (부정)
- 以前他没来过中国，这是第一次。
  이전에 그는 중국에 와본 적이 없으며, 이번이 처음이다. (부정)
- 你看过中国电影没有? 너는 중국 영화를 본 적이 있니? (정반의문문)
- 昨天你去过商店没有? 어제 상점에 갔었니? (정반의문문)

핵심테스트

해설 p. 12

다음 문장에서 제시어가 들어갈 정확한 위치를 찾아보세요.

1 他犯错误（A）没有（B）？ 他表现得（C）很好，没有犯错误（D）。
   了

2 她每天下（A）班（B），先去买菜（C），再去幼儿园接孩子（D）。
   了

3 现在（A）这两个国家保持（B）友好（C）的关系（D）。
   着

4 我正在（A）忙（B）修（C）电视（D），你等一会儿再给我打电话吧。
   着

5 你听（A）这首歌（B）没（C）有（D）？ 我没听过这首歌。
   过

6 我（A）看（B）她的作品（C），她画的（D）鸟十分传神。
   过

7 杰克（A）正在（B）看（C）国际新闻（D）。
   呢

핵심 ❸ 어기조사

어기조사(语气助词)는 평서문 끝에 위치하여 의문·청유·명령·감탄·진술 등의 어기를 나타낸다. 吗 / 呢 / 吧 / 了 / 啊 등이 있다.

핵심 콕콕!

| 吗 | 평서문 끝에 쓰여 의문의 어기를 나타낸다. |

- 你看见张老师了吗? 너 장 선생님 봤니?
- 你学习中文吗? 너 중국어 배우니?
- 明天你去颐和园吗? 내일 너 이화원에 갈거니?
- 你回家了吗? 너 집에 갔니?

| 呢 | 의문문 끝에 위치하여 부드러운 의문의 어기를 표현한다.
① 吗를 사용하지 않은 의문문 끝에서 의문의 어기를 완화시키는 역할을 한다. 상의를 하거나 의견을 구하는 어투를 나타낸다.
② 대사, 명사, 명사구 뒤에 呢를 붙여 생략식 의문문을 만든다. 질문하고자 하는 구체적 내용은 대화의 앞뒤 내용에 따라 결정된다. 다른 내용 없이 呢가 있다면 항상 장소를 묻는 '어디에 있는가'란 뜻이다.
③ 평서문 끝에 쓰일 경우 동작이 진행 중임을 나타내며 '正 / 在 / 正在 + 동사 + 呢'의 형식으로 쓰인다. |

- 这是怎么回事呢? ① 이게 어떻게 된 일이죠?
- 我们送给他们些什么呢? ① 우리는 그들에게 뭘 보내야 하지?
- 我们几点去医院看她呢? ① 우리 몇 시쯤 병원에 그녀를 보러갈까?
- 他没去过北京，怎么会看过天安门呢? ①
  그는 베이징에 가본 적이 없는데, 어떻게 천안문을 봤겠니?
- 你懂不懂今天讲的语法呢? ① 너 오늘 강의한 어법 이해하겠니?
- 咱们去颐和园呢，还是去长城呢? ① 우리 이화원에 갈까, 아니면 만리장성에 갈까?
- 北京的春天阳光明媚，上海的春天呢? ②
  베이징의 봄 햇살은 화창한데, 상하이의 봄은 (어때)?
- A : 你忙吗? A : 너 바쁘니?
  B : 我很忙，你呢? ② B : 나 바빠, 너는 (바쁘니)?
- A : 你今天有空吗? A : 너 오늘 시간 있니?
  B : 我没空儿。 B : 나 시간 없어.
  A : 明天呢? ② A : 내일은 (시간이 있니)?
- 约翰呢? (约翰在哪儿?) ② 존은? (존은 어디 있는 거니?)

- 你妹妹呢？（你妹妹在哪儿？） ② 네 여동생은? (네 여동생은 어디 있어?)
- 代表团正参观呢！ ③ 대표단은 한창 견학 중이다!
- 他们在表演节目呢！ ③ 그들은 프로그램 공연 중이다!
- 玛丽正在听音乐呢！ ③ 메리는 음악을 듣는 중이다!

吧

① 청유·권고·명령·상의·동의 등을 나타내며, 전체문장의 어기를 완화시키는 작용을 한다. 읽을 때 문장 끝을 내린다.
② 평서문 끝에 쓰여 예상이나 추측의 어기를 나타낸다. 종종 可能 / 也许 / 大概 / 一定 등의 부사와 함께 사용한다.

- 你休息吧！ ① 쉬어라!
- 老师，让我去吧！ ① 선생님, 제가 가게 해주세요!
- 请大家帮个忙吧！ ① 여러분, 도와주세요!
- A：你来宿舍找我吧。 ① A: 기숙사 와서 나를 찾아.
  B：好吧！ ① B: 알았어!
- 这本书是你借的吧？ ② 이 책은 네가 빌린 거지?
- 这座楼可能是你们的宿舍吧？ ② 이 건물이 아마도 너희 기숙사겠지?
- 你在中国一定习惯了吧？ ② 너 중국에서 분명 적응했겠지?
- 他大概还不知道吧？ ② 그는 아마 아직 모르고 있겠지?

啊

평서문 끝에 쓰여 긍정·찬성·재촉·감탄·당부의 어기를 나타낸다.

- 时间过得真快啊！ 시간 정말 빨리 간다!
- 快跑啊，马上就要开车啦！ 빨리 뛰어, 차가 곧 출발한단 말이야!
- 路上你一定要小心啊！ 가는 길에 너 꼭 조심해라!
- 好啊，我们一起去打球！ 좋아, 우리 같이 공놀이 하러 가자!

了(2)

어기조사 了는 문장의 전체적인 분위기나 의미를 나타낸다.
① 문장 끝에서 어떤 일이나 상황이 이미 발생했거나 변화가 있음을 표현한다. 이때 목적어는 아무런 수식어도 붙지 않는 단순목적어를 취한다.
② 부정 명령문 끝에 쓰여, 하던 동작을 중지할 것을 요구한다.
③ 장차 곧 일어날 상황을 나타내기도 한다.

- 夏天了。 ① 여름이 되었다.
- 我能看中文电影了。 ① 나는 중국어로 된 영화를 볼 수 있게 되었다.
- 晚上我有事，不能去参加晚会了。 ①
  저녁에 나는 일이 생겨서, 저녁파티에 참석할 수 없게 되었다.
- 快走吧，我们不能再等了。 ② 빨리 가자, 우리는 더 이상 기다릴 수 없어.
- 别吵了，大家正在休息呢！ ② 떠들지 마, 모두 쉬고 있잖아!
- 吃饭了！ ③ 밥 먹어(곧 밥 먹을 시간이다)!
- 就要下雨了。 ③ 곧 비가 내릴 거야.

| 的 | 긍정의 어기를 강조한다. 자주 是나 会와 함께 쓰인다. |

- 这道题是我懂的。 이 문제를 나는 이해했다.
- 别急，他会回来的。 조급해하지 마, 그는 꼭 올 거야.
- 我是50年代就认识他的。 나는 50년대에 그를 알았다.

| ⋯的话 | ~한다면. 접속사 如果 / 假如 / 要是 등과 구를 이루어 가정을 나타내며, 否则 / 不然 / 要不然 / 要不 등과 결합하여 앞의 문장을 받아 반대의 경우를 가정하기도 한다. |

- 假如可以的话，我还想借一本《汉英词典》。
  괜찮다면 나는 〈한영사전〉 한 권을 더 빌리고 싶은데요.
- 如果你有困难的话，我来帮助你。 만약 네가 힘들다면, 내가 너를 도와줄게.
- 要是有茅台酒的话，我买两瓶。 만일 마오타이주가 있다면, 나는 두 병 살게요.
- 今天该到了，要是昨天出发的话。 오늘 도착했어야 해. 어제 출발했다면 말이야.
- 再让我试试，如果可以的话。 다시 한 번 해보게 해주세요, 괜찮으시다면.
- 最好你去，否则的话，只有叫玛丽去了。
  네가 가는 게 제일 좋지, 안 되면 메리에게 가라고 할 수밖에.
- 可以坐无轨电车去，要不的话，坐地铁也行。
  무궤도 전차를 타고 가도 되고, 아니면 지하철 타도 돼.
- 你今天晚上一定要预习，不然的话，明天肯定听不懂。
  오늘 저녁에 꼭 예습해, 안 그러면 내일 못 알아들을 거야.
- 你一定要找到钥匙，要不然的话，我们都进不去屋了。
  꼭 열쇠를 찾아야 해. 그렇지 않으면, 우리는 집으로 들어갈 수가 없어.

| ⋯来着 | 구어로, 절이나 문장 끝에 쓰여, 어떤 일이 발생했는지를 묻는다. 呢 / 啦와 같은 어기를 나타낸다. |

- 你刚才说什么来着？ 너 아까 뭐라고 했지？
- 昨天你是不是去公园来着？ 어제 너 공원에 간 거 아니었어？
- 你忘了上星期李老师怎么告诉你来着？
  너 지난주에 이 선생님께서 네게 어떻게 하라고 한 거 잊었니？
- 他们刚才还在这儿来着，现在又上哪儿了呢？
  그들은 조금 전까지만 해도 여기 있었는데, 지금 또 어딜 갔지？
- 我上个月在北京碰见玛丽，她还问起你来着。
  나 지난달에 베이징에서 우연히 메리를 만났는데, 그녀가 아직 너에 대해서 물어보더라.

기타조사

| 等 | 등. 둘 이상의 단어를 열거할 때 마지막 단어 뒤에 오며, 중첩할 수 있다. 뒤에 앞에 열거된 단어들을 종합하는 수량사가 올 때도 있는데, 열거한 단어의 숫자와 반드시 일치하지는 않는다. |

- 唐代著名诗人有李白、杜甫、白居易等等。
  당나라 저명한 시인으로는 이백, 두보, 백거이 등등이 있다.

- 我们班的同学来自美国、加拿大、韩国等。
  우리 반 학우들은 미국, 캐나다, 한국 등에서 왔다.
- 中国有长江、黄河、黑龙江、珠江等四大河流。
  중국에는 장강, 황하, 흑룡강, 주강 등 4대 강줄기가 있다.
- 这学期我们学了精读、口语、听力等五门课。
  이번 학기에 우리는 독해, 회화, 듣기 등 다섯 과목을 배웠다.

핵심테스트

해설 p. 12

다음 문장에서 제시어가 들어갈 정확한 위치를 찾아보세요.

1 咱们是（A）先（B）吃饭（C），还是先（D）收拾行李呢?
　　　　　　　　　　呢

2 你（A）的家（B）布置得（C）真漂亮（D）!
　　　　　　　　　　啊

3 马上（A）就要（B）考试（C），我的心情非常紧张（D）。
　　　　　　　　　　了

4 别打（A），你打（B）一天电话（C）他也不会接的（D）。
　　　　　　　　　　了

5 你（A）放（B）心，他还会来找（C）你（D）。
　　　　　　　　　　的

6 他一定是工作太忙了（A），（B）不然（C），他肯定记得我的生日（D）。
　　　　　　　　　　的话

7 你忘了小时候（A）妈妈怎么（B）教育（C）咱们（D），一定要做诚实的人。
　　　　　　　　　　来着

8 他真的（A）很可怜（B），你就帮帮（C）他（D）!
　　　　　　　　　　吧

9 如果（A）明天（B）你（C）能来（D），给我带一个笔记本。
　　　　　　　　　　的话

10 我喜欢旅游，（A）我去过（B）美国、新加坡、英国、新西兰（C）五个（D）国家。
　　　　　　　　　　等

12 이합사(离合词)

이합사는 '동사 + 목적어' 구조로 이루어진 이음절 동사를 가리킨다. 단어의 특징을 띠면서도, 두 글자가 붙었다 분리되었다 할 수 있는 특징을 갖고 있다.

 이합사

이합사는 이음절 동사로, 두 글자가 '동사 + 목적어'의 구조를 갖고 있어서 그 사이에 다른 성분이 들어와 분리될 수 있는 특징을 갖고 있다.

이합사는 '동사 + 목적어' 구조를 가지고 있기 때문에 이음절 동사 사이에 조사, 보어, 수량사 등이 올 수 있다.

예 结婚 결혼하다 → 结 + 婚
- 我们结婚十几年了。 우리는 결혼한 지 십여 년이 됐다. (수량사)
- 这个老人结过两次婚。 이 노인은 결혼을 두 번 했다. (수량사)
- 玛丽和约翰刚结完婚。 메리와 존은 막 결혼식을 끝냈다. (결과보어)
- 房子没装修好，这个月还结不了婚。
  집 인테리어가 아직 안 끝나서, 이번 달에도 결혼할 수 없다. (가능보어)

 핵심 콕콕!

| 安心 | 안심하다, 마음놓다. 정도부사의 수식을 받을 수 있으며, AABB식으로 중첩이 가능하다. |

- 解决了后顾之忧，这下你可以安安心心地去学习了。
  뒷일에 대한 근심을 해결했으니, 이제 너는 안심하고 공부하러 갈 수 있게 되었다.
- 你这样对我，我安得下心吗？ 네가 나를 이렇게 대하면, 내가 마음 편할 수 있겠니?

毕业

졸업하다. 목적어를 따로 가질 수 없다. 술어로 쓰일 경우에는 시간이나 장소를 나타내는 보어를 가질 수 있고, 한정어로 쓰일 경우에는 다른 명사를 수식하거나 제한할 수 있다.

- 他17岁就大学毕业了。 그는 17세에 벌써 대학을 졸업했다.
- 这五位教师刚从师范大学毕业。 이 다섯 분의 선생님은 사범대학을 막 졸업했다.
- 学校每年毕业1000多名学生。 학교에서는 매년 1,000여 명의 학생들이 졸업한다.
- 他毕了业就参加工作了。 그는 졸업하자마자 바로 일을 시작했다.
- 他早年毕业于北京大学中文系。 그는 일찍이 베이징대학 중문과를 졸업했다.
- 他正在写毕业论文。 그는 졸업 논문을 쓰는 중이다.
- 你的毕业鉴定拿到手了吗? 네 졸업장을 받았니?

帮忙

돕다. 일반적으로 동태조사를 갖지 않고, 부사어의 수식을 받거나 연동구를 이룬다. 긴축복문(p. 314 참고)에 사용되기도 하며, 한정어의 수식을 받고 명사로 활용되기도 한다.

- 今后有事, 我一定帮忙。 앞으로 어려움이 생기면, 내가 꼭 도와줄게.
- 看他拉着那么吃力, 我赶紧跑去帮个忙。
  그가 그렇게 힘들게 끄는 걸 보고, 나는 얼른 달려가 도와주었다.
- 请你帮忙解决运输问题。 운송 문제를 해결할 수 있게 도와주세요.
- 你要帮忙就帮到底。 도와줄 거면 끝까지 도와줘.
- 我们紧紧握住老师的手, 感谢他对我们的帮忙。
  우리는 선생님의 손을 꼭 잡으며, 우리에 대한 선생님의 도움에 감사를 표했다.
- 帮别人的忙, 是我们应该做的事情。 다른 사람을 도와주는 것은 우리가 당연히 해야 할 일이다.

出院

퇴원하다. 술어로 쓰이며, 목적어나 보어를 갖지 않는다. 원래는 동사이지만 명사 역할도 한다.

- 他昨天病愈出院了。 그는 어제 병이 나아서 퇴원했다.
- 他刚办完出院手续。 그는 막 퇴원수속을 마쳤다. (명사)
- 出院的时候, 他一一向病友们告别。 퇴원할 때, 그는 병실 환자들 한명 한명에게 인사를 했다.
- 他一出院就开始工作。 그는 퇴원하자마자 일하기 시작했다.

担心

① 걱정하다, 근심하다. 동태조사 着가 뒤에 올 수 있으며, 정도부사의 수식을 받을 수 있다. 술어로 쓰여 목적어나 보어를 가질 수 있는데, 목적어로 명사뿐만 아니라 비(非)명사성 단어가 올 수도 있으며, 보어는 대체로 시간이나 방향을 나타내는 말이 온다. 다른 동사들과 마찬가지로 한정어로 쓸 때는 조사 的를, 부사어로 쓸 때는 뒤에 조사 地를 붙인다.
② 걱정, 근심. 명사로써, 주어·목적어·한정어 등의 역할을 한다.

- 你不必担心我的健康。 ① 너는 나의 건강을 걱정할 필요 없어.
- 母亲担心在国外的孩子。 ① 어머니는 외국에 있는 아이를 걱정한다.
- 我们总要为老人的病情担着一份心。 ① 우리는 항상 노인의 병세를 걱정하고 있다.
- 你的女儿这么成功了, 你还担着什么心啊? ①
  네 딸이 이렇게 성공했는데, 너는 또 뭐가 걱정이야?
- 她担心别人不理解自己。 ① 그녀는 다른 사람이 자신을 이해하지 못할까봐 걱정한다.
- 父亲和母亲担心地望着女儿。 ① 아버지와 어머니는 딸을 걱정스레 바라보신다.
- 大家担心的事情终于发生了。 ② 모두가 걱정하는 일이 결국에는 발생했다.

- 这种担心是多余的。② 이런 걱정은 쓸데없는 거야.
- 大家都看出了她的过分担心。② 모두 그녀가 지나치게 걱정한다는 것을 알아차렸다.
- 他为姑娘那种冒险的行动感到担心。② 그는 아가씨의 그런 모험적인 행동이 걱정되었다.

失业

실업하다, 실직하다. 술어로 쓰인다.

- 大批工人失业，等待救济。많은 노동자들이 실직하여, 구제를 기다리고 있다.
- 我的弟弟两年前就失了业。내 남동생은 2년 전에 실직하였다.
- 由于经济不景气，失业的人越来越多。불경기로 인해, 실직하는 사람이 점점 많아지고 있다.
- 失业的问题应该得到高度重视和及时解决。
  실업문제는 높은 관심과 조속한 해결을 필요로 한다.

结婚

결혼하다. 목적어를 따로 갖지 않으며, 술어로 쓰일 경우 보통 시량보어를 갖는다.

- 他年纪很大了才结婚。그는 나이가 많이 들어서야 비로소 결혼을 했다.
- 他结过两次婚。그는 결혼을 두 번 했었다.
- 我们结婚两个月了。우리는 결혼한 지 두 달이 됐다.
- 他们俩上个月结婚了。그들 두 사람은 지난달에 결혼을 했다.
- 他结过婚。그는 결혼을 한 적이 있다.
- 他们刚结完婚。그들은 막 결혼을 했다.
- 房子没装修好，这个月还结不了婚。집 수리가 아직 덜 끝나서, 이번 달에는 결혼할 수 없다.

离婚

이혼하다. 술어로 쓰이며, 시량보어를 갖는다.

- 他们俩已经离婚了。그들 두 사람은 이미 이혼했다.
- 他离过婚。그는 이혼한 적이 있다.
- 他离过一次婚。그는 이혼을 한 번 한 적이 있다.
- 他刚离完了婚。그는 막 이혼을 했다.
- 他离婚两年了。그는 이혼한 지 2년 됐다.
- 他们俩挺好的，怎么离上婚了。그 둘은 사이가 참 좋았는데, 어떻게 이혼을 해버린 거야.
- 他俩怎么会离起婚来了？그 두 사람은 왜 이혼하겠단 거야?

请客

초대하다, 한턱 내다. 술어로 쓰이며 목적어를 갖지 않는다.

- 今天我请客。오늘 내가 살게.
- 请了三位客。손님 세 분을 초대했다.
- 今天我请你的客。오늘 제가 한턱 낼게요.
- 每年公司请客的开销都超过五万元。해마다 회사 접대비가 5만 위안을 넘는다.

生气	화내다. 정도부사의 수식을 받을 수 있다. 술어로 쓰이며, 목적어를 갖지 않는다. 한정어로 쓰일 땐 的가, 부사어로 쓰일 땐 地가 붙는다.

- 老师对这件事非常生气。 선생님은 이 일에 대해 매우 화가 나셨다.
- 孩子不听话，惹得妈妈生了一顿气。 아이들이 말을 안 들어서, 엄마를 화나게 했다.
- 父亲生气的时候，样子十分可怕。 아버지가 화나셨을 때, 표정은 정말 무섭다.
- 爸爸就喜欢你生气的样子。 아버지는 바로 네가 화내는 모습을 좋아한다.
- 明明没有听我说完，就生气地走了。 분명히 내 말을 끝까지 듣지도 않고, 화를 내며 가버렸다.

报仇	복수하다. 술어로 쓰이며, 목적어나 보어를 갖지 않는다. 심리 활동을 나타내는 동사의 목적어가 될 수 있다.

- 我们一定要为死去的同志报仇。 우리는 반드시 죽어간 동지들을 위해 복수할 것이다.
- 他杀了很多敌人，为死难的战友报了仇。
  그는 많은 적들을 죽였고, 희생된 전우를 위해 복수를 했다.
- 他一直在寻找报仇的机会。 그는 계속해서 복수할 기회를 찾고 있다.
- 三年过去了，他报仇的愿望却愈加强烈。
  3년이 지났지만, 복수에 대한 그의 바람은 점점 더 강렬해졌다.
- 他一直想替父亲报仇。 그는 줄곧 아버지를 위해 복수할 생각을 하고 있다.

핵심테스트

해설 p. 13

다음 문장에서 제시어가 들어갈 정확한 위치를 찾아보세요.

1 自从他（A）得知自己的朋友（B）死于那个坏蛋手下之后，就决心（C）早晚要为朋友（D）。
　　　　　　　　　　　　　　　　　报仇

2 如今（A）在青少年（B）中间，也开始流行一种（C）送礼的（D）坏风气。
　　　　　　　　　　　　　　　　　请客

3 （A）之后，夫妻双方（B）就都应该有对（C）家庭的责任感（D）。
　　　　　　　　　　　　　　　　　结了婚

4 为感谢他的（A）热心（B），我准备（C）送给他一份礼物，以表达我的（D）心意。
　　　　　　　　　　　　　　　　　帮忙

5 （A）儿子（B）就要出国留学了，做父母的总少不了（C）一份（D）和牵挂。
　　　　　　　　　　　　　　　　　担心

6 （A）通过全部（B）考试，即可（C）达到（D）大学专科毕业水平。
　　　　　　　　　　　　　　　　　毕业

13 단어의 중첩

'중첩'이란 같은 단어를 반복하는 것을 가리킨다. 명사·동사·형용사·수량사·동량사 등을 중첩할 수 있으며, 중첩 후에는 약간의 의미 변화가 있다.

핵심 ① 명사와 양사의 중첩

명사, 수사, 방위사, 양사 등은 중첩하면 '하나도 빠짐없이 모두'를 뜻하게 된다. 그러나 중첩할 수 있는 단어들은 한정되어 있다.

1 일반명사의 중첩

'모든, ~마다(= 每一个, 所有的, 全体的)'라는 뜻으로, '전체'를 나타낸다. 중첩할 수 있는 명사는 주로 양사의 성질을 지닌 명사에 한정되어 많지 않다. 중첩된 명사는 주어나 부사어로만 쓰이며, 한정어로는 쓰이지 않는다. 중첩된 명사 뒤에는 부사 都가 붙어 범위가 전체임을 강조한다.

- 我们班的同学<u>人人</u>都有《汉英词典》。 우리 반 친구들은 모두 다〈한영사전〉을 가지고 있다.
- 她<u>天天</u>都来得很早。 그녀는 매일 매우 일찍 온다.
- 他们<u>月月</u>都发奖金。 그들은 다달이 상여금을 준다.
- 除夕<u>家家</u>都吃团圆饭。 섣달 그믐에는 집집마다 가족끼리 모여 밥을 먹는다.
- 我<u>年年</u>都要回家乡。 나는 매년 고향에 간다.

2 방위사의 중첩

복합방위사는 AABB 형식으로 중첩하며, 이때 범위 안의 모든 것이 포함된다는 의미로 사용된다. 단순방위사는 중첩하지 않는다.

- 家里<u>上上下下</u>都兴高采烈的。 가족들(집안의 어른들과 아이들) 모두 다 무척 기뻐했다.
- 妈妈很能干，<u>里里外外</u>真是一把好手。
  엄마는 능력이 있어서 안팎으로(집안일과 회사업무) 다 잘하신다.
- 他<u>前前后后</u>用了八年时间学习汉语，终于学成了。
  그는 전후로(시작부터 끝까지) 8년의 시간을 들여 중국어를 공부했고, 결국 완전히 배웠다.

3 수사의 중첩

一 / 三两 / 千万 등의 제한된 수사들만 중첩이 가능하다. 一一는 '일일이, 하나하나'라는 뜻이며, 三三两两과 千千万万은 각각 '둘셋씩', '수많은' 등 본래의 뜻과 별차이 없이 조금 강조하는 어기를 갖는다. 一一는 뒤에 구조조사 的나 地가 붙지 않지만, 三三两两과 千千万万은 뒤에 的나 地가 붙어서 문장 속에서 한정어나 부사어의 역할을 한다.

- 我对她的提问一一回答了。 나는 그녀의 질문에 일일이 대답해 주었다.
- 放学后学生们三三两两地回家了。 방과 후에 학생들은 둘셋씩 짝지어 귀가했다.
- 千千万万的星星亮在天上。 수많은 별이 하늘에서 반짝인다.

4 명량사의 중첩

같은 명량사를 겹쳐 쓰면 각각의 개체가 모여 예외 없이 전체를 이룸을 의미한다. 문장에서 주어, 한정어, 부사어로 사용된다.

- 人人爱清洁，个个讲卫生。 사람들은 청결함을 좋아하며, 하나같이 위생을 중시한다.
- 他的同学个个都很努力。 그의 학우들은 모두가 매우 열심이다.
- 这些蛇，条条都有毒。 이 뱀들 모두 다 독이 있다.
- 本本小说都很有意思。 소설 하나하나 모두 다 재미있다.
- 张张课桌整齐地放在教室里。 모든 책상이 가지런하게 교실에 놓여 있다.
- 他年年回家乡。 그는 해마다 고향에 내려간다.
- 她天天游泳。 그는 날마다 수영한다.

5 동량사의 중첩

동량사를 겹쳐 사용하면 '매번, ~할 때마다, 늘'이라는 뜻을 나타낸다. 주로 부사어로 쓰이는데 간혹 주어로 쓰이는 경우도 있다.

- 他是真正的球迷，足球比赛回回都到现场。
  그는 진정한 축구 매니아여서, 축구시합 때마다 현장에 간다.
- 体育比赛中，他一次次夺得冠军。 체육대회에서, 그는 매번 우승을 한다.

6 수량사의 중첩

수사는 거의 一만 사용한다. 수량사(수사 + 양사)를 중첩할 때는 주로 뒤에 구조조사 的나 地를 붙여서 '각각의, 하나하나, 모든'을 뜻하는 한정어나 동작의 방식, 순서, 연속적인 동작을 나타내는 부사어로 사용한다. 수량사를 중첩하는 방법은 다음 3가지가 있다.

① **一 + 양사 + 一 + 양사**   一遍一遍 한편 한편   一句一句 매 구절마다
② **一 + 양사 + 양사**   一个个 하나하나   一趟趟 한 차례
③ **一 + 양사 + 又 + 一 + 양사** 一次又一次 한 번 또 한 번 一遍又一遍 한편 또 한편

- 一件件(的)衣服都很漂亮。 옷마다 다 너무 예쁘다.
- 她把生词一个一个地记在笔记本上。 그녀는 단어를 하나하나 노트에 적었다.
- 我一次又一次地麻烦你，真不好意思。 제가 계속 당신을 번거롭게 해서 정말 죄송합니다.

핵심 콕콕!

种种 | 각양각색의, 여러 종류의. 수사의 수식을 받지 않는다. 주로 추상명사를 수식하며, 다른 명량사의 중첩형이 주어·한정어·부사어 등으로 사용되는 것과 달리 한정어로만 쓰인다.

- 大家在会上提出了种种建议。 다들 회의에서 갖가지 의견을 제시했다.
- 我们遇到了种种不同的困难。 우리는 여러 종류의 어려움을 만났다.

回回 | 매회, 매번(= 每回). 동작의 회수, 반복해서 발생하는 동작에 쓰인다.

- 只要两人争执起来，回回总是他让步。 둘이 논쟁할 때마다, 매번 그가 양보를 한다.
- 看电影，回回少不了他。 영화를 볼 때, 매번 그가 빠지면 안 된다.
- 他回回骑自行车上班。 그는 항상 자전거를 타고 출근을 한다.

次次 | 매번(= 每次). 명량사이면서 동량사이다. 반복 출현하는 사물 또는 중복되는 동작을 수식한다.

- 他一次次地解释着。 그는 매번 설명을 하고 있다.
- 他次次考试都得第一名。 그는 매번 시험 볼 때마다 일등을 한다.
- 她喜欢热闹，次次晚会都参加。 그녀는 떠들썩한 것을 좋아해서, 매번 저녁파티에 다 참석한다.

顿顿 | 식사·끼니·질책·권유 등에 사용한다. 주어나 부사어로 쓰인다.

- 他家顿顿吃米饭。 그의 집은 끼니마다 쌀밥을 먹는다.
- 顿顿是鸡鸭鱼肉。 매 끼니마다 닭고기, 오리고기, 생선, 고기류이다.

핵심테스트  해설 p. 13

다음 문장에서 제시어가 들어갈 정확한 위치를 찾아보세요.

1 (A) 这个 (B) 城市 (C) 都喜欢足球 (D) 。

　　　　　　人人

2 学校 (A) 都有 (B) 两个 (C) 假期 (D) 。

　　　　　　年年

3 (A) 考试 (B) 他都是 (C) 全班第一名 (D) ，真了不起。

　　　　　　次次

4 她 (A) 六点 (B) 起床 (C) ，从不 (D) 睡懒觉。

　　　　　　天天

5 (A) 公司里的 (B) 人 (C) 他全都认识 (D) 。

　　　　　　上上下下

핵심 ❷ 동사의 중첩

중첩된 동사는 주로 '시험삼아 ~해보다, 좀 ~하다, ~하기도 하고' 등의 의미를 나타내며, 어기를 완화시키는 작용을 한다. 동사의 형태에 따라 중첩하는 방법이 달라지며, 과거형을 표시할 때는 중첩되는 동사 사이에 了를 쓴다.

1 단음절 동사, 이음절 동사, 이합사의 중첩 형태가 다르다.

단음절 동사	A(一)A / A 了 A	看(一)看	说(一)说 / 读了读	听了听	写了写
이음절 동사	ABAB / AB 了 AB	休息休息	研究研究 / 参观了参观	访问了访问	
이합사 AB	AAB	见见面	聊聊天		

- 老师让我再想想这个问题。 선생님이 나더러 이 문제를 다시 생각해보래. (단음절 동사)
- 你说一说你的感受。 네 자신의 느낌에 대해 한 번 말해봐. (단음절 동사)
- 他听了听，屋里没有人。 그가 들어보니, 집 안에는 사람이 없었다. (단음절 동사)
- 他尝了尝，觉得菜的味道不错。 그는 맛을 좀 보고는 맛이 괜찮다고 생각했다. (단음절 동사)
- 对这个问题，再进一步研究研究吧。
  이 문제에 대해서, 좀 더 심도 있게 연구해보자. (이음절 동사)
- 昨天老师介绍了介绍北京的情况。
  어제 선생님께서 베이징의 상황에 대해 좀 소개해주셨다. (이음절 동사)
- 吃了晚饭，我们去公园散散步吧。 저녁 먹고 나서, 우리 공원에 가서 산책 좀 하자. (이합사 AB)

2 동작·행위·적극적인 사고 표시 동사 → 중첩 가능
심리·발전 및 변화·존재·판단·소유 표시 동사 → 중첩 불가

심리동사	怕 두려워하다	羡慕 부러워하다	喜欢 좋아하다
발전·변화	生 낳다	发展 발전하다	开始 시작하다
존재·판단·소유	在 있다	是 ~이다	有 가지다

- 我的钱包不见了，你帮我找找！ 내 지갑이 안 보여. 네가 찾는 것 좀 도와줘!
- 这个问题需要我们仔细考虑考虑。 이 문제는 우리가 자세히 고려해볼 필요가 있다.
- 我非常喜欢喜欢打篮球。(×) → 我非常喜欢打篮球。 나는 농구하는 걸 매우 좋아한다.
- 这个小女孩六岁就开始了开始学钢琴。(×)
  → 这个小女孩六岁就开始学钢琴。 이 여자아이는 여섯 살부터 피아노를 배웠다.
- 我在在寝室，有事你来找我吧。(×)
  → 我在寝室，有事你来找我吧。 나는 침실에 있을 테니, 일 생기면 나를 찾으러 와.
- 我是是初级班的学生。(×) → 我是初级班的学生。 나는 초급반 학생이다.
- 她有有一个美好的愿望。(×)
  → 她有一个美好的愿望。 그녀에게는 아름다운 바람이 있다.

3 진행형 문장에서는 동사를 중첩할 수 없다.

- 我正在图书馆看看书。(×) → 我正在图书馆看书。 나는 도서관에서 책을 보고 있다.
- 他们正在寝室休息休息呢。(×) → 他们正在寝室休息呢。
  그들은 침실에서 쉬고 있는 중이다.

4 중첩된 동사는 부사어나 한정어가 아닌 주어와 술어, 목적어 등 주요 문장성분으로 쓰인다.

- 今天看看的电影很有意思。(×)
  → 今天看的电影很有意思。 오늘 본 영화는 매우 재미있었다.
- 上节课学习了学习的语法我还没有弄明白。(×)
  → 上节课学习的语法我还没有弄明白。 지난 수업시간에 배운 어법을 아직 잘 이해하지 못했다.
- 玛丽明年要出国出国留学。(×)
  → 玛丽明年要出国留学。 메리는 내년에 외국으로 유학갈 예정이다.
- 散散步是一个很好的运动。 산책은 아주 좋은 운동이다. (주어)
- 每天早晨我都在小树林里练练太极拳。 매일 아침 나는 숲에서 태극권을 연마한다. (술어)

5 중첩된 동사는 수량보어를 가질 수 없다.

- 先休息休息一会儿再复习吧。(×)
  → 先休息休息再复习吧。 / 先休息一会儿再复习吧。 먼저 좀 쉬고 난 후에 복습해라.
- 那些生词我没记住，又写写很多遍。(×)
  → 那些生词我没记住，又写了写。 / 那些生词我没记住，又写了很多遍。
  나는 그러한 단어를 외우지 못해서, 쓰고 또 썼다. / 또 여러 번 썼다.

6 중첩된 동사의 완료를 나타내려면 了를 중첩할 동사 사이에 놓는다.

- 我昨天听听了音乐，看看了电视。(×)
  → 我昨天听了听音乐，看了看电视。 나는 어제 음악을 듣고, 텔레비전을 좀 봤다.
- 他把我的自行车修理修理了。(×)
  → 他把我的自行车修理了修理。 그는 내 자전거를 수리했다.

핵심테스트

해설 p. 13

다음 문장에서 제시어가 들어갈 정확한 위치를 찾아보세요.

1 我想（A）想（B）刚才的事情（C），觉得很可怕（D）。
   　　　　　　　了

2 昨天我把家布置（A）布置（B），觉得（C）挺漂亮的（D）。
   　　　　　　　　　　　　　　了

핵심 ❸ 형용사의 중첩

모든 형용사는 중첩할 수 있으며, 형용사를 중첩하면 정도가 강조된다.

1 很 / 非常 등의 정도부사를 사용하지 않는다.

모든 형용사는 중첩 후에 어기가 강해지고 그 자체에 정도를 강조하는 의미가 생겨 정도부사의 수식을 받지 않는다.

- 玛丽想很好好地学习汉语。(×)
  → 玛丽想好好地学习汉语。 메리는 중국어를 잘 배우고 싶어한다.
- 这次HSK成绩都很好，同学们都很高高兴兴的。(×)
  → 这次HSK成绩都很好，同学们都高高兴兴的。
  이번 HSK 성적은 모두 다 좋아서, 학생들이 모두 기뻐했다.
- 他的眼睛瞪得非常滚圆滚圆的。(×)
  → 他的眼睛瞪得滚圆滚圆的。 그는 눈을 매우 동그랗게 떴다.

2 단음절 형용사의 중첩

단음절 형용사는 한 글자를 반복하여 AA 형태로 중첩하며, 중첩 후에 일반적으로 술어, 한정어, 보어, 부사어로 사용된다.

- 她高高的、瘦瘦的。 그녀는 키가 매우 크고 말랐다. (술어)
- 那个红红的苹果真好看。 저 빨간 사과는 정말 예쁘구나. (한정어)
- 母亲紧紧地抱着自己的孩子。 어머니는 자신의 아이를 꼭 껴안았다. (부사어)
- 放心吧，我会走得远远的。 안심해. 나는 아주 멀리 떠날 거니까. (보어)

3 이음절 형용사의 중첩

이음절 형용사는 AABB 형태로 중첩한다. 중첩 후에는 보통 술어, 한정어, 보어, 부사어가 된다.

- 教室里干干净净的。 교실은 매우 깨끗하다. (술어)
- 这孩子有一双漂漂亮亮的大眼睛。 이 아이는 아주 예쁜 큰 눈을 가졌다. (한정어)
- 同学们正在认认真真地听课。 학생들은 열심히 수업을 듣는 중이다. (부사어)
- 同学们把教室打扫得干干净净。 학생들은 교실을 매우 깨끗이 청소했다. (보어)

4 묘사성 형용사의 중첩

형용사 가운데 사물을 묘사하는 이음절 형용사들은 주로 ABAB 형식을 취해 중첩할 수 있다. 주로 '명사 성분 + 형용사 성분'으로 구성되어 있으며, 두 성분은 비유나 수식의 관계로 이루어져 있다.

焦黄 누르스름하다	雪白 눈처럼 하얗다	煞白 창백하다	漆黑 칠흑 같다
火红 타는 듯 붉다	通红 온통 빨갛다	鲜红 새빨갛다	瓦蓝 짙은 남색
碧绿 짙푸르다(초록)	湛蓝 짙푸르다(남색)	墨绿 검푸르다	翠绿 푸르다(초록)
冰凉 얼음처럼 차다	滚圆 둥글둥글하다	笔直 아주 곧다	滚热 몹시 뜨겁다

- 这件衬衫雪白雪白的。 이 셔츠는 눈처럼 희다.
- 瓦蓝瓦蓝的天空中飘着几朵白云。 짙은 남색 하늘에 흰 구름 몇 조각이 떠다니고 있다.
- 她的脸冻得通红通红的。 그녀의 얼굴은 얼어서 온통 빨갛게 되었다.

5 겸류사의 중첩

겸류사란 한 단어가 두 가지 이상 품사의 어법 기능을 동시에 갖는 것을 가리킨다. 겸류사를 중첩할 때는 AABB와 ABAB 형태를 모두 사용할 수 있으나 각각의 의미는 다르다.

AABB → 여전히 형용사의 특징을 유지	ABAB → 동사의 특징을 겸비
舒服 편안하다 / 편안하게 하다	端正 단정하다 / 단정히 하다
凉快 시원하다 / 더위를 식히다	热闹 번화하다, 떠들썩하다 / 떠들썩하게 놀다
轻松 가볍다 / 가볍게 하다	痛快 유쾌하다 / 마음껏 즐기다

- 教室里我们凉快凉快吧。 우리 교실에서 열 좀 식히자. (동사)
- 教室里凉凉快快的，为什么到外面去学习呢?
  교실이 시원한데, 왜 밖에 나가서 공부해? (형용사)
- 开个晚会，让大家高兴高兴。 저녁파티를 열어서, 모두를 즐겁게 해주자. (동사)
- 开个晚会，让大家高高兴兴地过年。
  저녁파티를 열어서, 모두들 즐겁게 연말을 보내게 하자. (형용사)

핵심테스트

해설 p. 13

다음 문장에서 제시어가 들어갈 정확한 위치를 찾아보세요.

1. 她的 (A) 头发 (B) 的 (C)，(D) 十分好看。
   油亮油亮

2. (A) 父母 (B) 希望孩子 (C) 地过 (D) 每一天。
   开开心心

3. (A) 姐姐比 (B) 妹妹 (C) 大十岁 (D)。
   整整

4. (A) 他 (B) 把 (C) 教室打扫得 (D)。
   干干净净

적중! 新HSK 실전 문제   PART 1 품사의 종류   해설 p. 14~20

[1 – 10] 보기 중에서 괄호에 알맞은 어휘를 고르세요. **4급 독해 1부분**

> **보기**   A 打量   B 再三   C 显然   D 坚持   E 稍微   F 引起

例如   她每天都（ **D** ）走路上下班，所以身体一直很不错。

1. 你很聪明，只要（　　）努力一下，学习成绩就能大幅度提高。

2. 树上的小鸟朝着我们欢叫，（　　）是在欢迎我们。

3. 人与人之间如果缺少交流，可能就会（　　）误会。

4. 她对每首乐曲都（　　）推敲，希望能在出版后不留遗憾。

5. 他意识到在晚会上有人一直在（　　）着站在门口的他。

> **보기**   A 适合   B 按照   C 温度   D 顺便   E 差点儿   F 以及

例如   A：今天真冷啊，好像白天最高（ **C** ）才2℃。
         B：刚才电视里说明天更冷。

6. A：今天是星期四吧？（　　）忘了今天下午还要开会。
    B：幸亏你提醒，不然我也忘了。

7. A : 听说你跟李教授见了面？他跟你说了些什么？

   B : 他问我许多问题，生活习惯不习惯、工作忙不忙（　　）那里的气候怎么样等。

8. A : 王经理，这次出差还顺利吧？

   B : 挺顺利的，日程安排得很好，还（　　）在上海玩了几天。

9. A : 我确认一下，那批货后天可以送到吧？

   B : 是的，我们已经（　　）合同上要求的日期发货了，您放心，后天肯定能到。

10. A : 你对小刘的印象怎么样？

    B : 他诚实，有礼貌，能吃苦，就是太马虎、太粗心了，不（　　）我们的工作。

[1 – 7] 빈칸에 들어갈 어휘를 보기 중에서 고르세요. **5급 독해 1부분**

> 人生在世，被人误解是难免的。有的时候，你选择沉默，因为你不想跟对方解释什么。不是所有的人都得了解你，因此你　1　对全世界解释。也有的时候，最亲的人误解了你，让你伤心到不想解释什么，只好选择沉默。即使全世界的人都误解了你，但是他应该理解你。要是连他都不能理解你，还说什么呢？　2　不是所有的对错都能讲清楚，甚至可能　3　没有对与错。不管你说什么都没有用的时候，选择沉默也许是最好的。

1. A 千万　　　B 不必　　　C 互相　　　D 继续

2. A 终于　　　B 即使　　　C 毕竟　　　D 一连

3. A 根本　　　B 难怪　　　C 凡是　　　D 未必

"沉默是金"是一种处世哲学。它告诉人们做人做事要多__4__别人的意见与建议，自己的言行要__5__，千万别乱发表评价，一定要小心"祸从口出"。
　　过去很多人认为"沉默是金"是一种智慧的表现。但是随着社会的发展，竞争越来越激烈，当我们遇到问题时，要敢于发表自己的意见。而且面对确实存在问题的时候，去__6__机遇，要找出问题的根源，这才是解决问题的最好方法。所以，我们要记住，沉默__7__是金。

4. A 听取　　　B 欣赏　　　C 观察　　　D 进行

5. A 谨慎　　　B 诚恳　　　C 乐观　　　D 出色

6. A 保存　　　B 统治　　　C 把握　　　D 产生

7. A 渐渐　　　B 始终　　　C 反正　　　D 未必

[1 – 10] 다음 제시된 단어를 사용하여 하나의 문장을 만드세요. 4·5급 쓰기 1부분

1. 学生的　　要善于　　发现　　错误　　老师
　　_____

2. 表情　　老师的　　尴尬　　有点儿　　显得
　　_____

3. 必须　　任务　　你们　　完成　　按时
　　_____

4. 在　　同学们　　商场里　　调查　　进行了
   _____

5. 那条狗　　尾巴　　主人　　摇了摇　　朝
   _____

6. 重新　　又　　她　　一遍　　打扫了
   _____

7. 终于　　那台机器　　正常　　又能　　运行
   _____

8. 导致　　火灾　　物价　　上涨　　原因
   _____

9. 写　　好习惯　　要养成　　日记的
   _____

10. 去　　妈妈　　照顾老人　　养老院　　偶尔会
    _____

[1 – 5] 다음 문장을 읽고 틀린 부분을 고쳐 다시 써보세요. 6급 독해 1부분

1. 不同的声音会产生不同的心理反应，从而对健康造成积极的影响。

2. 在王洛宾改编的歌曲，最著名的是《在那么遥远的地方》。

3. 算起来到今年年底已经整整三年没见面我姐姐了。

4. 敬酒也是一门学问。一般情况下，敬酒时一定要把握好敬酒的顺序，分明主次。

5. 两个人在一起，总比一个人好，是因为遇到事情至少可以商量商量一下。

PART 2

문장성분

중국어의 문장성분(句子成分)으로는 주어(主语), 술어(谓语), 목적어(宾语), 한정어(定语), 부사어(状语), 보어(补语) 6가지가 있다.

01 기본성분

핵심 1 주어
핵심 2 술어
핵심 3 목적어

02 수식어(修饰词)

핵심 1 한정어
핵심 2 부사어

03 보어(补语)

핵심 1 결과보어
핵심 2 방향보어
핵심 3 정도보어
핵심 4 가능보어
핵심 5 수량보어
핵심 6 정태보어

01 기본성분

문장의 기본성분으로 주어(主语), 술어(谓语), 목적어(宾语)가 있다. 이들의 성분이 될 수 있는 품사는 매우 다양하다.

핵심 ❶ 주어

술어의 주체이다. 주어가 될 수 있는 품사의 종류는 매우 다양하다.

1 명사, 대사 주어

가장 기본적인 형태의 주어는 명사 또는 대사이다.

- 太阳出来了。 해가 떴다.
- 外面不太冷。 밖은 그렇게 춥지 않다.
- 我们都是外国人。 우리는 모두 외국인이다.
- 这是玛丽的书。 이것은 메리의 책이다.

2 수사 주어

숫자나 수량의 단위를 서술 대상으로 하며, 일반적으로 숫자나 수량 사이의 관계를 나타낸다.

- 16是4的4倍。 16은 4의 4배이다.
- 零也是一个数。 0도 하나의 숫자이다.

3 명사구 주어

명사, 대사, 수사 등이 둘 이상 결합된 명사구도 주어가 된다.

- 一本多少钱? 한 권에 얼마입니까?
- 这里的风景很美丽。 이곳의 풍경은 매우 아름답다.

4 的자구 주어

的자구의 기능은 하나의 명사에 상당하므로, 종종 주어로 쓰인다.

- 你说的很对。 당신 말이 정말 맞습니다.
- 红的比较贵，蓝的便宜。 빨간 것이 비교적 비싸고, 파란 것이 싸다.
- 学汉语的都想来中国。 중국어를 배우는 사람은 모두 중국에 오고 싶어한다.

5 동사 및 동사구 주어

동작이나 행위가 진술의 대상일 때 동사도 주어가 될 수 있다.

- 游泳是一项很好的运动。 수영은 정말 좋은 운동이다.
- 笑对人的身体有好处。 웃음은 인체에 유익하다.

6 형용사 및 형용사구 주어

성질이나 상태가 진술의 대상일 때 형용사도 직접 주어가 될 수 있다.

- 勤俭是一种美德。 근검은 일종의 미덕이다.
- 困难我们不怕。 우리는 어려움을 두려워하지 않는다.

7 주술구 주어

주어 자체가 '주어 + 술어' 형태를 띤 것으로, 보통 '~한 것은'이라는 의미이다.

- 身体好很重要。 몸이 건강한 게 제일 중요하다.
- 我学汉语是为了了解中国文化。 내가 중국어를 배우는 것은 중국문화를 알기 위해서다.

8 주체 주어

주어가 행위의 주체자이며, 술어는 주어의 행동을 설명한다. 동사가 술어이다.

- 我们学习汉语。 우리는 중국어를 배운다.
- 我请教一个问题。 저는 질문이 하나 있습니다.
- 大家都休息了。 모두 다 쉬었다.

9 대상 주어

주어는 동작, 행위의 대상이며, 술어는 주어가 당하는 행위이다. 동사가 술어이다.

- 他的那本小说出版了。 그의 소설은 출판되었다.
- 信寄走了。 편지는 부쳤다.
- 他被选做班长。 그는 반장으로 선출되었다.

핵심테스트

해설 p. 23

다음 문장에서 제시어가 들어갈 정확한 위치를 찾아보세요.

1 (A) 迟到 (B) 同学一定要向老师 (C) 说明 (D) 理由。
　　　　　　　　的

2 (A) 聪明 (B) 努力 (C) 是一个人 (D) 成功的必备条件。
　　　　　　　　和

3 (A) 都 (B) 让他吃光 (C) 了 (D)。
　　　　　　两大碗饭

4 (A) 躺着 (B) 也是 (C) 一种 (D) 很好的休息方法。
　　　　　　听听音乐

핵심 ❷ 술어

술어는 중국어로 '위어(谓语)'라고 한다. 주어 뒤에서 주어에 대하여 진술한다.

1 동사, 동사구 술어

- 今天我们讨论语法问题。 오늘 우리 어법 문제를 토론하자.
- 吸烟对身体没有好处。 담배는 몸에 유익한 점이 없다.
- 玛丽是美国人。 메리는 미국인이다.

2 형용사, 형용사구 술어

- 我们班的学生多，他们班的学生少。 우리 반 학생은 많고, 그들 반 학생은 적다.
- 玛丽很漂亮。 메리는 매우 예쁘다.

3 명사, 대사, 수사, 명사구 술어

중국어에서는 명사성 단어들도 술어로 쓰이는 경우가 있다.

- 今天星期天。 오늘은 일요일이다. (명사)
- 你最近怎么样? 너 요즘 어떠니? (대사)
- 一年12个月。 1년은 12개월이다. (수사)

4 주술구 술어

- 明天我们考试。 내일 우리는 시험을 친다.
- 玛丽眼睛很漂亮。 메리는 눈이 정말 예쁘다.

5 구 또는 절 술어의 특성

1) 구나 절의 주어나 목적어가 전체문장의 주어를 중복하여 가리킨다.

- 约翰和玛丽谁也没见过谁。 존과 메리는 누구도 서로 본 적이 없다.
  (约翰和玛丽는 전체 주어, 谁는 존과 메리를 가리킨다.)
- 这杯酒你喝了它吧。 이 잔의 술은 네가 마셔라.
  (这杯酒는 전체 주어, 它는 这杯酒를 가리킨다.)

2) 소주어는 대주어의 일부분이거나 대주어를 대표하는 특성을 가진다.

① 소주어가 대주어의 일부분이다.

- 我身体很健康。 나는 몸이 매우 건강하다.
  (대주어 : 我, 소주어 : 身体)
- 这一带土地肥沃，山水秀丽。 이 일대는 토지가 비옥하며, 풍경이 아름답다.
  (대주어 : 这一带, 소주어 : 土地, 山水)

② 소주어는 다른 측면으로 대주어를 설명한다.

- 他工作积极，学习努力。 그는 일에 적극적이며, 공부를 열심히 한다.
  (대주어 : 他, 소주어 : 工作，学习)
- 中国农业发展很快。 중국 농업은 발전이 매우 빠르다.
  (대주어 : 中国农业, 소주어 : 发展)

③ 소주어는 연령·성격·태도·높이·무게·모양·색깔·성능·용도 등 대주어가 지닌 한 가지 특성이다.

- 他体重60公斤，身高1.72米。 그는 체중이 60kg이고, 키는 1m 72cm이다.
  (대주어 : 他, 소주어 : 体重，身高)
- 这种汽车性能很好、样子美观、价格也不贵。
  이런 종류의 차는 성능이 매우 좋고, 모양이 아름다우며, 가격도 비싸지 않다.
  (대주어 : 这种汽车, 소주어 : 性能，样子，价格)

6 대주어는 의미상 술어의 일부분이다.

이 경우 대주어는 모두 묘사 혹은 설명의 대상이 된다. 만약 대주어를 술어 뒤에 놓으면 일반적인 '소주어 + 동사 술어 + 목적어'의 형식이 된다.

- 这本书我看过了。(= 我看过了这本书。)
  이 책을 나는 본 적이 있다.
- 我买的那张画人人都喜欢。(= 人人都喜欢我买的那张画。)
  내가 산 저 그림은 모든 사람들이 좋아한다.

7 대주어는 对于／关于／无论 등의 의미를 가진다.

이러한 주술구는 소주어와 대주어의 관계가 비교적 멀다.

- (对于)管理工作，我是个新手。 관리직에서, 나는 신참이다.
- (关于)课程设置，教师们已经讨论过好几次了。
  커리큘럼 배정에 대해, 교사들은 이미 몇 번의 토론을 거쳤다.
- (无论)什么事情，她都感兴趣。 무슨 일이든, 그녀는 모두 관심 있다.

핵심테스트   해설 p. 23

다음 문장에서 제시어가 들어갈 정확한 위치를 찾아보세요.

1 (A) 她 (B) 一种 (C) 幸福的 (D) 表情。
　　　　　　　流露出

2 (A) 我不想买这双 (B) 鞋，(C) 这双鞋 (D) 。
　　　　　　　太大

3 (A) 因为 (B) 工作的关系，他 (C) 都去过 (D) 。
　　　　　　　哪儿

핵심 ❸ 목적어

중국어에서는 목적어를 '빈어(宾语)'라고 한다. 목적어는 동사와 연관된 성분으로 동사 뒤에서 동작 행위와 관련된 사물을 나타낸다.

1 명사, 대사, 수사, 명사구 목적어

- 我们学习汉语。 우리는 중국어를 공부한다. (명사)
- 你在做什么? 너 뭐하고 있니? (대사)
- 他的电话号码是84211181。 그의 전화 번호는 84211181이다. (수사)
- 两只手套丢了一只。 장갑 두 짝 중에 한 짝을 잃어버렸다. (수사)

2 的자구 목적어

的자구는 하나의 명사에 해당되어 종종 목적어로 쓰인다.

- 我喜欢甜的，不喜欢酸的。 나는 단 것을 좋아하고, 신 것은 좋아하지 않는다.
- 这本汉语词典是我朋友的。 이 중국어 사전은 내 친구 것이다.
- 图书馆书很多，有中文的，也有外文的。
  도서관에는 책이 많다. 중국어 책이 있고, 외국어 책도 있다.

3 동사, 동사구와 동목구 목적어

처리동사, 심리동사 및 지각동사는 동사와 동사구, 동목구를 목적어로 취한다.

说	看	像	怕	想	忘	算	善于	习惯
希望	不觉	知道	觉得	打算	不如	决定	以为	继续

- 你要多注意休息。 너는 푹 쉬어야 해.
- 我特别喜欢游泳，不喜欢跳舞。 나는 수영을 매우 좋아하며, 춤추는 것을 싫어한다.
- 这个问题我们已经进行了多次研究。 우리는 이미 여러 차례 이 문제를 연구하였다.
- 我觉得画得不错。 나는 괜찮게 그렸다고 생각한다.
- 我善于打乒乓球。 나는 탁구를 잘 친다.
- 我忘了带钥匙。 나는 열쇠 가져오는 걸 깜박했다.
- 寒假我决定去沈阳。 나는 겨울방학에 선양에 가기로 결정했다.
- 你算说对了，他果然来了。 네 말이 맞은 셈이야, 그가 정말 왔으니까.
- 我希望能再来中国。 나는 중국에 다시 오고 싶다.

4 형용사, 형용사구 목적어

- 我喜欢安静。 나는 조용한 것을 좋아한다.
- 我们感到十分满意。 우리는 매우 만족하였다.
- 约翰不喜欢热闹。 존은 시끌벅적한 걸 좋아하지 않는다.

5 주술구 목적어

지각 혹은 심리 활동을 표시하는 동사들이 주술구를 목적어로 갖는다.

| 说 | 想 | 听 | 觉得 | 认为 | 以为 | 记得 | 知道 | 希望 | 同意 | 建议 | 看见 |

- 我希望你明年再来。 나는 네가 내년에 또 오기를 바래.
- 你觉得汉语难不难? 너는 중국어가 어렵다고 생각하니?
- 我看见小李上街了。 나는 샤오리가 거리로 나가는 걸 봤다.
- 我不相信他会来。 나는 그가 올 것이라는 것을 믿지 않는다.

6 이중 목적어

일부 동사의 뒤에는 두 개의 목적어가 올 수 있다. 동사에 가까이 위치한 것은 간접 목적어로 사람을 가리키며, 동사로부터 멀리 위치한 것은 직접 목적어로 사물을 가리킨다.

→ 주어 + 동사 + 간접 목적어(사람) + 직접 목적어(사물, 일)

- 阿里送给老师一件礼物。 아리는 선생님께 선물을 하나 드렸다.
  (간·목) (직·목)
- 他教我中文，我教他英文。 그는 나에게 중국어를 가르치고, 나는 그에게 영어를 가르친다.
  (간·목)(직·목) (간·목)(직·목)
- 请你告诉他明天下午开会。 당신이 그에게 내일 오후에 회의가 있다는 것을 알려주세요.
  (간·목) (직·목)

7 이중 목적어를 취하는 동사의 유형

1) 수여를 표시하는 동사

| 给 | 送 | 扮 | 交 | 还 | 借(出) | 卖 | 寄 | 退 | 发 | 要 | 让 |
| 递 | 付 | 喂 | 赔 | 奖 | 租 | 泼 | 灌 | 赠 | 罚 | 欠 | 该 | 输 |

- 中国朋友给我一个礼物。 중국 친구가 내게 선물을 주었다.
- 我们还图书馆书。 우리는 도서관에 책을 반납했다.
- 约翰寄给父母一封信。 존은 부모님께 편지 한 통을 부쳤다.
- 邻居租给我一间房子。 이웃이 내게 방을 하나 빌려주었다.

2) 취득을 표시하는 동사

| 借(入) | 收 | 买 | 学 | 拿 | 赢 | 骗 | 抢 | 偷 | 赚 |

- 你借我一本杂志，明天还你。 (내게) 잡지 한 권 빌려줘, 내일 돌려줄게.
- 他拿了大卫一本书。 그는 데이빗의 책 한 권을 가져 갔다.
- 这批买卖，他们赚了我们不少钱。 이번 거래에서, 그들은 적지 않은 돈을 우리에게서 벌었다.

3) 진술을 표시하는 동사

| 问 | 告诉 | 回答 | 通知 | 教 | 报告 | 答应 | 骂 | 记 | 嘱咐 |

- 每个学生问老师三个问题。 학생들마다 선생님께 질문을 세 개씩 하였다.
- 请你通知大家明天开会。 당신이 내일 회의한다는 것을 모두에게 알려주세요.
- 老师教我们汉语。 선생님은 우리에게 중국어를 가르치신다.

8 대상 목적어

주어가 취하는 행동의 대상이 되는 목적어를 가리킨다.

- 玛丽有点儿想家。 메리는 조금 집을 그리워한다.
- 我去邮局寄信。 나는 편지를 부치러 우체국에 간다.

9 주체 목적어

목적어는 행위 동작의 행위자이다.

- 我家来了一位客人。 우리 집에 손님 한 분이 오셨다.
- 台上坐着主席团。 단상 위에는 의장단이 앉아 있다.

핵심테스트

해설 p. 23

다음 문장에서 제시어가 들어갈 정확한 위치를 찾아보세요.

1 (A) 有了 (B) 大家的鼓励和支持，(C) 玛丽就 (D) 都不怕了。

　　　　　　　什么

2 (A) 他 (B) 认为 (C) 充满着 (D) 光明和希望。

　　　　　　　世界

3 我想 (A) 知道 (B) 昨天 (C) 都 (D) 去了动物园。

　　　　　　　谁

02 수식어(修饰词)

수식어는 다른 문장성분을 꾸미는 역할을 하는 성분으로, 한정어(定语)와 부사어(状语)가 있다.

핵심 ❶ 한정어

한정어는 주어나 목적어 앞에서 주어나 목적어를 수식하고 제한하며, 명사, 대사, 수사, 명사구 등이 한정어로 쓰인다.

1 명사, 대사, 수사 또는 명사구의 한정어 용법

1) 명사 한정어

명사가 한정어로 쓰이는 경우에는 주로 소속관계나 시간, 장소 등을 표시한다. 시간명사 한정어나 장소명사 한정어와 명사 중심어 사이에는 조사 的를 사용하지만, 사람이나 사물의 성질을 나타내는 한정어는 的를 쓰지 않는다.

- 这是中文杂志。 이것은 중국어 잡지이다. (성질)
- 下午的课不上了。 오후 수업은 하지 않겠다. (시간)
- 玛丽是美国人。 메리는 미국인이다. (소속)
- 我买了一张世界地图。 나는 세계지도 한 장을 샀다. (성질)

2) 대사 한정어

소유·소속·장소·방식·모양을 뜻하는 대사가 한정어가 되려면 的와 결합해야 하지만, 지시대사나 지시대사와 수량사로 이루어진 구가 한정어가 될 때는 뒤에 的를 붙이지 않는다.

- 你们的中文老师叫什么名字? 너희 중국어 선생님 성함은 어떻게 되시니? (소유)
- 这是谁的电影票? 이것은 누구의 영화 표니? (소유)
- 那个孩子长得多高啊! 저 아이는 키가 얼마나 큰지! (지시대사 + 수량사)

3) 명사구 한정어

- 这本汉语词典是我刚买的。 이 중국어 사전은 내가 방금 산 것이다.
- 这是我朋友的车。 이것은 내 친구의 차다.

4) 수사 한정어

수사를 한정어로 써서 수사를 수식하려 할 때는 반드시 的를 써야 한다.

- 二<u>的</u>二倍是四。 2의 배수는 4이다
- 十<u>的</u>二分之一是五。 10의 2분의 1은 5이다.

② 형용사, 형용사구 한정어

1) 단음절 형용사를 한정어로 쓸 때는 的를 쓰지 않지만, 이음절 형용사나 형용사 중첩은 반드시 的를 써야 한다.

- 约翰和玛丽是<u>好</u>朋友。 존과 메리는 좋은 친구다.
- 请给我一杯<u>热</u>咖啡。 제게 뜨거운 커피를 주세요.
- 他有一个<u>幸幸福福的</u>家庭。 그는 행복한 가정이 있다.
- 她是一位<u>年轻的</u>老师。 그녀는 젊은 선생님이다.

2) 형용사구는 보통 的를 써서 한정어로 만든다.

- 这里是<u>一座非常古老的</u>城市。 이곳은 매우 오래된 도시이다.
- 他是<u>十分努力的</u>学生。 그는 매우 노력하는 학생이다.
- 昨天我们看了<u>一场非常精彩的</u>演出。 어제 우리는 매우 뛰어난 공연을 봤다.

3) 형용사인 多와 少를 한정어로 사용할 때는 그 앞에 很이나 不를 첨가하고, 뒤에는 的를 쓰지 않아도 된다.

- <u>很多</u>留学生都想去长城看看。 많은 유학생들 모두 만리장성에 가보고 싶어한다.
- 在夏天，<u>好多</u>人都去海边游泳。 여름에 많은 사람들이 수영하러 해변에 간다.
- 这部电影<u>不少</u>人都看过。 이 영화는 많은 사람들이 보았다.

③ 동사, 동사구 한정어

동사나 동사구를 한정어로 쓰려면 뒤에 반드시 的가 와야 한다.

- 今天<u>参观的</u>人真不少。 오늘 견학한 사람이 정말 적지 않다.
- 早上<u>锻炼的</u>人可多呢！ 아침에 운동하는 사람이 정말 많구나!
- <u>休息的</u>时候，大家都去喝茶了。 쉴 때, 모두 다 차 마시러 갔다.

④ 주술구 한정어

주술구를 한정어로 쓰려면 뒤에 조사 的를 붙인다.

- <u>玛丽讲的</u>故事很有意思。 메리가 한 이야기는 매우 재미있다.
- <u>阿里写的</u>汉字很漂亮。 아리가 쓴 한자는 정말 예쁘다.

⑤ 한정어의 어순

한 문장 안에 여러 가지의 한정어를 사용할 때 다음의 세 가지 유형이 있다.

1) 병렬관계 – 여러 개의 한정어가 나열되며 하나의 중심어를 수식한다.

- 玛丽向我们介绍了在中国<u>学习和生活的</u>情况。
  메리는 우리에게 중국에서의 학습과 생활에 대해 소개해주었다.
- 学习语言，<u>听说读写的</u>能力都应提高。
  언어를 학습하는 데 있어, 듣기, 말하기, 읽기, 쓰기 능력 모두를 다 향상시켜야 한다.

2) 점층관계 – 각각의 한정어 성질이 다르며 서로 수식하지 않고, 점차 발전하는 관계에 의해 뒤의 중심어를 수식한다.

- 墙上挂着一张精美的地图。 벽에는 정교한 지도 한 장이 걸려 있다.
- 我们想了解学生在学习中存在的比较普遍的问题。
  우리는 학생들이 학습 중에 나타나는 비교적 보편적인 문제들을 알고자 한다.

3) 교차관계 – 병렬관계와 점층관계를 동시에 포함한다.

- 那个个子比较高的小伙子是我的弟弟。 키가 비교적 큰 그 젊은이가 내 동생이다.
- 玛丽有几个帮助她学习汉语以及为她介绍中国文化的热心的中国朋友。
  메리에게는 그녀의 중국어 공부를 도와주며 또한 그녀를 위해 중국문화를 소개해주는 열성적인 중국 친구 몇 명이 있다.

4) 복수 한정어의 어순 – 한 문장 안에 여러 개의 한정어가 있을 때 순서는 아래와 같다.
① 소유 표시 인칭대사　　② 명칭, 호칭　　③ 지시대사
④ 양사　　　　　　　　⑤ 묘사성 한정어　⑥ 제한성 한정어

- 我　朋友(的)　那　本　非常有意思的　关于动物世界的　八月份的杂志
  ①　　②　　　③　④　　⑤　　　　　⑥　　　　　　⑥
  내 친구의 그 한 권의 매우 재미있는 동물의 세계에 관한 8월호 잡지

핵심테스트

해설 p. 23

다음 문장에서 제시어가 들어갈 정확한 위치를 찾아보세요.

1　关心学生（A）各方面的成长是学校（B）首要（C）责任（D）。
　　　　　　　　　　　　　　　的

2　这（A）个（B）小孩是谁（C）家（D）孩子?
　　　　　　　　　　　　　　　的

3　他（A）一天就看完了一部（B）八百多页（C）长篇（D）小说。
　　　　　　　　　　　　　　　的

4　他（A）是一个（B）难得（C）好（D）人。
　　　　　　　　　　　　　　　的

5　我买（A）是那（B）件（C）蓝（D）衣裳。
　　　　　　　　　　　　　　　的

6　这（A）间（B）房子是坐南朝北（C）房子（D）。
　　　　　　　　　　　　　　　的

7　他是我的一位（A）在中国留学（B）好（C）朋友（D）。
　　　　　　　　　　　　　　　的

핵심 ❷ 부사어

부사어는 술어 앞에서 술어를 수식하고 제한한다.

1 부사 부사어

부사의 기본적인 기능은 부사어이다.

- 我身体<u>很</u>好。 나는 몸(건강)이 매우 좋다.
- 他们<u>刚</u>去教室。 그들은 방금 교실로 갔다.
- 我<u>常常</u>坐出租汽车。 나는 자주 택시를 탄다.
- 我们<u>都</u>学汉语。 우리들은 모두 중국어를 배운다.

2 형용사 부사어

1) 단음절 형용사와 중심어의 사이에는 일반적으로 地를 사용하지 않는다. 그러나 단음절 형용사가 很 등의 정도부사 수식을 받을 경우에는 地를 형용사 뒤에 붙여 쓴다.

- 他<u>早</u>来了，在等着你呢！ 그는 벌써 와서, 너를 기다리고 있어!
- 学习汉语应该<u>多</u>听<u>多</u>说<u>多</u>练习。
  중국어를 공부할 때에는 많이 듣고, 많이 말하며, 많이 연습해야 한다.
- 我们很<u>快地</u>翻译完了这篇文章。 우리는 아주 빠르게 이 문장의 번역을 끝냈다.

2) 이음절 형용사와 형용사 중첩 뒤에는 일반적으로 地를 붙여 쓴다.

- 中国朋友<u>热情地</u>辅导我们学习汉语。
  중국 친구들은 친절하게 우리가 중국어를 공부하는 걸 도왔다.
- 他们<u>努力(地)</u>学习，<u>积极(地)</u>锻炼身体。
  그들은 열심히 공부를 하며, 적극적으로 몸을 단련했다.
- 他总是非常<u>认真地</u>帮助我。 그는 언제나 매우 열심히 나를 도와준다.
- 那件事我还<u>清清楚楚地</u>记在心里。
  그 일을 나는 여전히 선명하게 마음에 새기고 있다.

3 명사, 명사구, 대사 부사어

시간·장소명사, 의문대사, 방법을 표시하는 대사는 부사어가 될 수 있으며, 수량사구가 부사어가 될 경우 地를 사용한다.

- 我们<u>明天</u>去长城游览。 우리는 내일 만리장성으로 유람갈 거야. (명사)
- 外面冷，请<u>里边</u>坐吧。 밖은 추우니, 안으로 들어와서 앉으세요. (명사구)
- 你们可以<u>这样</u>做。 너희들 이렇게 해도 된다. (대사)
- 书只能<u>一本(一)本地</u>读。 책은 단지 한 권 한 권씩만 읽을 수 있다. (수량사구)

4 전치사구 부사어

전치사구의 주요 기능은 부사어이다.

- 她<u>在</u>学校工作，<u>不在</u>医院工作。 그녀는 학교에서 일하지, 병원에서 일하지 않는다.

- 我从今年三月开始学习汉语。 나는 올해 3월부터 중국어를 배운다.

5 동사 및 동사구 부사어

1) 중심이 되는 술어 앞의 동사 및 동사구에 地를 사용한다.
- 他们连说带笑地走过来。 그들은 이야기를 하고 미소를 지으며 걸어왔다.

2) 연동문에서 동사1이 수단을 표시할 경우 동사1에 조사 着를 붙인다.
- 你别躺着看书。 너 누워서 책 보지 마.

6 주술구 부사어

중심이 되는 술어 앞의 주술구에 地를 사용한다.
- 他目不转睛地盯着我。 그는 눈을 깜박이지도 않고 나를 주시하고 있다.
- 我们心情舒畅地交谈着。 우리는 마음을 터놓고 이야기를 나누었다.

7 부사어의 어순

1) 병렬관계의 복수 부사어 – 주종관계 없이 동등한 자격으로 중심이 되는 술어를 수식한다.
- 玛丽对学习对工作都很认真。 메리는 공부와 일에 다 매우 성실하다.
- 我们应该热情友好地对待别人。 우리들은 친절하고 우호적으로 다른 사람을 대해야 한다.

2) 점층관계의 복수 부사어 – 주종관계 없이 일정한 순서에 따라 술어를 수식한다.
- 你要像个朋友似的跟同学相处。 너는 반 친구들과 친구처럼 함께 지내야 한다.
- 他昨天已经和玛丽一起去了北京。 그는 어제 이미 메리와 함께 베이징으로 갔다.

3) 복수 부사어의 어순 – 한 문장 안에 여러 개의 부사어가 있을 때 어순은 아래와 같다.
① 시간　　　　　② 장소, 위치　　　③ 어기, 범위, 정도　　　④ 동작자 묘사
⑤ 목적, 근거, 관계　⑥ 방향, 대상　　　⑦ 동작 묘사

- 他几十年来 在教育领导岗位上 始终 勤勤恳恳 为教育下一代 团结全体员工
  ①　　　　　②　　　　　　　③　　　④　　　　　⑤　　　　　　⑥
  忘我地工作着。
  ⑦
  그는 수십 년 동안 교육지도자의 위치에서 줄곧 근면하고 성실하게 후진교육과 전체 근로자 단결을 위해 자신을 잊은 채 일하고 있다.

핵심테스트

해설 p. 24

다음 문장에서 제시어가 들어갈 정확한 위치를 찾아보세요.

1 国际（A）关系（B）专家客观（C）分析了国际（D）形势。
　　　　　　　　　　　　地

03 보어(补语)

보어에는 결과보어, 방향보어, 정도보어, 가능보어, 수량보어, 정태보어 등이 있다. 보어의 용법은 시험에서 가장 많이 다뤄지는 부분이기도 하고, 비교적 어려운 학습 분야이기도 하다.

핵심 ① 결과보어

결과보어는 동작이 진행된 후의 결과가 어떠한지를 보충 설명한다.

1 주로 동사나 형용사가 결과보어가 된다.
- 我写完了那篇文章了。 나는 그 문장을 다 썼다.
- 他学会开汽车了。 그는 운전을 배워서 할 줄 알게 되었다.
- 黑板上的字我看清楚了。 칠판에 있는 글자를 나는 분명히 봤다.

2 결과보어는 동사와의 결합이 매우 긴밀하여 중간에 다른 성분이 들어갈 수 없으므로, 동태조사 了나 목적어는 결과보어의 뒤에 놓는다.
- 我看完了那本小说了。 나는 그 소설책을 다 봤다.
- 她学会了骑自行车。 그녀는 자전거를 탈 줄 알게 되었다.
- 我听懂了老师的话。 나는 선생님의 말을 알아들었다.
- 我把它送给了朋友。 나는 그것을 친구에게 선물했다.

3 동사가 결과보어를 가질 경우 일반적으로 이 동작은 이미 완료된 상태를 의미하므로, 부정형식은 没(有)를 사용한다.
- 我今天没有看见他。 나는 오늘 그를 보지 못했다.
- 他还没有学会骑自行车。 그는 아직 자전거 타는 법을 배우지 못했다.

4 조건이나 가정문에서는 不로 부정한다.
- 我不写完今天的作业就不去玩。 나는 오늘의 숙제를 끝내지 못하면 놀러 나가지 않겠다.
- 你不写清楚，我怎么看？ 네가 또박또박 쓰지 않으면, 내가 어떻게 보니?

5 정반의문문 형식은 …没有이다.

- 那篇文章你看完了没有？ 너는 그 문장 다 봤니?
- 那本小说你翻译完没有？ 너는 그 소설 책 번역 다 끝냈니?

핵심 콕콕!

| 光 | 모두, 전부, 다. 단음절 동사나 단음절 형용사 뒤에서 '조금도 남지 않음, 다 없어짐, 다 끝났음'을 나타낸다. |

- 两个孩子把糖都吃光了。 두 아이는 사탕을 다 먹어버렸다.
- 开学时带来的钱现在都花光了。 개학할 때 가지고 온 돈을 지금 다 써서 없다.
- 妈妈给我买的笔都用光了。 엄마가 나에게 사준 펜을 다 썼다.
- 一场大火把商店烧光了。 큰불이 상점을 다 태워버렸다.
- 桌子上的东西都要吃光，不要浪费。 책상 위에 있는 것은 다 먹어야 해, 낭비하지 마.
- 钱不要都花光，留下一点好。 돈을 다 쓰면 안 되고, 조금 남겨두는 게 좋다.

| 遍 | 전부, 도처에, 전체. 단음절 동사 또는 형용사 뒤에서 행위 또는 상태가 결과적으로 전체범위에 다 퍼짐을 의미한다. |

- 这个消息传遍了北京。 이 소식은 베이징에 퍼졌다.
- 关于这个问题我问遍了所有的人。 이 문제에 관하여, 나는 모든 사람들에게 물어보았다.
- 全屋都看遍了，就是没发现那张画。
  온 집안을 다 둘러보았지만, 좀처럼 그 그림을 찾을 수 없었다.
- 鲁迅的作品他几乎读遍了。 그는 루쉰의 작품을 거의 다 읽었다.
- 我找遍了所有的宿舍，还是没有找到他。
  나는 모든 기숙사를 다 찾아봤지만, 아직도 그를 못 찾았다.

| 着 zháo | 주로 구어체에서 동작의 목적을 달성했음을 나타낸다. |

- 他找着了昨天丢的东西。 그는 어제 잃어버린 물건을 찾았다.
- 他终于见着了他久别的朋友。 그는 마침내 오랫동안 멀리 떨어져 있던 친구를 만났다.
- 马丁买着了那个牌子的鞋。 마틴은 그 브랜드의 신발을 샀다.
- 她把火点着了，开始做饭。 그녀는 불을 지펴서 밥을 하기 시작했다.
- 你说的那本书我借着了。 네가 말한 그 책 나 빌렸어.
- 这个谜语他没猜着。 이 수수께끼를 그는 아직 맞추지 못했다.
- 他们躺在床上就睡着了。 그들은 침대에 눕자 곧 잠이 들어버렸다.

동사 / 형용사 + 결과보어 + 수량보어 / 방향보어	결과보어 뒤에 수량보어나 방향보어가 수반되면 종종 정상 기준에 부합하지 않거나 본래의 모습에서 뒤에 수반되는 수량보어만큼 변화가 생겼음을 나타낸다. 이러한 결과보어는 다음의 형용사들로 제한된다.
	大　小　快　慢　肥　瘦　轻　重　咸　淡 长　短　多　少　粗　细　宽　窄　高　低

- 她减肥半个月瘦了五公斤。 그녀는 15일 동안 다이어트를 해서 5kg을 감량했다.
- 他出国回来长胖了一点儿。 그는 출국했다 돌아오니 살이 좀 쪘다.
- 这双鞋做大了两公分。 이 신발은 2cm 크게 만들었다.
- 今天上课，我来晚了五分钟。 오늘 수업에, 나는 5분 늦게 왔다.
- 今天的菜做咸了一点儿。 오늘의 요리는 좀 짜게 됐다.
- 孩子最近长高了一点儿。 아이가 요즘 키가 좀 컸다.
- 他两天没吃饭，饿昏过去了。 그는 이틀간 밥을 먹지 않아서, 배고파 쓰러졌다.

핵심테스트

해설 p. 24

다음 문장에서 제시어가 들어갈 정확한 위치를 찾아보세요.

1 他 (A) 吃完饭 (B) 就 (C) 开始 (D) 学习了。
   没

2 她 (A) 学好 (B) 汉语不回 (C) 国 (D)。
   不

3 我到 (A) 教室的时候，(B) 同学们都 (C) 走 (D) 了。
   光

4 我 (A) 喜欢 (B) 中国的小吃，所以我吃 (C) 了这儿的 (D) 小吃。
   遍

5 老师问 (A) 同学一个 (B) 问题，同学们都 (C) 回答 (D) 了。
   错

6 他们 (A) 现在 (B) 正 (C) 走 (D) 回家的路上。
   在

7 我 (A) 把作业 (B) 交 (C) 老师了 (D)。
   给

8 你先 (A) 睡 (B) 吧，我看 (C) 电视再睡 (D)。
   完

핵심 ❷ 방향보어

방향보어는 동작의 방향이나 사물의 활동·발전 방향을 나타내기 때문에 '취향보어'라고도 하며, 단순방향보어와 복합방향보어 두 가지가 있다.

1 단순방향보어

단순방향보어는 단음절 방향보어를 가리킨다. 동사 바로 뒤에 오며, 원래 갖고 있는 뜻 그대로 동작이 진행되는 방향을 표시한다.

1) 来 / 去

다른 동사 뒤에 붙어서 동작의 방향을 나타내는데, 来는 화자 쪽으로 다가오는 방향, 去는 화자에게서 멀어져가는 방향을 나타낸다. 来 / 去와 장소 목적어가 결합할 경우, 목적어는 반드시 동사와 来 / 去 사이에 놓여 '동사 + 장소 목적어 + 단순방향보어(来 / 去)' 형식이 된다. 문장 끝에 어기조사 了를 사용할 수 있다.

- 你们都进去吧。 너희들 다 들어가라.
- 玛丽不在教室，她回去了。 메리는 교실에 없어, 그녀는 돌아갔어.
- 我们的老师进教室来了。 우리 선생님은 교실로 들어왔다.
- 玛丽上楼来了。 메리는 위층으로 올라왔다.
- 他常常到上海去。 그는 자주 상하이에 간다.
- 下课后，他们都回宿舍去了。 수업이 끝난 후, 그들은 모두 기숙사로 돌아갔다.

2) 来 / 去 / 上 / 下 / 进 / 出 / 起 / 过 / 回

동사 뒤에 붙어서 동작의 방향을 표시한다. 단순방향보어와 사물 목적어가 결합할 경우, 목적어는 보통 보어 뒤에 쓰이며, 동태조사 了 또한 단순방향보어 뒤에 온다.

- 汽车开进大门了。 자동차는 대문으로 들어왔다.
- 玛丽跑上楼了。 메리는 위층으로 뛰어올라갔다.
- 他把行李搬出房间。 그는 짐을 방 밖으로 옮겼다.
- 他买回一本汉语书。 그는 중국어 책 한 권을 사왔다.
- 他小心地抱起孩子。 그는 조심스럽게 아이를 안았다.
- 飞机飞过大海。 비행기는 큰 바다를 날아서 지나갔다.
- 他寄来了30元钱，是买书的。 그가 30위안을 송금했고, 그것은 책을 살 돈이다.
- 她拿出了一本杂志给我。 그녀는 잡지 한 권을 꺼내서 나에게 주었다.
- 她送去了一些水果。 그녀는 약간의 과일들을 보냈다.

2 복합방향보어

보어 上 / 下 / 进 / 出 / 起 / 过 / 回와 来 / 去를 결합한 구조이다. 단순방향보어와 마찬가지로 동사 뒤에서 동작의 진행 방향을 표시한다.

→ 上 / 下 / 进 / 出 / 起 / 过 / 回 + 来 / 去

- 老师从外边走进来了。 선생님은 밖에서 걸어들어왔다.

- 他从宿舍里走出来了。 그는 기숙사에서 걸어나왔다.
- 那本书他拿回去了。 그가 그 책을 가지고 돌아갔다.
- 我走过去和他握手。 나는 걸어가 그와 악수를 했다.
- 他站起来回答问题。 그는 일어서서 문제에 대답했다.
- 他从楼上走下来。 그는 위층에서 걸어내려왔다.
- 你把自行车骑过来。 너는 자전거를 타고 와라.
- 请把词典带回来。 사전을 가지고 돌아오세요.

1) 복합방향보어와 장소 목적어가 결합할 경우 목적어는 반드시 来 / 去 앞에 놓인다.
- 跑进图书馆去了。 도서관으로 뛰어들어갔다.
- 汽车开回车库去了。 자동차가 차고로 되돌아갔다.
- 老师走进教室来。 선생님은 교실로 들어오셨다.

2) 복합방향보어와 사물 목적어가 결합할 경우 목적어는 来 / 去 앞이나 뒤에 모두 위치 가능하다.
- 拿出你的照片来，给大家看看。 = 拿出来你的照片，给大家看看。
  당신의 사진을 꺼내서, 모두에게 보여주세요.

3) 복합방향보어와 了

了는 일반적으로 문장 끝에 위치하지만 목적어가 없는 경우에는 동사 뒤에 올 수도 있다.
→ 목적어가 있을 경우 - 동사 + 방향보어 + 목적어 + 来 / 去 + 了
→ 목적어가 없는 경우 - 동사 + 了 + 방향보어 + 来 / 去 또는 동사 + 방향보어 + 来 / 去 + 了
- 他爬上长城去了。 그는 만리장성에 올라갔다.
- 汽车开过桥去了。 차가 다리를 건너갔다.
- 我们叫玛丽下来，她就从楼上跑了下来。
  우리가 메리에게 내려오라고 하자, 그녀는 위층에서 뛰어내려왔다.

3 방향보어의 의미의 확대

방향보어로 사용되는 동사들이 원래 의미로 사용되지 않고, 의미가 추상적으로 변하거나 다른 뜻으로 바뀌어 사용되는 경우가 있다. 이를 '파생의'라고도 하는데, 단순, 복합방향보어 모두 이 파생의 용법을 갖고 있다.

(※ 다음 '핵심 콕콕!'에서는 원래 의미와 파생된 용법으로 쓰인 방향보어를 설명하였다.)

핵심 콕콕!

동사 + 上

① 사람 혹은 사물이 동작으로 인해 낮은 장소에서 높은 곳으로 이동함을 나타낸다.
② 도달하기 쉽지 않은 바람이나 목표에 도달했음을 나타낸다.
③ 첨가 또는 추가함을 표시한다.
④ 결과가 생김을 나타낸다.
⑤ 동작의 결과, 하나로 합쳐짐을 뜻한다.

- 他们一步一步地爬上山顶。 ① 그는 한 걸음 한 걸음 산 정상에 올랐다.
- 她听到声音跑上楼了。 ① 그녀는 소리를 듣고 위층으로 뛰어올라갔다.
- 现在农民过上了好生活。 ② 현재 농민들은 좋은 생활을 보내고 있다.
- 希望明年能买上一个大房子。 ② 내년에는 큰 집을 살 수 있길 바란다.
- 墙上挂上了一幅中国地图。 ③ 벽에는 중국지도 한 장이 걸려 있다.
- 请你在本子上写上姓名。 ③ 공책에다 당신의 이름을 적어놓으세요.
- 虎妞爱上了祥子。 ④ 후뉴는 샹즈를 사랑하게 되었다.
- 爸爸怕我过早地交上异性朋友。 ④ 아빠는 내가 이성친구를 너무 일찍 사귈까봐 걱정하신다.
- 请你们关上门。 ⑤ 문 좀 닫아주세요.
- 他闭上眼睛，睡着了。 ⑤ 그는 눈을 감고 자버렸다.

동사 + 下

① 사람 혹은 사물이 동작으로 인해 높은 장소에서 낮은 곳으로 이동함을 나타낸다.
② 사람이나 사물이 어떤 장소에 고정됨을 나타낸다.
③ 사물이 분리 또는 이탈됨을 표시한다.
④ 어떤 것을 수용할만한 공간이 있음을 의미한다.

- 听见妈妈叫我，我马上走下楼。 ① 엄마가 부르는 소리를 듣고, 나는 바로 내려갔다.
- 妻子看见丈夫，高兴得跳下床。 ① 부인은 남편을 보자, 기뻐하며 침대에서 뛰어 내려왔다.
- 请留下你的通讯地址。 ② 당신의 주소를 남겨주세요.
- 学好汉语拼音为学习汉语打下基础。 ②
  한어병음을 잘 배우면 중국어 학습에 기초를 다지게 된다.
- 脱下大衣，放在这儿。 ③ 코트를 벗어서, 여기다 놓아라.
- 小明从花盆里摘下一朵花。 ③ 샤오밍은 화분에서 꽃 한 송이를 꺾었다.
- 这个屋子能坐下一百人。 ④ 이 방은 100명이 앉을 수 있다.
- 这个箱子能装下五斤苹果。 ④ 이 상자에는 사과 다섯 근을 담을 수 있다.

동사 + 上去

동작을 통해서 사물의 품질·수준·생산량 등이 향상되다.

- 大家决心把生产搞上去。 모두가 생산량을 늘리고자 결심했다.
- 一定要把国民经济搞上去。 반드시 국민경제를 살려야 한다.
- 厂长号召工人把产品质量抓上去。 공장장은 노동자들에게 제품의 품질을 향상시키라고 했다.

| 동사 / 형용사 + 下去 | ① 동사 뒤에서 이미 진행되고 있던 동작이 앞으로도 계속 진행됨을 나타낸다.
② 주로 부정적 의미의 형용사 뒤에서 상태가 시작되거나 계속됨을 나타낸다. |

- 外语我坚决学下去。① 외국어를 나는 꾸준히 계속 배워갈 것이다.
- 请你把这首歌唱下去。① 이 노래를 계속 불러주세요.
- 开始她对我很热情，现在她对我一点点冷淡下去了。②
  그녀는 처음에는 내게 매우 친절했지만, 지금 그녀는 내게 조금씩 차가워지기 시작했다.
- 他工作特别忙，一天一天瘦下去了。② 그는 일이 매우 바빠서 하루하루 말라가고 있다.

| 동사 / 형용사 + 下来 | ① 동작이나 상태가 동적(動的)에서 정적(靜的)으로, 밝음에서 어두움으로 점차 변화하는 과정을 나타낸다.
② 동작의 결과로 정지 또는 고정됨을 뜻한다.
③ 동작의 결과로 사물이 분리됨을 나타낸다. |

- 大家不要吵了，请安静下来。① 모두 떠들지 마시고, 조용히 좀 하세요.
- 汽车都在马路上停下来了。② 차는 모두 큰길에 멈추어 섰다.
- 她把这里的风景画下来。② 그녀는 이곳의 풍경을 그린다.
- 老师讲的内容我都记下来了。② 나는 선생님이 강의한 내용을 다 기록해두었다.
- 请大家把衣服脱下来挂在衣架上。③ 모두 옷을 벗어서 옷걸이에다 걸어주세요.
- 她从本子上撕下来一张白纸。③ 그녀는 공책에서 종이 한 장을 찢었다.

| 동사 + 上来 / 上去 | ① 사물이 물리적으로 처한 위치를 나타낸다. 上来는 낮은 곳에서 높은 곳으로 행해지는 동작을 높은 위치에서 바라볼 때, 上去는 낮은 위치에서 바라보는 것을 표현한다.
② 추상적인 움직임을 표현한다. 上来는 사회적으로 낮은 위치에서 높은 위치로 행해지는 동작을 높은 위치에서 바라볼 때, 上去는 낮은 위치에서 바라볼 때를 가리킨다. |

- 他把那些粮食送上山去了。① 그가 저 식량들을 산으로 보냈다.
- 他从楼下搬上去两箱苹果。① 그는 아래층에서 사과 두 상자를 운반해 올라갔다.
- 学习情况反映上来没有？② 학습 결과가 반영되어 올라왔습니까？
- 他的困难反映上去了。② 그의 어려움이 반영되었다.
- 一定要把国民经济搞上去。② 반드시 나라의 경제를 발전시켜야 한다.
- 下课后，大家把作业交上来。② 수업 마친 후, 모두 숙제를 제출해라.
- 请你把我的报告交上去。② 제 보고서를 제출해주세요.

| 동사 + 下来 / 下去 | ① 下去는 높은 곳에서 낮은 곳으로 행해지는 동작을 높은 곳에서 바라볼 때, 下来는 낮은 곳에서 바라볼 때를 나타낸다.
② 사물이 분리 또는 이탈됨을 표시한다.
③ 시간과 힘을 써서 동작의 행위가 완성됨을 나타낸다. |

- 快些送我们下山去吧。① 빨리 우리를 산 아래로 데려다줘라.
- 突然墙上的画掉了下来。② 갑자기 벽에서 그림이 떨어졌다.
- 考试卷发下来没有？③ 시험지는 나누어 주었니？

- 电影票发下去没有? ③ 영화 표를 나누어 주었니?
- 我们的申请已经批下来了。③ 우리들의 신청이 이미 허가되었다.

동사 + 出

① 동작으로 인해 어떤 사람 혹은 사물이 장소의 내부에서 밖으로 이동함을 나타낸다.
② 없다가 생기거나, 숨겨져 있던 것이 겉으로 드러나게 됨을 나타낸다.

- 下课了，孩子们排着队走出了教室。① 수업이 끝나고, 아이들은 줄을 지어 교실을 나왔다.
- 他把行李搬出房间。① 그는 짐을 방 밖으로 옮겼다.
- 他终于说出了心里话。② 그는 마음속에 있는 말을 마침내 꺼냈다.
- 我怎么也想不出一个好办法。② 나는 아무리 생각해도 좋은 생각이 떠오르지 않았다.

동사 + 出来

무(無)에서 유(有)로의 변화, 은폐에서 드러남, 또는 필요한 결과를 만들어냄 등을 나타내 '인식해내다, 알아차리다, 구별해내다'라는 의미를 가질 수 있다.

- 我认出他来了。나는 그를 알아봤다.
- 你猜得出来猜不出来? 당신은 알아맞힐 수 있습니까?
- 我听不出来是什么乐器。나는 무슨 악기인지 들어서는 알 수 없다.
- 文件已经整理出来了。서류는 이미 정리해놓았다.
- 新产品研究出来后，马上生产。신제품을 연구해낸 다음에, 곧 제품을 생산한다.
- 应该想办法把他救出来。방법을 강구하여, 그를 구해내야 한다.

동사 + 出来 / 不出来

① 인식 · 식별 · 구분 · 판단 등을 해내다.
② 행위, 동작을 행함으로써 결과를 얻어냄을 뜻한다.

- 学校存在的问题，我看不出来。① 학교에 놓여 있는 문제를, 나는 알아볼 수 없다.
- 我认出来了，那位是王老师。① 나는 알아보겠어, 저 분이 왕 선생님이셔.
- 那台机器的毛病，他检查出来了。② 그는 그 기계의 문제를 (검사해서) 찾아냈다.
- 我想出来一个好办法。② 나는 좋은 방법이 하나 생각났다.
- 他们提出来了许多宝贵的意见。② 그들은 많은 귀중한 의견을 제시했다.

동사 + 起

① 사람 혹은 사물이 동작으로 인해 낮은 장소에서 높은 곳으로 이동함을 나타낸다. (上은 종점을 나타내는 목적어를 쓸 수 있지만, 起는 쓸 수 없다.)
② 동작으로 인해 어떤 사물이 출현하거나, 현상이 일어남을 뜻한다.
③ 동작이 사물에 영향을 주는 것을 의미한다.

- 他小心地抱起孩子。① 그는 조심스럽게 아이를 안았다.
- 她走在路上拿起了钱包。① 그녀는 길을 걷던 중, 지갑을 주웠다.
- 天刚亮，河两岸就响起了一阵钟声。② 날이 밝자마자, 강 양쪽에서 종소리가 울렸다.
- 森林里燃起一堆堆的火。② 숲 군데군데에 불이 났다.
- 在病房里她们跳起了舞，唱起了歌。② 병실에서 그녀들은 춤을 추며, 노래를 불렀다.
- 想起过去的事，她就想哭。③ 그녀는 지난 일이 떠오르자, 바로 울고 싶어졌다.

| 동사 + 起来 | 看 / 说 / 听 / 想 등 일부 동사 뒤에서 예상·평가·판단 등을 나타낸다. 문두에 삽입어로 쓰일 때 得나 不 등을 쓸 수 없다. |

- 学好这门功课，说起来容易做起来难。
  이 과목을 마스터 한다는 것은, 말하기는 쉽지만 하기는 어렵다.
- 这件事我一想起来就恶心。 나는 이 일이 생각나면 구역질 날 것 같다.
- 他说起话来，总那么不慌不忙的。 그는 말을 할 때, 언제나 그렇게 차분하다.
- 这个手提包看起来不大，装的东西可不少。
  이 손가방은 보기에 크지 않지만, 담겨 있는 물건은 적지 않다.
- 看起来，这件事他不会同意的。 보아하니, 그는 이 일에 동의하지 않을 것이다.
- 听起来，他好像是广东人。 들어보니, 그는 광동 사람인 것 같다.
- 说起那段留学生活来，他就兴高采烈。
  그 당시 유학 생활 이야기를 꺼내면, 그는 매우 즐거워한다.

| 동사 / 형용사 + 起来 | ① 동작 또는 현상이 발생하여 지속됨을 의미한다.
② 앞의 동사에 따라 분산된 것이 다시 집중함을 의미하기도 한다.
③ 동사의 뒤에서 동작 진행 후의 판단과 평가, 예상 등을 나타낸다.
형용사의 뒤에서 성질의 실질적인 존재를 강조한다. |

- 她小声地哭起来。① 그녀는 작은 소리로 울기 시작했다.
- 天气渐渐暖和起来。① 날씨는 점점 따뜻해지기 시작했다.
- 他跑的速度快起来。① 그의 뛰는 속도는 빨라지기 시작했다.
- 他们说完就干起活来。② 그들은 말을 끝내자, 곧 일하기 시작했다.
- 大家热烈地鼓起掌来。② 모두 열렬히 박수를 치기 시작했다.
- 大家应该团结起来。② 모두 단결해야 한다.
- 把晒干的衣服收起来。② 마른 옷을 거둬라.
- 说起来容易，做起来难。③ 말은 쉽지만, 하기에는 어렵다.
- 夏天热起来真难以忍受的。③ 여름에 더워지면 정말 참기 힘들다.

| 동사 + 起来 / 不起来 | 회상, 연상을 통해서 기억해내다. 일정한 목적이나 결과에 도달함을 나타낸다. |

- 他的名字我终于想起来了。 드디어 나는 그의 이름을 생각해냈다.
- 宾馆的电话号码，我想不起来了。 나는 호텔 전화번호가 생각이 나질 않는다.
- 你们那儿的工作开展得起来吗? 너희 쪽 일은 진행될 수 있겠니?
- 我们这儿的工作开展不起来。 우리 쪽 일은 진행이 안 된다.

| 동사 + 过 | ① 동작으로 인해 사람 혹은 사물이 장소, 위치를 지나 다른 장소로 이동하는 것을 나타낸다.
② 어떤 상황이나 시간을 '지내다, 보내다'란 의미로 쓰인다.
③ 수량이나 정도를 넘거나 초과하는 의미를 낸다.
④ 동태조사 了의 의미와 근접한 완결을 나타내거나 과거의 경험을 나타낸다. |

- 飞机飞过大海。① 비행기는 대해를 날아서 지나간다.

- 我走过交通事故的现场。① 나는 교통사고 현장을 지나갔다.
- 他小时候过艰难的日子。② 그는 어려서 힘든 나날을 보냈다.
- 过节后我就开始做新的工作。② 명절 후, 나는 바로 새로운 일을 시작했다.
- 我们班同学超过了五十个人。③ 우리 반 학생은 50명을 넘었다.
- 今天我睡过了，上班迟到了。③ 오늘 나는 많이 자서 출근에 늦었다.
- 昨天你们看的电影，我已经看过了。④ 어제 너희가 본 영화를, 나는 이미 본 적이 있다.
- 我们吃过饭再喝酒吧。④ 우리 밥 먹고 나서, 술을 마시러 가자.

동사 + 过来

비정상적인 상태에서 원래의 정상적인 상태로 회복함을 나타낸다.

- 他一觉醒过来天就亮了。그가 깨어나자, 날이 곧 밝았다.
- 医生把他救过来了。의사는 그를 구해냈다.
- 现在我明白过来了，你是对的。나 이젠 이해가 됐어. 네가 맞아.
- 昏迷了好几天，他终于醒过来了。여러 날 동안 정신을 잃고 있었지만, 그는 결국 깨어났다.

동사 + 过去

정상적인 상태를 잃고 비정상적인 상태로 되다. 주로 晕 / 昏 / 迷 / 死 등의 일부 동사와 더불어 쓰인다. 동사와 过去 사이에는 일반적으로 得나 不를 쓰지 않는다.

- 他在车厢里死过去了。그는 객차 안에서 죽었다.
- 他被打得死了过去。그는 맞아 죽었다.
- 天气太热，不少乘客昏过去了。날이 너무 더워, 적지 않은 승객들이 의식을 잃었다.
- 病人又昏过去了。환자가 또 쓰러졌다.

핵심테스트

해설 p. 24

다음 문장에서 제시어가 들어갈 정확한 위치를 찾아보세요.

1 她本来不想当（A）售货员，但是现在她发现（B）自己爱（C）了（D）这个工作。

　　　　　　　　　　　　　上

2 奔驰（A）的火车（B）慢慢（C）停（D）了。

　　　　　　　　　　下来

핵심 ❸ 정도보어

정도보어는 동사, 형용사의 뒤에서 상태가 도달한 정도를 설명한다. 주로 구조조사 得를 써서 뒤에 오는 성분이 정도보어임을 표시한다. 그러나 일부 형용사는 得 없이도 정도보어의 역할을 할 수 있다.

1 정도보어는 주로 구조조사 得를 써서 이끌어낸다.

기본문형은 '동사 + 得 + 정도보어'로, 형용사가 정도보어가 되어, 동작 진행의 정도를 보충 설명한다. 이때 전체문장은 상황이나 사물에 대해 묘사하는 성격이 짙다.

- 他汉语<u>学得好</u>。 그는 중국어를 잘 배웠다.
- 他<u>写得整齐</u>。 그는 가지런하게 잘 쓴다.

2 부정형식은 정도보어 역할을 하는 형용사 앞에 부정부사 不를 쓴다.

- 他翻译得<u>不对</u>。 그는 틀리게 번역했다.
- 他睡得<u>不晚</u>。 그는 늦게 자지 않았다.

3 정도부사 很을 써서 정도보어를 수식할 수 있다.

- 约翰汉语说得<u>很</u>流利。 존은 중국어를 매우 유창하게 한다.
- 她跳舞跳得<u>很</u>好。 그녀는 춤을 매우 잘 춘다.

4 정도보어가 있는 문장에 명사 목적어가 있을 경우 동사를 중복하여 목적어 뒤에 한 번 더 쓰거나 목적어를 동사 앞에 놓을 수 있다.

→ 주어 + 동사 + 목적어 + 동사 + 得 + 정도보어
→ 주어 + 목적어 + 동사 + 得 + 정도보어

- 玛丽唱歌唱得很好。 = 玛丽歌唱得很好。 메리는 노래를 잘 부른다.
- 约翰说汉语说得很流利。 = 约翰汉语说得很流利。 존은 중국어를 유창하게 한다.

5 정반의문문 형식은 보어의 긍정형식과 부정형식으로 나열한다.

- 玛丽跳得<u>好不好</u>? 메리는 (춤을) 잘 추니?
- 昨天你睡得<u>晚不晚</u>? 어제 너 늦게 잤니?

핵심 콕콕!

형용사 + 得很
很은 정도보어를 수식하기도 하지만, 단독으로 정도보어가 되어 정도가 매우 높음을 나타낸다.

- 今年夏天热得很。 올 여름은 매우 덥다.
- 哈尔滨的冬天冷得很。 하얼빈의 겨울은 매우 춥다.
- 他考试得第一，高兴得很。 그는 시험에서 1등을 해서, 매우 기쁘다.

형용사 + 得多
비교의 의미를 갖는데, 차이가 상당히 큼을 나타낸다.

- 他的年龄比我大得多。 그는 나보다 나이가 훨씬 많다.
- 我家离学校比他家远得多。 우리 집은 그의 집보다 학교에서 훨씬 멀다.
- 我们走小路，比你快得多。 우리는 오솔길로 가서, 너보다 훨씬 빨랐다.
- 这间屋子小，那间屋子大得多。 이 방은 작고, 저 방은 훨씬 크다.

형용사 + 极了
형용사 혹은 심리 활동을 표시하는 동사의 뒤에서 정도가 매우 높음을 나타낸다. 极 앞에는 구조조사 得를 쓰지 않고, 뒤에는 了를 수반한다.

- 这条河深极了。 이 강은 매우 깊다.
- 听到这个消息，同事们都难受极了。 이 소식을 들은 후, 동료들은 모두 몹시 괴로워했다.
- 收到家里的来信，他高兴极了。 집에서 온 편지를 받고, 그는 매우 기뻐했다.
- 她看到这个玩具，喜欢极了。 그녀는 이 장난감을 보고 매우 좋아했다.

형용사 + 多了
비교문에서 차이나 정도가 매우 큼을 나타내며, 구조조사 得를 쓰지 않는다.

- 我的汉语说得比他差多了。 나의 중국어는 그보다 훨씬 못한다.
- 有了这条路可方便多了。 이 길이 생겨서 많이 편해졌다.
- 这篇课文容易多了。 이 본문은 (다른 것보다) 많이 쉽다.
- 孩子胖多了。 아이가 많이 뚱뚱해졌다.

형용사 / 심리동사 + 得 + 不得了
得 뒤에서 정도가 매우 깊음을 나타낸다. 앞에 형용사나 심리 활동을 표현하는 동사만 온다.

- 他们的关系好得不得了。 그들은 사이가 매우 좋다.
- 没有找到小王，他急得不得了。 샤오왕을 찾지 못해서, 그는 매우 초조해했다.
- 他们感动得不得了。 그들은 매우 감동했다.
- 他忙得不得了。 그는 매우 바쁘다.

형용사 / 동사 + 得 + 厉害极了	厉害极了는 정도가 심하거나 높음을 표시한다. 정도보어로 사용하는 厉害와 极了를 합쳐서 심각한 정도를 더욱 강조한 정도보어이다.

- 他头疼得厉害极了。 그는 머리가 심하게 아프다.
- 天热得厉害极了。 날이 매우 덥다.
- 孩子哭得厉害极了。 아이가 심하게 운다.

형용사 / 동사 + 得 + 慌	상태가 매우 심한 상태에 이르러서 견디기 힘듦을 나타내며, 이때 慌을 가볍게 읽는다. 慌을 정도보어로 쓰는 형용사와 동사는 다음과 같다. **형용사** 饿 空 闷 **동사** 扎 累 闲 想 压 闷 胀

- 这件衣服穿在身上扎得慌。 이 옷을 입고 있으면 정말 뼈가 시릴 정도로 춥다.
- 从早到晚工作了一天，现在觉得累得慌。
  아침부터 저녁까지 하루 종일 일을 해서, 지금은 매우 피곤하다.
- 我这会儿又闲得慌。 나는 이번에 또 매우 한가하다.
- 好几年没回故乡了，真想得慌。 여러 해 동안 고향에 돌아가지 않아서 매우 그립다.
- 老是呆在家里不出门，你也不闷得慌?
  늘 집에만 있고 외출하지 않으면, 너도 못 견디게 답답하지 않니?
- 不知为什么，今天我肚子胀得慌。
  왠지 모르지만, 오늘 내 배가 견딜 수 없을 정도로 더부룩하다.
- 半天没吃东西了，有点儿饿得慌。 반나절 동안 아무것도 먹지 못해서, 매우 배가 고프다.
- 他就是闲不住，几天没事，就觉得空得慌。
  그는 가만히 있지 못해서, 며칠간 일이 없으면, 몹시 허전해한다.
- 今天天气太潮湿了，闷得慌。 오늘 날씨가 매우 습해서, 견딜 수 없을 정도로 답답하다.
- 这条被子太厚了，睡觉压得慌。 이 이불은 너무 두꺼워서, 잠을 잘 때 심하게 눌린다.

형용사 / 동사 + 要命 / 要死	要命 / 要死는 동사나 형용사 뒤에서 과장된 어기로 정도가 극한 상태에 달하였음을 나타낸다. 이것을 정도보어로 쓰는 동사와 형용사는 다음과 같다. **형용사** 冷 热 丑 美 硬 软 严 宽 咸 **동사** 怕 气 爱

- 今年的哈尔滨，春节期间冷得要命。 올해 하얼빈의 춘절 기간은 매우 추웠다.
- 去年夏天热得要死。 작년 여름은 너무 더웠다.
- 她总觉得自己丑得要命。 그녀는 언제나 자신이 정말 못생겼다고 생각한다.
- 她总认为自己美得要死。 그녀는 언제나 자기가 매우 아름답다고 여긴다.
- 这儿卖的馒头硬得要命。 이곳에서 파는 만두는 매우 딱딱하다.
- 这沙发泡沫厚，软得要死。 이 소파는 쿠션이 두터워 정말 부드럽다.
- 他一见老婆生气就怕得要死。 그는 부인이 화내는 것을 보자 무척 겁이 났다.
- 管孩子不要过严，也不要宽得要命。
  아이를 관리할 때 너무 엄격해서도 너무 관대해서도 안 된다.
- 这个饭馆的菜淡得要命。 이 식당의 요리는 매우 싱겁다.
- 这个咸鸭蛋咸得要死。 이 절인 오리알은 매우 짜다.
- 顽皮的孩子把爸爸气得要命。 장난꾸러기 아이는 아버지를 매우 화나게 했다.
- 他的一句话，把妻子气得要命。 그의 한 마디가, 부인을 화나게 했다.

- 她对这个玩意儿爱得要命。 그녀는 이 장난감을 매우 좋아한다.
- 他对他的孩子爱得要死。 그는 그의 아이를 매우 사랑한다.

형용사 / 동사 + 不行	不行은 정도가 높다는 의미로 不得了와 같다. 이 용법으로 사용되는 동사와 형용사는 다음과 같다. 甜　咸　饿　困　胀　闷　吵　闹　压

- 这种酱甜得不行。 이런 종류의 간장은 매우 달다.
- 这种腌鸭蛋咸得不行。 이런 종류의 절인 오리알은 매우 짜다.
- 早上没吃饭，现在我饿得不行。 아침에 밥을 안 먹어서, 지금은 배가 몹시 고프다.
- 他驾驶了一天卡车，困得不行。 그는 하루 종일 트럭을 몰아서, 매우 피곤하다.
- 中午饭吃的太多，肚子胀得不行了。 점심밥을 너무 많이 먹어서, 배가 매우 땡땡하다.
- 半个月没下雨了，真是闷得不行。 보름간 비가 내리지 않아서, 정말 답답하다.
- 走廊里人太多，吵得不行。 복도에는 사람이 너무 많아, 매우 시끄럽다.
- 这个孩子真调皮，真是闹得不行。 이 아이는 정말 개구쟁이여서, 몹시 시끄럽다.

得가 필요 없는 정도보어 ① 死	~해죽겠다. 极처럼 死는 得나 不를 쓰지 않고, 바로 뒤에 了가 따라온다. 急 / 困 / 愁 / 气 / 恨 등의 뒤에서 대체로 부정적인 의미의 동사나 형용사 뒤에서 상태가 최고 정도까지 도달하였음을 나타낸다.

- 伤口还在发炎，他急死了。 상처에 여전히 염증이 있어서, 그는 초조해 죽으려고 해.
- 为了完成这篇论文，凌晨三点才睡觉，真困死了。
  이 논문을 완성하려고 새벽 3시가 되서야 자서, 정말 졸려 죽겠다.
- 姑娘现在还没结婚，妈妈愁死了。 딸이 아직 결혼을 안 해서, 엄마는 매우 걱정을 하신다.
- 男朋友要跟她分手，她恨死他了。
  남자친구가 그녀와 헤어지려고 해서, 그녀는 그를 죽도록 원망했다.
- 小何上中学时就谈恋爱，妈妈都气死了。
  샤오허가 중학교에 입학하자마자 연애를 해서, 엄마는 매우 화가 났다.

得가 필요없는 정도보어 ② 透	透는 부정적 의미의 형용사 뒤 또는 일부 동사와 부정형식의 일부 동목구 뒤에 쓰여 정도가 지극히 심함을 나타낸다. 반드시 뒤에 了가 와야 하며, 사이에 得나 不를 쓸 수 없다. 주로 사용되는 동사와 형용사는 다음과 같다. 糟　次　坏　看　吃　恨　恶心　顽固

- 这家伙坏透了。 이 녀석은 매우 나쁘다.
- 这里的交通状况糟透了。 이곳의 교통상황은 매우 끔찍하다.
- 这种产品的质量简直次透了。 이 종류의 제품은 품질이 정말 매우 떨어진다.
- 事情麻烦透了。 일이 매우 번거롭다.
- 他把这本书吃透了。 그는 이 책을 완전히 다 이해했다.
- 这个人真坏，我恨透了他。 이 사람은 정말 나빠서, 나는 그를 매우 증오한다.
- 你说出这种话真是让人恶心透了。 네가 이런 말은 하다니, 정말 혐오스럽다.
- 他什么人的话都不听，顽固透了。 그는 누구의 말도 듣지 않을 정도로 매우 완고하다.

| 得가 필요 없는 정도보어 ③ 坏 | 坏는 想 / 气 / 乐 등의 심리동사나 형용사 뒤에서 정도가 심함을 나타내며, 사이에 得나 不를 쓰지 않는다. |

- 儿子不来信，妈妈想坏了。 아들의 편지가 오지 않자, 엄마는 몹시 그리워했다.
- 这件事把我气坏了。 이 일은 나를 매우 화나게 한다.
- 小何的电话，把我乐坏了。 샤오허의 전화는 나를 아주 기쁘게 했다.

핵심테스트

해설 p. 24

다음 문장에서 제시어가 들어갈 정확한 위치를 찾아보세요.

1 最近 (A) 几年，在大城市 (B) 买房子比以前 (C) 贵 (D) 了。
                                多

2 他说 (A) 汉语可 (B) 比我说 (C) 流利 (D) 多了。
                                得

3 这件衣服 (A) 好看是 (B) 好看，但 (C) 贵得 (D) 。
                                很

4 他人 (A) 长 (B) 得 (C) 帅气 (D) 。
                十分

5 这双鞋 (A) 买 (B) 得 (C) 大了，我 (D) 穿不了。
                太

6 我 (A) 忙得 (B) ，没时间跟你 (C) 吃饭 (D) 了。
                要命

7 下雨 (A) 了我没 (B) 带伞，全身都湿 (C) 了 (D) 。
                透

8 他刚来中国的时候 (A) 说 (B) 得 (C) 不清楚 (D) 。
                汉语

핵심 ④ 가능보어

진행되는 동작을 보충 설명하거나 동작의 실현 가능성을 보충 설명한다. 가능보어는 주로 동사(구)와 형용사 또는 방향보어가 가능보어로 쓰인다. 동사와의 사이에 구조조사 得를 사용하며, 부정형은 不를 사용한다.

1 긍정형 - 동사 + 得 + 가능보어

- 这篇文章不太难，我们看得懂。 이 문장은 그리 어렵지 않아서, 우리는 보고 이해할 수 있다.
- 你说话的声音不算低，我们听得见。
  네가 말하는 목소리는 그다지 낮지 않아서, 우리가 들을 수 있다.
- 这些东西你拿得动吗? 이 물건들을 너는 들 수 있니?
- 今天作业不太多，两个小时写得完。
  오늘 숙제가 그리 많지 않아서, 두 시간 안에 끝낼 수 있다.
- 那件事我还记得起来。 그 일을 나는 아직도 기억해낼 수 있다.
- 那座山不高，我们爬得上去。 저 산은 높지 않아서, 우리는 올라갈 수 있다.
- 老师讲得不快，我记得全。 선생님이 말을 빨리 하지 않으셔서, 나는 전부 기억할 수 있다.

2 부정형 - 동사 + 不 + 가능보어

- 你说话的声音太低，我们都听不见。 네가 말하는 목소리가 너무 낮아서, 우리 모두 안 들린다.
- 我们刚学几个月汉语，还看不懂中文报。
  우리는 중국어를 이제 몇 개월 배워서, 아직 중국 신문을 보고 이해할 수 없다.
- 这道题太难，我做不出来。 이 문제는 너무 어려워서, 나는 풀 수 없다.
- 今天的作业我写不完。 오늘의 숙제를 나는 다 끝낼 수 없다.

3 정반의문문

가능보어의 긍정형과 부정형을 병렬하여 정반의문문을 나타낸다.

- 这些句子一个小时你翻译得完翻译不完?
  너는 이 문장들을 한 시간 안에 다 번역해낼 수 있니?
- 长城最高的地方你爬得上去爬不上去? 만리장성의 제일 높은 곳까지 너는 올라갈 수 있니?
- 我用汉语解释你们听得懂听不懂? 내가 중국어로 해석하면 너희는 알아들을 수 있니?

4 숙어적 용법의 가능보어

주관 혹은 객관적인 조건이 실현 가능한지의 여부를 나타내는 가능보어 가운데 일부는 숙어적인 성격을 갖고 있어서 동사와 결합하여 한 단어처럼 사용되며, 현대 중국어에서 상용된다. 부정형만 숙어처럼 사용되는 가능보어도 있고 긍정, 부정형이 모두 숙어처럼 사용되는 것도 있다.

핵심 콕콕!

동사 + 得 / 不 + 了liǎo	① 완료할 수 있는 능력의 여부를 나타낸다. 이때 了는 完 또는 掉와 같은 결과를 표현한다. ② 了는 그 자체가 결과를 의미하지는 않지만, 결과보어 구조로 이루어지면서 조건이나 환경이 동작이나 변화(동사)를 실현할 수 있는지 여부를 나타낸다.

- 这个西瓜太大，咱们俩吃不了。(吃不完) ① 이 수박은 너무 커서, 우리 둘이서 다 먹을 수 없다.
- 这件事我永远也忘不了。(忘不掉) ① 이 일을 나는 영원히 잊을 수 없다.
- 你喝得了这一瓶啤酒吗？ ① 너는 이 한 병의 맥주를 다 마실 수 있니?
- 这个任务我们两天完不了。 ① 우리는 이 임무를 이틀 안에 끝낼 수 없다.
- 明天晚上的电影，你看得了吗？ ② 내일 밤 영화를 너는 볼 수 있니?
- 这些水果冰箱里放不了。 ② 이 과일들은 냉장고 안에 넣을 수 없다.
- 这个问题，我们能解决得了。 ② 이 문제를 우리는 해결할 수 있다.
- 这个问题我们解决不了。 ② 이 문제를 우리는 해결할 수 없다.

동사 + 得上 / 不上	上은 목적의 실현이나 가능성을 나타낸다.

- 他忙得连饭都吃不上。 그는 바빠서 밥조차도 먹을 수 없다.
- 帽子太小，我戴不上。 모자가 너무 작아서, 나는 쓸 수 없다.
- 老太太怕抱不上孙子。 할머니는 손자를 안을 수 없을까봐 걱정한다.

打得过 / 打不过	过는 이기거나 능가함을 나타낸다.

- 他力气大，我打不过他。 그는 힘이 세서, 나는 그를 이길 수가 없다.
- 他力气小，我打得过他。 그는 힘이 약해서, 나는 그를 이길 수 있다.
- 红队打不过绿队。 빨강팀은 초록팀을 이길 수 없다.

买得起 / 买不起	起는 경제적인 능력으로 인한 가능성을 나타낸다.

- 这件大衣才一千块钱，我们买得起。
  이 코트는 겨우 천 위안밖에 안 해서, 우리는 살 능력이 된다.
- 我还买不起房子和汽车。 나는 아직 집과 차를 살 여력이 없다.
- 要降低定价，让大家都买得起。 정가를 내려, 모두가 다 살 수 있게 한다.

| 记得起来 /
记不起来 | 起来는 동작의 완성이나, 일정한 목적 혹은 결과에 도달함을 나타낸다. |

- 这件事我还记得起来。 이 일을 나는 아직도 기억한다.
- 这件事我记不起来。 이 일이 나는 기억나지 않는다.

| 做得出来 /
做不出来 | 出来는 동작 행위를 통하여 발생되는 결과를 나타낸다. |

- 这道题不太难，我做得出来。 이 문제는 그리 어렵지 않아서, 나는 풀 수 있다.
- 这道题太难了，我做不出来。 이 문제는 너무 어려워서, 나는 풀 수 없다.

🐥 부정형만 숙어처럼 사용되는 가능보어

| 算不得 | ~축에 넣을 수 없다, ~라고 할 수 없다 |

- 这点小事算不得什么。 이런 작은 일은 별것 아니다.
- 这的确算不得什么错误。 이건 정말 별 잘못도 아니다.

| 恨不得 | 갈망하다, 간절히 바라다 |

- 今天上课迟到了，我恨不得一步迈入课堂。
  오늘 수업에 지각해서, 나는 빨리 교실로 들어가길 간절히 바랐다.
- 几年没有见面了，我恨不得马上见到他。
  몇 년간 만나지 못해서, 나는 간절히 그를 빨리 만나고 싶었다.

| 吹不得 | (바람 등을) 쐬면 안 된다 |

- 他身体不好，吹不得风。 그는 몸이 안 좋아서, 바람을 쐬면 안 된다.

| 顾不得 | (시간·힘·조건 등의 이유로 어떤 일을) 돌보거나 상관할 수 없다 |

- 今天他应酬太多顾不得你了。 오늘 그는 접대가 너무 많아 너를 챙길 겨를이 없었다.
- 他为了工作，连饭都顾不得吃。 그는 일을 위해, 밥조차도 챙겨먹을 겨를이 없었다.

| 记不得 | 기억이 안 나다. 사람이나 사물에 대한 인상이 희미한 것을 나타낸다. |

- 这张照片我记不得是哪天拍摄的了。 이 사진을 언제 찍은 건지 나는 기억하지 못한다.
- 我记不得昨天都做了什么事。 나는 어제 무슨 일을 했는지 기억하지 못한다.

| 舍不得 | 아까워하다, 아쉬워하다, 안타까워하다 |

- 头一次出远门，真是舍不得离开妈妈。 처음으로 멀리 떠나는데, 정말 엄마를 떠나기가 아쉽다.
- 他舍不得离开女朋友，只是一直哭。 그는 여자친구와 헤어지기 아쉬워, 그저 울 뿐이었다.

| 怪不得 | 원망할 수 없다, 탓할 수 없다, 어쩐지 |

- 这次事故怪不得他。 이번 사고는 그를 탓할 수 없다.
- 最近他太忙了，怪不得他总忘事。 요즘 그는 매우 바빠서 그런지 일을 자주 잊어버린다.

| 哭不得笑不得 | 울 수도 웃을 수도 없다, 어찌해야 좋을지 모르겠다 |

- 他说的话，真让我哭不得笑不得。 그가 한 말에, 나는 정말 울 수도 웃을 수도 없다.
- 这样嫁人真让人哭不得笑不得。
  이렇게 다른 사람에게 시집을 가다니 정말 어떻게 해야 좋을지 모르겠다.

| 怨不得 | 탓하거나 원망할 수 없다 |

- 这件事可怨不得我。 이 일로 나를 원망하지 마라.
- 是我让他干的，这事怨不得他。 내가 그에게 시킨 것이라, 이 일로 그를 원망할 수 없다.

🐥 긍정, 부정형이 모두 숙어처럼 사용되는 가능보어

| 合得来 / 合不来 | 마음이 맞다, 의기투합하다, 손발이 잘 맞다 / 마음이 맞지 않다, 손발이 맞지 않다 |

- 他俩经过多次交谈很合得来。
  그 둘은 서로 여러 번 이야기를 주고받은 후 서로 뜻이 잘 맞는다.
- 我和他合不来，他也不是不知道。 나와 그는 잘 맞지 않으며, 그도 모르는 건 아니다.

| 说得来 / 说不来 | 생각·마음이 맞아 말이 통하다, 사이가 좋다 / 생각·마음이 맞지 않다 |

- 我们俩性格差不多，说得来。 우리 둘은 성격이 비슷해서, 사이가 좋다.
- 他和姐姐总是说不来。 그와 누나는 언제나 사이가 좋지 않다.

| 划得来 / 划不来 | 수지가 맞다, 이익이 되다, 가치가 있다(= 合算, 值得) / 수지타산이 맞지 않다, 가치가 없다, 손해보다(= 不合算, 不值得) |

- 破费点钱，却买了教训，我看也划得来。
  돈을 좀 썼지만, 오히려 교훈을 얻었으니, 나는 가치가 있다고 본다.
- 用一头猪换一只鸽子真划不来。 돼지 한 마리로 비둘기 한 마리를 바꾸는 건 정말 손해이다.

靠得住 / 靠不住 — 신뢰할 수 있다 / 신뢰할 수 없다

- 这个女人能靠得住吗？我看靠不住。 이 여자를 믿을 수 있니? 내가 보기엔 믿을 수 없어.
- 你听来的是靠不住的传闻，不要乱说。
  네가 들은 건 믿을 수 없는 뜬소문이야, 마구 떠들어대지 마.

忍得住 / 忍不住 — 견딜 수 있다, 참을 수 있다 / 견딜 수 없다, 참을 수 없다

- 你能忍得住不笑吗？我忍得住。 너는 웃지 않고 참을 수 있어? 나는 참을 수 있어.
- 他忍不住这巨大的悲痛。 그는 이런 거대한 슬픔을 참을 수 없다.

对得住 / 对不住 — 떳떳하다, 당당하다 / 떳떳하지 못하다

- 在国外你不好好留学，你对得住谁呀！
  해외에서 네가 유학을 잘 해내지 못하면, 너는 누구에게 떳떳하겠니!
- 你这样做真是对不住你的父母。 네가 이렇게 한다면 정말이지 네 부모님을 뵐 낯이 없을 거다.

犯得着 / 犯不着 — 가치가 있다, 필요 있다(= 有必要, 值得) / 가치가 없다, 필요 없다(= 不必要, 不值得)

- 这点小事，犯得着对领导说吗？ 이 정도 작은 일로, 윗분에게 이야기할 필요가 있니?
- 为这点事我犯不着跟他吵架。 이런 일 때문에 나는 그와 싸울 필요가 없다.

怪得着 / 怪不着 — 원망하다, 질책하다(= 指责, 埋怨) / 원망 할 수 없다, 탓 할 수 없다(= 不能指责, 不能埋怨)

- 你自己不努力，考试不及格怪得着谁呢！
  네 자신이 노력을 하지 않아서, 시험에 합격 못했는데 누굴 탓하겠니!
- 这事是我让他干的，怪不着他。 이 일은 내가 그에게 시킨 거라, 그를 탓할 순 없다.

数得着 / 数不着 — 뛰어나다, 성적이 상위권이다, 손꼽히다 / 뛰어나지 않다, 손꼽히지 못하다

- 这个医院的医疗水平在全国也数得着。 이 병원의 의료 수준은 전국에서도 손꼽힌다.
- 在世界高水平的足球队中，中国队还是数不着。
  세계의 높은 수준의 축구팀 중에, 중국팀은 아직 뛰어나지 못하다.

핵심테스트

해설 p. 25

다음 문장에서 제시어가 들어갈 정확한 위치를 찾아보세요.

1 我 (A) 看你 (B) 比玛丽 (C) 大 (D) 了几岁。
                          不

2 这么点儿酒 (A) 我一个人就 (B) 能 (C) 喝 (D) 完。
                              得

3 东西 (A) 太 (B) 多了，我 (C) 拿 (D) 动，你能帮帮我吗?
                        不

4 他 (A) 去 (B) 旅行了，(C) 星期三以前回 (D) 来。
                    不

핵심 ⑤ 수량보어

수량보어에는 시량보어와 동량보어가 있는데, 시량보어는 시량사(구)가 시량보어로 쓰이며, 동작이 지속된 시간이나 동작이 실현된 이후 현재까지 경과된 시간을 나타내고, 동량보어는 동량사(구)가 동량보어로 쓰이며, 동작이 발생한 횟수를 나타낸다.

1 시량보어(时量补语)

동작이나 상태가 지속되는 시간 또는 동작이나 상황이 발생한 이후 경과한 시간을 나타낸다. 시간의 길이를 표시하는 단어만 시량보어로 쓰인다.

- 晚会开了两个小时了。 저녁파티는 2시간째 열리고 있다. (동작의 지속)
- 你等一会儿。 (너) 잠깐만 기다려 봐. (동작의 지속)
- 他病了三天，没来上课。 그는 3일 동안 아파서, 수업에 오지 못했다. (동작의 지속)
- 我学汉语学了两年了。 나는 중국어를 2년째 배우고 있다. (동작의 지속)
- 我们来中国一年半了。 우리는 중국에 온 지 1년 반이 됐다. (동작 발생 이후 지난 시간)
- 他们离开大连一个月了。 그들은 다롄을 떠난 지 한 달이 됐다. (동작 발생 이후 지난 시간)
- 他大学毕业已经十年了。 그가 대학을 졸업한 지 이미 10년이 됐다. (동작 발생 이후 지난 시간)

1) 시량보어를 가진 동사가 명사 목적어를 취한 경우 일반적으로 동사를 중복하고 시량보어를 중복된 두 번째 동사의 뒤에 놓는다.

→ 동사 + 명사 목적어 + 동사 + 了 + 시량보어

- 他们坐火车坐了十个多小时。 그들은 기차를 10시간 넘게 탔다.
- 他买东西买了半天。 그는 반나절 동안 물건을 샀다.
- 他等车等了十分钟。 그는 차를 10분 동안 기다렸다.

2) 목적어가 인칭대사가 아닐 경우 시량보어는 동사와 목적어의 사이에 놓일 수 있고, 시량보어와 목적어 사이에는 조사 的가 올 수 있다.

→ 동사 + 시량보어 + (的 +) 목적어

- 我们每天要听半个小时(的)新闻。 우리는 매일 반 시간 동안 뉴스를 들어야 한다.
- 他上了一天(的)课，太累了。 그는 온종일 수업을 들어서, 너무 지쳤다.
- 玛丽学了一年(的)汉语了。 메리는 중국어를 1년째 배우고 있다.

3) 대사가 목적어가 될 때 시량보어는 목적어 뒤에 위치한다.

→ 동사 + 대사 목적어 + 시량보어

- 我找你一个多小时了，你去哪儿啦？ 나는 너를 한 시간 넘게 찾았는데, 너 어디 갔었니?
- 我等了他半天。 나는 그를 한참 기다렸다.
- 小王等你等了一个小时。 샤오왕은 너를 한 시간 기다렸어.
- 我已经认识他三年了。 나는 그를 안 지 벌써 3년이 됐다.

4) 부정문은 일반적으로 不를 사용하는데, 과거의 일을 부정할 때는 没(有)로 부정하기도 한다.

- 我只休息一天，没休息两天。 나는 이틀 쉰 게 아니라, 하루밖에 안 쉬었어.

- 你太累了，不休息一会儿不行啊。 너는 너무 지쳤어, 잠시 쉬지 않으면 안 돼.
- 我说了没几分钟话，就被他打断了。 나는 몇 분밖에 말하지 않았는데, 그가 말을 끊었다.

2 동량보어(动量补语)

동작, 행위가 진행된 횟수를 나타낸다. 수량사와 동량사가 결합되어 쓰인다.

- 这本小说我看过两遍。 나는 이 소설책을 두 번 봤다.
- 他很生气地看了我一眼。 그는 매우 화가 난 듯 나를 한 번 쳐다봤다.
- 约翰去过一次北京。 존은 베이징에 한 번 가본 적이 있다.

1) 목적어가 일반명사인 경우 동량보어는 목적어 앞에 위치한다.

→ 동사 + 동량보어 + 명사 목적어

- 我来过两次中国了。 나는 중국에 두 번 온 적이 있다.
- 我们想参观一下中国农村。 우리는 중국 농촌을 한 번 참관하고 싶다.
- 你帮我排一下队，我马上回来。 너 나 대신 줄 좀 서줄래, 금방 돌아올게.

2) 목적어가 대사이면 동량보어는 목적어의 뒤에 온다.

→ 동사 + 대사 목적어 + 동량보어

- 他来过这儿几次了。 그는 여기에 몇 번 와봤어.
- 今天上午我去医院看过他一次，他很好。
  오늘 오전에 나는 병원에서 그를 한 번 봤는데, 잘 있더라.
- 这个人曾经骗过我一次，我不相信他。
  이 사람은 예전에 나를 한 번 속인 적이 있어서, 나는 그를 믿지 않아.

3) 동량보어가 쓰인 문장은 일반적으로 不로 부정하지만, 뒤에 나오는 수량을 부정하기 위해 没(有)로 부정할 수도 있다.

- 不打几针，就不能退烧。 주사를 맞지 않으면, 열은 내리지 않는다.
- 他没(有)去那儿两次，只去过一次。 그는 그곳에 두 번 가지 않았어, 한 번밖에 가본 적이 없어.
- 上海那地方我只去过一次，没去过两次。
  상하이를 나는 한 번밖에 가본 적이 없어, 두 번 가지 않았어.
- 这个电影我只看过一遍，没看过两遍。 나는 이 영화를 한 번 봤지, 두 번 보지 않았다.

3 동태조사 了 / 过와 시량보어

지속 가능한 동작이나 상황을 나타내는 동사 또는 형용사는 뒤에 동태조사 了나 过를 가질 수 있다. 술어 동사가 중복될 때 목적어는 첫 번째 동사 뒤에, 보어는 두 번째 동사 뒤에 위치한다.

→ (동사 + 목적어 +) 동사 + 동태조사 了 / 过 + 시량보어

- 我在北京住过五年。 나는 베이징에서 5년간 산 적이 있다.
- 这张画已经挂了半年了。 이 그림은 반 년째 걸려 있다.
- 那盏灯亮了一夜。 그 등불은 밤새 켜져 있었다.
- 他整整累了一年。 그는 1년 내내 힘들었다.
- 抄书抄了半个小时。 책을 30분 동안 베껴 썼다.
- 我们坐车坐了四十多分钟。 우리는 차를 40분 넘게 탔다.
- 刚才我找小王找了半天。 나는 방금 전에 샤오왕을 한참 동안 찾았다.

4 시량보어와 목적어

1) 목적어가 일반명사일 경우 명사 목적어는 '동사 + 了'의 앞이나 뒤에 올 수 있다.

→ 동사 + (了 +) 시량보어 + 명사 목적어

→ 동사 + 명사 목적어 + 동사 + (了 +) 시량보어

- 每天他打40分钟球。 매일 그는 40분간 공을 친다.
- 他们今天上了两个小时法制课。 그들은 오늘 2시간 동안 법률 수업을 들었다.
- 昨天我开了五个小时夜车。 어제 나는 5시간 동안 밤을 샜다.
- 她打了十分钟电话。 그녀는 10분간 전화 통화를 했다.
- 队员们每天练球练一个下午。 대원들은 매일 오후 내내 구기 연습을 한다.

2) 목적어가 대사일 경우 목적어는 동사와 시량보어 또는 동량보어의 중간에 온다.

→ 동사 + (了 / 过 +) 대사 목적어 + 시량보어 / 동량보어

- 最近我很忙，没找过他一次。 요즘 내가 정말 바빠서, 그를 한 번도 찾아간 적이 없다.
- 我去过那儿两次。 나는 그곳에 두 번 가본 적이 있다.

5 비교 수량보어

형용사 뒤에서 비교의 결과를 나타내는 수량사가 보어로 쓰인다.

- 松树又高了半尺。 소나무는 반 자 정도 또 자랐다.
- 玛丽比朱丽叶重三公斤。 메리는 줄리엣보다 3kg 더 나간다.
- 今年的产量比去年多一倍。 올해의 생산량은 작년에 비해 배가 많다.
- 从学校到机场比到火车站远五公里。 학교에서 공항까지는 기차역까지보다 5km 더 멀다.

핵심테스트

해설 p. 25

다음 문장에서 제시어가 들어갈 정확한 위치를 찾아보세요.

1. 我以前（A）曾去（B）过（C）泰山，这回不想（D）再去了。
   两次

2. 我每天（A）看（B）新闻（C）看（D）。
   半个小时

3. 他（A）一年之内（B）出席（C）国际性会议出席过（D）。
   三次

4. 他很热情，（A）见到熟人一（B）聊（C）聊（D）半个小时。
   就

핵심 ❻ 정태보어

복잡한 형태의 정도보어라고도 할 수 있다. 동작이나 사물의 상태를 보충 설명한다.

1 형용사 / 동사 + 得 + 동사구

정태보어와 술어 사이에는 반드시 구조조사 得가 와야 한다.

- 飞行员高兴得跳起来。 조종사는 기뻐서 펄쩍 뛰었다.
- 他们看电视剧看得忘了吃晚饭。 그들은 밥 먹는 것도 잊을 정도로 드라마를 보았다.
- 他急得直冒汗。 그는 급한 나머지 땀이 났다.

2 형용사 / 동사 + 得 + 주술구

- 他写稿写得手疼。 그는 손이 아플 정도로 원고를 썼다.
- 她们吃烤肉吃得肚子疼。 그녀들은 배가 아플 정도로 불고기를 먹었다.
- 他们跳舞跳得全身是汗。 그들은 온 몸에 땀이 날 정도로 춤을 췄다.
- 他讲得大家都笑起来了。 그의 이야기에 모두 웃었다.
- 他们吵得我头疼。 그들은 시끄러워서 내 머리가 아플 정도이다.

3 형용사 / 동사 + 得 + 고정구

- 大家讨论得兴高采烈。 모두 기쁘게 토론을 했다.
- 他身上摔得青一块紫一块的。 그의 몸은 넘어져서 멍들고 시퍼렇게 됐다.
- 这件事把小周高兴得手舞足蹈。 이 일에 샤오저우는 덩실덩실 춤을 출 정도로 기뻐했다.

핵심테스트　　해설 p. 25

다음 문장에서 제시어가 들어갈 정확한 위치를 찾아보세요.

1　一到期末（A），各科老师都（B）布置作业，学生（C）忙得（D）。

　　　　　　　　　　　不可开交

적중! 新HSK 실전 문제 — PART 2 문장성분

해설 p. 25~32

[1 – 10] 보기 중에서 괄호에 알맞은 어휘를 고르세요. 4급 독해 1부분

보기   A 下去   B 得多   C 下来   D 坚持   E 不得了   F 过来

例如   她每天都（ D ）走路上下班，所以身体一直很不错。

1. 你知道吗？李真听到这个消息后，着急得（   ），真好笑！

2. 杭州西湖的风景真美，我恨不得要把它画（   ）。

3. 王老师已经昏迷两天了，到现在还没醒（   ）。

4. 别吃了，你要是这样胖（   ），以前买的衣服就都穿不了了。

5. 像你这么大时，我们学习比你努力（   ）。

보기   A 出来   B 在   C 温度   D 得   E 的   F 起来

例如   A：今天真冷啊，好像白天最高（ C ）才2℃。
       B：刚才电视里说明天更冷。

6. A：我觉得你们的动作好像还不熟练，配合（   ）不太理想。
   B：我们俩才练了一个月，练习的时间比较短。

7. A：数据统计怎么样了？做好了没有？
   B：统计（　）了，销售量没那么理想。

8. A：我明明把文件存（　）移动硬盘里了，怎么找不着了。
   B：你是不是设置了文件隐藏？

9. A：这星期我给你们安排的任务怎么样了？
   B：我们已经围绕这个项目，制定了一个比较全面（　）计划。

10. A：你感冒了？声音听（　）怪怪的。
    B：也许是嗓子发炎了，昨天晚上就不舒服。

[1－7] 빈칸에 들어갈 어휘를 보기 중에서 고르세요. 5급 독해 1부분

　　每一瓶香水都由不同的香料调配而成，而不同的香料所需散发出来香气的时间也不同，于是，每一瓶香水就有了它__1__而丰富的前中后味的变化。前味一般较浓烈，它像一首乐曲中突然拔起的高音，立即吸引人的注意，但它只能维持几分钟而已。在前味__2__之后开始发出香味，中味是香水中最重要的部分。也就是说洒上香水的你就是带着这种味道示人，以这种味儿来表达自己其时的心境、情感等等信息。后味的作用是给予香水一种绕梁三日不绝的深度，它持续的时间最长久，可__3__整日或者数日之久。

1. A 独特　　B 鲜艳　　C 单纯　　D 优美
2. A 消化　　B 消费　　C 消失　　D 消灭
3. A 称　　　B 呆　　　C 除　　　D 趁

森林里住着乌鸦和它的孩子。一只狐狸来到了森林里，看见乌鸦正站在树枝上，嘴里叼着一块又肥又大的肉，狐狸馋得一直流口水。狐狸眼珠一转说："__4__的乌鸦，您好吗？"乌鸦没有回答。狐狸带着微笑说："您的孩子好吗？"乌鸦看了看狐狸，还是没有回答。狐狸只好__5__尾巴说："您的羽毛真漂亮，比孔雀还漂亮；您的__6__真好，谁都喜欢听您唱歌，您就唱几句吧！"乌鸦一听，就高兴地唱了__7__，刚一开口，肉就掉了下来。狐狸叼起肉就跑了。

4. A 诚恳　　　B 亲爱　　　C 调皮　　　D 害羞

5. A 摇摇　　　B 闪闪　　　C 绕绕　　　D 咬咬

6. A 心情　　　B 语气　　　C 嗓子　　　D 肌肉

7. A 上来　　　B 起来　　　C 下来　　　D 过来

[1 – 10] 다음 제시된 단어를 사용하여 하나의 문장을 만드세요. 　4·5급 쓰기 1부분

1. 传统的　　春节　　一个　　是　　节日
　　_____

2. 很深刻的　　给我　　姥姥的话　　留下了　　印象
　　_____

3. 激烈　　那　　竞争　　非常　　两家公司
　　_____

4. 越来越   流利   说   得   老王的汉语
   _____

5. 身体   人们都   保持   希望   健康的
   _____

6. 领带   你的   太   紧   打得   了
   _____

7. 悠久   那座   历史   非常   古建筑
   _____

8. 黄老板   一个   相当   是   人   自信的
   _____

9. 顺利   进行   今天的会议   得   比较
   _____

10. 自己的   任何人   秘密   都有   属于
    _____

[1 – 5] 다음 문장을 읽고 틀린 부분을 고쳐 다시 써보세요. 6급 독해 1부분

1. 大家都知道吧，我曾经做过司机五年。
   _____

2. 因为他尽快赶回去北京，所以他向单位领导请假了。
   _____

3. 南京是中国著名的古都，我们游览中山陵完了以后，又急着去夫子庙。
   _____

4. 虽然没什么丰盛的晚餐，但是他们俩还是很高兴得不得了。
   _____

5. 今天下课后回家时才发现忘记带钥匙了，只好我在门外等妈妈回来。
   _____

PART 3

구와 고정격식

'词组'라고 하는 것은 우리말에서 구 또는 절에 해당한다고 볼 수 있다.
이러한 구 외에 중국어에는 한 단어는 아니지만 항상 그 형태를 유지하며 사용되는 구들이 있는데, 이 책에서는 이들을 '고정격식'이라는 이름으로 묶었다. 여기에는 고정구, 관용어, 사자성어, 고정격식이 포함된다.

01	구의 종류

핵심 1 구조 형태별 구의 종류
핵심 2 성질·기능별 구의 종류

02	고정구

03	관용어

04	사자성어

05	고정격식

01 구의 종류

구는 그 구조 형태에 따라서 병렬구(联合词组), 수식구(偏正词组), 동목구(动宾词组), 동보구(动/形补词组), 주술구(主谓词组), 전치사구(介宾词组), 的자구(的字词组), 수량사구(数量词组), 재지시구(复指词组), 연동문(连动词组), 겸어문(兼语词组) 등으로 나누어진다.

핵심 ❶ 구조 형태별 구의 종류

구는 구조에 따라 병렬구, 수식구, 동목구, 동보구, 주술구, 전치사구 등으로 분류한다.

● 병렬구(联合词组)

두 개 혹은 그 이상의 성분이 대등하게 이어지는 구를 가리키며, 쉼표(,)나 모점(、)으로 연결된다. 때로는 접속사나 부사로 연결되기도 한다.

1 병렬구의 구조

명사 + 명사	教师和学生 교사와 학생	柴、米、油、盐 땔나무, 쌀, 기름, 소금
대사 + 대사	我和你 나와 너	我们和他们 우리와 그들
대사 + 명사	我和玛丽 나와 메리	大家和老师 모두와 선생님
명사 + 대사	北京和这儿 베이징과 이곳	去年和这会儿 작년과 지금
동사 + 동사	又唱又跳 노래 부르고 춤추다	讨论并通过 토론하고 통과시키다
형용사 + 형용사	又高又大 높고 크다	勤劳而勇敢 근면하고 용감하다

2 병렬구의 어법 기능

주어	老师和学生都来了。 선생님과 학생들이 모두 왔다.
술어	这个城市清洁美丽。 이 도시는 깨끗하고 아름답다.
목적어	教室里有老师和学生。 교실에 선생님과 학생이 있다.
한정어	工人和农民的生活水平提高了。 노동자와 농민의 생활 수준이 향상되었다.
부사어	我们每天紧张而愉快地生活。 우리는 매일 바쁘면서도 유쾌하게 생활한다.
보어	他跑得又累又渴。 그는 피곤하고 목이 마를 정도로 뛰었다.

3 주의할 점

1) 병렬구가 한정어로 쓰일 때 중심어와의 사이에는 구조조사 的를 사용한다.
   - 她是一个聪明美丽姑娘。(×)
     → 她是一个聪明美丽的姑娘。 그녀는 총명하고 아름다운 아가씨이다.

2) 병렬구가 부사어로 쓰일 때 중심어 앞에 구조조사 地를 사용한다.
   - 他们每天都紧张而愉快工作。(×)
     → 他们每天都紧张而愉快地工作。 그들은 매일 바쁘면서도 즐겁게 일을 한다.

3) 병렬구가 보어로 쓰일 때 중심어 뒤에 구조조사 得를 사용한다.
   - 他汉字写整齐漂亮。(×)
     → 他汉字写得整齐漂亮。 그는 한자를 가지런하고 예쁘게 쓴다.

● 수식구(偏正词组)

수식하고 제한하는 부분과 수식과 제한을 받는 두 부분으로 이루어진 구를 가리킨다. 주로 한정어와 명사, 부사어와 술어의 관계가 수식구에 해당한다.

1 수식구의 구조

1) 한정어 + 중심어

구조	예1	예2
명사 + 명사	木头桌子 나무 탁자	晚上的月光 저녁 달
수량사 + 명사	一件衣服 옷 한 벌	三本词典 사전 세 권
지시대사 + 양사 + 명사	那本英语书 저 영어책	这本汉语课本 이 중국어 교재
대사 + 명사	我姐姐 우리 누나	我们学校 우리 학교
동사 + 명사	买的词典 구입한 사전	借的笔 빌린 연필
형용사 + 명사	温暖的天气 따뜻한 날씨	高楼 높은 빌딩

2) 부사어 + 술어

구조	예1	예2
명사 + 동사	晚上回来 저녁에 돌아오다	里边坐 안쪽에 앉다
수량사 + 동사	第一次来 처음 오다	
부사 + 동사	很满意 매우 만족하다	常去 자주 가다
전치사구 + 동사	跟他学 그에게 배우다	随我走 나를 따라가다
대사 + 동사	怎么办 어떻게 하다	这么写 이렇게 쓰다
형용사 + 동사	热烈欢迎 열렬히 환영하다	热情服务 친절히 서비스하다
형용사 + 형용사	浅绿 옅은 녹색	深蓝 짙은 남색
부사 + 형용사	非常好 매우 좋다	相当快 상당히 빠르다
대사 + 형용사	这么难 이렇게 어렵다	那么容易 그렇게 쉽다

2 수식구의 어법 기능

대사 + 형용사	这么难 이렇게 어렵다　　那么容易 그렇게 쉽다
주어	经常迟到不好。자주 지각하는 것은 좋지 않다.
목적어	他种了一棵树。그는 나무 한 그루를 심었다.
한정어	我姐姐的毛衣给我了。우리 언니의 스웨터를 내게 주었다.
부사어	他很满意地点点头。그는 매우 만족스럽게 고개를 끄덕였다.
보어	大家玩得很高兴。모두들 매우 즐겁게 놀았다.

3 주의할 점

1) 수식구가 한정어로 쓰일 때 중심어와의 사이에 구조조사 的를 사용한다.
- 外国朋友受到非常热烈欢迎。(×)
  → 外国朋友受到非常热烈的欢迎。외국 친구들은 매우 열렬한 환영을 받았다.

2) 수식구가 부사어로 쓰일 때 중심어 앞에 구조조사 地를 놓는다.
- 他们非常愉快结束了这次旅游。(×)
  → 他们非常愉快地结束了这次旅游。그들은 매우 유쾌하게 이번 여행을 마쳤다.

3) 수식구가 보어로 쓰일 때 술어 뒤에 구조조사 得를 놓는다.
- 比赛打十分精彩。(×) → 比赛打得十分精彩。경기를 매우 흥미진진하게 하였다.

● 동목구(动宾词组)

동작, 행위, 판단 등을 나타내는 동사와 이것의 대상이 되는 목적어로 이루어진 구를 가리킨다.

1 동목구의 구조

동사 + 명사	打电话 전화를 걸다	买东西 물건을 사다	是学生 학생이다
동사 + 대사	找谁 누구를 찾는가	去哪儿 어디를 가는가	做什么 무엇을 하는가
동사 + 동사	爱唱 노래하기를 좋아하다	进行讨论 토론을 진행하다	加以研究 연구를 하다
동사 + 형용사	遇到困难 어려움을 만나다	喜欢安静 조용한 것을 좋아하다	要求平等 평등을 요구하다

2 동목구의 어법 기능

술어	我们坚持学习。우리는 꾸준하게 배운다.
주어	学习汉语一定要努力。중국어를 배울 때는 반드시 노력을 해야 한다.
목적어	我担心下大雨。나는 큰비가 올까봐 걱정이다.
한정어	学习汉语的人越来越多。중국어를 배우는 사람이 갈수록 많아진다.
부사어	大家充满信心地迎接奥运会。모두들 충만한 자신감으로 올림픽을 맞이한다.
보어	玛丽感动得说不出话来。메리는 감동하여 말이 나오지 않았다.

3 주의할 점

1) 동목구가 한정어로 쓰일 때 중심어 앞에 구조조사 的를 놓는다.
   - 参加HSK人很多。(×) → 参加HSK的人很多。 HSK에 참가한 사람들이 매우 많다.

2) 동목구가 부사어로 쓰일 때 중심어와의 사이에 구조조사 地를 사용한다.
   - 充满信心说：'一定完成任务。'(×)
   - → 他充满信心地说：'一定完成任务。'
     그는 매우 자신 있게 말했다. '반드시 임무를 완성할 것이다.'

3) 보어로 쓰일 때 술어 뒤에 구조조사 得를 사용한다.
   - 他激动流出了眼泪。(×) → 他激动得流出了眼泪。 그는 감격한 나머지 눈물을 흘렸다.

4 동목구에서 목적어의 어법적 의미 분류

의미	예문
동작, 행위의 대상	他每天下棋、打球。 그는 매일 바둑을 두고 공을 친다. (사물) 这件事很重要，要请示领导。 이 일은 아주 중요하므로, 상관에게 물어봐야 한다. (사람)
행위를 하는 자	家里来客人了。 집에 손님이 왔다.
행위의 결과	我会做中国菜。 나는 중국 요리를 만들 줄 안다.
행위 장소	他每天吃食堂。 그는 매일 외식을 한다. (在의 의미 내포)
행위, 동작의 원인	我在树下避雨。 나는 나무 밑에서 비를 피했다.
행위 수단	作文的时候要写钢笔字。 작문을 할 때 만년필로 글씨를 써야 한다. (用의 의미 내포)
행위의 의지 대상	我直到现在还是吃父母的。 나는 지금까지도 부모님께 의지하여 살아간다.
행위 모방의 대상	学雷锋。 레이펑을 본받자.
행위의 방식	为了省钱，我们坐火车。 돈을 절약하기 위해, 우리는 기차를 탔다.
총괄의 범위, 소속 (주어는 범위에 속하는 하나)	我姓李，他姓张。 나는 이 씨이고, 그는 장 씨이다.

동보구(动/形补词组)

'동작, 행위, 성질 + 보어' 구조로 이루어진 구를 가리킨다.

1 동보구의 구조

구조	예		
동사 + 동사	看完 다 보다	拿走 가지고 가다	抓住 꼭 붙잡다
동사 + 방향보어	跳起来 뛰어오르다	写下去 써내려 가다	退出来 물러나오다
동사 + 수량	写一遍 한 번 쓰다	看了三个小时 세 시간 동안 보다	
동사 + 부사	好极了 대단히 좋다	喜欢得很 매우 좋아하다	
동사 + 대사	玩得怎么样 잘 놀았는가	去哪儿 어디로 가는가	
동사 + 형용사	洗干净 깨끗이 씻다	弄脏 더럽히다	说清楚 명확히 이야기하다
동사 + 전치사구	来自日本 일본에서 오다	飞往北京 베이징으로 날아가다	放在上面 위에 놓다
형용사 + 부사	干净得很 대단히 깨끗하다	热极了 몹시 덥다	
형용사 + 수량사	大两岁 두 살 많다	小一点儿 약간 작다	高两米 2m 높다

2 동보구의 어법 기능

술어	他们玩得很高兴。 그들은 매우 즐겁게 논다.
주어	睡得太晚会影响健康。 너무 늦게 자면 건강에 영향을 미칠 수 있다.
목적어	我喜欢大一点儿的。 나는 조금 큰 것을 좋아한다.
한정어	写完的手稿不见了。 다 쓴 원고가 사라졌다.
보어	他高兴得跳了起来。 그는 기뻐서 펄쩍 뛰었다.

3 주의할 점

1) 동보구가 한정어로 쓰일 때 중심어 앞에 구조조사 的를 사용한다.
- 洗干净衣服收起来了。(×) → 洗干净的衣服收起来了。 깨끗이 세탁한 옷을 거둬들였다.

2) 동보구가 보어로 쓰일 때 술어 뒤에 구조조사 得를 놓는다.
- 草长高过了头。(×) → 草长得高过了头。 풀이 머리 높이까지 자랐다.

4 동보구의 주요 유형

1) 동사 + 결과보어(동사 / 형용사)

결과보어로 사용되는 주요 동사 / 형용사
完 好 成 走 动 掉 住 懂 给 坏 满 饱 通 破 死 遍 透 断 光 了 liǎo 着 zháo 长 cháng

- 我看完那本小说了。 나는 그 소설책을 다 보았다.
- 信已经寄走了。 편지는 벌써 부쳤다.
- 我听懂了他说的话。 나는 그가 한 말을 알아들었다.
- 孩子睡着了。 아이가 잠들었다.
- 大火把商店烧光了。 큰불이 상점을 모두 다 태웠다.

2) 동사 + 방향보어

방향보어로 사용되는 주요 방향동사
上 下 进 出 回 过 起 开 上来 下来 进来 出来 回来 过来 起来 上去 下去 进去 出去 回去 过去 开来

- 戴上帽子。 모자를 써라.
- 请把作业交上来。 숙제를 제출하세요.
- 请你把这本书带回去。 당신은 이 책을 가지고 가세요.
- 我走过去，和老师握手。 나는 다가가서, 선생님과 악수를 했다.
- 这首动听的民歌很快就传开来了。 이 심금을 울리는 민요는 매우 빠르게 전해졌다.

🔸 주술구(主谓词组)

'주어 + 술어' 구조로 이루어진 구를 '주술구'라고 한다.

1 주술구의 구조

명사 + 동사	气温上升 기온이 상승하다	老师说 선생님께서 말씀하시다
대사 + 동사	你看 당신은 보다	大家去 모두 가다
명사 + 형용사	头疼 머리가 아프다	目的明确 목적이 명확하다
대사 + 형용사	他努力 그는 노력한다	这儿热闹 여기는 번화하다

2 주술구의 어법 기능

주어	他写汉字怎么样? 그는 한자 쓰는 것이 어떠니?
술어	他身体健康。 그는 신체가 건강하다.
목적어	我希望他成功。 나는 그가 성공하길 희망한다.
한정어	你说的方法很好。 네가 말하는 방법이 아주 좋다.
부사어	妈妈心疼地看着女儿。 엄마는 사랑스럽게 딸을 바라보고 있다.
보어	大家笑得肚子疼。 모두들 배가 아플 정도로 웃었다.

3 주의할 점

1) 주술구가 목적어로 쓰일 경우, 동사는 주로 심리동사나 지각동사이다.

| 说 | 想 | 听 | 认为 | 记得 | 知道 | 相信 | 同意 | 建议 |

- 我知道他会来的。 나는 그가 올 거라고 생각한다.
- 大家觉得这个办法不错。 모두가 다 이 방법이 괜찮다고 생각한다.

2) 주술구가 한정어로 쓰일 경우, 주술구와 중심어 사이에 구조조사 的를 사용한다.

- 你提出建议很有价值。(×)
  → 你提出的建议很有价值。 당신이 제기한 건의는 매우 가치가 있다.

3) 주술구가 부사어로 쓰일 경우 중심어 앞에 구조조사 地를 놓는다.

- 他心情沉重说：看来问题很严重。(×)
  → 他心情沉重地说：看来问题很严重。
    그는 무거운 마음으로 말했다. 보아하니 문제가 매우 심각하군.

4) 주술구가 보어로 쓰일 경우 술어 뒤에 구조조사 得를 사용한다.

- 大家都笑肚子疼。(×) → 大家都笑得肚子疼。 모두 배까지 아플 정도로 웃었다.

4 주술구에서 주어의 어법적 의미 분류

동작의 행위자	玛丽回答正确。 메리는 대답을 정확하게 했다.
동작의 대상	语文考坏了。 국어 시험을 망쳤다.
시간명사 주어	明天圣诞节。 내일은 성탄절이다.

장소명사 주어	路上发生交通事故。 길에서 교통사고가 발생했다.
동작 결과의 원인	大风刮倒广告牌。 센 바람이 광고판을 넘어뜨렸다.
방식, 수단	针灸治疗腰痛。 침구는 요통을 치료할 수 있다. (用의 의미 내포)
사물, 수량 표시	他十岁不要票。 그는 10살이라 표가 필요 없다.
정도, 상태	水太烫不能喝。 물이 너무 뜨거워 마실 수 없다.

● 전치사구(介宾词组)

전치사와 전치사의 목적어로 이루어진 구를 가리킨다. 전치사가 목적어로 사용되는 명사 또는 대사와 결합한 구조로, 대상이나 장소 등을 이끌어낸다.

1 전치사구의 구조

전치사 + 명사	从学校 학교로부터	向南 남쪽을 향해
	为同学 학우를 위해	按规定 규정에 따라
전치사 + 명사구	关于环境问题 환경문제에 관하여	对于这件事情 이 문제에 대해
전치사 + 대사구	为大家办事 모두를 위해 일하다	给我们帮助 우리들을 도와주다
전치사 + 동사구	为了搞好这次活动 이번 활동을 잘하기 위해	

2 전치사구의 어법 기능

부사어	我对足球运动很感兴趣。 나는 축구에 대해 매우 흥미가 있다.
한정어	中国有很多关于月亮的传说。 중국에는 달에 관한 많은 전설이 있다.
보어	他毕业于北京大学。 그는 베이징대학을 졸업했다.
	约翰来自美国纽约。 존은 미국 뉴욕에서 왔다.
	我们从胜利走向胜利。 우리는 승리에서 승리로 나아간다.

3 전치사구의 어법적 의미 분류

공간	在教室里 교실에서	从学校 학교로부터
	由这儿 여기서부터	向南走 남쪽을 향해 가다
시간	从八点开始 8시부터 시작하다	在开学之前 개학하기 전에
	当我去的时候 내가 갔을 때	
범위	在生活中 생활 가운데	在历史上 역사적으로
	在这个团队里 이 단체에서	
대상	跟老师说 선생님께 말씀 드리다	对别人 다른 사람에 대하여
	关于价格 가격에 관하여	
목적	为了同学 학우를 위해	为大家 모두를 위해
원인	由于天气原因 날씨 때문에	由感冒引起 감기 때문에 발생하다
방식, 근거	按规定 규정에 따라	依你的意见 너의 의견대로
	根据学生的要求 학생들의 요구에 근거하여	
비교	比北京冷 베이징보다 춥다	比以前努力 이전보다 노력하다
배제	除了上海 상하이 외에	除玛丽以外 메리를 제외하고

🔸 기타 여러 가지 구

1 的자구(的字词组)

的가 실사나 구절 뒤에 붙어 명사화되어, 사람이나 기타 사물을 나타내는 구로, 다양한 형태의 단어 또는 구와 결합한다. 문장에서 주로 주어나 목적어의 구실을 한다.

명사 + 的	中文的 중국어로 된 것	外边的 밖의 것	历史的 역사적인 것
명사구 + 的	哥哥和姐姐的 형과 누나의 것	老师和同学们的 선생님과 학우들의 것	
동사(구) + 的	看的 본 것	刚来的 막 온 사람	新建的 새로 지은 것
형용사(구) + 的	新的 새 것	红的 빨간 것	最热情的 가장 친절한 사람
주술구 + 的	他买的 그가 산 것	我们借的 우리가 빌린 것	
대사 + 的	我的 나의 것	他们的 그들의 것	大家的 모두의 것
주어	这次参加HSK的有几万人。이번 HSK에 참가한 사람이 몇 만 명이다.		
목적어	这本杂志是中文的。이 잡지는 중국어로 된 것이다.		

2 수량사구(数量词组)

수사와 양사가 결합한 구를 가리킨다.

주어	一公斤多少钱? 1kg에 얼마입니까?
술어	苹果两块钱。사과가 2위안입니다.
목적어	这种词典我买三本。이런 사전을 나는 3권 샀다.
한정어	我买两件衣服。나는 두 벌의 옷을 샀다.
부사어	他一顿吃了两个馒头。그는 한 끼에 두 개의 찐빵을 먹었다.
보어	我一个月去了三趟。나는 한 달에 3번을 갔다.

3 재지시구(复指词组)

앞뒤 두 부분의 단어는 다르지만 동일한 대상을 가리키며, 어법적 지위도 같은 형식의 구를 말한다.

주어	首都北京你去过没有? 수도 베이징에 가봤니?
목적어	他向我们介绍王刚教授。그는 우리에게 왕강 교수님을 소개했다.
한정어	老王这个人的心地很善良。라오왕 이 사람은 마음이 참 착하다.
부사어	除夕年三十才回家。섣달 그믐에야 비로소 돌아온다.

4 연동구(连动词组)

연동구는 하나의 주어를 공유하는 둘 또는 그 이상의 동사 술어가 연이어 있는 구를 가리킨다.

술어	玛丽坐飞机来中国。메리는 비행기를 타고 중국에 왔다.
주어	躺着看书对眼睛不好。누워서 책을 보는 것은 눈에 좋지 않다.
목적어	我喜欢开车上班。나는 차를 운전하고 출근하는 것을 좋아한다.
한정어	去那儿旅游的人很多。그곳으로 여행 가는 사람이 매우 많다.
보어	他累得躺在床上睡着了。그는 피곤해서 침대에 누워서 잠이 들었다.

5 겸어구(兼语词组)

앞 동사의 목적어가 뒤에 있는 동사나 형용사의 주어를 겸하는 형식의 구를 가리킨다. 즉, 동목구의 목적어와 주술구의 주어가 서로 중복되어 겸어(兼语)가 되는 형식이다.

- 술어　老师让我们明天交作业。 선생님께서 우리더러 내일 숙제를 내라고 하셨다.
- 주어　叫他来是不容易的。 그한테 오라고 하는 것은 어렵다.
- 목적어　学校派代表团出国访问。 학교에서 대표단을 파견해 출국하여 방문하도록 보냈다.
- 한정어　许多让人感到为难的事情她都能办。
  사람을 난감하게 하는 수많은 일들을 그녀는 모두 처리할 수 있다.
- 보어　她哭得让人伤心。 그녀는 울어서 사람을 슬프게 했다.

핵심테스트

해설 p. 35

다음 문장에서 제시어가 들어갈 정확한 위치를 찾아보세요.

1　(A) 在那次面试中他 (B) 表现 (C) 得 (D) 那样机警而镇定。
　　　　　　　　　　　　是

2　天是 (A) 那么高、(B) 那么蓝 (C) 那么亮 (D)。
　　　　　　　　　　　又

3　夏天的时候很多人喜欢 (A) 在 (B) 海边 (C) 太阳 (D)。
　　　　　　　　　　　　晒

4　这次出差 (A) 她 (B) 是 (C) 坐 (D) 去的广州。
　　　　　　　　　　　飞机

5　这儿的 (A) 风景 (B) 美 (C) 了 (D), 让人流连忘返。
　　　　　　　　　极

6　(A) 姐姐 (B) 比妹妹 (C) 大 (D), 已经上大学三年级了。
　　　　　　　　　两岁

핵심 ❷ 성질·기능별 구의 종류

성질과 기능에 따라서 명사구(名词词组), 동사구(动词词组), 형용사구(形容词词组)로 나뉜다.

◘ 명사구(名词词组)

명사가 중심어가 된 구를 가리킨다.

수식구	学生食堂 학생 식당	我的故乡 나의 고향	标点的使用 구두점의 사용
병렬구	花鸟鱼虫 꽃과 새와 물고기와 벌레		我和他 나와 그
재지시구	我们大家 우리 모두	首都北京 수도 베이징	鲁迅先生 루쉰 선생
방위구	树上 나무 위	校园里 캠퍼스 안	长城内外 만리장성 안팎
명량사구	一尺 1척	五斤半 5근 반	这本 이 한 권
	那一间 저 한 칸	一大批 한 무리	
的자구	绿的 녹색의 것	我的 나의 것	卖菜的 야채파는 사람
	站在黑板前的 칠판 앞에 서 있는 사람		
주술구	鲁迅绍兴人 루쉰은 샤오싱 사람이다		今天星期天 오늘은 일요일이다

◘ 동사구(动词词组)

동사가 중심어인 단어 혹은 동사구를 가리킨다.

수식구	不走 떠나지 않다	才来 이제서야 오다	
	在改革中前进 개혁 가운데 전진하다		
병렬구	改革开放 개혁개방	讨论并通过 토론하고 통과시키다	
동목구	学汉语 중국어를 배우다	是学生 학생이다	拿出书来 책을 꺼내다
보어구	改进 개선하다	气死 화나 죽겠다	拿出来 꺼내다
	休息一会儿 잠시 쉬다		
동량사구	一次 한 번	几趟 몇 번	三下儿 세 번
	一阵阵 여러 번		
연동구	上街买菜 야채를 사러 거리에 나가다		坐着看书 앉아서 책을 보다
	买张报纸看 신문을 사서 보다		
겸어구	请他来 그를 오라고 초대하다		选他当代表 그를 대표로 뽑다
	有人敲门 문을 두드리는 사람이 있다		
주술구	他来了 그가 왔다	作业做完了 숙제를 다 마쳤다	
	我们谁也别忘了谁 우리 서로 간에 잊지 말자		

◆ 형용사구 (形容词词组)

형용사가 중심어인 단어나 구, 절을 '형용사구'라고 한다.

수식구	很好 매우 좋다		非常高兴 아주 기쁘다
	的确结实 확실히 질기다		已经红了 이미 빨개졌다
병렬구	勤劳勇敢 근면하고 용감하다		伟大而质朴 위대하지만 소박하다
	又快又好 빠르기도 하고 좋기도 하다		
보어구	漂亮极了 대단히 예쁘다		好得很 대단히 좋다
	高兴得跳起来 뛸 듯이 기쁘다		
주술구	前途光明 앞길이 밝다		历史悠久 역사가 오래되다
	身体健康 신체가 건강하다		

핵심테스트

해설 p. 35

다음 문장에서 제시어가 들어갈 정확한 위치를 찾아보세요.

1 教室 (A) 总是充满着 (B) 学生 (C) 的笑声 (D)。
   里

2 听说自己 (A) 获得了 (B) 冠军，他 (C) 得连话都 (D) 说不出来了。
   高兴

3 这些 (A) 家具的设计 (B) 让人感觉大方 (C) 典雅 (D)。
   而

4 你们安静 (A) 点儿好吗，外面 (B) 好像 (C) 人在 (D) 敲门。
   有

5 还没 (A) 到 (B) 十一点，餐厅门前就排 (C) 了长长的队伍 (D)。
   起

6 我非常注意 (A) 加强培养 (B) 孩子们 (C) 竞争意识 (D)。
   的

7 (A) 上个星期 (B) 我去看过 (C) 他 (D)。
   一次

02 고정구

둘이나 그 이상의 단어가 결합하여 고정적인 의미로 쓰이는 구를 가리킨다. 하나의 단어처럼 사용하며, 임의로 단어의 구조를 변경할 수 없다.

| 看得起 /
看不起 | 존중하다 / 무시하다. 가능보어 형태를 지닌 고정구이다. 看得起는 '존중하다, 중시하다', 看不起는 '무시하다, 깔보다'란 뜻으로 서로 반대되는 의미를 갖는다. 뒤에 목적어를 취할 수 있다. |

- 她是个农村姑娘，有的人看不起她。 그녀는 농촌 처녀라서, 어떤 이들은 그녀를 업신여긴다.
- 不要看不起别人。 다른 사람을 깔보지 마라.
- 叫你去是看得起你，别不识抬举。 너한테 가라는 건 너를 존중하기 때문이야, 호의를 무시하지 마.
- 如果你看得起我，你就应该答应我的要求。
  만약에 네가 날 존중한다면, 너는 나의 요구에 승낙해야 한다.

| 来得及 /
来不及 | 시간이 있다 / 시간이 없다. 서로 반대의 뜻을 가지며, 역시 가능보어 형태이다. 来得及는 '늦지 않다, 아직 시간·여유가 있다'는 뜻이고, 来不及는 '시간이 없다, 여유가 없다'는 뜻으로, 시간이 촉박하여 제 시간에 미처 다할 수 없음을 나타낸다. 동사나 동목구를 목적어로 갖는다. 来不及는 그 앞뒤로 동일한 동사를 중복시키고, 부사 也나 都와 함께 사용하여 '~할 겨를이 없다'는 뜻으로 쓰기도 한다. 앞에는 부사 还 / 都 / 也가, 뒤에는 동사나 동목구가 위치한다. |

- 不要着急，还来得及讲。 조급해하지 마. 아직 이야기할 시간은 있어.
- 这些问题都来得及处理。 이 문제들은 처리할 시간이 있다.
- 走快点儿还来得及。 빨리 걸어가면 아직은 늦지 않았어.
- 还来得及赶回去吗? 아직 돌아갈 시간이 있겠니?
- 来不及吃饭了，快走吧。 밥 먹을 시간 없어, 빨리 가자.
- 来不及细说了。 자세히 이야기할 시간이 없다.
- 我来不及跟老师告别了，请代我致歉。
  내가 선생님께 작별 인사할 틈이 없으니, 나 대신 죄송하다고 전해줘.
- 今天你来不及回去了，就在这住一夜吧。
  오늘은 늦어서 돌아갈 수 없으니, 여기서 하룻밤 묵어라.
- 看(想 / 说 / 研究)也来不及看(想 / 说 / 研究)。 볼(생각할 / 말할 / 연구할) 겨를이 없다.

用得着 / 用不着
쓸모 있다, ~할 필요가 있다 / 쓸모 없다, ~할 필요 없다. 역시 가능보어 형태의 고정구이다. 주로 술어로 쓰이며, 뒤에는 동사나 구가 위치한다.

- 用得着我亲自去吗？ 내가 직접 갈 필요가 있니?
- 用得着我的时候，尽管说话。 내가 필요하면, 얼마든지 말해라.
- 你用得着我去帮忙吗？ 내가 너를 도와주러 갈 필요가 있니?
- 用不着请别人帮忙。 다른 사람에게 도움 청할 필요가 없다.
- 把用不着的书放进书柜里。 사용하지 않는 책을 책장에다 넣어둬라.
- 用不着的东西，暂时不要买。 필요하지 않은 물건은 잠시 사지 말아라.
- 没什么，用不着谢。 뭐 별것 아닌데요. 감사할 필요 없어요.

不要紧
괜찮다, 중요하지 않다, 문제 없다, 상관 없다. 앞절과 뒷절로 된 문장에서는 앞절에는 문제가 되지 않지만, 뒷절에는 사건이 발생하는 내용이 나온다.

- 有点伤风不要紧。 약간의 감기는 별 문제 없다.
- 不要紧，给那小子扎了一刀，死不了。 괜찮아. 그 녀석한테 칼 한 번 맞았다고 죽지 않아.
- 你不买不要紧，别坏了我的生意。 네가 사지 않아도 상관 없어. 내 장사만 망치지 마.
- 你这么一喊不要紧，把孩子可吓醒了。
  네가 이렇게 큰 소리 내는 건 상관없는데, 그러다가 아이를 깨우겠어.
- 当父亲的一问不要紧，儿子"哇"地一声哭起来。
  아버지가 물어보고는 괜찮았는데, 아들이 '우앙'하고 울기 시작했다.
- 有没有孩子不要紧，重要的是夫妻两人的感情好。
  아이가 있든 없든 다 문제가 되지 않아. 중요한 건 부부 두 사람의 애정이 좋아야지.

说不定
아마도, 어쩌면(= 也许，可能). 목적어를 갖는 술어나 부사어로도 쓰이며, 동사나 주어 앞에 위치할 수 있다.

- 说不定今天有雨呢。 어쩌면 오늘 비가 올지 모른다.
- 说不定他今天不来了。 어쩌면 그는 오늘 오지 않을 거다.
- 这些天，我天天早起晚归，努力地工作。说不定，还能提上一级呢。
  요즘 나는 매일 일찍 일어나서 늦게 귀가했고, 열심히 일했어. 어쩌면, 승진할 수 있을지도 몰라.
- 这回分手，说不定几年才能见面呢。 이번에 헤어지면, 아마도 몇 년 후에나 만날 수 있을 거야.
- 什么都说不定，顺其自然吧。 아무것도 확실한 건 없어. 순리에 맡기자.

不敢当
별말씀을 다하십니다, 천만에요. 상대방의 칭찬·감사·우정 등에 대한 겸양의 표현이다. 때로는 상대방에 대한 농담이나 풍자에도 쓰인다.

- 你这么夸我，我可不敢当。 저를 너무 칭찬하셔서, 몸 둘 바를 모르겠습니다.
- A：你是语言学家吧？
  A：당신은 언어학자이시죠?
  B：不敢当，我只是个普通话的宣传员。
  B：별말씀을, 저는 단지 표준어를 알리는 사람일 뿐입니다.
- 董事长，加薪实在是不敢当。 이사장님, 급여를 올려주신다니 정말 황송합니다.

不用说

~는 말 할 필요도 없고, ~뿐만 아니라. 양보문에서 많이 사용한다.
① 주로 문장 앞에 위치하며, 뒷절에는 连…也… 등의 구문이 호응한다.
　→ 不用说A连B也 / 都C　A는 말할 것도 없고, B 조차도 역시 C하다
② 뒷절의 맨 앞에서 목적어와 쓰일 수 있다. 앞에는 부사 更을 덧붙일 수도 있다.

- 您别客气，我不会喝酒，不用说白酒，连啤酒我都没沾过嘴边。①
  감사합니다만, 저는 술을 못 마십니다. 바이주는 물론이고, 맥주조차 입에 대본 적이 없습니다.
- 这种事不用说你了，连我这么大年纪都没经历过。①
  이런 일이라면 너는 말할 나위도 없고, 이렇게 나이 많은 나조차도 경험을 해보지 못했는걸.
- 说老实话，我接触过不少领导同志，他们一般是很少讲自己的，更不用说讲他的家庭、爱人了。②
  솔직히 저는 꽤 많은 지도자들을 접해봤는데, 그들은 보통 자기 이야기를 잘하지 않아요. 집안일이나 부인은 더 말할 필요도 없죠.

不一定

반드시 꼭 ~인 것은 아니다(= 不见得). 확정할 수 없는 사실을 나타낸다. 주로 동사, 형용사 앞에서 부사어로 쓰이지만, 단독으로 어떤 질문에 대한 대답이 될 수도 있다.

- 这雨不一定下得起来。이 비가 꼭 내린다고 할 수는 없다.
- 药吃多了，对病不一定好。약을 많이 먹으면, 병에 꼭 좋다고 볼 수는 없다.
- 屋里开着灯不一定就有人。방 안에 등이 켜져 있다고 해서 꼭 사람이 있다고 볼 수 없다.
- 看来，他不一定会来了。보아하니, 그는 꼭 온다고 할 수 없다.
- 明天不一定能动身。내일 꼭 출발한다고 할 수는 없다.
- 他会来的。(不一定)　그는 올 것이다. (꼭 그렇진 않다)
- 他会同意的。(不一定)　그는 동의할 것이다. (꼭 그렇다고 볼 순 없다)
- 他说他想回来，我看不一定。그는 돌아오고 싶다고 말했지만, 내가 보기에 꼭 그렇지는 않다.

不得不

부득불, 어쩔 수 없이, 부득이하게. 동작이 원하지 않지만 상황에 의해 어쩔 수 없이 행해짐을 나타낸다. 주로 동사 앞에 놓이며, 어기는 只好보다 강하다.

- 我们想不通，不理解，可是又不得不做检查，有时候还是诚心诚意地检查。
  우리는 이해가 안 되지만, 또 어쩔 수 없이 검사를 할 수밖에 없어서 때로는 성심성의껏 검사를 한다.
- 为了回国读大学，他不得不离开中国。
  귀국하여 대학에 다니기 위해, 그는 어쩔 수 없이 중국을 떠났다.
- 由于工作关系，我们不得不暂时分手。
  일 때문에, 우리는 부득이하게 잠시 떨어져 있을 수밖에 없다.
- 飞机票买不到，我们不得不改乘火车。
  비행기표를 살 수 없어서, 우리는 어쩔 수 없이 기차로 갈아탈 수밖에 없다.

不一会儿

곧, 이윽고, 머지않아. 주어 앞이나 뒤에서 종종 부사 就와 결합하여 쓰인다.

- 帮忙的人多，不一会儿会场就布置好了。
  도와주는 사람이 많아서, 얼마 지나지 않아 회의장의 배치를 끝냈다.
- 不一会儿他就把作业做完了。얼마 지나지 않아, 그는 숙제를 끝냈다.
- 他不一会儿就做好饭了。그는 얼마 지나지 않아서 밥을 다 지었다.
- 他不一会儿就被对手击败了。그는 얼마 안 되어 곧 적에게 패하고 말았다.

不好意思
① 미안하다, 쑥스럽다, 계면쩍다. 어떤 일로 인하여 부끄러움을 느끼거나 불안해함을 나타낸다.
② 난처하다, 부끄러워하다. 상황을 고려해볼 때 상당히 불편함을 느끼고 있음을 표현한다.

- 他被大娘夸得有点儿不好意思了。① 그는 아주머니에게 칭찬받고 조금 쑥스러워했다.
- 劳您费心, 不好意思！① 당신을 신경쓰게 했군요. 미안합니다!
- 真不好意思, 又来打扰您。① 정말 미안합니다. 또 당신을 방해했군요.
- 我有点儿不好意思。② 내가 조금 난처하다.
- 他借我的钱至今不还, 可我又不好意思张口要。②
  그는 내게 빌린 돈을 여태 안 갚았어, 그렇다고 내가 자꾸 달라기도 뭐하고.

不是吗
안 그래?, 아니니?. 반문의 어기로 사실을 강조한다. 상대방이 자기의 견해에 동의하기를 바라는 어기를 띤다. 不是와 吗 사이에 목적어를 넣어 사실임을 강조하기도 한다.

- 啊, 咱们自由了, 这是件大好事呀, 不是吗?
  아, 우리는 이제 자유다. 이건 정말 좋은 일이야, 안 그래?
- 于是人们高兴了, 中国女足亚洲绝对第一, 不是吗?
  그래서 사람들은 기뻐했습니다. 중국 여자축구는 아시아의 절대 강자입니다. 안 그런가요?
- 我为的是钱, 而你为的是你的理想。可你不是也不顺心吗?
  나는 돈을 위해서였고, 너는 너의 이상을 위해서였어. 그런데 너도 뜻대로 안 되지 않았니?
- 你不是医生吗? 당신은 의사가 아닙니까?

算了
그만두다, 그뿐이다, 내버려두다(= 作罢). 구어체에서 술어로 쓰이며, 단독으로 사용할 수도 있다.

- 你是真想去呢, 还是说说就算了? 너 진짜 가고 싶은 거니, 아니면 말뿐인 거니?
- 我看算了吧, 别往下说了。내가 볼 땐 됐다고 봐, 그만 말해라.
- 一点小事, 说清楚就算了。작은 일이야, 분명하게 말하면 돼.
- 算了, 我不去了。됐어, 나는 안 가.
- 算了, 大家都别说就完了。됐어, 모두가 말 안 하면 그만이야.

得了
① 됐어, 좋다(= 算了). 구어체에서 동의, 허락 혹은 금지를 나타낸다.
② ~하면 된다. 조사로서, 문장 끝에서 긍정의 어기를 강화하는 역할을 한다.

- 得了, 就这么办。① 됐어. 그럼 이렇게 처리하자.
- 得了, 别说了。① 됐어. 말하지 마.
- 得了吧, 我才不信呢。① 됐거든. 나는 절대 믿지 않아.
- 你走得了, 家里的事不用你操心。② 당신은 가도 돼. 집안일은 당신이 마음 쓰지 않아도 돼.
- 你放心, 我明天一定去, 绝不让生产受到影响就得了。②
  안심하세요. 저는 내일 꼭 갑니다. 절대 생산에 영향을 안 줍니다.

没事儿
① 괜찮다, 신경쓸 것 없다, 건강상 문제될 것 없다
② 별일 없다, 특별한 일이 없다

- 医生要是说没事儿了, 你就可以去工作了。① 의사가 괜찮다고 하면, 너는 일하러 가도 돼.

- 没事儿，疼点儿也没啥。① 괜찮아, 좀 아프더라도 별것 아니야.
- A : 那太麻烦你了。 A : 당신을 너무 번거롭게 해드리는군요.
  B : 没事儿，咱俩可以合睡一张床。① B : 괜찮아요. 우리 둘이 한 침대에서 같이 자면 돼요.
- 没事儿别老打电话。② 별일 없으면 자꾸 전화하지 마.
- 没事儿别上街。② 할 일 없이 거리에 나가지 마.
- 你没事儿别旷课。② 너는 별일 없으면 수업 빼먹지 마.

看样子
보아하니 ~인 것 같다, ~처럼 보인다. 객관적인 상황에 따라 어떤 일의 상태, 추세에 대한 예상이나 판단을 나타낸다. 주로 삽입어로 쓰인다.

- 看样子，今天的作业不能按时交了。 보아하니, 오늘 숙제는 제때에 제출하긴 틀렸다.
- 看样子，你真打算给她手术。 보아하니, 당신은 정말로 그녀에게 수술해줄 생각이군요.
- 看样子，他已经被这所大学录取了。 보아하니, 그는 이미 이 대학교에 뽑힌 것 같다.

有的是
얼마든지 있다, 매우 많다(= 多的是). 주로 구어체에서 목적어를 수반한 술어로 쓰인다.

- 我们那里这种东西有的是。 우리에게는 이런 물건이 많다.
- 北京高级宾馆有的是，怎么住在这儿呢? 베이징에 고급 호텔이 얼마나 많은데, 왜 여기에서 묵니?
- 这几年来大陆旅游的人有的是。 요 몇 년간 중국대륙에 여행 오는 사람이 많다.
- 我有的是事情要做。 나는 해야 할 일이 많다.
- 他家有的是钱。 그의 집에는 돈이 많다.

了不起
대단하다(= 不简单). 흔하지 않거나 쉽지 않은 일에 대해 감탄을 나타낸다. 한정어, 술어, 보어, 목적어 등으로 쓰이는데, 한정어로 만들어 명사를 수식하려면 뒤에 的를 붙이며, 술어로 쓸 때는 앞에 부사 真을 붙인다. 了不起를 목적어로 사용하는 동사는 认为 / 觉得 등으로 한정된다.

- 用肉眼发现了一颗新星，这可是一件了不起的事情。
  육안으로 새로운 별을 발견한 것은 정말 대단한 일이다.
- 约翰做了很了不起的事情，在全国汉语演讲比赛中，获得了一等奖。
  존은 전국 중국어 웅변대회에서 1등을 하는 정말 대단한 일을 해냈어.
- 他能说十多种方言，懂七八种外语，真了不起!
  그는 10여 가지의 방언과 7~8개의 외국어를 알아. 정말 대단해!
- 建筑宏伟壮丽，真了不起! 건축물이 웅장하며 아름답다. 정말 대단해!
- 别把别人的力量看得多么了不起。 다른 이의 힘을 그렇게 대단하다고 보지 마라.
- 成绩是大家做出来的，可他把自己说得那么了不起，好像事情都是他一个人干的。
  성과는 모두가 이뤄낸 것인데, 그는 자신이 대단한 듯 말해, 마치 모든 일을 혼자 다 한 것처럼.
- 自以为了不起。 자기가 대단한 줄 안다.
- 学了这一点儿本事就觉得了不起? 이 정도의 능력을 배웠다고 대단하다고 생각하는 거니?

没什么
① 별것 아니다, 아무것도 아니다, 괜찮다. 상대방의 감사나 미안함에 대한 겸손을 나타낸다.
② 신체의 질병 또는 사물의 고장 등이 심하지 않다. 没事儿과 비슷하다.

- A : 这几天，多亏你。 A : 요 며칠 신세 많이 졌어.
  B : 没什么。① B : 별 말씀을요.

- A：老这样累您，真过意不去。 A: 언제나 이렇게 당신을 힘들게 하니, 정말 몸둘 바를 모르겠어요.
  B：没什么。① B: 괜찮아요. 별것 아니에요.
- 其实这点毛病没什么，不久就会好的。②
  사실 이 정도 병은 별것 아닙니다. 얼마 안 가서 곧 좋아질 거예요.
- 其实没什么，只是你那电瓶电压不够。②
  사실 별것 아냐, 단지 네 전지의 전압이 부족했을 뿐이야.

| 感兴趣 | 흥미를 느끼다, 좋아하는 감정이 생기다. 술어로 쓰이기도 하고, 的/地와 구를 이루어 한정어나 부사어로 쓰이기도 한다. |

- 他对唱歌特别感兴趣。 그는 노래 부르는 것에 대단히 관심이 많다.
- 对跳舞，他不感兴趣。 그는 춤에 관심이 없다.
- 我感兴趣的是太极拳。 내가 흥미를 느끼는 건 태극권이다.
- 他很感兴趣地走上前去。 그는 매우 흥미를 느끼며 앞으로 걸어나갔다.

| 就是说 | 다시 말해서, 그러니까. 즉. 앞의 내용에 자신의 말이나 상대방의 말에 대해 부가 설명을 하거나 판단·확인하는 표현이다. 주어는 없으며 목적어를 가질 수 있고, 앞에 부사 也가 올 수 있다. |

- 他的"自知力"已经恢复了，也就是说，他的病好了。
  그의 '자지력'은 이미 회복했다. 다시 말해, 그의 병은 나았다.
- 他回国了，也就是说，他已经结束了在中国的旅行。
  그는 귀국을 했어. 다시 말해서, 그는 중국에서의 여행을 이미 끝냈어.

| 越来越… | 갈수록, 점점. 시간의 추이에 따라 정도가 증가 혹은 발전함을 나타내며, 하나의 주어만을 갖는다. |

- 天气越来越热。 날씨가 점점 더워진다.
- 事情越来越有希望。 일에 점점 더 희망이 생긴다.
- 我的汉语听力越来越好。 내 중국어 청취력은 점점 더 좋아진다.

| 好容易 / 好不容易 | 가까스로, 힘들게, 어렵사리(= 很不容易). 뒤에서 부사 才가 호응한다. |

- 找了半天，好容易(好不容易)才找到了他。 한참 찾고 나서야, 아주 힘들게 그를 찾아냈다.
- 我好容易才挤上车，却发现丢了一个行李。
  나는 어렵사리 차에 타고서야, 짐 하나를 잃어버린 것을 알았다.
- 这道数学题真难，好容易才做对了。 이 수학 문제는 정말 어려워서, 가까스로 겨우 맞혔다.
- 好容易止住了腹泻，他的腿连站起来都费劲。
  힘들게 설사가 멈췄지만, 그의 다리는 일어서는 것조차도 버거웠다.

| 哪知道 | 어찌 알겠는가. 반문의 어기로써 알 수 없음을 나타낸다. 哪는 의문의 형식을 빌어 부정을 강조한다. |

- 我哪知道那种事？ 내가 그런 일을 어떻게 알겠니?
- 他哪知道我的情况？ 그가 내 상황을 어떻게 알겠니?

- 这又不是我的东西，我哪知道怎么用?
  이건 내 물건도 아닌데, 어떻게 쓰는 건지 어떻게 알아?

谁知道 누가 알았겠는가. 전혀 예상하지 못했거나, 아무도 알지 못함을 나타내는 반어적 표현이다. 단독으로 자주 사용되며, 목적어를 가질 수도 있다.

- 可谁知道那只小猫一进门就没影儿了。
  그 고양이가 들어오자마자 바로 사라져버릴 줄 누가 알았겠어.
- 我本来也不想吃，谁知道，不吃也要交钱！我一气之下也吃下去了。
  나도 원래는 먹고 싶지 않았는데, 누가 알았겠어. 안 먹어도 돈을 내야 하는 걸! 열 받아서 먹어버렸지.
- A：徐大夫不是说，还要检查一下吗? A：닥터 서가 더 검사해봐야 한다고 하지 않았습니까?
  B：谁知道怎么回事? B：어떻게 된 일인지 누가 알겠어요?
- 你能参加当然好，谁知道他愿意不愿意呢?
  네가 참가할 수 있으면 당연히 좋겠지만, 그가 원할지 어떨지를 누가 알겠어?

핵심테스트

해설 p. 35

다음 문장에서 제시어가 들어갈 정확한 위치를 찾아보세요.

1 （A）那个电影（B）你（C）看过吗? 为什么（D）还要看?
   不是

2 （A）他今天的心情不太好，（B）我们（C）不要打扰他了（D）。
   看样子

3 （A）你（B）别找了，（C）钱包（D）丢在这儿。
   不一定

4 （A）我（B）修好了录音机，（C）又让他（D）弄坏了。
   好容易

5 （A）对于这次失误你（B）不要太介意，其实（C）大（D）不了的。
   没什么

6 （A）他的厨艺很高，（B）就（C）做出了好几样（D）特色菜。
   不一会儿

7 （A）你问我（B），我（C）怎么回事儿（D）。
   哪知道

관용어

관용어는 관습적인 의미를 나타내는 고정구문이다. 둘 이상의 글자가 고정적으로 결합되어 한 단어를 이루고 있으며, 이를 임의로 바꿀 수 없다. 관용어가 나타내는 의미는 표면적인 글자의 뜻만으로는 알 수 없고, 고정적으로 특별한 어떤 의미를 나타낸다. 예를들어 开夜车는 야간에 차량운행을 한다는 의미가 아니고 밤새워서 공부하거나 일한다는 의미이다.

핵심 콕콕!

闹着玩儿 장난하다, 농담하다. 가볍고 경솔한 태도로 사람이나 일을 대하다.

- 我们不是吵架，是闹着玩儿呢！ 우리는 싸우는 게 아냐, 장난치고 있는 거지!
- 几个小孩子在小河边闹着玩儿。 몇 명의 아이들은 강가에서 놀고 있다.
- 你要是不会游泳，就别到深的地方去游，这可不是闹着玩儿的。
  너 만약 수영할 줄 모르면, 깊은 곳에 가서 수영하지 마. 이거 절대 농담이 아니야.

闹笑话 / 出洋相 웃음거리가 되다, 창피당하다

- 我刚到广州的时候，因为语言不通，常常闹笑话。
  내가 막 광저우에 왔을 때, 말이 안 통해서, 자주 웃음거리가 됐다.
- 不懂不要乱说，不然非闹笑话不可。
  모르면 아무렇게나 말하지 마. 그렇지 않으면 웃음거리가 될 거야.
- 刚到广州的时候，因为听不懂广州话，我出了不少洋相。
  막 광저우에 왔을 때에 광저우 말을 알아듣지 못해서, 나는 적지 않은 웃음거리가 됐었다.
- 留学生刚到中国，不了解中国的风俗习惯，有时免不了出洋相。
  유학생이 막 중국에 오면, 중국의 풍습과 습관을 알지 못해, 때로는 웃음거리가 되기 마련이다.

开夜车 밤새 공부하거나 일하다

- 都这么晚了，别叫孩子再开夜车了。 벌써 이렇게 늦었네, 애들더러 또 밤새지 말라고 하세요.

- 开了一个晚上的夜车，才把这篇稿子赶出来。
  하룻밤을 꼬박 새고 나서야, 이 원고를 서둘러 끝낼 수 있었다.
- 出版社的约稿快到期了，现在只好开夜车了。
  출판사와 약속한 원고 마감이 다 되어, 지금 밤을 샐 수밖에 없다.

出难题
난처하게 하다, 어렵게 하다, 곤란하게 하다(= 过不去, 为难)

- 孩子故意给妈妈出难题。 아이가 일부러 엄마를 곤란하게 한다.
- 让我去给他们说情，这不是给我出难题吗?
  저더러 그들한테 가서 사정을 이야기 하라는 건, 저를 곤란하게 만드는 게 아닌가요?

有两下子
솜씨, 재주, 능력이 있다. 어느 분야에 능력이 있음을 나타내는 말로, 가벼운 칭찬의 어기를 띤다.

- 他踢球还真有两下子。 그는 축구에 상당한 실력을 갖고 있다.
- 那个演员真有两下子，演得活灵活现。
  그 배우는 상당한 실력을 갖추고 있어, 매우 생동감 있게 연기를 한다.
- 他在唱民歌方面真有两下子。 그는 민요를 부르는 것에 상당한 재주가 있다.
- 这个守门员有两下子，连着接住三个险球。
  이 골키퍼는 대단한 실력을 갖추고 있다. 연속으로 3개의 아슬아슬한 공을 잡았다.

打交道
사귀다, 내왕하다, 교제하다(= 交际, 来往)

- 跟外国人打交道，你得注重礼节。 외국인이랑 교제할 때, 예의범절을 중시해야 한다.
- 我没跟他打过交道。 나는 그와 어울려본 적이 없다.

打招呼
① 인사하다 ② 사전 혹은 사후에 통지하다, 알리다, 말해주다(= 通知)

- 我们互相打招呼，像什么事都没发生过似的。①
  우리는 서로에게 인사를 했다. 마치 아무 일도 없었던 것처럼 말이다.
- 他走过去向警察打招呼。① 그는 경찰에게 다가가 인사를 했다.
- 你什么时候走，请跟老李打个招呼。② 당신이 언제 떠날지, 라오리에게 알려주세요.
- 事先已跟他们打招呼了。② 사전에 이미 그들에게 알렸다.
- 局长见了我非常生气，说我写这样的报告，怎么连招呼也不打。②
  국장님은 나를 보더니 이런 보고서를 쓰면서 어떻게 알리지도 않냐며 매우 화를 냈다.

碰钉子
거절당하다, 퇴짜맞다

- 他本想去讨好别人，结果却碰了个钉子。
  그는 원래 다른 이의 기분을 맞춰주려고 갔는데, 결국은 도리어 거절당했다.
- 我想找他好好谈谈，结果碰了个钉子回来了。
  나는 그를 찾아가 이야기를 잘 좀 하고 싶었지만, 결국은 퇴짜맞고 돌아왔다.

伤脑筋
골치 아프다, 애먹다(= 费心思)

- 这事挺伤脑筋，弄不好会落个鸡飞蛋打。
  이 일은 정말 골머리가 아파서, 잘못하면 아무런 소득도 없게 생겼다.
- 忘了地址使他很伤脑筋。 주소를 잊어버려서, 그를 매우 골치 아프게 만들었다.
- 这是一件很伤脑筋的事。 이것은 매우 골치 아픈 일이다.

走后门
뒷거래하다, 뒤로 손쓰다. 직권이나 관계를 이용하여 규칙을 어겨가며 자신의 이익을 도모함을 가리킨다.

- 在招生录取时，要严格按原则办事，决不允许走后门。
  학생을 뽑을 때는 엄격한 원칙에 따라 일을 처리해야 하므로, 결코 뒷거래를 허용해서는 안 된다.
- 现在建立了市场经济，买东西再也用不着走后门了。
  지금은 시장경제가 확립되어, 물건을 살 때 더 이상 뒷거래를 할 필요가 없다.

走弯路
길을 돌아가다, (경험이 부족하여) 시간이나 힘을 낭비하다. 술어로 쓰인다.

- 由于不懂学习的方法，他走了许多弯路，浪费了很多时间。
  공부하는 방법을 몰라서, 그는 많은 길을 돌아갔고, 많은 시간을 낭비했다.
- 搞市场经济我们还没有经验，免不了走弯路。
  시장경제에 대해서 우리는 아직 경험이 없어, 시간을 낭비하는 건 불가피하다.

不像话
말도 안 된다, 말이 아니다, 아주 안 좋다. 언어나 행동이 사리와 도리에 맞지 않음을 나타낸다. 불만이나 비판이 섞여 있다.

- 这个服务员的态度真不像话。 이 종업원의 태도는 정말 안 좋다.
- 随地吐痰真是不像话。 아무 곳에다 침을 뱉다니 정말 꼴불견이다.
- 不像话，刚来中国没几天就想回国，这样能学好汉语吗?
  말도 안돼, 중국에 온 지 얼마 안 되서 벌써 귀국하고 싶다니, 이래 가지고 중국어를 잘 배울 수 있겠니?

不在乎
신경쓰지 않다, 대수롭지 않게 여기다(= 不理会, 不重视)

- 你在单位什么都不在乎，人家怎么会提你当主任呢?
  당신은 직장에서 아무것도 신경 쓰지 않는데, 다른 사람들이 당신을 어떻게 주임으로 추천을 하겠습니까?
- 别人说什么我才不在乎呢。 남이 뭐라고 하든 간에 나는 개의치 않는다.
- 我才不在乎你们那一套呢! 나야말로 당신들 수작에 신경 안 쓴다.
- 为了掩饰心情的沉重，他故意装出不在乎的样子。
  무거운 마음을 숨기기 위해, 그는 일부러 태연한 척했다.

不由得

① 허용하지 않다, ~하지 않을 수 없다(= 不容). 동사일 경우에는 뒤에 주로 부정적인 의미의 구절이 뒤따르며 그로 인한 필연적인 결과를 나타낸다.
② 자기도 모르게, 저절로(= 不禁). 부사일 경우 어떤 상황에 대한 무의식적인 반응을 나타낸다. 동사 앞에서 주로 부사어로 쓰인다.

- 他说得那么透彻，不由得你不信服。① 그가 그렇게 확실하게 말하는데, 너는 믿지 않을 수 없을 거야.
- 大会的决定，不由得个人不服从。① 총회의 결정은 개인이 복종하지 않을 수 없다.
- 当地人都这么说，不由得你不相信。① 현지인들이 다 이렇게 말하는데, 너는 믿지 않을 수 없을 거야.
- 看到今天的幸福，想起过去的苦难，不由得掉下了眼泪。② 오늘의 행복을 보니, 과거의 고난이 생각이 나서, 자기도 모르게 눈물을 흘렸다.
- 一看到这幅照片，我就不由得想起那激动人心的往事。② 이 사진을 보기만 하면, 나도 모르게 감동적이었던 지난 일이 떠오른다.
- 听到动人的地方，观众不由得鼓起掌来。② 감동적인 부분을 들었을 때, 관중들은 자신도 모르게 저절로 박수를 치기 시작했다.

…就是了

① ~하면 된다. ~해도 좋다. 평서문 끝에서 주저하거나 의심할 필요가 없음을 나타낸다.
② ~일 뿐이다(= 不过 / 只是…就是了 / 罢了). 평서문 끝에서 단지 그뿐임을 나타낸다.

- 我一定按期完成，你放心就是了。① 내가 꼭 제 시간에 끝낼 테니, 너는 안심해라.
- 要知道个究竟，你看下去就是了。① 결말을 알려면, 너는 계속 보면 돼.
- 这事谁不知道，我不过不说就是了。② 이 일을 누가 모르겠니, 내가 말하지 않을 뿐이야.
- 你可别当真，我只是说说就是了。② 진짜로 여기지 마, 나는 그저 말해본 것뿐이야.

别提了

말도 마라, 그런 소리 마. 정도가 높음을 과장의 어기로 나타낸다.
① 문장 끝에 쓰일 경우, 그 앞의 내용은 대체로 감탄의 내용을 담고 있다.
② 别提 + 多 + 형용사 / 동사 + 了 얼마나 ~한지 말도 못한다

- 他那高兴劲儿啊，别提了！ ① 그가 그렇게까지 기뻐하는 모습이라니, 말도 마!
- 比赛开始后，那个激烈啊，别提了！ ① 시합 시작 후, 그 격렬함이란, 말도 마!
- 一看离开车还剩十分钟，这个赶啊，就别提了。① 차 출발 시간이 10분 남았어, 이 초조함이 말야, 말도 못해.
- 一张小嘴别提多会说话了。 ② 작은 입으로 얼마나 이야기를 잘하는지 말도 못한다.
- 这座楼盖得别提多结实了。 ② 이 건물이 얼마나 견고하게 지어졌는지 말도 마.
- 这个人说起话来，别提多啰嗦了。 ② 이 사람이 말을 하기 시작하면 얼마나 시끄러운지 말도 못해.

没说的

① 말할 나위도 없다. 훌륭하다(= 无可挑剔, 非常完美). 칭찬나 보아가 된다.
② 두말할 것도 없다, 문제 없다

- 他的表演简直没说的！ ① 그의 연기는 정말이지 나무랄 데가 없다.
- 他的普通话说得没说的。 ① 그의 표준어는 나무랄 데가 없다.
- 咱们是老朋友，这点儿没说的！ 就交给我了。② 우리는 오랜 친구잖니, 무슨 말이 필요하니! 내게 맡겨.
- 没说的，你的事就是我的事，你放心吧。② 문제 없어, 네 일이 바로 내 일이니까 안심해라.

| **可不是** | 어찌 ~이 아닌가. 반문의 어기로서 동의를 표시한다. |

- A：咱们该去看看赵老师了。 A：우리 자오 선생님 좀 뵈러 가야죠.
  B：可不是嘛。 B：그러게요.
- A：你老今年有60岁了吧? A：올해 예순이시죠?
  B：可不是，今年五月就整整60岁了。 B：그럼요, 올해 5월에 딱 예순입니다.

| **可也是** | 그건 그래. 그러게 말이야. 하긴 그래. 상대방의 의견·견해에 대한 동의나 이해를 나타낸다. 자신도 원래 생각했던 것인데, 의식하지 못했던 경우가 많다. 단독으로 많이 사용한다. |

- A：咱们该去看看老王了。 A：우리 라오왕을 보러 가야죠.
  B：可也是，好久没去了。 B：그러게요, 한참 못 가봤네요.
- A：我们应该出去运动运动。 A：우리 나가서 운동 좀 해야지.
  B：可也是，整天呆在家里怪闷的。 B：그러게 말이야, 하루 종일 집에 있어서 정말 답답해.

| **吹了** | ① (사람 간의 관계가) 깨어지다, 헤어지다
② (일이나 계획이) 틀어지다, 성공하지 못하다, 취소되다 |

- 他吹了几个朋友了。 ① 그는 몇 명의 친구와 틀어졌다.
- 他交的朋友都吹了好几个了。 ① 그가 사귀었던 여러 명의 친구와 관계가 깨졌다.
- 他们又吹了一笔买卖。 ② 그들은 또 거래를 성사시키지 못했다.

| **不见得** | 꼭 ~은 아니다, 반드시 그렇지만은 않다(= 不一定). 我看 / 看样子 등과 함께 사용되면서 주관적인 추측이나 완화된 어기를 나타낸다. 동사, 형용사 앞에서 부사어로 쓰이기도 하며, 단독으로 대답할 수도 있다. |

- 这雨不见得能下起来。 이 비가 반드시 내린다고 볼 수 없어.
- 看来，他不见得会来了。 상황을 보아하니, 그가 꼭 올 거라고 생각되지 않는다.
- 药吃多了，对病不见得好。 약을 많이 먹는다고 해서 병에 꼭 좋다고 생각되지는 않는다.
- A：他会同意的。 A：그가 동의할 것이다.
  B：不见得。 B：꼭 그렇지만은 않아.
- A：天气不再热了。 A：날씨가 더 이상 더워지지 않을 거야.
  B：不见得。 B：꼭 그렇다고 볼 순 없어.

| **无所谓** | ① 그렇다고 할 수는 없다, 말할 것이 없다(= 说不上, 谈不到)
② 상관 없다, 괜찮다(= 不介意, 不计较, 不在乎) |

- 咱们互相学习，无所谓指教。 ① 우리 서로에게서 배우자, 그렇다고 가르친다고 할 수는 없고.
- 我只是来看看大家，无所谓视察。 ①
  저는 그저 여러분을 만나러 왔을 뿐입니다. 시찰이라고 할 수는 없어요.
- 去不去我都无所谓。 ② 가든 안 가든 나는 다 상관없다.
- 他们接受不接受她的邀请，她认为都无所谓。 ②
  그들이 그녀의 초대를 받아들일지 말지에 대해, 그녀는 다 상관없다고 생각한다.

对得起 | 당당하다, 떳떳하다, 면목이 서다, 볼 낯이 있다(= 对人无愧, 不辜负)

- 我这样做已经对得起你了。 제가 이만큼 했으면, 이미 당신을 뵐 면목은 섰습니다.
- 只有学好功课，才对得起老师。 공부를 잘해야만이, 비로소 선생님 뵐 면목이 있다.

忍不住 | 참지 못하다, 억제하지 못하다(= 抑制不住)

- 她终于忍不住了，流下了激动的泪水。 그녀는 결국 참지 못하고, 감동의 눈물을 흘렸다.
- 我忍不住大笑起来。 나는 참지 못하고 크게 웃어 버렸다.

这样一来 | 이리하여, 이렇게 되어

- 这样一来，我们的问题就好解决了。 이렇게 하여, 우리의 문제는 곧 쉽게 해결되었다.
- 中国越来越重视环境，这样一来，外商投资也会不断增加。
  중국은 점점 환경을 중시한다. 이렇게 되면, 외국 상인의 투자도 끊임없이 증가할 것이다.

不怎么样 | 별로 좋지 않다(= 不好, 不太好). 불만스럽거나 찬성할 수 없음을 나타낸다. 술어가 될 수도 있고, 단독으로 대답할 수도 있다.

- 这部电影我觉得不怎么样。 이 영화 내 생각에는 별로야.
- 这个人不怎么样。 이 사람은 별로야.
- 你这个主意不怎么样。 이 방법은 그리 좋지 않다.
- 故事并不怎么样，但是有些情节很感人。 이야기는 별로지만, 어떤 상황에서는 감동적이다.
- A: 你这次HSK考得怎么样? A: 너 이번 HSK 잘 봤니?
  B: 不怎么样。 B: 별로.

핵심테스트

해설 p. 36

다음 문장에서 제시어가 들어갈 정확한 위치를 찾아보세요.

1. (A) 我们 (B) 没什么交往，只是 (C) 见面时 (D) 而已。
   　　　　　　　　打个招呼

2. (A) 每次经过那家鲜花店，他都 (B) 往里面 (C) 看两眼 (D)，因为那是他初恋的地方。
   　　　　　　　　忍不住

3. 虽然他平时 (A) 不爱说话，(B) 可在辩论中 (C) 比别人 (D) 差。
   　　　　　　　　不见得

4. (A) 听到熟悉的音乐，(B) 小张 (C) 想起了往事 (D)。
   　　　　　　　　不由得

04 사자성어

성어는 사람들이 장기간에 걸쳐 사용해온 간결한 형식의 고정표현이다. 성어는 중국어 숙어 가운데 가장 중요한 부분으로, 사용 빈도가 매우 높으며 성어에 익숙해야만 중국어 어휘의 진수에 정통할 수가 있다.

핵심 콕콕!

成千上万 | 수천수만. '成千上万 + 的 + 명사' 형식의 한정어로 쓰이거나 술어로 쓰이며, 대단히 많은 수를 형용한다.

- 奥运赛场上的比赛牵动着成千上万人的心。
  올림픽 경기장에서의 경기는 수많은 사람의 마음을 움직인다.
- 每当节日升国旗的时候，天安门广场都聚积着成千上万的人。
  기념일에 국기를 게양할 때마다, 천안문광장에는 수많은 사람들이 모여든다.
- 游行的人们成千上万，大家的斗志极高。
  시위하는 사람은 매우 많으며, 모두의 투지 또한 매우 강하다.

粗心大意 | 세심하지 못하고 부주의하다, 소홀하다(= 不细心，随便马虎). 주어, 술어, 목적어로도 사용되며, 的와 함께 한정어로 쓰이기도 한다.

- 他是个典型的粗心大意的人，做什么事都让人放心不下。
  그는 전형적인 부주의한 사람이라, 무슨 일을 하든 다른 사람을 불안하게 한다.
- 你这粗心大意的毛病什么时候才能改掉呢。
  너의 이 꼼꼼하지 못한 결점은 언제쯤이면 고쳐지겠니.
- 你太粗心大意了。 너는 너무 부주의해.
- 这件事政策性很强，千万不能太粗心大意。
  이 일은 정책성이 매우 강하다. 절대 경솔해서는 안 된다.
- 粗心大意是要坏事的。 세심하지 않으면 일을 그르칠 것이다.
- 处理这类事情，一定要小心谨慎，避免粗心大意。
  이런 류의 일을 처리할 때는 반드시 조심하고 신중해야 하며, 부주의해서는 안 된다.

聚精会神
정신을 집중하다, 주의력을 고도로 집중하다, 열중하다. 부사어가 될 경우 뒤에 조사 地를 사용하고, 한정어로 쓰일 경우 뒤에 的를 쓴다. 그밖에 술어가 되기도 한다.

- 即使在喧闹的茶馆里，他也能聚精会神地读书。
  설사 떠들썩한 찻집에 있어도, 그는 역시 집중하여 책을 읽을 수 있다.
- 看着他聚精会神的模样，我真不忍打扰他。
  그의 열중하는 모습을 보며, 나는 차마 그를 방해하지 못하겠다.
- 无论工作到多晚，他总是聚精会神的。
  늦게까지 일을 함에도 불구하고, 그는 항상 집중해서 일한다.

千方百计
온갖 방법, 계략을 다하다. 地와 함께 부사어로 쓰인다.

- 他千方百计地营救自己的战友。 그는 온갖 방법으로 자신의 전우를 구했다.
- 在这场角逐中，双方都千方百计地争取主动。
  이 경쟁에서, 양측 모두는 갖은 방법으로 주도권을 쟁취한다.
- 一个在事业上积极进取的人，总是千方百计地争取主动。
  사업에서 적극적이며 진취적인 사람은 언제나 온갖 방법으로 주도권을 쥔다.

无可奈何
어쩔 수 없다, 방법이 없다(= 没有办法). 觉得 / 感到 뒤에서 목적어로 쓰이기도 한다. 的와 함께 한정어로 쓰이거나, 地와 함께 부사어로 쓰이기도 한다.

- 在顽皮的小孙子面前，老奶奶实在无可奈何。
  개구쟁이 손자 앞에서, 할머니는 정말 어찌할 도리가 없다.
- 看到他无可奈何的表情，就知道这次比赛他发挥得很不好。
  그의 당황하는 표정을 보면, 그가 이 시합에서 실력 발휘를 잘하지 못했다는 것을 알 수 있다.
- 深更半夜碰上这醉汉，大家都感到无可奈何。
  야심한 밤에 이런 취객을 만나서, 모두들 어쩔 수 없음을 느꼈다.
- 看到修好的电脑又坏了，他无可奈何地摇摇头。
  수리를 끝낸 컴퓨터가 또 고장난 걸 보더니, 그는 어찌할 방도가 없는 듯 고개를 흔들었다.
- 说理他不听，又不许打骂，小刘觉得无可奈何了。
  이치를 설명해도 그는 들으려 하지 않고, 그렇다고 때리고 혼낼 수도 없으니, 샤오리우는 어찌할 방법이 없었다.

兴高采烈
매우 흥겹다, 기뻐서 어찌할 바를 모르다. 술어, 한정어, 부사어, 보어 등으로 쓰인다.

- 参加晚会的人们，个个兴高采烈。 저녁파티에 참석한 사람들 모두가 흥겨워했다.
- 同学们兴高采烈地回到了学校。 친구들은 매우 기쁘게 학교로 돌아왔다.
- 这场赛车表演很精彩，他们看得兴高采烈。
  이번 스포츠카 쇼가 매우 훌륭해서, 그들은 흥겹게 구경했다.
- 听到儿子考上大学的消息，全家人都兴高采烈。
  아들이 대학에 합격했다는 소식을 듣고, 온 집안 사람들은 모두 기뻐서 어찌할 바를 몰랐다.

自始至终
시종일관, 처음부터 끝까지(= 一贯如此). 부사어로 쓰인다.

- 他来中国后，自始至终坚持学习汉语。
  그는 중국에 온 이후로, 시종일관 꾸준하게 중국어 공부를 해나갔다.
- 他自始至终一个人生活。그는 시종일관 혼자서 생활한다.

自相矛盾
자가당착, 자기모순이다. 的와 함께 한정어로 쓰이거나, 술어가 되기도 한다.

- 他昨天说的和今天说的自相矛盾。그가 어제 한 말과 오늘 한 말의 앞뒤가 맞지 않다.
- 这是自相矛盾的论据。이것이 자신의 말과 행동이 모순된다는 증거이다.
- 他做的和说的自相矛盾。그는 행동과 말이 앞뒤가 맞지 않는다.

画蛇添足
화사첨족. 쓸데없는 짓을 하다, 사족을 더하다. 불필요한 일을 해서 오히려 부적당하게 되다. 주로 부정적인 방면에 쓰이며, 술어나 부사어가 된다.

- 写完了这篇文章，怕别人不懂我的意思，我于是又画蛇添足地写了一段后记。
  이 문장을 다 쓰고 나서, 다른 사람들이 내 뜻을 이해 못할까봐, 나는 사족을 붙여 후기를 한 단락 더 썼다.
- 老师叫我补充他的发言，我怕画蛇添足，婉言谢绝。
  선생님은 나더러 그의 발언에 대해 보충을 하라고 했지만, 나는 쓸데없는 짓을 하게 될까봐, 완곡한 말로 정중히 거절했다.

实事求是
사실에 입각하다, 사실에 토대하여 진리를 탐구하다. 과장이나 축소함 없이, 엄격하게 객관적인 사실에 근거하여 일을 처리하다. 주어, 술어, 부사어로 쓰이며, 的와 함께 한정어로 쓰일 수도 있다.

- 我们对待问题应该实事求是。우리는 문제를 대할 때 사실을 근거로 해야 한다.
- 这种态度就是实事求是的态度。이런 태도야말로 바로 실사구시적인 태도이다.
- 他实事求是地把事情的经过说了一遍。그는 사실대로 이 일의 과정을 한 번 이야기했다.
- 实事求是是我们党的优良传统和作风。
  사실을 토대로 진리를 탐구하는 것이 우리 당의 훌륭한 전통과 태도이다.

无论如何
어쨌든, 아무튼, 어찌되었든, 어떻게 해서든지(= 不管怎么样). 상황이나 조건이 어떻게 변하든지 관계 없이 그 결과는 마찬가지임을 가리킨다. 부사어로 쓰이면, 주어나 술어 앞에 위치한다.
① 无论如何 + 주어 + 술어
② 주어 + 无论如何 + 술어

- 无论如何你也不能走。① 어찌됐든 너도 가면 안 된다.
- 这问题无论如何要赶快解决。② 이 문제는 어떻게 해서든지 빨리 해결해야 한다.
- 这次HSK我无论如何也得参加。② 이번 HSK를 어찌되었든 간에 나는 볼 것이다.

总而言之

① 요컨대, 결론적으로, 전체적으로 말해서. 다음의 말이 전체적으로 요약하는 말임을 표시한다. 일반적으로 구, 절의 앞에 위치하며, 줄여서 总之라고 하기도 한다.
② 아무튼, 어쨌든(= 反正). 총괄적인 결론을 나타낸다.

- 总而言之，我们要主动。① 결론적으로 말하자면, 우리는 능동적이어야 한다.
- 工厂、商店、学校、机关，总而言之，各行各业都在为国家建设服务。①
  공장, 상점, 학교, 기관 등 전체적으로 말하면, 각 업종마다 모두 국가 건설을 위해 헌신한다.
- 不管你们哪个去，总而言之要去一个。② 너희들 중 누가 가든지, 어쨌든 하나는 가야 해.
- 这时候的心情是很难形容的，总而言之，非常激动。②
  이럴 때의 마음은 형용하기 매우 힘들다. 아무튼, 정말 흥분된다.

핵심테스트
해설 p. 36

다음 문장에서 제시어가 들어갈 정확한 위치를 찾아보세요.

1 （A）看看儿子比自己（B）还难过，（C）父亲（D）摇摇头，走了。
   无可奈何地

2 （A）别的事（B）都好商量，（C），这件事我（D）不能帮忙。
   总而言之

05 고정격식

고정격식은 여러 가지 성분들이 결합하여 일정한 틀을 이루어 의미를 나타내는 형식을 가리킨다. 이들은 반드시 고정된 단어와 어울려 의미를 이루는데, 이러한 것을 搭配한다고 말한다. 이 어울리는 단어들을 잘 알아두어야 중국어 문장을 파악하기 쉽다.

핵심 콕콕!

…之前 ~이전. 주로 서면어에서 기준이 되는 시간보다 앞선 시간을 표시한다. 명사, 대사, '수량사 + 명사', 동사, 동사구 등과 결합할 수 있다. 결합한 단어의 뜻에 따라 시간 순서, 동작의 발생 순서, 상황의 순서를 가리킨다.

- 考试之前，我们应把这些内容复习完。 시험 전에, 우리는 이 내용의 복습을 끝내야 한다.
- 去年国庆节之前我还在上海呢。 작년 국경절 전에 나는 여전히 상하이에 있었다.
- 这之前，我们从没见过面。 이 이전에, 우리는 여태껏 만난 적이 없다.
- 十点之前我不在家，别来找我。 10시 이전에 나는 집에 없으니까, 나를 찾으러 오지 마라.
- 回国之前我一定去参观长城。 귀국 전에 나는 꼭 만리장성에 견학 갈 거다.

…之后 ~이후. 주로 서면어에 쓰여, 기준이 되는 시간보다 늦은 시간을 뜻한다. 명사나 동사, 동사구 등과 결합하며, 결합한 단어의 의미에 따라 시간 순서, 동작의 발생 순서, 상황의 순서, 장소의 앞뒤를 가리킨다.

- 五分钟之后，他会来的。 5분 후에는 그가 올 거다.
- 从那之后，我们学习都很努力。 그때 이후로, 우리는 모두 정말 열심히 공부한다.
- 起床之后，应该到室外活动活动。 기상 후에, 실외로 가서 운동을 좀 해야 한다.
- 小张说完之后，大家都笑了起来。 샤오장이 말을 끝낸 후, 모두 웃기 시작했다.
- 大厅之后，才是饭厅。 홀 다음에서야 비로소 식당이다.
- 运动场上走在北京队之后的是辽宁队。 경기장에서 베이징팀 뒤에 걷는 팀은 랴오닝팀이다.

…之上 ~의 위에. 어느 기준보다 높거나 앞서는 것을 나타낸다. 반드시 이음절 이상의 명사와만 결합한다.

- 云层之上是万里晴空。 구름 위에는 끝없이 펼쳐진 맑은 하늘이 있다.
- 雪线之上终年积雪。 설선 위에는 일년 내내 눈이 쌓인다.

　　雪线 : 높은 산 따위에서 사철 눈이 녹지 않는 부분과 녹는 부분의 경계선

…之下
~의 아래. 어느 기준보다 낮거나 뒤에 있음을 나타낸다. 반드시 이음절 이상의 명사와만 결합한다.

- 宜昌之下，江面逐渐放宽。 이창 아래부터는 강이 점점 넓어진다.
- 总指挥部之下的各级领导机制都应健全起来。
  총 지휘부 밑에 있는 각급의 지도 시스템은 모두 갖춰져야 한다.

…之中
~가운데, ~안에, ~하는 중에. 명사와 결합했을 경우에는 장소·시간·범위·상황이나 상태 등이 일정한 경계 안에 있음을 의미하고, 동사와 결합했을 경우에는 동작이 진행 중이거나 상태가 지속되고 있음을 뜻한다. 특히 상태의 지속을 나타낼 때는 전치사 在와 결합하여 在…之中으로 쓰기도 한다.

- 森林之中一片寂静。 숲속은 온통 고요뿐이다.
- 会场之中灯火通明。 회의장 안의 등불은 매우 밝다.
- 假期之中，我去了北京。 방학 기간 중에, 나는 베이징에 갔다.
- 这两年之中，我只写了三篇文章。 요 2년 동안, 나는 겨우 세 편의 글을 썼다.
- 计划之中没有这个项目。 계획 중에는 이 항목이 없다.
- 会谈之中，双方友好地交换了看法。 회담에서, 쌍방은 우호적으로 의견을 교환했다.
- 营业在进行之中。 영업 중에 있다.
- 剧本正在写作之中。 극본을 지금 쓰고 있는 중이다.

从…之中
~로부터

- 病人从昏迷之中苏醒过来。 환자는 정신을 잃은 상태에서 깨어났다.
- 从群众之中来，到群众之中去。 군중 가운데에서 나와, 군중 속으로 간다.

在…之中
~의 가운데

- 会见在友好的气氛之中进行。 회견은 우호적인 분위기에서 진행 중이다.
- 讨论之中发现了一些新问题。 토론하는 중에 새로운 문제들을 발견했다.

在…方面
~방면에서. 방면이나 범위를 나타낸다.

- 我在学习方面，经常得到老师的帮助。 나는 공부하는 데 있어서, 늘 선생님의 도움을 받는다.
- 在教学方面，他做得很优秀。 교육 분야에서, 그는 매우 우수하다.

从…以后
~이후. 현재 혹은 어느 시간 보다 뒤의 시간을 표시. 사이에 명사, 동사, 구 등이 들어가 부사어가 된다.

- 从三月以后，我就没收到他的信。 3월 이후로, 나는 그의 편지를 받지 못했다.
- 从有病以后，他的身体一天不如一天。 병이 생긴 이후, 그의 몸은 하루가 다르게 나빠지고 있다.

在…以前
~이전. 현재 혹은 어느 시간보다 이른 시간을 표시. 사이에 명사, 동사, 구 등이 들어가 부사어가 된다.

- 在你离校以前，一定把作业做完。 너는 학교를 떠나기 전에, 반드시 숙제를 끝내야 한다.
- 约翰在回国以前，要去西安看看。 존은 귀국하기 전에, 시안을 좀 보러 가려고 한다.

在…上
~상, ~방면에서, ~ 위에. 동작 혹은 상태의 시간·공간상의 범위·측면·분야·조건 등을 나타낸다. 사이에는 주로 명사성 단어 혹은 동사성 단어가 들어간다.

- 一年来，他在学习上有很大的进步。 1년간, 그는 학습 측면에서 매우 많은 발전이 있다.
- 我们要在发展经济的基础上逐渐改善人民生活。
  우리는 경제발전의 토대 위에서 국민들의 생활을 점차적으로 개선해야 한다.

在…下
~하에, ~으로. 동작 혹은 상태의 전제 조건을 표시. 사이에는 주로 명사성 단어 혹은 동사성 단어가 들어간다.

- 在老师和同学们的帮助下，玛丽进步很快。
  선생님과 학우들의 도움으로, 메리는 매우 빨리 발전했다.
- 在下雪的情况下，容易发生交通事故。 눈이 오는 상황에서는 교통사고가 쉽게 발생한다.

在…中
~ 중에, ~하는 가운데. 동작이나 상태의 환경·범위·시간·조건 등을 나타낸다. 사이에는 주로 명사성, 형용사성 혹은 동사성 단어가 들어간다.

- 我们要在教学中不断总结经验。 우리는 교육 중에 끊임없이 경험을 쌓아야 한다.
- 我们在学习中增长知识。 우리는 학습하는 중에 지식을 넓힌다.

从…出发
~에서 출발하여, ~에서 시작하여. 장소명사와 결합하면 출발하는 공간적 기점을 나타내고, 일부 추상명사들과 결합하여 문제를 고려하거나 처리할 때의 출발점 또는 관점을 표시한다.

- 从我家出发到学校，需要20分钟。 우리집에서 출발해서 학교까지는 20분이 소요된다.
- 他们的旅行将从这里出发。 그들의 여행은 여기서부터 출발할 것이다.
- 我们要从全局出发，妥善处理这个问题。
  우리는 전체적인 국면에서 시작하여, 이 문제를 적절히 처리해야 한다.
- 考虑问题要从实际需要出发。 문제를 고려할 때는 실질적인 필요에서부터 출발해야 한다.

以…为中心
~을 중심으로 하다, ~을 위주로 하다

- 学校应以教学为中心。 학교는 교육을 중심으로 해야 한다.
- 学生要以学习为中心。 학생은 공부를 중심으로 삼아야 한다.

当… 的时候

~할 때. 동작이나 상황이 발생할 때를 나타낸다. 사이에는 주로 동사성 단어나 구, 절이 들어가며 주어의 앞에 많이 위치한다. 当 앞에 正을 붙여 상황이 발생 중임을 강조할 수 있다.

- 当你遇到困难的时候，一定要坚持下去。
  당신이 어려움에 봉착했을 때, 반드시 지속해나가야 한다.
- 当我从教室回来的时候，他已经睡觉了。 내가 교실로 돌아왔을 때, 그는 이미 자고 있었다.
- 当他八岁的时候，父亲带着他来到北京。 그가 8살 때, 부친은 그를 데리고 베이징에 왔다.

为A而B

A을 위해서 B하다

- 我们要为实现自己的理想而努力学习。
  우리는 자신의 이상을 실현하기 위해 열심히 공부해야 한다.
- 正确地使用祖国的语言，为语言的纯洁和健康而努力。
  정확하게 조국의 언어를 사용하여, 언어의 깨끗하고 건강함을 위해 노력하자.
- 全世界人民都在为早日实现世界和平而努力工作。
  전 세계 사람들은 세계 평화를 하루 빨리 실현하기 위해 모두 열심히 일하고 있다.

由…组成

~으로 이루어지다, ~으로 구성되다. 구성요소를 나타낸다.

- 我们班的学生由日本、韩国、美国留学生组成。
  우리 반의 학생은 일본, 한국, 미국 유학생으로 구성되어 있다.
- 人体是由各种细胞组成的。 인체는 각종 세포들로 이루어져 있다.

在…看来

~(가) 볼 때. 사이에는 주로 사람을 나타내는 명사, 대사가 들어가 사물이나 상태에 대한 주관적인 판단이나 예상을 나타낸다.

- 这件事情的发生，在我们看来不是偶然的。 이 일의 발생은 우리가 봤을 때 우연이 아니다.
- 在老师看来，不完成作业的学生不是好学生。
  선생님 입장에서 보면, 숙제를 안 한 학생은 좋은 학생이 아니다.

不知道… (才)好

~해야 좋을지 모르겠다. 일시적으로 방법이 떠오르지 않거나 결정 내릴 수 없음을 나타낸다. 不知道와 好 사이에는 의문대사를 포함한 의문구가 온다. 好 앞에는 부사 才를 놓을 수 있다.

- 这么多玩具，我不知道买哪种(才)好。
  이렇게 많은 장난감 중에서, 나는 어떤 걸 사야 좋을지 잘 모르겠다.
- 这题目我真不知道怎么回答(才)好。
  이 문제를 나는 정말 어떻게 대답을 해야 좋을지 잘 모르겠다.
- 对我帮助这么大，真不知道怎么感谢(才)好。
  제게 이렇게 큰 도움을 주시다니, 정말 어떻게 감사를 해야 좋을지 모르겠습니다.

拿…来说
~을(를) 예를 들어 말하자면, ~의 경우를 말하자면. 실례를 들어서 자기의 의견 혹은 관점이 옳음을 강조한다. 拿 앞에는 부사 就를, 说 뒤에는 어기조사 吧를 사용할 수 있다.

- 拿汉字来说，是外国人学习汉语的难点。
  한자의 경우, 외국인이 중국어를 공부할 때의 어려운 점이다.
- 搞什么工作都不容易。就拿你们写小说来说，几十万字连成句子就不简单。
  무슨 일을 하든 다 쉽지 않아. 너희들이 소설을 쓴다는 것을 가지고 얘기를 하자면, 몇 십만 글자를 문장으로 연결시킨다는 건 그리 간단한 게 아냐.

跟(和)…过不去
~을(를) 괴롭히다, 못살게 굴다, 난처하게 하다

- 我看他是成心跟我过不去。 내가 볼 때 그는 일부러 나를 괴롭히려는 거다.
- 请放心，他不会跟你过不去的。 안심해라. 그는 너를 난처하게 하지 않을 거다.

为A所B
A에 의해 B되다. 为 뒤에 명사가, 所 뒤에 동사가 온다. 즉, '주어 + 为 + 명사 + 所 + 동사' 형식을 가지며, 피동의 의미를 나타낸다.

- 我们不能为表面现象所迷惑。 우리는 외적인 현상에 현혹되어서는 안 된다.
- 结论已为实践所证明。 결론은 이미 실천에 의하여 증명되었다.
- 20年前科学家提出的这一论断，今天已为科学实践的事实所证实。
  20년 전 과학자가 제시했던 이 논단은, 오늘날 이미 과학 실천적 사실에 의해 증명되었다.

对…来说
~에게 있어서, ~로서는, ~에 대해 말하자면. 설명하고자 하는 내용과 인물과의 관계를 강조한다. 来说를 说来로 쓰기도 한다.

- 对勇敢者来说，没有克服不了的困难。 용감한 자에게는, 극복해내지 못할 어려움이란 없다.
- 对我来说，目前最重要的是学好一门外语。
  나에게 있어서, 지금 제일 중요한 것은 외국어 하나를 잘 배워두는 것이다.

到…为止
~까지. 到와 为止 사이에는 주로 시간사가 놓여 시간이 끝나는 시점을 나타낸다. 주로 문장 앞에 위치하며 동사 앞에서 부사어로 쓰인다.

- 到目前为止，我校已招收留学生500人。
  지금까지, 우리 학교에서는 이미 500명의 유학생을 모집하였다.
- 到上个月为止，这个企业创产值超亿元。
  지난 달까지, 이 기업에 생산액은 1억 위안을 넘어섰다.
- 到上世纪为止，我国工农业生产总值实现翻两番。
  지난 세기까지, 우리나라의 공업 및 농업 생산총액은 세 배로 증가했다.

应…邀请
~의 초청으로, ~의 초청에 응하여. 주로 서면어에서 쓰이며 应 뒤에는 초청한 사람이나 조직이 위치한다.

- 应我校校长的邀请，美国加州大学代表团将于下月访问我校。
  우리 학교 교장의 초청으로 미국 캘리포니아대학 대표단은 다음 달에 우리 학교를 방문할 것이다.

- 应加拿大中文协会邀请，李老师将前往加拿大讲学。
  캐나다 중국어 협회 초청으로, 이 선생님은 캐나다에 강의하러 갈 것이다.

要是 / 如果…的话

만약 ~ 이라면

- 要是你有兴趣的话，咱们一起去。 만약 네가 흥미가 있으면, 우리 같이 가자.
- 坐船去也好，要是车太挤的话。 배 타고 가는 것도 좋지, 만약 차가 너무 비좁다면 말이야.
- 如果有空的话，请你来一趟。 만약 시간이 있으시면, 당신이 이곳에 한 번 와주셨으면 합니다.
- 昨天如果你能及时赶来的话，就可以一同去游长城了。
  어제 만약 당신이 제때에 왔으면, 만리장성을 같이 구경할 수 있었을 텐데.

一来A，二来B

첫째는 A 둘째는 B. 원인이나 목적을 열거한다.

- 我决定提前跟他一起走，一来路上有个伴儿，二来可以早点回去。
  나는 그와 함께 먼저 출발하기로 결정을 했어. 첫째는 가는 길에 벗도 생기는 데다가, 둘째는 또 일찍 돌아갈 수도 있으니까.
- 王老师决定去一趟北大，一来为了看望老同学，二来查一些资料。
  왕 선생님은 베이징대학에 한 번 다녀오기로 결정을 내렸다. 첫째는 옛 학우를 만나보기 위해서이고, 둘째는 자료들을 찾아보기 위해서이다.
- 我对北京特别有感情，一来那里有很多名胜古迹，二来我在那里学过几年汉语。
  나는 베이징에 특별한 애정이 있어. 첫째는 그곳에 많은 유명한 명승고적들이 있고, 둘째는 그곳에서 몇 년간 중국어를 공부한 적이 있어서야.

左…右…

이쪽에서도 저쪽에서도, 빈번히 ~하고 또 ~하다. 격식 중간에 동일하거나 가까운 의미의 동사를 넣어, 같은 동작의 반복을 강조한다.

- 父母左说右说，孩子就是不听。 아무리 부모님이 말을 해도, 아이들은 도대체 듣지 않는다.
- 他左思右想，还是拿不定主意。 그는 아무리 생각을 해봐도, 여전히 결정을 내릴 수 없었다.
- 这篇文章，他左改右改，还是不太满意。
  이 문장을 그는 고치고 또 고쳤지만, 여전히 그다지 만족스럽지 않았다.
- 他走得很慢，左顾右盼，像在寻找什么。
  그는 천천히 걷다가, 이리저리 두리번거리는 것이, 마치 뭔가를 찾고 있는 듯했다.

时A时B

때로는 A했다가 때로는 B했다가(= 时而A时而B). 격식 사이에 의미가 반대이거나 대조되는 단음절 동사 혹은 형용사를 넣는다.

- 这时冷时热的天气最容易使人感冒。 추웠다 더웠다 하는 날씨는 감기에 걸리기 쉽다.
- 那个老人跑得时快时慢，有点吃力。
  그 노인은 빨리 뛰었다 천천히 뛰었다 하는 것이 좀 힘들어한다.
- 老师讲课的声音时高时低，悦耳动听。
  선생님께서 수업하실 때 소리를 높였다 낮췄다 하는 것이 듣기가 좋다.

不A不B

A하지도 않고 B하지도 않다(= 既不A也不B). 상대적인 의미의 단어를 나열할 때 사용한다. 적당하고 딱 알맞다는 의미를 나타내기도 하고, 난처하고 어정쩡한 중간 상태를 가리키기도 한다.

- 不大不小 크지도 않고 작지도 않다
- 不肥不瘦 뚱뚱하지도 않고 마르지도 않다
- 不多不少 많지도 적지도 않다
- 不上不下 진퇴양난 / 막상막하

走…走…

왔다 갔다 돌아다니다. 상반되거나 상대적인 의미를 가진 단음절 동사가 각각 사이에 들어가서 동작의 반복을 나타낸다.

- 他在屋子里走来走去，在思考一个重要的问题。
  그는 집 안에서 왔다갔다하며, 중요한 문제를 고민하고 있다.
- 他每天总是走东走西，不知道在忙些什么。
  그는 매일 여기저기 돌아다니는데, 뭐가 그리 바쁜지 모르겠다.

说A就A

A한다고 했으면 바로 A하다. 동일한 동사를 넣어 동작이 짧은 시간에 발생함을 나타낸다.

- 我们说走就走，决不耽误一分钟。
  우리는 간다고 했으면 간다. 절대 1분도 지체하지 않을 것이다.
- 大家说干就干，谁都希望快点儿完成任务。
  모두 한다고 했으면 즉시 한다. 다들 빨리 임무를 완성하길 원한다.
- 他的灵感来了，拿起笔说写就写。
  그는 영감이 떠오르자, 펜을 집어 들고 곧바로 생각한 대로 썼다.

忽A忽B

A했다가 B했다가 하다. 상반된 의미의 단음절 형용사를 사용하여 이랬다 저랬다 함을 나타낸다.

- 这几天的天气忽冷忽热，注意别感冒。
  요 며칠 날씨가 추웠다 더웠다 하니, 감기 걸리지 않게 조심해라.
- 老师讲课的声音忽高忽低，同学们听得入了神。
  선생님께서 수업할 때 소리를 높였다 낮췄다 해서, 학생들은 선생님의 이야기에 푹 빠졌다.

一A一B

하나는 A하고 또 하나는 B하다. 대조적인 의미의 단음절 형용사를 넣어 서로 상반된 상황을 나타낸다.

- 两把椅子在房间里一东一西地放着。
  방 안에 의자 두 개가 하나는 동쪽, 하나는 서쪽에 놓여 있다.
- 这两根棍子一长一短。 방망이 두 개 중 하나는 길고 하나는 짧다.

多…多…

가까운 의미의 단어를 넣어 일정한 정도를 나타낸다.

- 这里的鲜花多种多样，你随便挑吧。 이곳의 꽃은 다양하니, 네 마음대로 골라라.
- 他是一位多才多艺的老师。 그는 다재다능한 선생님이시다.

- 多劳多得，少劳少得，不劳不得。
  많이 일한 만큼 많이 얻고, 적게 일한 만큼 적게 얻고, 일하지 않으면 얻는 게 없다.

各…各… 의미가 가까운 명사를 넣어, 여러 가지의 다양함을 나타낸다.

- 服装店里挂满了各式各样的衣服。 옷가게에는 각양각색의 옷이 다 걸려 있다.
- 各行各业都积极为灾区捐款。 각계각층에서 적극적으로 재해지역에 기부를 했다.

或A或B A하든가 아니면 B하든가. 의미가 상반된 단음절 형용사를 넣어 선택관계를 나타낸다.

- 这次实验失败或多或少有你的责任。 이번 실험의 실패는 크던 작던 네게 책임이 있다.
- 我们一定会成功的，只是或早或晚的事罢了。
  우리는 꼭 성공할 것이다. 단지 빠른지 늦던지가 문제일 뿐이다.

能A善B A도 잘하고 B도 잘하다. 의미가 가까운 동사, 명사를 넣어 두 가지 능력을 갖추었음을 나타낸다.

- 这个小女孩能歌善舞，很招人喜欢。
  이 여자 아이는 춤도 잘하고 노래도 잘해서 사람들이 매우 좋아한다.
- 能言善辩的他，外表看起来似乎很内向。
  말주변이 뛰어난 그는, 겉보기에는 매우 내성적으로 보인다.

四…八… 사방팔방으로, 각 방면. 四와 八의 뒤에 의미가 비슷하거나 통하는 두 개의 단음절 단어를 넣어 각각의, 또는 모든 방면을 나타낸다.

- 我们的同学从四面八方来到这里。 우리의 친구들은 곳곳에서 이곳으로 왔다.
- 我家乡的交通很方便，四通八达的。 내 고향은 교통이 매우 편리하며, 사방으로 연결되어 있다.

…言…语 言과 语의 앞에 의미가 같은 두 개의 단음절 단어를 넣어 무언가 말하는 동작을 나타낸다.

- 老人自言自语，说个不停。 노인은 혼잣말로 쉬지 않고 중얼거렸다.
- 他这个人总是多言多语，真不知这是优点还是缺点。
  그는 언제나 말이 많다. 이것이 장점인지 단점인지 정말 모르겠다.

没…没…
① 두 개의 동일한 의미의 명사, 대사 혹은 형용사를 넣어 '없음'을 강조한다.
② 두 개의 상반된 형용사 앞에서 마땅히 구별해야 할 것이 구별되지 않음을 나타내는데, 화자는 이에 동의하지 않는다는 어기를 갖는다.

- 他一讲起自己过去的经历，就没完没了的。①
  그가 자신의 과거 경력을 이야기하기 시작하면 끝이 없다.
- 他是长辈，你讲话别没大没小的！ ②
  그가 연장자이니, 너는 위아래 없이(무례하게) 말하면 안 돼!
- 如果大家说话都没老没少的，那还成何体统啊！ ②
  만약 사람들이 어른 아이 구별 없이 말을 한다면, 그럼 어떻게 체통이 서겠니!

| 东一…
西一… | 이랬다 저랬다, 여기 저기. 주로 수량사와 결합한다. |

- 瞧你东一句西一句的，到底想说什么?
  너 횡설수설하는 것 좀 봐, 도대체 무슨 말을 하고 싶은 거야?
- 孩子的玩具，东一个，西一个，到处都是。
  애들 장난감은 여기 하나 저기 하나 도처에 널려 있다.

| A的A | A도 있고 어떤 사람은 A하고. 的자의 앞뒤에 동일한 동사나 형용사를 사용하여 여러 종류가 있음을 나타낸다. |

- 生日晚会上，同学们说的说，笑的笑，十分热闹。
  생일 저녁파티에서, 반 친구들은 웃고 떠들고 매우 떠들썩했다.
- 年轻夫妇遇难后，家里剩下老的老，小的小，可怎么办哪!
  젊은 부부가 사고를 당한 후, 집에는 노인도 있고 어린아이도 남았는데, 이를 어쩌면 좋죠!
- 这群人中胖的胖，瘦的瘦，他一个没看上。
  이 사람들 중에는 뚱뚱한 사람과 마른 사람 뿐이라, 그의 마음에 드는 이는 하나도 없다.

핵심테스트

해설 p. 36

다음 문장에서 제시어가 들어갈 정확한 위치를 찾아보세요.

1 (A) 班主任 (B) 不在的时候，同学们 (C) 在班长的带领下 (D) 每天都坚持认真学习。
   当

2 环境 (A) 保护 (B) 这个问题越来越 (C) 为人们 (D) 重视。
   所

3 (A) 到这节课 (B)，我们 (C) 已经上了三十节课 (D) 了。
   为止

4 课堂上 (A) 应该 (B) 学生为中心，教师 (C) 只是 (D) 起到引导的作用。
   以

5 (A) 总体 (B) 来说，整个 (C) 建筑 (D) 四部分组成。
   由

6 (A) 我们大学 (B) 校长的邀请，几位全国著名专家 (C) 近日将来我校 (D) 做报告。
   应

적중! 新HSK 실전 문제   PART 3 구와 고정격식

해설 p. 36~43

[1 – 10] 보기 중에서 괄호에 알맞은 어휘를 고르세요. 4급 독해 1부분

| 보기 | A 好不容易 | B 不一定 | C 拿 | D 坚持 | E 越来越 | F 连 |

例如 她每天都（ D ）走路上下班，所以身体一直很不错。

1. 剧中的风格不是一成不变的，就（　　）京剧来说，现在和梅兰芳时代就有很大不同。

2. 这道题（　　）他都不会做，更别说我了。

3. 找了半天，（　　）才找到舅舅送我的那块手表。

4. 上了高中以后我一直觉得父母对我的要求（　　）高。

5. 金钱可以买到东西，但（　　）买到真诚。

| 보기 | A 打招呼 | B 交道 | C 温度 | D 碰钉子 | E 说不定 | F 成千上万 |

例如 A：今天真冷啊，好像白天最高（ C ）才2℃。
　　　B：刚才电视里说明天更冷。

6. A：我已经试了六次了，还是不行，我看干脆放弃好了。
　　B：别轻易就说放弃，（　　）下次就成功呢。

7. A: 妈！吃饭前为什么一定要洗手？
    B: 当我们用脏手抓食物吃的时候，会有（　　　）的细菌进入肚子的。

8. A: 出版社的那个冯编辑，你认识？
    B: 在一个会议上见过面，但是没打过（　　　）。

9. A: 小明今天有什么事吗？看起来心情没那么好。
    B: 他总喜欢乱花钱，今天又向妈妈要钱，结果（　　　）了！

10. A: 下周一你直接去人事部办手续吧。我会跟他们（　　　）的。
    B: 好的，谢谢您。

[1-7] 빈칸에 들어갈 어휘를 보기 중에서 고르세요. 5급 독해 1부분

　　有一天，一个男孩儿跑到山上，对着山谷喊了起来："喂……"声音刚落，从四面八方传来了一阵阵"喂……"的回声。大山答应了，小男孩儿很惊讶，因此又喊了一声："你是谁？"大山也问："你是谁？"男孩儿又喊："为什么不告诉我？"大山也喊："为什么不告诉我？"男孩儿__1__生气了，喊道："我恨你。"他__2__这一喊不得了，整个世界传来的声音都是："我恨你，我恨你……"小男孩儿哭着回家，跟妈妈说了这件事。妈妈对小男孩儿说："孩子，你回去再对着大山喊'我爱你。'，试试看结果会怎样，好吗？"小男孩儿又跑到山上。果然这次小男孩儿被包围__3__"我爱你，我爱你。"的回声中。小男孩儿笑了，大山也笑了。

1. A 忍不住　　B 怪不得　　C 舍不得　　D 说不定
2. A 不得不　　B 了不起　　C 哪知道　　D 感兴趣
3. A 使　　　　B 在　　　　C 了　　　　D 给

有一个人想挂一张照片，他有钉子，不过家里没有锤子。他想到邻居有锤子，于是他决定去找邻居借锤子。

　　就在这 __4__ ，他想：要是邻居不愿意借我锤子，那怎么办？昨天他跟我 __5__ 的时候，他很不在意，也许他匆匆忙忙，也许这种匆忙是他装出来的，其实他心里对我是非常不满呢？那么什么事不满呢？我又没有做过对不起他的事，是他自己在多心罢了。要是有人向我借工具，我马上就借给他。而他为什么不借呢？怎么能拒绝帮别人这么点儿忙呢？而他还自以为我依赖他，仅仅因为他有一个锤子！我受够了。

　　于是他迅速跑过去，按响门铃。邻居开门了，还没 __6__ 说声"你好"，这个人就 __7__ 着他喊道："留着你的锤子给自己用吧，你这个混蛋！"

4. A 时候　　B 时间　　C 以后　　D 后来

5. A 打招呼　B 打交道　C 受得了　D 打太极

6. A 来得及　B 分不开　C 不一定　D 有的是

7. A 挥　　　B 甩　　　C 冲　　　D 抢

[1 – 10] 다음 제시된 단어를 사용하여 하나의 문장을 만드세요. 4·5급 쓰기 1부분

1. 很多　　收集了　　月亮的　　关于　　资料　　他

_____

2. 看书　　躺着　　不好　　对眼睛

_____

3. 帮弟弟　　让我　　做作业　　姥姥

_____

4. 由   40多个国家领导   组成   这个代表团
   _____

5. 愉快的   我每天   过   而   日子   开心
   _____

6. 大家   这次博览会   迎接   充满信心地
   _____

7. 以   北京语音   普通话   标准音   为
   _____

8. 一点儿也   没有   抽烟对你   好处
   _____

9. 服装设计   感兴趣   对   王教授   特别
   _____

10. 阳光   鲜花   都   所有的   离不开
    _____

[1-5] 다음 문장을 읽고 틀린 부분을 고쳐 다시 써보세요. 6급 독해 1부분

1. 昨天下午，婺源县1000多名学生十分兴高采烈地参加了学校举行的课外活动。

   _____

2. 我当大学毕业的时候，我们一家人都搬到北京来了。

   _____

3. 许多有抱负的人都不够重视积少成多的道理，一心只想一丝不苟，而不去努力耕耘。

   _____

4. 九寨沟的水是世间最清澈的，无论是平静的湖泊，还是飞泻的瀑布，都那么美妙迷人，让人目不转睛。

   _____

5. 到目前为止，中国城镇居民中还有很多人仍然处于生活条件相对贫困的。

   _____

PART 4

특수문형

중국어의 주요 특수문형에는 是자구, 有자구, 존현문(存现句), 연동문(连动句), 겸어문(兼语句), 是…的구, 피동문(被动句), 비교문(比较句), 把자구 등이 있다.

01 是자구
핵심 1 是자구

02 有자구
핵심 1 有자구

03 존현문과 연동문
핵심 1 존현문
핵심 2 연동문

04 겸어문(兼语句)
핵심 1 겸어문

05 是…的구
핵심 1 是…的구

06 피동문(被动句)
핵심 1 피동문

07 비교문(比较句)
핵심 1 比자구
핵심 2 比가 없는 비교문
핵심 3 수량 표시 비교문

08 把자구
핵심 1 把자구

09 강조의 방법
핵심 1 반어문
핵심 2 连A也 / 都B
핵심 3 강조의 부사 是 / 就 / 可
핵심 4 강조의 고정격식

10 동사의 태
핵심 1 완성태와 변화태
핵심 2 지속태와 진행태
핵심 3 경험태

11 복문(复句)
핵심 1 병렬복문
핵심 2 승접복문
핵심 3 점층복문
핵심 4 선택복문
핵심 5 조건복문
핵심 6 가정복문
핵심 7 전환복문
핵심 8 목적복문
핵심 9 인과복문
핵심 10 양보복문
핵심 11 긴축복문

是자구

是는 비교적 특수한 동사로, 동작이나 행위가 아닌 판단과 긍정을 나타낸다.

핵심 ❶ 是자구

是는 주로 '~이다'라는 뜻으로, 주어와 목적어의 관계를 설명한다. 객관적인 사실을 설명하기도 하고, 주관적인 판단이 개입된 진술을 하기도 하며, 긍정을 나타낸다.

◎ 是자구 용법 ❶

1 동격 표시

주어와 목적어가 같은 것임을 나타낸다. 是자구에서는 주로 명사, 대사, 수량사, 的자구 등이 주어나 목적어가 되며, 주어와 목적어는 위치를 바꿔도 의미는 크게 변하지 않는다.

- 他是我们的老师。 그는 우리 선생님이다.
- 一年的四季是春、夏、秋、冬。 일년의 사계절은 봄, 여름, 가을, 겨울이다.
- 这篇文章的作者是李丽。 이 글의 작가는 리리다.
- 他是我的老师，我是他的学生。 그는 나의 선생님이며, 나는 그의 학생이다.
- 李老师是教语法课的。 이 선생님은 어법을 가르친다.

2 재질 혹은 특징 표시

주어와 목적어의 관계를 나타내는 것이지 주어와 목적어가 같다는 것이 아니다. 목적어는 주어의 부분적인 특징이거나 어느 한 측면을 통해 주어를 설명한다. 주어와 목적어 사이의 관계, 즉 사람의 성격이나 특징, 시간, 장소 등을 설명한다. 이때 是 뒤의 的자구는 목적어이다.

- 这座圆形的小塔是铜的。 이 원형의 작은 탑은 동으로 만든 것이다. (재질)
- 这种鞋是布的。 이 신발은 천으로 만든 것이다. (재질)
- 小王是个高个子。 샤오왕은 키다리이다. (특징)
- 老王是个慢性子，办事急死人。
  라오왕은 동작이 굼떠서, 일할 때 사람들 마음을 조급하게 만든다. (성격)
- 明天从学校出发的时间是上午八点。 내일 학교에서 출발하는 시간은 오전 8시이다. (시간)
- 他们回国的日期都定了，约翰是明天，山本是后天。
  그들이 귀국할 날짜는 다 정해져 있어, 존은 내일이고, 야마모토는 모레야. (시간)

- 这次旅游去两个地方，一个是上海，一个是杭州。
  이번 여행은 두 곳을 가는데, 한 곳은 상하이이고, 한 곳은 항저우이다. (장소)

3 설명 혹은 분류 표시

뒤에 동사, 형용사, 전치사 등이 목적어가 되는데, 이 목적어가 주어를 설명하거나 목적 또는 원인을 설명한다.

1) 목적어는 목적과 원인을 설명한다.
- 我来中国的目的是学习汉语，了解中国。
  내가 중국에 온 목적은 중국어를 공부하고, 중국을 알기 위해서이다.
- 他学习好是由于他有明确的学习目的。
  그가 공부를 잘하는 것은, 그에게 명확한 학습 목적이 있기 때문이다.
- 大家都喜欢她，是因为她可爱。 모두 다 그녀를 좋아하는 건, 그녀가 귀엽기 때문이다.

2) 목적어는 주어를 설명한다.
- 他们结婚是在大连。 그들은 결혼을 다렌에서 한다.
- 他是真懂，不是装懂。 그는 진짜 이해한 것이지, 이해하는 척하는 게 아니다.
- 作为一名老师，应该是既要严格要求学生，也要严格要求自己。
  선생님으로서, 학생들에게뿐만 아니라 자신에게도 엄격하게 요구해야 하는 것은 마땅하다.

3) 是가 문두에 위치하면, 무주어 겸어문이 되어 설명이나 해설을 하게 된다.
- 是我把这个问题解决了。 내가 이 문제를 해결했다.
- 是他买了一大堆苹果。 그는 한 무더기의 사과를 샀다.

4) 목적어는 분야·범위를 나타내고, 주어가 그 분야 또는 범위에 소속된 구성원임을 나타낸다. 이때 주어와 목적어는 위치를 바꿀 수 없다.
- 他是老师，她是医生。 그는 선생님이고, 그녀는 의사이다.
- 我是辽宁师范大学的留学生。 나는 랴오닝사범대학의 유학생이다.
- 树是植物，狗是动物。 나무는 식물이고, 개는 동물이다.

4 존재 표시

주어는 방위사 혹은 장소사이고, 목적어는 그곳에 존재하는 사람 혹은 사물이다.
- 桌子上是词典。 책상 위에 있는 것은 사전이다.
- 宿舍前是个网球场。 기숙사 앞에 있는 것은 테니스장이다.
- 村前是一条小河。 마을 앞은 개천이다.
- 早上起来，发现树上、地上、屋上都是霜。
  아침에 일어나니, 나무, 땅, 집 위에 온통 서리인 것을 발견했다.

5 부분 표시

목적어가 주어에 속한 일부분임을 표시한다. 목적어의 앞에는 수량사가 수식한다.
- 小王是一只手。 샤오왕은 손이 하나밖에 없다(외팔이다).
- 这张桌子是三条腿。 이 책상은 다리가 세 개이다.

6 是자구의 부정형식과 의문형식

부정문은 是 앞에 부정부사 不를 붙이고, 의문문은 문장 끝에 의문조사 吗를 붙이거나 긍정형과 부정형을 나열하여 정반의문문으로 만들 수 있다.

- 他<u>不是</u>我们的汉语老师。 그는 우리 중국어 선생님이 아니다.
- 他<u>不是</u>日本人，他是中国人。 그는 일본인이 아니고, 중국인이다.
- 这<u>是</u>你的笔<u>吗</u>? 이건 네 펜이니?
- 她<u>是不是</u>你们的汉语老师? 그녀가 너희들 중국어 선생님이니?

◎ 是자구 용법 ❷

是는 비록 술어이지만, 의미상의 중점은 아니며 중점은 오히려 목적어에 있다. 아래와 같이 네 가지 문형으로 나눠볼 수 있다.

1 주어 + 是 + 수량사

- 这是第一步。 이것은 첫 단계이다.
- 今天最高气温是37度。 오늘의 최고 기온은 37도이다.
- 今天你是第一个。 오늘은 네가 첫 번째이다.
- 在这次汉语演讲比赛中，玛丽是第一名。 이번 중국어 웅변 시합에서, 메리가 1등을 했다.

2 주어 + 是 + 동사(구)

- 你现在的任务是休息。 네가 지금 할 일은 쉬는 것이다.
- 你这是跟我开玩笑吧! 너 나랑 농담하는 거지!
- 我是不知道这件事，所以来问问你。 나는 이 일을 몰라서, 네게 물어보러 온 거야.

3 주어 + 是 + 주술구

목적어인 주술구 자체가 하나의 완전한 사실을 설명한다.

- 这是我第一次来中国。 이번이 내가 중국에 처음 온 것이다.
- 他来晚的原因是家里来客人了。 그가 늦게 온 이유는 집에 손님이 왔기 때문이다.
- 这本书是我买的。 이 책은 내가 산 것이다.

4 주어 + 是 + 전치사구

전치사구는 목적어로 행위 동작의 원인이나 목적 등을 설명한다.

- 这次演出成功是由于大家的努力。 이번 공연의 성공은 모두의 노력 때문이다.
- 他学习好是由于他有明确的目标。 그가 공부를 잘하는 것은 그에게 명확한 목표가 있기 때문이다.

◎ 是자구 용법 ❸

1 주어 + (是 +) 동사 + 的 + 목적어

이미 실현된 상황을 설명하며, 是는 생략이 가능하다.

- 我们是看的电影，不是看的电视连续剧。 우리는 영화를 본 것이지, TV 연속극을 본 게 아니다.
- 我们是租的房，不是买的房。 우리는 집을 빌린 것이지, 집을 산 것이 아니다.
- 我是买的书，不是借的书。 나는 책을 산 것이지, 빌린 게 아니다.
- 我是买的足球票，不是卖的足球票。 나는 축구표를 산 것이지, 축구표를 판 것이 아니다.

2 …的 + 是 + 명사 / 동사 / 구, 절

的자구가 주어로 오면 是는 강조의 어기를 띤다.
- 我们说的正是玛丽。 우리가 말하는 것은 바로 메리다.
- 他这次来北京为的是看他女朋友。 그가 이번에 베이징에 온 것은 그의 여자친구를 보기 위해서이다.
- 可惜的是时间全浪费了。 안타까운 건 시간을 모두 낭비했다는 것이다.
- 麻烦的是他生病来不了。 야단난 것은 그가 병이 나서 올 수 없게 된 것이다.

3 (都 / 正 / 就 +) 是 + 구, 절

是 뒤에 문장이 오면 일의 진상이나 원인을 강조한다. 앞에 都 / 正 / 就 등의 부사가 와서 강조의 어기를 강화하기도 한다.
- (这)都是我不好，把他惯成了这样。 이건 전부 내 잘못이야. 그의 버릇을 이렇게 만들었어.
- 不是我讲错了，是他记错了。 내가 잘못 말한 게 아니고, 그가 잘못 기억한 것이다.
- 不是衣服太瘦，是你太胖了。 옷이 너무 작은 게 아니고, 네가 너무 뚱뚱한 것이다.
- 是刮风了，不是下雨了。 바람이 분 것이지, 비가 온 게 아니다.
- A: 是谁来了? 누가 왔니?   B: 是小华来了。 샤오화가 왔어.

핵심테스트

해설 p. 47

다음 문장에서 제시어가 들어갈 정확한 위치를 찾아보세요.

1　(A) 这道墙不是用 (B) 砖砌的，(C) 而 (D) 用泥堆的。
　　　　　　　　　　　是

2　昨天 (A) 这儿 (B) 出了交通事故，(C) 幸运的 (D) 没有人受伤。
　　　　　　　　　是

3　他学习成绩 (A) 不好，(B) 和其他人没有关系，(C) 只 (D) 因为自己不努力。
　　　　　　　　　　　是

4　我 (A) 之所以 (B) 迟到，(C) 因为 (D) 上班的路上堵车太严重。
　　　　　　　　　是

5　小男孩 (A) 满身 (B) 都 (C) 泥，刚才一定 (D) 摔倒了。
　　　　　　　　是

6　你 (A) 现在最重要的事情 (B) 就 (C) 好好休息，家里的事 (D) 不用你操心。
　　　　　　　　　是

02 有자구

有는 소유나 존재만을 나타낼 뿐, 행위나 동작을 나타내지 않는 비동작 동사이다.

핵심 ❶ 有자구

有는 소유나 존재를 나타내는 비동작 동사로, 부정형은 没有이다. 有자구의 용법은 두 가지로 나눌 수 있다.

➡ 有자구 용법 ❶

1 소유 표시

소유를 표시할 경우 주로 수량사를 갖는 목적어의 술어로 쓰인다.

- 我有一本新词典。 나는 새 사전이 한 권 있다.
- 我有很多中文书。 나는 중국어 책을 많이 가지고 있다.
- 我家有五口人。 우리 집에는 다섯 명의 식구가 있다.
- 这个词有几种不同的用法。 이 단어는 몇 가지의 다른 용법이 있다.
- 兔子有两只长耳朵。 토끼는 두 개의 긴 귀가 있다.
- 那张桌子只有三条腿。 저 책상은 다리가 세 개밖에 없다.

2 포함, 열거 표시

포함 또는 열거를 표시할 경우 목적어는 일반적으로 수량사가 된다. 또 목적어는 주어의 분류를 표시하며, 주로 병렬구조를 이룬다. 둘 이상의 有…的 또는 有的… 형식을 병렬할 수도 있다.

- 一年有12个月，52个星期。 1년은 12달이며, 52주가 있다. (포함)
- 一个星期有七天。 1주일에는 7일이 있다. (포함)
- 这本书有300多页。 이 책은 300여 쪽이 있다. (포함)
- 参加开学典礼的有学生、教师和学校领导。
  개학식에 참석한 사람들로는 학생, 교사 그리고 학교 지도자가 있다. (열거)
- 每天早上，操场上锻炼的人多极了，有跑步的，有打球的，还有打太极拳的。
  매일 아침, 운동장에서 운동을 하는 사람은 매우 많다. 조깅하는 사람, 공을 치는 사람, 태극권을 하는 사람도 있다. (병렬)

- 放假了，学生们都去旅行了，有的去上海，有的去杭州，有的去西安。
  방학이라, 학생들 모두 여행을 갔는데, 일부는 상하이로, 일부는 항저우로, 일부는 시안으로 갔다. (병렬)
- 口语教材有英文版的、韩文版的、日文版的等好几种。
  회화 교재는 영어판, 한국어판, 일본어판 등 여러 종류가 있다. (열거)

3 존재 표시 – 방위 / 장소 / 시간명사성 단어 + 有 + 명사

존재를 표시할 경우 문장의 주어는 방위, 장소, 시간 등이 된다.

- 教室里有很多学生。 교실에는 많은 학생들이 있다. (장소)
- 学校旁边有一个邮局、一家银行。 학교 옆에는 우체국 하나와 은행 하나가 있다. (장소)
- 书架上有很多书，有的是中文书，有的是外文书。
  책장에는 많은 책이 있다. 어떤 책은 중국어 책이고, 어떤 책은 외국어 책이다. (장소)
- 唐朝有个诗人，叫李白。 당나라에는 이백이라는 시인이 있다. (시간)

4 평가, 정도 표시

주어를 평가할 경우 추상명사성 목적어를 가지고, 이 추상명사가 평가하는 내용을 나타내며 很, 非常 등 정도부사의 수식을 받을 수 있다. 또한 有 뒤에 수량사를 사용하거나, 수량사 뒤에 다시 양을 표시하는 형용사가 온 경우 술어 有…는 주어의 무게·정도·크기·시간·거리 등이 어느 정도에 다다른 수량의 정도를 표시하며, 주로 예측에 사용된다.

- 他很有办法。 그는 수단이 많다. (평가)
- 王老师很有教学经验，课堂上很有方法。
  왕 선생님은 많은 교육 경험이 있어서, 수업 방식도 여러 가지가 있다. (평가)
- 那条河有500米宽。 그 강의 넓이는 약 500m에 달한다. (정도)
- 那块石头有一间屋子那么大。 저 돌은 방 한 칸만큼이나 크다. (정도)

5 발생, 출현 표시

有 뒤에 동사가 목적어로 쓰일 때, 상황의 발생이나 변화를 나타낸다.

- 农民的生活水平有了很大提高。 농민의 생활수준은 많이 향상됐다. (변화)
- 约翰的汉语有进步了。 존의 중국어는 늘었다. (변화)
- 中国的经济有了很大的发展。 중국 경제는 많은 발전이 있다. (변화)

6 有자구의 부정형식과 의문형식

有자구의 부정형식은 有 앞에 부정부사 没를 덧붙인다. 의문문은 문장 끝에 의문조사 吗를 붙이거나 긍정형과 부정형을 나열하여 정반의문문을 만들 수 있다.

- 他<u>没有</u>很多钱。 그는 돈이 많이 없다.
- 教室里<u>没有</u>学生。 교실에는 학생이 없다.
- 你<u>有</u>铅笔<u>吗</u>? 너 연필 있니?
- 他<u>有没有</u>中文词典? 그는 중국어 사전을 가지고 있나요?

◆ 有자구 용법 ❷

1 주어 + 有着

有는 주로 서면어에서 소유·구비를 나타내며, 뒤에 조사 着를 붙이기도 한다.

- 他有着艺术家的气质。 그는 예술가적인 분위기를 갖고 있다.
- 两千年前两国就有着友好往来。 2,000년 전 양국간에는 서로 우호적인 왕래가 있었다.
- 他们这样做有着不可告人的理由。
  그들이 이러는 건 다른 이에게 알리면 안 되는 이유가 있기 때문이다.

2 주어 + 有所 + 동사

주로 서면어에서 소유·구비·준비를 나타낸다. 동사는 대부분 이음절 동사이다.

- 今年他们对这个问题有所忽视。 올해 그들은 이 문제에 대해 소홀히 했다.
- 在洪水到来之前大家必须有所准备。 홍수가 오기 전에 모두들 반드시 준비를 해야 한다.
- 今年的钢铁生产在数量上有所增长，在质量上也有所提高。
  올해의 강철 생산량은 증가했으며, 품질면에서도 향상되었다.

3 동사 + 有

존재를 표시한다. 주로 단음절 동사 뒤에 밀접하게 결합되어 하나의 단어처럼 쓰인다.

- 这种水果含有多种维生素。 이 과일에는 각종 비타민이 함유되어 있다.
- 墙上刻有许多"某某到此一游"的句子。
  벽에는 '누구누구가 이곳에 놀러 왔음'이란 문구가 많이 새겨져 있다.

핵심테스트

해설 p. 47

다음 문장에서 제시어가 들어갈 정확한 위치를 찾아보세요.

1 虽然我有（A）一件新衣服，但是（B）我还想（C）买一件（D）。
　　　　　　　　　　　　了

2 （A）现在情况有（B）了（C）变化（D），你还是快点走吧。
　　　　　　　　　　一些

3 从（A）这里到天安门（B）有十公里（C）了（D）。
　　　　　　　　　大概

4 （A）这孩子（B）已经（C）有爸爸（D）高了。
　　　　　　　　那么

5 他（A）有过（B）一次失败的（C）恋爱（D）经历。
　　　　　　　　　曾经

6 人（A）和人的生活（B）习惯不一样（C），有爱静（D），有爱闹的。
　　　　　　　　　的

7 她的身上（A）有（B）中华民族（C）的传统美德（D）。
　　　　　　　　着

8 经过半年的接触，对这个人的人品（A）我还是（B）有（C）了解（D）的。
　　　　　　　　　所

PART 4 특수문형 241

03 존현문과 연동문

존현문은 출현·소실을 나타내는 문형이고, 연동문은 한 문장 안에 둘 이상의 동사나 동사구를 가진 문형을 가리킨다.

핵심 ① 존현문

'어느 장소에 어느 사물이 존재한다' 또는 '어느 장소, 어느 시간에 어떤 사물이 출현 혹은 소실하다'라는 의미를 갖는 문장을 가리킨다. 문장 첫머리에 장소 혹은 시간을 나타내는 단어가 위치하고, 존재·출현·소실을 나타내는 사람이나 사물의 명사는 항상 동사 술어의 뒤에 위치한다.

1 어떤 장소에 어떤 사람이나 사물이 존재함을 나타낼 경우

→ 장소를 나타내는 말 + 동사 + 명사(존재하는 사람, 사물)

- 墙上挂着一张世界地图。 벽에는 세계지도 한 장이 걸려 있다.
- 桌子上有一瓶花儿。 책상 위에는 (화병에 담긴) 꽃이 있다.
- 他床上全是书。 그의 침대 위에는 전부 책이다.
- 前面坐着很多人。 앞에는 여러 사람이 앉아 있다.

2 사람이나 사물의 출현을 표시할 경우

→ 장소 / 시간을 나타내는 말 + 동사 + 명사(출현하는 사람, 사물)

- 前边开过来一辆汽车。 앞에서 차 한 대가 온다.
- 昨天来了一个学生。 어제 학생 한 명이 왔다.
- 路上走过来一个人。 길에 한 사람이 걸어왔다.
- 昨天发生了一件大事。 어제 큰 사건 하나가 발생했다.

3 사람 혹은 사물의 출현이나 소실을 표시할 경우

→ 장소 / 시간을 나타내는 말 + 동사 + 명사(출현 / 소실된 사람, 사물)

- 这场交通事故死了很多人。 이 교통사고로 많은 사람들이 죽었다.
- 玛丽从我这儿借走了几本书。 메리는 나한테서 몇 권의 책을 빌려갔다.
- 我们班来了几个学生。 우리 반에 학생 몇 명이 왔다.

4 존현문에서 주의해야 할 점

문장첫머리에 나오는 장소와 시간 앞에는 전치사를 쓸 수 없다.

- 在桌子上放着一本书。(×)
  → 桌子上放着一本书。 책상 위에 책 한 권이 있다.
- 从前边来了一个人。(×)
  → 前边来了一个人。 앞에 한 사람이 오고 있다.

핵심테스트

해설 p. 47

다음 문장에서 제시어가 들어갈 정확한 위치를 찾아보세요.

1 冰箱里（A）放（B）各种各样吃（C）的（D）东西。

　　　　　　　　　　　着

2 他的家（A）非常（B）乱，床上全（C）书（D），地上有衣服。

　　　　　　　　　　　是

핵심 ❷ 연동문

술어가 둘 혹은 그 이상의 동사(구)로 이루어진 문형을 '연동문'이라 한다. 연동문이 나타내는 의미를 다음 네 가지로 나눠볼 수 있다.

1 연동문이 나타내는 의미

1) 동작의 연속 – 연속하여 발생된 몇 개의 동작 혹은 상황을 표현한다. 첫 번째 동사의 동작 상황이 끝나고 나서 두 번째 동사의 동작이나 상황이 발생한다.

- 你应该吃了药再休息。 너는 약을 먹고 나서 쉬어야 해.
- 我下了课找你。 내가 수업 끝나고, 너를 찾으러 갈게.
- 他看完电影去买东西。 그는 영화를 보고 나서 물건을 사러 갈 거다.
- 他喝了一杯茶就走了。 그는 차를 마시고 바로 갔다.

2) 동작의 목적 – 두 개의 동사 가운데 두 번째 동사는 종종 첫 번째 동사의 목적이 된다. 즉, '~하러 ~하다'라는 의미를 나타낸다.

- 上午杰克到机场接朋友了。 오전에 잭은 공항에 친구를 마중하러 갔다.
- 他去医院看病。 그는 병원에 진찰받으러 갔다.
- 晚上玛丽去图书馆看书。 저녁에 메리는 도서관에 책을 보러 간다.
- 我们上哪儿吃点东西，好吗？ 우리 어디로 가서 뭘 좀 먹을까, 어때?

3) 동작의 방식 – 첫 번째 동사는 동작이 진행되는 방식을, 두 번째 동사는 중심이 되는 동작을 나타낸다.

- 我明天坐飞机去广州。 나는 내일 비행기 타고 광저우에 간다.
- 玛丽看着书回答老师的问题。 메리는 책을 보면서 선생님의 질문에 대답을 했다.
- 他每天骑自行车上班。 그는 매일 자전거 타고 출근한다.

4) 동작의 결과 – 연동문이 연속되는 동작만을 나타내는 것은 아니다. 두 번째 동사가 첫 번째 동사의 결과를 나타내기도 한다.

- 他看了那封信高兴极了。 그는 편지를 보고 나서 매우 기뻐했다.
- 他出门丢了十块钱。 그는 나가서 10위안을 잃어버렸다.

2 주의해야 할 有가 있는 연동문

有를 사용하는 연동문에서는 有나 부정형인 没有가 첫 번째 동사가 된다. 동사 有는 항상 명사와 결합하여 연동문 앞부분에 쓰이며, 두 번째 동사의 동작 발생 원인이나 조건을 나타낸다.

1) 두 번째 동사는 목적어 없이 첫 번째 동사 有의 목적어가 되며, 의미상으로는 대상이 된다.

- 我有很多报纸看。 나는 볼 신문이 많다.
- 我没有东西可以吃。 나는 먹을 만한 게 없다.
- 书店有很多书可以买，值得去一趟。 서점에 살 만한 책이 많으니, 한 번 가볼 만하다.
- A：你最近有小说看吗？ A：너 요즘에 읽고 있는 소설책 있니?
  B：有。 B：있어.

2) 두 번째 동사에 목적어가 있는 경우, 두 번째 동사는 첫 번째 동사에 대해 보충 설명하는 역할을 한다.
- 我有几个问题要问你。 나는 네게 물어볼 문제가 몇 개 있다.
- 他有事不能参加今天的晚会。 그는 일이 있어서 오늘 저녁파티에 참석할 수 없다.
- 我有一个问题请教老师。 나는 선생님께 질문할 게 하나 있다.

3 연동문과 겸어문의 결합

연동문과 겸어문의 순서로 결합되어 있는 경우, 두 번째 동사는 사역의 의미를 가진다.
- 你打电话叫他来。 너는 전화해서 그한테 오라고 해.
- 我写了一封信让妹妹也来中国。 나는 편지 한 통을 써서 동생에게도 중국에 오라고 했다.
- 那时候, 爸爸没有钱让我读书。 그때, 아버지는 나를 공부시킬 돈이 없었다.

핵심테스트

해설 p. 47~48

다음 문장에서 제시어가 들어갈 정확한 위치를 찾아보세요.

1 毕业 (A) 典礼 (B) 那天来 (C) 一位歌唱家 (D)。
　　　　　　　　　　了

2 (A) 前面 (B) 走 (C) 一群美丽的少女 (D)。
　　　　　　　过来

3 你 (A) 别着急, 我 (B) 忙完了手头的事 (C) 去 (D) 找你。
　　　　　　　　　　　　　　　就

4 你应该听 (A) 医生的话 (B), 吃 (C) 药 (D) 就睡觉。
　　　　　　　　　　　　　了

5 他是你的朋友, 你 (A) 有理由 (B) 去 (C) 帮他 (D) 吗?
　　　　　　　　　　　　不

6 杰克非常喜欢 (A) 手里拿 (B) 毛衣 (C) 照 (D) 的那张照片。
　　　　　　　　　　　　着

04 겸어문(兼语句)

겸어문은 동목구와 주술구가 결합하여 이루어진 것으로, 겸어는 목적어와 주어의 역할을 동시에 수행한다.

핵심 1 겸어문

전체문장의 동사인 동사1의 목적어가 전체문장의 목적어인 주술구의 주어가 되는 것을 '겸어'라 한다.
→ 주어 + 동사1 + (동사1의) 목적어(동사2의 주어) + 동사2

● 겸어문 용법 ❶

1 사역의 의미를 가진 겸어문

使 / 让 / 叫 / 请 / 派 / 强迫 등 사역 의미를 가진 동사가 동사1이 된다. 동사1이 나타내는 행위 동작은 겸어가 행하는 동사2의 원인이다. 즉, 겸어 뒤의 동사2가 나타내는 동작 행위나 상태는 동사1로 말미암아 일어난 것이다.

예 叫他去 그에게 가라고 시키다 (他는 叫의 목적어이면서 去의 주어)

- 晚上我请你吃饭。 저녁에 제가 식사 대접을 하겠습니다.
- 他叫我带来一本书。 그가 나에게 책 한 권을 가져오라고 했다.
- 他劝我多出去活动活动。 그는 내게 나가서 많이 움직이라고 했다.
- 老师让他写一篇文章。 선생님이 그에게 글 한 편을 쓰라고 했다.
- 他要我经常锻炼身体。 그는 나에게 늘 운동해야 한다고 했다.
- 你不能强迫人家同意你的意见。 너는 다른 이에게 네 의견에 동의하라고 강요해서는 안 된다.
- 他不准人家发表相反的意见。 그는 다른 사람이 반대 의견을 발표하지 못하게 했다.
- 你可听明白，我可没逼你做事。 너 잘 들어, 나는 네게 일하라고 강요하지 않았어.

2 좋고 나쁨, 애증의 의미를 가진 겸어문

喜欢 / 讨厌 / 爱 / 恨 / 嫌 / 佩服 / 欣赏 / 赞扬 / 原谅 등의 심리 활동을 나타내는 동사가 동사1이 된다. 동사2는 겸어가 모종의 심리활동을 가지게 된 원인이나 대상이 된다.

예 嫌她胖 그녀가 뚱뚱해서 싫다 (嫌은 주어가 하는 심리 활동, 胖은 그 심리적 움직임의 원인)

- 原谅他年纪小，没经验。 그가 어리고 경험이 없어서 용서한다.
- 我爱她美丽、聪明。 나는 그녀가 아름답고 총명해서 좋다.
- 游客们都称赞这个旅馆服务周到。 여행객들은 모두 이 여관의 서비스가 훌륭하다고 칭찬한다.

- 大家都嫌他说话啰嗦。 모두 그가 수다스러워서 싫어한다.
- 大家都喜欢这孩子懂事。 모두 이 아이가 어른스러워서 좋아한다.
- 领导经常表扬他能干。 지도자는 늘 그가 일을 잘한다고 칭찬한다.
- 教师批评他学习不努力。 선생님은 그가 공부를 열심히 하지 않는다고 나무랐다.

3 호칭이나 인정을 표시하는 겸어문

称 / 叫 / 选 / 选举 / 认 / 认为 등 호칭이나 인정을 표시하는 의미의 동사가 동사1이 된다. 동사2는 做 / 为 / 当 / 是 등이 된다.

- 我收他做学生。 나는 그를 학생으로 받아들였다.
- 你们选谁当代表？ 너희는 누구를 대표로 뽑을 거니?
- 我们称他为"中国迷"。 우리는 그를 '중국 매니아'라고 부른다.
- 我们应该选择名家名篇做教材。 우리는 마땅히 유명한 작가의 명작을 교재로 선택해야 한다.

4 앞동사가 有나 没有인 겸어문

사람, 사물이 有나 没有의 목적어가 되고, 겸어의 술어(동사2)는 겸어를 설명·묘사한다.

- 有个人来找你，你不在。 어떤 사람이 너를 찾으러 왔는데, 네가 없었어.
- 今天没有人来参观。 오늘은 참관하러 온 사람이 없었다.
- 古代有个诗人叫李白。 고대에는 이백이라 부르는 시인이 있다.
- 桌子上有一本词典是谁的？ 책상 위에 있는 사전은 누구 거니?

◎ 겸어문 용법 ❷

1 동사1이 是인 겸어문

주로 설명이나 해설을 하기 위한 문장이다.

- 是谁收集的这些材料？ 누가 이 자료들을 수집했지?
- 是一棵大树把阳光遮住了。 하나의 큰 나무가 해를 가렸다.
- 是他买了一大堆水果。 그가 과일 한 무더기를 사왔다.
- 是哪个大夫做的手术？ 어느 의사가 한 수술입니까?

2 두 개의 목적어 중 간접목적어가 겸어가 되는 경우

동사 给 등은 목적어를 두 개 가질 수 있는데, 이중 간접목적어는 겸어가 될 수 있다.

- 送一块蛋糕给姥姥吃。 할머니 드시게 케이크 한 조각 드려라.
- 借个电扇给我用。 내가 좀 쓰게 선풍기 좀 빌려줘.
- 借几本杂志给我们看。 우리가 보게 잡지 몇 권 빌려줘.
- 买几瓶饮料给孩子们喝。 아이들이 마시게 음료 몇 병을 사자.

3 겸어문, 연동문이 결합된 형식

이 형식의 순서는 겸어문이 앞에, 연동문이 뒤에 위치한다. 동사1은 使 / 让 / 叫 / 请 / 派 등 사역의 의미를 가진 동사다.

- 老师让我们复习完再做作业。 선생님은 우리더러 복습을 끝낸 후에 다시 숙제를 하라고 했다.
- 我(的)朋友请我到他家吃饺子。 내 친구는 만두 먹으라고 나를 그의 집에 초대했다.
- 他叫我到一楼接电话。 그는 나보고 1층에 가서 전화를 받으라고 했다.

겸어문 용법 ❸

1 주어 + 동사1(사역동사) + 겸어 + 동사2

동사2가 표시하는 행위나 동작, 상태는 동사1에 의해 발생한다.
- 这件事使他非常为难。 이 일은 그를 매우 난처하게 했다.
- 他的技术使我佩服。 그의 기술은 나를 감탄케 했다.
- 这样才能使群众满意。 이래야만 군중을 만족시킬 수 있다.
- 这话并不使人感到意外。 이 말을 사람들은 결코 의외라고 생각하지 않는다.

2 …有(동사1) + 겸어 + 是(동사2) + 동사3 + 的

有의 목적어(겸어)는 주로 사람이나 사물이다. 겸어의 술어인 동사3은 겸어를 설명하거나 묘사하며, 종종 무주어 겸어문 형식으로 사용된다. 즉 有 앞에는 주어가 없다.
- 这里面有几个问题是可以马上解决的。 이 안에 있는 몇 문제들은 당장 해결할 수 있다.
- 有不少人是赞成你的建议的。 많은 사람들이 당신의 건의에 찬성하고 있다.
- 桌子上有一本新杂志是谁借的？ 테이블 위에 있는 새 잡지 한 권은 누가 빌린 거니?

3 주어 + 동사1 + 겸어(간접목적어) + 직접목적어 + 동사2

간접목적어가 겸어가 되는 구문에서 동사1 뒤의 간접목적어는 동사2의 주어가 될 수 있다.
- 我妈妈从不给我零食吃。 우리 엄마는 내가 군것질을 못 하게 한다.
- 小明这孩子，你一给他书看，他就不闹了。
  샤오밍이란 애는 네가 책만 보여주면 바로 조용해질 거다.

핵심테스트

해설 p. 48

다음 문장에서 제시어가 들어갈 정확한 위치를 찾아보세요.

1 （A）我（B）想请他（C）吃雪糕，想请他（D）吃西瓜。
　　　　　　　　　　不

2 我（A）刚才（B）你帮我（C）拿一份资料，（D）你拿了吗?
　　　　　　让

3 她对中国非常（A）感兴趣，我们都（B）称（C）她（D）中国迷。
　　　　　　　　　　　　为

4 （A）学校（B）准（C）留学生在教室里（D）吸烟。
　　　　　　不

5 （A）我们应该（B）选择规范的形式（C）今后工作的（D）标准。
　　　　　　　　　作为

是…的구

是…的구는 是와 的 사이에 들어간 표현을 강조한다. 주로 시간·장소·방식이 사이에 들어간다.

핵심 ❶ 是…的구

어떤 동작이 과거에 이미 실현되었거나 완성되었음을 강조하거나 동작의 시간, 장소, 방식 등을 강조한다. 의미의 중점은 是…的 사이에 있으므로 '…' 부분을 비교적 강하게 읽는다.

◐ 是…的구 용법 ❶

1 시간 표시

- 玛丽是一年前来中国的。 메리는 1년 전에 중국에 왔다.
- 我是1990年开始学习汉语的。 나는 1990년부터 중국어를 배우기 시작했다.

2 장소 표시

- 他们是从南极回来的。 그들은 남극에서 돌아왔다.
- 他是从农村来的。 그는 농촌에서 왔다.
- 客人是从上海来的。 손님은 상하이에서 오셨다.

3 방식 표시

- 小王是坐火车去的。 샤오왕은 기차를 타고 갔다.
- 他是跟孩子们一起爬上山顶的。 그는 아이들과 함께 산꼭대기에 올라갔다.
- 他是乘飞机来到中国的。 그는 비행기를 타고 중국에 왔다.

4 부정형식 - 不是…的

- 他不是昨天到的。 그는 어제 도착한 게 아니다.
- 他不是坐飞机来的，是坐火车来的。 그는 비행기를 타고 온 게 아니고, 기차를 타고 온 것이다.
- 他不是从韩国来的，是从日本来的。 그는 한국에서 온 게 아니고, 일본에서 왔다.

5 是…的 + 명사 목적어

是…的구에서 동사가 명사 목적어를 가질 경우, 的는 목적어 앞에 놓을 수 있다. 만약 목적어가 대사이거나, 또는 목적어 뒤에 방향보어를 가지면 반드시 문미에 的가 와야 한다.

- 我是从外文书店买的书。 내가 외국어 서점에서 산 책이다.
- 他是从东京上的飞机。 그는 도쿄에서 비행기를 탔다.
- 约翰是在中国学的汉语。 존은 중국에서 중국어를 배웠다.
- 我们是在街上遇见他的。 우리는 거리에서 그를 만났다.
- 这辆车是从他那儿借来的。 이 차는 그에게서 빌려온 것이다.
- 这本词典是从国外买来的。 이 사전은 외국에서 사온 것이다.

◐ 是…的구 용법 ❷

화자의 견해, 의견, 태도 등을 나타낸다. 是와 的는 긍정적인 판단이나 어기를 강조한다.

1 是…的 사이에 동사구가 오는 경우

주로 '동사 + 가능보어' 혹은 '조동사 + 동사'로 된 동사구가 온다.

- 这个问题是可以解决的。 이 문제는 해결할 수 있다.
- 只要你努力，这件事情是办得到的。 네가 노력만 한다면, 이 일은 처리할 수 있다.
- 学习汉语是会遇到困难的，但是我不怕。
  중국어를 배우다 보면 어려움에 부딪칠 수 있지만, 나는 두렵지 않다.

2 是…的 사이에 형용사구가 오는 경우

- 这些意见是非常正确的。 이 의견들은 매우 정확하다.
- 你的想法是完全错误的。 네 생각은 완전히 틀렸다.

3 是…的 사이에 형용사, 동사, 조동사 등이 단독으로 사용되는 경우

- 我心里是踏实的。 내 마음은 평온하다.
- 困难是有的，但都是可以克服的。 어려움은 있지만, 그러나 다 극복할 수 있다.
- 这样做是应该的。 이렇게 하는 게 당연한 것이다.

4 是…的가 술어 역할을 하는 주술구에 쓰인 경우

전체문장의 주어는 바로 그 주술구 동사의 대상이 된다.

- 这个道理我们是明白的。 이 이치를 우리는 이해한다.
- 这些问题领导也是考虑过的。 지도자도 이 문제들을 고려해본 적이 있다.

5 是…的의 부정형식

是…的 사이에 있는 성분을 부정형식으로 바꾼다.

- 你的意见我是不能接受的。 네 의견을 나는 받아들일 수 없다.
- 这类事情是不会发生的。 이런 일은 발생하지 않을 것이다.
- 这样做是不应该的。 이렇게 하면 안 된다.

◐ 是…的구 용법 ❸

1 이미 과거에 완성된 하나의 일에 대해 행위자가 누구인지를 강조한다. 전체문장의 주어가 의미상으로는 동사의 행위 대상이다.

- 信是市长寄的。 편지는 시장님이 부친 것이다.
- 书是朋友寄来的。 책은 친구가 부쳐왔다.
- 这个主意是谁出的？ 이것은 누가 생각해낸 거니?
- 他的手术是张大夫做的。 그의 수술은 닥터 장이 집도했다.
- 这本书是李老师写的。 이 책은 이 선생님이 쓰셨다.

2 是자로 구문을 시작하는 是…的구는 주어를 강조한다.

是…的 사이에 들어가는 동사 술어의 목적어는 일반적으로 的의 뒤에 위치한다. 이때 목적어는 대체로 수식어를 갖지 않는 단순목적어이다.

- 是小王把电视弄坏的。 샤오왕이 TV를 망가뜨렸다.
- 是我把信寄走的。 내가 편지를 부쳤다.
- 是玛丽买的报纸。 메리가 산 신문이다.
- 是她在黑板上写的字。 그녀가 칠판에 쓴 글자이다.

3 모종의 결과가 발생한 동작·행위 혹은 원인을 강조한다.

是…的 사이에는 단지 하나의 동사만이 놓이며, 목적어가 있는 경우 목적어의 뒤에 동사를 중복한다. 是…的 사이에 때로는 주술구가 놓이기도 하는데, 이 경우 전체문장의 주어는 바로 이 동작의 결과이다. 따라서 주어는 종종 하나의 상황을 설명하는 주술구의 형태가 된다.

- 她的眼睛又红又肿，是哭的。 그녀의 눈이 빨갛고 부은 건 울어서이다.
- 我头疼，是熬夜熬的。 내가 머리 아픈 건 밤을 샜기 때문이다.
- 他脸红，恐怕是风吹的。 그의 얼굴이 빨간 것은 아마 바람이 불어서일 것이다.
- 他疲劳，是工作累的。 그가 피로해하는 건 일이 힘들어서이다.
- 他打字快，是练的。 그의 타자가 빠른 건 연습으로 인한 것이다.

핵심테스트
해설 p. 48

다음 문장에서 제시어가 들어갈 정확한 위치를 찾아보세요.

1 （A）我（B）今天（C）开车（D）到机场的。
　　　　　　　　　　是

2 （A）我（B）是（C）在公司（D）上班的，我是在学校教书的。
　　　　　　　　　不

3 天上掉馅饼？（A）这种（B）事情是（C）可能（D）的。
　　　　　　　　　　　　不

4 你不表态，这件事情（A）我们（B）是（C）能（D）办的。
　　　　　　　　　　　　　　不

5 （A）谁（B）惹你（C）生这么大的气？（D）你说啊？
　　　　　　　　　是

06 피동문(被动句)

피동문은 주어가 동작을 행하는 주체가 아니라 동작을 당하는 대상이 되는 문형을 가리킨다.

핵심 ① 피동문

피동문에는 두 가지가 있다. 피동의 의미를 갖는 被 / 叫 / 让 / 给 등으로 피동을 나타내는 가장 기본적인 형태의 피동문을 '被자구(被字句)'라고도 한다. 또 아무런 표시가 없는 피동문이 있는데, 이것은 일반 주술구와 형태상 차이가 없어 '의미상의 피동문'이라고도 부른다.

▶ 피동문 용법 ①

1 의미상 피동문

의미상의 피동문에서 주어는 실제 행위의 주체가 아닌 대상이며, 확정된 사물이다. 이 경우 동사 술어는 일반적으로 단순한 하나의 단어가 아니며, 보어, 부사어, 조동사, 동태조사 了 / 过 / 着 등을 동반한다.

- 信已经写好了。 편지는 이미 다 썼다.
- 作业晚上做。 숙제는 저녁에 할 거야.
- 啤酒都喝完了。 맥주를 벌써 다 마셨다.
- 饭正做着。 밥을 지금 막 하고 있다.
- 给母亲的信刚寄出去。 어머니에게 보낼 편지를 방금 부쳤다.

2 주어 + 被 / 叫 / 让 + 목적어 + 동사 + 기타 성분

- 我的自行车叫杰克修好了。 내 자전거를 잭이 수리해주었다.
- 玛丽的书让朱丽叶借去了。 줄리엣이 메리의 책을 빌려갔다.
- 钥匙让我找到了。 내가 열쇠를 찾아냈다.
- 他的汽车被别人开走了。 다른 사람이 그의 차를 몰고 갔다.
- 这个句子让他念错了。 이 문장을 그는 잘못 읽었다.

3 주어 + 被 + (목적어 +) 동사 + 기타 성분

被를 사용할 때는 목적어가 생략될 수 있으나, 叫 또는 让을 사용할 때는 반드시 목적어가 표시되어야 한다.

- 啤酒被(我)喝完了。 맥주를 (내가) 다 마셨다.
- 窗户被(他)打开了。 창문은 (그에 의해) 열렸다.

4 주어 + 부사어 + 被 + (목적어 +) 동사 + 기타 성분

被자구에서 조동사, 부사, 전치사 등과 같은 부사어는 일반적으로 被 앞에 쓰인다.

- 你的汽车可以被别人开走了呢? 네 차를 다른 이가 몰고 가도 되겠니?
- 他可能被那个漂亮的姑娘吸引了。 그는 아마도 그 예쁜 아가씨에게 빠졌을 것이다.

5 부정형식 – 주어 + 부정부사 + 被 + (목적어 +) 동사 + 기타 성분

被자구는 주로 没(有)로 부정을 나타내며 부정부사는 일반적으로 被 앞에 쓰인다.

- 啤酒没被喝完了。 맥주를 다 마시지 않았다.
- 玛丽的书没被朱丽叶借去了。 줄리엣이 메리의 책을 빌려가지 않았다.

● 피동문 용법 ❷

1 주어 + 被 / 叫 / 让 + 목적어 + 给 + 동사 + 기타 성분

被… 给… 형식의 피동문에서 给는 구조조사로 특별한 의미를 갖지 않지만, 구어체의 성격을 더욱 강조한다.

- 他的自行车叫小王给骑走了。 그의 자전거를 샤오왕이 타고 갔다.
- 那本小说昨天让人给借走了。 그 소설책은 어제 누군가가 빌려 갔다.
- 教室都让我们给打扫干净了。 교실을 우리가 다 깨끗이 청소했다.
- 别让小狗给跑了。 강아지가 도망가지 못하게 해라.

● 피동문 용법 ❸

1 주어 + 被 / 为 + 목적어 + 所 + 동사

被는 동작의 실질적인 행위자를 나타내고, 앞의 주어는 실제로는 동작의 대상이다. 所 뒤의 동사에는 기타 성분을 붙일 수 없으며, 이음절 동사 앞의 所는 생략이 가능하나, 단음절 동사 앞의 所는 생략이 불가능하다. 被 대신 为를 사용하면 문어체의 성격이 강해진다.

- 工人们的建议已被公司(所)采纳。 노동자들의 건의를 이미 회사에서 받아들였다.
- 他为情所困。 그는 사랑 때문에 곤란해하고 있다.
- 他被那个漂亮的姑娘(所)吸引, 第一次见面, 就爱上了她。
  그는 그 예쁜 아가씨에게 매료되어, 첫 만남에서 바로 그녀를 사랑하게 되었다.
- 我被电视剧的情节(所)感动, 禁不住流下了眼泪。
  나는 TV 연속극 내용에 감동을 받아, 참지 못하고 눈물을 흘렸다.

2 给 / 叫 / 让 피동문

给 / 叫 / 让 등은 동작의 피해자를 이끌어 낸다.
- 那本书给他弄丢了。 그 책은 그가 잃어버렸다.

핵심테스트

해설 p. 48~49

다음 문장에서 제시어가 들어갈 정확한 위치를 찾아보세요.

1 那本小说（A）让（B）别人（C）借走了（D）呢？
   会不会

2 （A）王老师（B）请（C）来（D）参加今天的晚会了。
   被

3 （A）钱包（B）被（C）人（D）拿走，是他自己放在什么地方了。
   没

4 （A）失散多年的亲人终于（B）让（C）她（D）找到了。
   给

07 비교문(比较句)

비교문은 크게 比가 들어간 비교문과 比가 들어가지 않은 비교문으로 구분할 수 있다.

핵심 ① 比자구

전치사 比는 명사나 대사와 함께 전치사구를 이루어, 동사나 형용사 앞에서 사물의 성질이나 정도의 차이를 설명한다.

1 比는 다른 사물을 비교하기도 하고, 다른 시기의 동일한 사물에 대해 비교하기도 한다.

- 这座山比那座山高。 이 산은 저 산보다 높다.
- 这个房间比那个房间大。 이 방은 저 방보다 크다.
- 他今天比昨天来得早。 그는 오늘 어제보다 일찍 왔다.

2 두 가지 사물의 구체적인 차이를 명확히 설명할 때, 술어 뒤에 수량보어를 사용한다.

→ A比B + 술어 + 수량사

- 他比我小三岁。 그는 나보다 3살 어리다.
- 一班比二班多五个学生。 1반은 2반보다 학생이 5명 많다.
- 我比他早来十分钟。 나는 그보다 10분 일찍 왔다.

3 두 가지 사물의 대략적인 차이를 나타낼 때 술어 뒤에 一点儿이나 一些를 사용하여 차이가 적음을 나타낸다. 또한 구조조사 得와 정도보어 多를 사용하여 차이의 정도가 큼을 나타낸다.

→ A比B + 술어 + 一点儿 / 一些 / 得多

- 他比我大一点儿。 그는 나보다 조금 크다.
- 这座楼比那座楼高得多。 이 건물은 저 건물보다 훨씬 높다.
- 广州的冬天比上海暖和一些。 광저우의 겨울은 상하이보다 조금 따뜻하다.

4 형용사 술어 앞에 정도부사 更 또는 还를 사용할 수 있다.

→ A比B + 更 / 还 + 형용사 술어
- 我比他更忙。 나는 그보다 더 바쁘다.
- 妹妹比弟弟还高。 여동생은 남동생보다 (키가) 더 크다.

5 일부 심리, 지각을 나타내는 동사 술어문도 比를 사용하여 비교를 나타낼 수 있다.

- 玛丽比我喜欢锻炼身体。 메리는 나보다 운동을 좋아한다.
- 他比我了解中国的情况。 그는 나보다 중국의 상황을 잘 안다.

6 동사에 정도보어가 있는 경우 比는 동사 앞이나 보어의 주요 성분 앞에 놓는다. 동사가 목적어를 가질 때 比는 중복된 동사 앞이나 보어의 주요 성분 앞에 놓는다.

- 玛丽比我学得好。 메리는 나보다 공부를 잘한다
- 玛丽学得比我好。 메리는 나보다 공부를 잘한다.
- 他游泳比我游得快。 그는 (수영을) 나보다 빨리 헤엄친다.
- 他游泳游得比我快。 그는 (수영을) 나보다 빨리 헤엄친다.

7 비교적 구체적인 차이를 나타낼 때 早 / 晚 / 多 / 少 등의 단음절 형용사를 동사 앞에 놓고(부사어), 수량사를 동사 뒤에 놓아(수량보어) 구체적인 차이를 나타낸다.

→ A比B + 단음절 형용사(부사어) + 술어 + 수량사(수량보어)
- 他今天比我早来了十分钟。 그는 오늘 나보다 10분 일찍 왔다.
- 我今天比他晚睡了一个小时。 나는 오늘 그보다 1시간 늦게 잤다.
- 这个月他们比上个月多生产了两千双鞋。
  이 달에 그들은 지난 달보다 2천 켤레의 신발을 더 생산했다.
- 我这次考试比上次少得了几分。 나는 이번 시험에서 지난 시험보다 점수를 몇 점 낮게 받았다.

8 比자문에서 조동사, 부사 등은 比 앞에 놓는다.

- 妹妹可能比弟弟还高。 여동생은 아마 남동생보다 (키가) 더 클 것이다.
- 我能比他游得快。 나는 그보다 빨리 헤엄칠 수 있다.

9 比자문의 부정형식은 比 앞에 부정부사 不를 놓거나 没有를 쓴다.

- 这件衬衫不比那件新。 이 셔츠는 저것보다 새것이 아니다.
- 我每天不比他来得早。 나는 매일 그보다 일찍 오지 않는다.
- 韩国夏天没有北京热。 한국의 여름은 베이징만큼 덥지 않다.

핵심테스트　　　　　　　　　　　　　　　해설 p. 49

다음 문장에서 제시어가 들어갈 정확한 위치를 찾아보세요.

1 我（A）怕迟到，所以今天（B）比昨天（C）走了（D）十分钟。
　　　　　　　　　　　　　　早

2 我买的（A）书比（B）他买的（C）多（D）。
　　　　　　　　　　　一些

3 我们今天（A）比昨天（B）多（C）上了（D）课。
　　　　　　　　　　　三节

4 （A）你汉语（B）说得（C）比我（D）不清楚。
　　　　　　　　　还

5 （A）这个人（B）比那个人的水平（C）更（D）高。
　　　　　　　　　不会

6 他跑步（A）比我（B）跑得（C）快（D）。
　　　　　　　　　一点儿

핵심 ❷ 比가 없는 비교문

比를 쓰지 않고도 일정 형식을 통해 비교의 의미를 표현하는 비교문들이 있다.

핵심 콕콕!

跟(和/同)⋯一样

~와 같다. 두 종류의 대상을 비교한 결과가 같거나 비슷함을 나타낸다.
① 전치사 跟은 비교의 대상이나 사물을 나타내며, 형용사 一样은 술어의 주요성분이다. 비교의 대상이 모두 한정어를 가질 경우 중복되는 두 번째 명사는 생략할 수 있다.
② 부사어, 한정어 및 보어로도 쓰일 수 있다.
③ 부정형식은 跟⋯不一样 혹은 不跟⋯一样 모두 가능하다.
④ 정반의문문은 跟⋯一样不一样이다.

- 我的书跟你的(书)一样。① 내 책은 네 것이랑 같다.
- 这种衣服跟那种(衣服)一样。① 이 옷은 저 옷이랑 같다.
- 他跑得跟你一样快。② 그는 너만큼 빨리 뛴다. (부사어)
- 我想买一条跟你那条一样的裤子。② 나는 네 것과 똑같은 바지를 하나 사고 싶다. (한정어)
- 他说汉语说得跟中国人一样。② 그는 중국어를 중국 사람처럼 말한다. (보어)
- 他买的东西跟我买的不一样。③ 그가 산 물건은 내가 산 거랑 다르다.
- 我朋友的专业不跟我一样。③ 내 친구의 전공은 나와 다르다.
- 他跟你一样不一样大? ④ 그는 너랑 나이가 같니?
- 这幅画跟那幅画一样不一样? ④ 이 그림은 저 그림이랑 같니?

A有B这么(那么)⋯

A는 B만큼 그렇게 ~하다. B를 기준으로 A가 B의 정도에 도달하였는지 여부를 나타낸다. 有는 '도달하다'의 의미이고, 那么나 这么는 성질이나 정도를 나타낸다.

- 我说英语没有他(那么)好。 나는 그만큼 (그렇게) 영어를 잘 못한다.
- 我们的家乡没有北京(那么)冷。 우리 고향은 베이징만큼 (그리) 춥지 않다.
- 杰克踢足球有你踢得(那么)好吗? 잭이 축구를 너만큼 (그렇게) 잘 하니?
- 他说英语说得没有朱丽叶(那么)流利。 그는 줄리엣만큼 영어가 (그렇게) 유창하지 않다.
- 她没有玛丽(那么)漂亮。 그녀는 메리만큼 (그렇게) 예쁘지 않다.
- 这本书有那本书(那么)有意思吗? 이 책은 저 책만큼이나 (그렇게) 재미있니?
- 今天的饭有没有昨天(那么)好吃? 오늘 식사는 어제만큼 (그렇게) 맛있었니?

| 一 + 양사 + 比 + 一 + 양사 | 자주 쓰이는 비교문 형식이다. 부사어로 쓰이며, 정도의 차이가 점점 발전되어 감을 나타낸다. 이 문형 뒤에는 보어를 사용할 수 없고, 정반의문이나 부정형식을 사용할 수 없다. |

- 生活一天比一天好。 생활이 나날이 좋아진다.
- 他的身体一天比一天好了。 그의 몸은 하루하루 좋아지고 있다.
- 他的考试成绩一次比一次高。 그의 시험 성적은 볼 때마다 좋아진다.
- 发行量一次比一次增加。 발행량은 점점 증가한다.

| A像B这么(那么)… | A는 B처럼 그렇게 ~하다. 这么 / 那么는 성질이나 정도를 나타낸다. |

- 我的书房也就像你的这么大。 나의 서재도 네 것만큼 크다.
- 做起来并不像说的那么容易。 행동하는 것은 말하는 것만큼 그렇게 쉽지가 않다.
- 我弟弟已经像你这么高了。 내 동생도 이미 너만큼 크다.
- 我要是像你这么工作，身体早就累坏了。
  내가 만약에 너처럼 이렇게 일했으면, 몸이 벌써 지쳐버렸을 거다.

| A不如B | A는 B만 못하다(= 比不上). 不如는 동사로서 비교를 나타내는 술어로 쓰인다. 'A不如B'는 'A没有B好'의 의미로서, 'A不如B好'라고 할 수도 있다. 비교의 내용이 '좋고 나쁨'에 대해서가 아니라 다른 내용이라면 B 뒤에 구체적인 비교의 내용을 써준다. B 뒤의 자리에는 대체로 高 / 大 / 好 / 干净 / 亮 / 宽 / 长 / 美 / 积极 등과 같은 긍정적인 의미의 형용사가 온다. |

- 我的汉语成绩不如你。 내 중국어 성적은 너만 못해.
- 他的身体不如以前了。 그의 몸은 예전만 못하다.
- 我读课文不如他读得流利。 내가 그만큼 유창하게 본문을 읽지 못한다.
- 我们的教室不如他们的大。 우리 교실은 그들의 교실만큼 크지 않다.

핵심테스트
해설 p. 49

다음 문장에서 제시어가 들어갈 정확한 위치를 찾아보세요.

1 我 (A) 觉得 (B) 他的想法 (C) 没有你的 (D) 成熟。

那么

핵심 ❸ 수량 표시 비교문

수량보어를 써서 보다 구체적인 차이를 표현한다.

핵심 콕콕!

| A比B + 早 / 晚 / 多 / 少 + 술어 + 수량보어 | A가 B보다 ~정도 일찍 / 늦게 / 많이 / 적게 ~하다. 술어는 대체로 단음절 동사이고, 앞에 早 / 晚 / 多 / 少 등의 단음절 형용사가 부사어로 온다. 동사 뒤에는 '수량 + 동량' 혹은 '수량 + 시량'의 구가 와서 수량보어 역할을 한다. |

- 他今天比我早来了十分钟。 그는 오늘 나보다 10분 일찍 왔다.
- 他们班比我们班多学了两课。 그들 반은 우리 반보다 두 과를 더 많이 배웠다.

| A比B + 동사 + 得 + 정도보어
A + 동사 + 得 + 比B + 정도보어 | A가 B보다 좀 더 잘 ~하다. '比B'는 동사 앞이나 보어 앞에 모두 위치 가능하다. 정도보어 뒤에는 구체적인 수량사가 다시 올 수 없다. |

- 我比他起得早一点儿。 나는 그보다 좀 더 일찍 일어난다.
- 他汉字写得不比我好。 그는 한자를 나보다 잘 쓰지 못한다.

| A比B + 更 / 再 / 还 + 술어 | A가 B보다 훨씬 더 ~하다. 比자문에서 술어 앞에 정도부사 更 / 再 / 还 등을 사용하여 정도를 강조한다. 이들은 一点儿 또는 一些를 보어로 가진 형용사나 동사(구) 앞에 쓸 수 있다. |

- 我想买一件比这件衣服颜色再深一点儿的。
  나는 이 옷 색깔보다 좀 더 진한 걸로 하나 사고 싶다.
- 朱丽叶跑得比玛丽还快。 줄리엣은 메리보다 더 빨리 뛴다.

핵심테스트

해설 p. 49

다음 문장에서 제시어가 들어갈 정확한 위치를 찾아보세요.

1 (A) 卖熔化后的材料 (B) 比直接 (C) 卖易拉罐 (D) 赚六七倍钱。

多

08 把자구

把자구는 전치사 把를 포함한 전치사구가 부사어 역할을 하는 동사 술어문을 말한다.

핵심 ❶ 把자구

把는 목적어를 강조하기 위해 동사 앞으로 목적어를 끌어올 때 사용한다. 그러므로 把 뒤에는 반드시 명사성 단어가 온다.

⟹ 把자구 용법 ❶

1 주어 + 把 + 목적어 + 동사중첩

전치사 把와 목적어는 반드시 주어 뒤, 동사 앞에 놓인다. 동사 술어는 반드시 단독으로 놓일 수 없고, 동사중첩 형식을 동반한다.

- 你把这儿的情况介绍介绍吧。 네가 이곳 상황을 좀 소개해봐라.
- 他今天把过去的信件看了看。 그는 오늘 지난 우편물을 좀 봤다.
- 你把这篇文章看一看。 네가 이 문장을 좀 봐봐.
- 你把屋子收拾收拾。 네가 방 좀 치워라.

2 주어 + 把 + 목적어 + 동사 + 보어

동사 술어 뒤에는 결과보어, 방향보어가 동반될 수 있다. 특정한 사물(목적어)의 상태가 동작의 영향을 받아 변화가 발생함을 중점적으로 강조한다.

- 我把衣服洗干净了。 나는 옷을 깨끗이 빨았다.
- 你把教室门关好。 너는 교실 문을 잘 닫아라.
- 请您把帽子摘下来。 모자를 벗으세요.
- 我把照相机拿出来了。 내가 사진기를 꺼냈다.
- 他们把教室打扫得很干净。 그들은 교실을 정말 깨끗이 청소했다.

3 주어 + 부사어 + 把 + 목적어 + 동사 + 보어

把자구에서 조동사, 부사, 전치사 등과 같은 부사어는 일반적으로 把 앞에 쓰인다.

- 我能把这儿的情况介绍下。 나는 이곳 상황을 소개할 수 있다.
- 他可能把大衣丢了。 그는 아마도 코트를 잃어버린 것 같다.

4 부정형식 – 주어 + 부정부사 + 把 + 목적어 + 동사 + 보어

把자구는 주로 没(有)로 부정을 나타내며 부정부사는 일반적으로 把 앞에 쓰인다.
- 我还没把作业做完呢。 나는 아직 숙제를 하지 않았다.
- 他们没把我当做亲人。 그들은 나를 가족으로 여기지 않는다.

◐ 把자구 용법 ❷

1 주어 + (부사어 +) 把 + 목적어1 + 동사 + 在 / 到 / 给 + 목적어2

확정된 사물(목적어1)이 동작의 영향을 받아 위치에 변화가 생겼음을 나타낸다. 동사 뒤에 결과보어 在 / 到 / 给를 갖는 구문은 把를 사용한다. 把 앞에는 부사, 조동사 등을 포함한 다른 부사어가 올 수 있다.
- 他把衣服挂在这儿了。 그가 옷을 여기에다 걸어놓았다.
- 玛丽把书架搬到外边了。 메리는 책꽂이를 바깥으로 옮겨놓았다.
- 请你把这封信带给他。 이 편지를 그에게 가져다주세요.
- 他把作业交给了张老师。 그는 숙제를 장 선생님께 제출했다.
- 他不愿意把那本书借给朋友。 그는 친구에게 그 책을 빌려주고 싶어하지 않았다.
- 你可以把箱子放在桌子下面。 너는 상자를 책상 아래에 놓아도 된다.
- 他要把照片寄给父母。 그는 사진을 부모님께 부치려고 한다.

2 주어 + 把 + 목적어 + 동사 + 了 / 着

把자구에서 동사 뒤에 조사 了와 着는 올 수 있으나, 过는 올 수 없다.
- 他把大衣丢了。 그는 코트를 잃어버렸다.
- 我把茶喝了。 내가 차를 마셨다.
- 你把手表带着。 네가 손목시계를 갖고 있어라.
- 你把钥匙拿着。 네가 열쇠를 들고 있어라.

◐ 把자구 용법 ❸

1 주어 + 把 + 목적어1 + 동사 + 成 + 목적어2

동사 자체에 成이 포함되어 있거나 成을 결과보어로 갖는 경우, 또 동사가 이중목적어를 갖는 경우에는 일반적으로 把자구를 사용한다.
- 他把玛丽的名字写成了"马力"。 그는 메리(玛丽)의 이름을 '马力'라고 썼다.
- 父母总是把成年的儿女当成小孩子。 부모님은 성년이 된 딸을 항상 어린아이로 보신다.
- 我们一定要把家乡建设成美丽的花园。
  우리는 반드시 고향을 아름다운 화원으로 만들어야 한다.
- 他决心把自己锻炼成一名优秀运动员。
  그는 자신을 우수한 운동선수로 단련시키기로 결심했다.

2 주어 + 把 + 목적어1 + 동사 + 做 + 목적어2

동사 자체에 做를 포함하고 있거나 做를 결과보어로 갖거나 두 개의 목적어를 가질 경우에는 일반적으로 把자구를 사용한다.

- 大家不要把这个"灸"字写做"炎"字。 여러분 이 '灸'자를 '炎'자로 쓰지 마세요.
- 他把学校当做自己的家。 그는 학교를 자신의 집처럼 여긴다.
- 我们把这个"好"读做"hǎo"。 우리는 '好'를 'hǎo'라고 읽는다.
- 他们把我当做亲人。 그들은 나를 가족으로 여긴다.

3 주어 + 把 + 목적어 + 동사 + 시량보어

시량보어를 把자구에서 사용할 때 동사 술어가 나타내는 것은 일종의 지속적인 상태이며, 关 / 开 / 闷 등과 增加 / 延长 / 推迟 등의 일부 비동작동사들이 같이 사용된다.

- 我们把开会的时间延长了一天。 우리는 회의시간을 하루 연장했다.
- 他把整个北京城走了一多半。 그는 베이징 시 전체를 반 이상 돌아보았다.
- 他把婚礼推迟了半年。 그는 결혼식을 반년 미뤘다.

4 주어 + 把 + 목적어 + 동사 + 동량보어

동량보어를 把자구에서 사용할 때 술어는 일반적으로 동작동사이다.

- 他把试卷再检查一遍。 그는 시험지를 다시 한 번 검사했다.
- 他把课文读了三遍。 그는 본문을 세 번 읽었다.

5 주어 + 把 + 목적어 + 동사 + 전치사구

동사 술어가 전치사 向 / 于를 결과보어로 가질 경우 把자구를 사용할 수 있다.

- 我们要把教学工作推向新阶段。 우리는 교육업무를 새로운 단계로 추진해야 한다.
- 他把自己大部分时间都用于科学研究。 그는 자신의 대부분 시간을 과학연구에 쓴다.

6 주어 + 把 + 목적어 + 동사 + 상태보어

동사 술어가 정도를 나타내는 상태보어를 가질 경우, 把자구를 사용할 수 있다.

- 这件事把他急得直冒汗。 이 일은 그를 땀이 날 정도로 다급하게 했다.
- 今天把我冻得直打哆嗦。 오늘 추워서 나는 계속 오들오들 떨었다.
- 孩子把妈妈气得不得了。 아이가 엄마를 엄청 화나게 했다.

7 주어 + 把 + 목적어 + 给 + 동사

주로 구어체에서 给를 동사 앞에 놓아 어기를 강화할 수 있다. 이때 给는 조사로서, 없어도 의미의 차이는 없다.

- 大风把树给刮倒了。 큰 바람이 나무를 넘어뜨렸다.
- 同学们把教室给打扫得干干净净。 학우들은 교실을 깨끗이 청소했다.
- 他把衣服给晾干了。 그는 옷을 말렸다.
- 我把杯子给打碎了一个。 나는 컵 하나를 깼다.
- 我把房间都给收拾好了。 나는 방을 다 정돈해놓았다.

8 겸어문과 把자구의 결합

이러한 격식에서는 겸어구가 앞에, 把자구가 뒤에 놓인다. 이 문장의 첫 번째 동사는 사역을 나타내는 동사 使 / 让 / 叫 / 请 / 派 등이다.

- 我叫他马上开车把她送回家。 나는 그에게 즉시 차로 그녀를 집에 데려다 주라고 했다.
- 老师叫学生回家把作业拿来。 선생님은 학생에게 집에 가서 숙제를 가져오라고 했다.
- 经理让我尽快把工作做完。 사장님은 나보고 어서 빨리 일을 끝내라고 했다.

9 연동문과 把자구의 결합

연동문이 앞에, 把자구가 뒤에 놓인다.

- 我打电话让妻子把孩子接回家。 나는 전화를 해서 아내한테 아이를 데려오라고 했다.
- 你开车去把李教授接到这儿来。 너는 차를 운전하고 가서 이 교수님을 이곳으로 모셔와라.
- 他写信告诉妈妈把棉衣寄到学校来。 그는 편지로 엄마에게 솜옷을 학교로 부쳐달라고 했다.
- 你告诉玛丽让她把作业给老师送来。 너는 메리에게 숙제를 선생님께 가져다 드리라고 말해라.

핵심테스트

해설 p. 49

다음 문장에서 제시어가 들어갈 정확한 위치를 찾아보세요.

1 你 (A) 把 (B) 这件事说 (C) 清楚 (D), 我就不让你走。

　　　　　　　　　　　不

2 晚会上, 他 (A) 把他的女朋友 (B) 介绍 (C) 大家 (D) 了。

　　　　　　　　　　　　给

09 강조의 방법

강조하는 방법은 여러 가지가 있다. 강조의 뜻을 나타내는 어휘를 쓰기도 하고, 반어문을 이용하기도 하며, 강조를 표현하는 고정격식을 이용하기도 한다.

핵심 ❶ 반어문

반어문은 부정의 형식을 이용하여 긍정의 어기를 강조하고, 긍정의 형식을 이용하여 부정의 어기를 강조한다.

핵심 콕콕!

| 不是A吗 | A 아닌가?, A 아니니?. 사실이 분명히 그러함을 강조한다. |

- 这个词不是学过了吗? 이 단어 배운 거 아니니? (이 단어 배웠잖아.)
- 不是早就跟你说过了吗? 예전에 네게 말하지 않았어? (말했잖아.)
- 你不是去过那个地方吗? 那就给我们带带路吧。
  그곳은 네가 갔던 곳 아니니? (갔잖아.) 그러니까 우리에게 길 안내 좀 해줘.

| 没A吗 | A 안 했니?, A하지 않았니?. 확실히 그러한 적이 있음을 강조한다. |

- 我没告诉你吗? 那个地方不能去!
  내가 네게 말 안 했니? 그곳에 가면 안 돼! (이미 네게 말한 적이 있다.)
- 你没听见他说吗? 天气预报今天有七级大风。
  너 그가 한 말 못 들었니? 일기예보에서 오늘 7급 태풍이 분다잖아. (너는 분명히 들었다.)
- 你没看出来吗? 他今天有点儿不高兴!
  너는 알아채지 못했니? 그는 오늘 기분이 좀 안 좋아! (너도 틀림없이 알아차렸을 거야.)

| 还 A | 그런데도 / 그래도 / 그러면서도 ~한가(~하지 않다) |

- 你去还不应该吗? (= 你应该去) 네가 가는 게 그래도 당연한 거 아니니? (네가 가야 해.)
- 这么好的条件, 你还不满意! (= 你不应该不满意)
  이렇게 좋은 조건인데도, 너는 아직도 만족을 못하는 거니! (너는 만족하지 않으면 안 돼.)
- 这孩子! 已经给你这个玩具了, 你还哭。
  이 녀석이! 이미 네게 이 장난감을 줬는데도 울고 그러니. (너는 울면 안 돼.)

| 의문대사 谁 / 哪 / 哪儿 / 哪里 / 怎么 / 什么 등을 이용한 반어문 | 의문대사의 의미를 그대로 가져오지만, 대답을 원하는 것이 아니라 자신의 말을 강조할 뿐이다. |

- 我怎么知道? 내가 어떻게 알아? (나는 모른다)
- 以前家里穷, 谁嫁给我这个穷光蛋!
  옛날엔 집이 가난했지, 누가 나 같은 빈털터리에게 시집오려고 했겠어! (아무도 시집 안 온다.)
- 哪里是安慰我? 明明是想惹我生气。
  어디 나를 위로하는 거니? 분명히 나를 화나게 하려는 거야. (위로하는 게 아니다.)
- 孩子大了, 哪个体贴老人的心?
  아이가 자라면, 누가 노인의 마음을 알아주겠니? (노인의 마음을 아는 아이는 없다.)
- 这篇文章哪儿难啊! 我看一年级的学生都能看懂。
  이 문장이 어디가 어렵니! 내가 볼 땐 1학년 학생도 다 이해하겠다. (이 문장은 어렵지 않다.)
- A: 你认识这种花? A: 너 이런 꽃을 아니? B: 怎么不认识? B: 왜 몰라? (알아.)
- A: 什么去学校学习! 说不定到哪儿玩去呢。
  A: 뭐가 학교에 가서 공부를 한다는 거야! 아마 어딘가로 놀러 갔을 거야.
  B: 哪儿能呢? B: 그럴 리가? (그럴 리 없다.)

핵심테스트

해설 p. 49~50

다음 문장에서 제시어가 들어갈 정확한 위치를 찾아보세요.

1 虽然这个公司的人 (A) 我都不认识 (B), 但不管看到 (C) 我都跟他打招呼 (D)。
    谁

2 (A) 你 (B) 早就走了吗? (C) 怎么又 (D) 回来了?
    不是

3 (A) 他的名字我 (B) 都不 (C) 知道, (D) 可能和他交往?
    怎么

4 学习成绩 (A) 不好 (B) 是你自己的问题, (C) 你 (D) 怪别人?
    还

5 (A) 我 (B) 冷落你了? (C) 我一直在 (D) 关心着你呀!
    哪里

핵심 ❷ 连A也 / 都B

'A조차도 역시 B하다'라는 뜻이다. 连 앞에 甚至를 넣어 어기를 강화할 수 있다.

1 连 + 명사(주어) + 都 / 也 + 동사 – 连 뒤의 주어를 강조한다.
- 连我都知道了，他当然知道。 나도 아는데, 그는 당연히 알지.
- 连留学生的家长也参加我们的晚会了。 유학생의 부모님도 우리 저녁파티에 참석했다.
- 连八岁的孩子都参加了这次长跑比赛。
  8살 된 어린아이조차도 이번 장거리 달리기 경주에 참가했다.

2 주어 + 连 + 명사(목적어) + 都 / 也 + 동사 – 连 뒤의 목적어를 강조한다.
- 你怎么连这道题也不会做？ 너는 어떻게 이 문제도 못 푸니?
- 你怎么连王教授也不认识？ 너는 어떻게 왕 교수님도 모르니?
- 他连饭也没吃就走了。 그는 밥도 안 먹고 바로 갔다.

3 连 + 동사(목적어) – 목적어를 강조하며, 술어는 반드시 부정형식이다.
- 他连想也没想就回答了老师的问题。 그는 생각할 것도 없이 바로 선생님의 질문에 대답했다.
- 他工作太忙，连吃饭都没有时间。 그는 일이 너무 바빠서, 밥 먹을 시간조차 없었다.
- 他连下象棋都不会。 그는 장기도 둘 줄 모른다.
- 玛丽连看电影也没兴趣。 메리는 영화 보는 것조차 흥미가 없다.

4 连 + 절 – 절이 올 경우 의문형식이나 부정수량사로 한정된다.
- 连他在哪儿我也忘了问。 나는 그가 어디 있는지 묻는 것도 잊었다.
- 连这篇文章改动了哪几个字他都记得。
  그는 이 문장에서 어떤 글자를 바꿨는지 다 기억하고 있다.

핵심테스트
해설 p. 50

다음 문장에서 제시어가 들어갈 정확한 위치를 찾아보세요.

1 (A) 我 (B) 黑板上的字 (C) 都没看清楚，(D) 老师就把黑板擦了。
   连

2 (A) 我 (B) 游泳都不会，(C) 更别说 (D) 跳水了。
   连

핵심 ❸ 강조의 부사 是 / 就 / 可

是와 就는 부사로 술어 앞에서 상태나 동작을 강조한다.

1 是를 이용한 강조

是는 '정말로, 확실히(= 的确, 实在)'라는 뜻으로, 거짓이 아닌 사실을 강조하며, 형용사 앞에서 긍정의 어기를 나타낸다. 이때 是를 생략할 수 없으며, 是는 강하게 읽는다. 때때로 주어 앞에서 주어를 강조하기도 한다.

- 这儿的风是大。 이곳의 바람은 정말 세다.
- 我对这件事是感兴趣。 나는 이 일에 진짜 관심이 있다.
- 这里的冬天是冷。 이곳의 겨울은 확실히 춥다.
- 那地方是好玩儿。 그곳은 정말로 재미있다.
- 这位同志是很热情。 이 동지는 정말 친절하다.
- 这部电影是好，值得一看。 이 영화 진짜 괜찮아, 볼만해.
- 玛丽是聪明，门门功课得满分。 메리는 정말 똑똑해서, 모든 과목에서 다 만점을 받는다.
- 是王峰一直帮助我学习汉语。 왕펑이 줄곧 나의 중국어 공부를 도와주었다.
- 是我把窗户关上的。 내가 창문을 닫았다.

2 就를 이용한 강조

부사어로 쓰여 술어가 나타내는 상황이나 동작을 강조한다.

1) 就 + 是 / 在 : 바로 ~이다 / ~에 있다

- 这就是我住的旅馆。 이곳이 바로 내가 묵고 있는 여관이다.
- 他家就在电影院东面。 그의 집은 바로 영화관 동쪽에 있다.
- 她就在我的后面。 그녀는 바로 내 뒤에 있다.

2) 就 + 동사 : 결코(절대) ~이다

단호한 의지와 쉽게 바뀌지 않음을 나타내며, 就를 강하게 읽는다.

- 你不让我干，我就要干。 네가 하지 못하게 해도, 나는 꼭 할 거야.
- 我就不相信我学不好汉语。 나는 결코 내가 중국어를 잘할 수 없을 거라고 믿지는 않아.
- 不去，不去，就不去。 안 가, 안 가, 절대 안 가.
- 随便你怎么说，我就不相信。 네가 뭐라고 해도, 나는 절대 안 믿는다.

3 부사 可를 이용한 강조

주로 구어체에 쓰이며, 정도가 강해지거나 어기를 강조하는 데 쓰인다. 일반 평서문, 반어문, 명령문, 감탄문 등에 사용되어 어기를 강조한다.

1) 可 + 동사

- 他可没说过这话。 그는 절대 이 말을 한 적이 없다.
- 这一问可把我给问住了。 이 질문은 정말 나를 말문이 막히게 했다.
- 我可知道他的脾气，要么不说，说了一定去做。
  내가 정말 그의 성격을 아는데, 말을 않던가, 말을 하면 꼭 해야 한다.

2) 可 + 不 + 형용사

- 他跑得可不快。 그는 정말 빨리 못 뛴다.
- 这问题可不简单，得好好研究一下。 이 문제는 정말 쉽지 않아서, 잘 좀 연구해봐야 한다.
- 她长得可不漂亮，为什么那么多人喜欢她呢?
  그녀는 결코 예쁘게 생기지 않았는데, 왜 그렇게 많은 사람이 그녀를 좋아하는 걸까?

3) 반어문에서의 可

- 都说美人鱼很美，可谁见过呢?
  다들 인어가 정말 아름답다고 하지만, 누가 본 적이 있나? (본 사람이 아무도 없다.)
- 你一个小孩儿可怎么搬得动那么大的石头!
  너 같은 어린애 하나가 어떻게 저렇게 큰 돌을 옮길 수 있다는 거니! (옮길 수 없다.)
- 这么大的地方，可上哪儿去找他呀?
  이렇게 넓은 곳에서, 어디로 가서 그를 찾지? (찾을 수 없다.)

4) 명령문에서의 可

명령문에서 반드시 그러해야 함을 강조하거나 간절한 권유를 나타낸다. 뒤에 조동사 要 / 能 / 应该 등이 올 경우, 문장 끝에는 일반적으로 어기조사가 수반된다.

- 咱们可要说话算数的。 우리는 자신이 한 말에 책임을 져야 한다.
- 你可不能粗心大意啊! 너는 경솔해서는 안 돼!
- 这样的机会不多，你可要珍惜啊! 이런 기회는 많지 않아, 정말 소중히 여겨야 해!

5) 감탄문에서의 可

감탄문에서 사용되며, 문장 끝에는 어기조사를 동반한다.

- 他汉语说得可好啦! 그는 중국어를 정말 잘하더라!
- 这鱼可新鲜呢! 이 생선 정말 싱싱한데!
- 这可是一件大事啊! 이건 정말 큰일이다!
- 你可回来了，真把人急坏了! 너 드디어 돌아왔구나. 정말 사람 애간장 타게 만드네!

핵심테스트

해설 p. 50

다음 문장에서 제시어가 들어갈 정확한 위치를 찾아보세요.

1 (A) 有一种爱一生一世 (B) 都不求回报，那 (C) 是 (D) 母爱。

　　　　　　　　　　　就

2 大家 (A) 看到了 (B) 千万不要摸 (C) 也不要 (D) 把它当成病猫。

　　　　　　　　　　可

핵심 ④ 강조의 고정격식

주로 이중부정을 통해 강조하는 고정격식이 많다.

핵심 콕콕!

| 没有A不B | B하지 않는 A는 없다. 이중부정을 이용한 강조이다. |

- 这件事没有谁不同意。 이 일에 동의하지 않는 사람이 아무도 없다. (모두 동의를 했다.)
- 没有人不讨厌他。 그를 싫어하지 않는 사람은 없다. (모두가 다 그를 싫어한다.)
- 在中国没有人不知道北京大学。
  중국에서는 베이징대학을 모르는 사람이 없다. (중국인 모두 다 베이징대학을 안다.)

| 不A不B | A하지 않으면 B하지 않는다 |

- 你不能不去。 너는 안 가면 안 된다. (가야 한다.)
- 他不会不知道。 그가 모를 리가 없다. (그는 분명히 안다.)

| 非…(不可) | ~하지 않으면 안 된다. 非…不可는 이 고정격식 자체가 긍정을 강조하는 이중부정 형식이다. 一定과 같은 뜻이지만 한층 단호하고 강한 어기이다. 非 뒤에는 동사(구)나 구, 절, 사람을 가리키는 명사가 올 수 있다. 문장 끝에 不行 / 不可 / 不成 등이 올 수 있으나, 생략해도 된다. 앞의 내용을 이어받아 사용하기도 하고, 반문의 어기로도 사용된다. |

- 今天的会议很重要，非参加不可。
  오늘 회의는 매우 중요하니, 참가하지 않으면 안 돼. (꼭 참석해야 해.)
- 要解决这个问题非你不可。 이 문제를 해결하려면, 너 아니면 안 돼. (반드시 네가 해야 돼.)
- 这件事非说不可。 이 일은 말하지 않으면 안 돼. (꼭 말해야 한다.)
- 要学好一种语言，非下工夫不可。
  하나의 언어를 잘 배우기 위해선, 노력을 기울이지 않으면 안 돼. (반드시 노력을 해야 해.)
- 那么多优秀的学生，为什么非选他(不可)?
  이렇게 많은 우수한 학생을 두고, 왜 그를 안 뽑으면 안 되지? (꼭 그를 뽑아야 해.)

| 也没 / 不… | 하나도 ~ 않다, 한 번도 ~ 않다, 전혀 ~ 않다. 부정적인 어기를 강조한다. |

- 刚来中国的时候，他一句汉语也不会说。
  막 중국에 왔을 때, 그는 중국어를 한마디도 못했다.

- 上海他一次也没去。 그는 한 번도 상하이에 가보지 못했다.
- 做这件事我一辈子也不后悔。 이 일을 하는 걸 나는 평생 후회하지 않는다.
- 这种晚会我一次也没(不)参加。 이런 저녁파티에 나는 단 한 번도 참석한 적이 없다.

핵심테스트

해설 p. 50

다음 문장에서 제시어가 들어갈 정확한 위치를 찾아보세요.

1 你要 (A) 想当经理， (B) 得先在工厂 (C) 呆两年， (D) 积累点经验再说。
   非

2 他在国内 (A) 工作得好好的， (B) 为什么 (C) 要出国 (D) 不可呢？
   非

3 (A) 这个班没有 (B) 一个同学 (C) 眼睛 (D) 近视。
   不

4 (A) 这个牌子的衣服 (B) 我一次 (C) 没 (D) 买过。
   也

5 (A) 我 (B) 把这个任务 (C) 完成不休息 (D) 。
   不

6 (A) 这么漂亮的布娃娃 (B) 她 (C) 喜欢 (D) 。
   不会不

7 这个公司的员工 (A) 我很 (B) 熟悉， (C) 那个公司的员工我也 (D) 认识。
   都

8 朱丽叶 (A) 又聪明 (B) 又漂亮， (C) 人 (D) 不喜欢她。
   没有

10 동사의 태

동사에는 완성태(完成态), 변화태(变化态), 지속태(持续态), 진행태(进行态), 경험태(经历态)의 다섯 종류가 있다.

핵심 ❶ 완성태와 변화태

완성태는 동작의 완료를 뜻하고, 변화태는 상황이나 동작에 변화가 있음을 나타내는데, 둘 다 了를 사용하므로 주의해야 한다.

◐ 완성태

완성·완료를 표현할 때는 동태조사 了를 동사 뒤에 써서 나타낸다.

1 동사 뒤에 동태조사 了를 써서 동작의 완성을 나타낸다.

- 午饭我只吃了一碗面条。 점심으로 나는 국수 한 그릇만 먹었다.
- 新年前我给朋友写了一封信。 새해가 되기 전에 나는 친구에게 편지 한 통을 썼다.
- 我买了几本中文小说。 나는 몇 권의 중국어 소설책을 샀다.
- 他喝了一杯咖啡。 그는 커피 한 잔을 마셨다.
- 玛丽唱了一首中国民歌。 메리는 중국 민요 한 곡을 불렀다.

2 완성태는 오직 동작의 완성 여부와 관계 있을 뿐, 동작이 발생한 시간과는 무관하다.

시간과는 상관없기 때문에 과거나 미래, 자주 발생하는 동작에도 사용할 수 있다.

- 明天吃了早饭我们去公园。 내일 아침밥 먹고 나서 우리 공원에 가자.
- 每天下了课我就回宿舍。 매일 수업이 끝나자마자, 나는 바로 기숙사로 간다.
- 昨天晚上我看了一场电影。 어제 저녁에 나는 영화 한 편을 봤다.
- 明天我下了课就去找你。 내일 내가 수업 끝나고 나서, 너를 찾으러 갈게.
- 明天我们吃了晚饭就去跳舞。 내일 우리 저녁을 먹고 나서 춤추러 가자.

3 부정형식은 동사 술어 앞에 부정부사 没(有)를 사용한다.

이때 동태조사 了는 일반적으로 다시 사용하지 않는다. 동작의 완성 여부를 묻는 정반의문문에는 '동사 + 了没有' 형식을 사용하거나, 긍정형과 부정형을 '동사 + 没 + 동사' 형식으로 병렬할 수도 있다.

- 星期日我没(有)去看电影。 일요일에 나는 영화를 보러 가지 않았다.
- 我没有看今天的报。 나는 오늘 신문을 보지 못했다.
- 昨天的晚会我没参加，你参加了没有?
  어제 저녁파티에 나는 참석 안 했는데, 너는 참석했니?
- 电影开始了没有? 영화는 시작했니?
- 你们访问了那位作家没有? 너희는 그 작가를 방문했니?
- 你写没写信? 너는 편지를 썼니 안 썼니?
- 他来没来学校? 그는 학교에 왔니 안 왔니?

◐ 변화태

상황이나 동작에 변화가 있음을 나타낼 때는 문장 끝에 어기조사 了를 쓴다.

1 이미 변화가 발생하였을 경우, 문장 끝에 어기조사 了를 사용한다.

了는 문장 끝에서 전체문장에 표현하고자 하는 일이나 상황에 이미 변화가 발생했음을 나타낸다.

- 天冷了，你要多穿(一点儿)衣服。 날이 추워졌어, 너는 옷을 좀 더 많이 입어야 해.
- 大家都不说话了。 모두 더 이상 말을 하지 않았다.
- 风停了，雨住了，太阳出来了。 바람도 멈췄고, 비도 그쳤고, 해가 떴다.
- 我现在是工程师了。 나는 지금은 엔지니어가 되었다.
- 现在已经是秋天了。 지금 벌써 가을이 되었다.

2 了 / 要…了 / 就要…了 / 快要…了 / 快…了 등은 가까운 미래를 나타낸다.

- 上课了，快去教室吧! 곧 수업이야. 빨리 교실로 들어가자!
- 要下雨了。 곧 비가 올 것이다.
- 开学典礼就要开始了。 곧 개학식이 시작될 것이다.
- 快要考试了，每天他都睡得很晚。 곧 시험이라서, 매일 그는 늦게 잔다.
- 新年快到了。 곧 새해다.

3 어기조사 了의 주의해야 할 용법

1) 형용사 + 了2 : 了2는 이미 출현한 상황을 표시할 뿐, 변화를 나타내지 않는다.

- 这个办法最好了。 이 방법이 제일 좋다.
- 这双鞋太小了。 이 신발은 너무 작다.

2) 형용사 + 了1 + 수량사 + 了2 : 了1과 了2는 각각 변화의 완성과 새로운 상황의 출현을 나타내고, 수량사는 변화된 폭이나 기간을 나타낸다.

- 天气已经晴了三天了。 날씨가 갠 지 이미 3일이 되었다.
- 她的头发又白了许多了。 그녀의 머리카락은 또 많이 희어졌다.
- 这筐水果烂了两天了。 이 바구니의 과일은 썩은 지 이틀이나 되었다.

3) 형용사 + 了1 + 수량사 : 변화의 발생과 변화된 폭을 나타낸다. 변화를 나타내지 않고 단지 어떤 성질이 기준으로부터 차이가 나는 정도를 나타낸다.

- 这个星期天晴了一天。이번 주 일요일 내내 날이 맑았다.
- 头发白了许多。머리가 많이 희어졌다.
- 这孩子高了两公分。이 아이는 키가 2cm 자랐다.
- 这双鞋大了一号。이 신발은 한 치수가 크다.
- 这件衣服短了一点儿。이 옷은 조금 짧다.

4) 명사 / 수량사 + 了2 : '명사 + 了2'는 변화를 나타내는 동사의 의미를, '수량사 + 了2'에는 동사 有의 의미를 내포하고 있다.

- 中学生了，还这么不懂事。
  중학생이 되었는데, 아직도 이렇게 철이 없다니. (이미 중학생이 되었다.)
- 月底了，该放假了。월말이라, 방학할 때가 되었다. (곧 월말이다.)
- 半个月了，他还没有回信。보름이 됐지만, 그는 아직도 답장이 없다.
- 40岁了。40살이 되었다.
- 已经一百个了。벌써 100개가 되었다.
- 50公斤了，够多的了。50kg이 됐어. 이미 충분하다.

5) 문미의 了

① 문장 전체를 지배하는 了

문장 끝에 오는 了는 대부분 술어(동사 / 형용사)에 영향을 주는게 아니라 문장 전체의 의미에 영향을 미친다.

- 他知道这件事了。그는 이 일을 알게 됐다.
- 约翰去上海了。존은 상하이에 갔다.
- 昨天我们和老师一起去公园了。어제 우리는 선생님이랑 같이 공원에 갔다.

② 주술(목) 구조의 목적어 뒤에 오는 了

목적어가 주술구의 형태일 때, 첫 번째 동사는 심리활동이나 지각을 나타내는 동사이다. 주술구 자체는 한 가지의 사건을 가리키고, 了는 확정적이고 단호한 어기를 나타낸다.

- 我想玛丽今天不会来上课了。나는 메리가 오늘 수업에 오지 않을 거라 생각한다.
- 我以为再也见不到你了。나는 너를 더 이상 보지 못할 줄 알았어.
- 我看过去的事情就不要再提了。내가 볼 땐 지나간 일은 더 이상 이야기하지 말자.

핵심테스트

해설 p. 50~51

다음 문장에서 제시어가 들어갈 정확한 위치를 찾아보세요.

1 田中不在，他吃（A）过饭就到（B）教室（C）去（D）。
　　　　　　　　　　　了

2 说起（A）孩子出国的事，他禁不住叹（B）一口（C）气（D）。
　　　　　　　　　　　　　　　　了

3 我没说（A）过吃（B）饭就去逛（C）街（D）。
　　　　　　　　　　　了

4 来中国（A）两年（B），我还没有包过（C）饺子（D）。
　　　　　　　　　　　了

핵심 ❷ 지속태와 진행태

지속태는 상태·동작의 지속을 나타내며, 진행태는 동작이 진행되고 있음을 나타낸다.

◯ 지속태

상태나 동작의 일정 상태가 지속되고 있음을 나타내는 것으로 동태조사 着를 사용한다.

1 着의 용법

1) 순간적인 동작이 완료된 후 완전히 정지된 상태의 지속을 나타낸다. 동사와 着 사이에는 어떠한 성분도 들어갈 수 없다.

- 他穿着一件新衣服。 그는 새 옷을 입고 있다.
- A：窗户还开着吗？ A：창문이 아직 열려 있니?
  B：没(有)开着，关着呢。 B：열려 있지 않아, 닫혀 있어.
- 桌子上放着书、词典、杂志和画报。 책상 위에는 책, 사전, 잡지 그리고 화보가 놓여져 있다.
- 墙上挂着几张画儿。 벽에는 몇 장의 그림이 걸려져 있다.
- 灯一直亮着。 등은 계속 켜져 있다.

2) 동작의 지속을 나타낼 때 着를 동사의 뒤에 붙인다.

- 雨不停地下着。 비는 멈추지 않고 계속 내리고 있다.
- 我们慢慢地在操场上走着。 우리는 천천히 운동장을 걷고 있다.
- 他们俩高兴地唱着歌。 그 두 사람은 즐겁게 노래를 부르고 있다.

3) 부정형식은 부정부사 没(有)를 사용한다. → 没(有)…着

- 墙上没有挂着画儿，只挂着地图。 벽에는 그림이 걸려 있지 않고, 지도만 걸려 있다.
- 屋子里没有开着灯。 집 안에는 불이 켜져 있지 않았다.
- 教室里的窗户没开着。 교실 안에는 창문이 열려 있지 않았다.

2 동사1 + 着 + 동사1 + 着, 동사2 + 了

동사1이 반복하여 지속될 때, 자기도 모르는 사이에 동사2가 발생함을 나타내며, '~하다가 자기도 모르게 ~되다'라는 의미를 갖는다.

- 聊着聊着，吃饭的时候到了。 이야기를 하다 보니, 밥 먹을 시간이 되었다.
- 她缝着缝着，没有线了。 그녀는 바느질을 하다보니, 실을 다 썼다.
- 盼望着，盼望着，春天的脚步近了。 간절히 바라다보니, 봄이 가까워졌다.
- 孩子哭着哭着，睡着了。 아이는 울다울다 잠이 들었다.
- 他说着说着哭了起来。 그는 계속 말을 하다가 울기 시작했다.
- 老人走着走着摔了一跤。 노인은 계속해서 걷다가 넘어졌다.

⊙ 진행태

동작이 진행되고 있음을 나타내는 형태로, 동사 자체에 변화가 있는 것이 아니라 在 / 正 / 正在 / 着 / 呢 등을 동사와 함께 사용하여 진행형을 나타낸다.

1 正在 + 동사 / 형용사

동작이나 상태가 진행 혹은 지속 중임을 나타낸다.

- 他进来时我正打电话。 그가 들어올 때, 나는 마침 전화를 걸고 있었다.
- 小张正在给朋友写信。 샤오장은 친구에게 편지를 쓰고 있다.
- 同学们正在准备考试。 학우들은 마침 시험을 준비 중이다.
- 她正在不高兴，老师进来了。 마침 그녀가 기분이 안 좋을 때, 선생님께서 들어오셨다.

2 在 + 동사

在는 正在와 같이 동사 앞에서 부사어로서 동작의 진행을 나타낸다.

- 孩子在睡觉，你小声点儿！ 아이가 자고 있으니, 너는 소리 좀 낮춰!
- 请您等一会，他们在开会。 잠시만 기다리세요. 그들은 회의 중입니다.
- 课堂上同学们在讨论。 교실에서 반 친구들은 토론을 하고 있다.

3 正(在) + 동사 / 형용사 + (着)呢

동작과 상황이 계속되고 있음을 나타낸다.

- 阿里正(在)听录音呢，不想去图书馆了。
  아리는 녹음을 듣고 있는 중이어서, 도서관에 가기 싫어졌다.
- 他正(在)看电视呢。 그는 마침 TV를 보고 있는 중이다.
- 他们正(在)跳舞呢。 그들은 춤을 추고 있는 중이다.
- 代表团正(在)参观呢。 대표단은 참관 중이다.
- 大家正忙着呢。 모두 한창 바쁘다.

핵심테스트　　　　　　　　　　　　　해설 p. 51

다음 문장에서 제시어가 들어갈 정확한 위치를 찾아보세요.

1 为 (A) 了 (B) 祖国的荣誉，不少运动员都是强忍 (C) 伤痛完成 (D) 比赛的。
　　　　　　　　　　　着

2 他红 (A) 脸向 (B) 王芳倾诉 (C) 深埋 (D) 在心中十年的那份感情。
　　　　　　　　　　　着

3 来 (A) 中国好多年 (B) 了，他还保留 (C) 自己国家的生活 (D) 习惯。
　　　　　　　　　　　着

핵심 ❸ 경험태

과거에 발생했던 일을 나타내는 과거시제를 가리킨다. 진행태와 마찬가지로 동사 자체에 변화가 있지 않고 동사 뒤에 동태조사 过를 붙여 경험태를 만든다.

1 V + 过

어떤 동작이 과거에 발생했음 또는 과거의 경험을 나타낸다.

- 这本书我读过，很有意思。 이 책을 나는 읽어본 적이 있는데 재미있다.
- 我们去过美国。 우리는 미국에 간 적이 있다.
- 我中学学过汉语。 나는 중학교에서 중국어를 배운 적이 있다.
- 玛丽听过中国民歌。 메리는 중국 민요를 들어본 적이 있다.

1) 부정형식 – 没(有)…过

- 小王没去过日本。 샤오왕은 일본에 가본 적이 없다.
- 这部电影我没看过。 이 영화를 나는 본 적이 없다.
- 我没有去过西安。 나는 시안에 가본 적이 없다.
- 以前他没来过我家，这是第一次。 예전에 그는 우리 집에 온 적이 없어, 이번이 처음이다.
- 我学过英语，没学过法语。 나는 영어를 배운 적은 있지만, 프랑스어는 배운 적이 없다.

2) 정반의문문 형식 – …过没有

- 你以前学过汉语没有？ 너는 예전에 중국어를 배운 적이 있니?
- 你看过中国电影没有？ 너는 중국 영화를 본 적이 있니?
- 昨天你去过图书馆没有？ 어제 너는 도서관에 갔었니?

2 특별한 过의 용법

과거를 나타내는 것이 아니라 동작이나 상태가 완료된 후 다음 동작이 행해짐을 나타낼 때, 또는 과거와 현재를 비교할 때에 사용되는 용법이다.

1) 동사 + 过

동작이나 상태의 완료를 나타낸다. 동사와 过의 사이에 得나 不를 넣을 수 없지만, 끝에 어기조사 了는 사용할 수 있다.

- 等我问过他再去买电脑。 내가 그에게 물어 본 다음에 컴퓨터를 사라.
- 第一场歌剧已经演过了。 오페라 제1막은 이미 끝났다.
- 吃过饭再去。 밥 먹은 다음에 가라.
- 等我问过了他再告诉你。 내가 그에게 물어본 다음에 네게 알려줄게.

2) 형용사 + 过

시간적으로 지금과 비교하여 설명할 필요가 있을 경우 사용한다.

- 你们不要说了，我也年轻过。 너희들 그만 이야기해, 나도 젊었을 때가 있었어.
- 他小时候胖过。 그는 어렸을 적에 뚱뚱했었다.

- 二月下旬冷过一阵，这两天又暖和起来了。
  2월 하순에 한동안 추웠는데, 요 며칠 또 따뜻해졌다.
- 开学初他好过一阵子，现在又开始旷课了。
  개학 초에 그는 한동안 괜찮더니, 지금은 또 수업을 몰래 빼먹기 시작했다.

3) 没(有) + 동사 / 형용사 + 过

부정형식에서 没(有) 앞에 종종 부사 从来 / 过去 등이 오며, 형용사 앞에는 这么가 자주 놓인다.

→ 从来没(有) + 동사 + 过
→ 从来没(有) + 这么 + 형용사 + 过

- 我从来没看见他这么高兴过。 나는 여태껏 그가 이렇게 기뻐한 것을 본 적이 없다. (형용사)
- 少先队员从来没有这么安静过。 소년선봉대원이 지금껏 이렇게 조용한 적이 없었다. (형용사)
- 他的房间从来没有这么干净过。 그의 방은 여태껏 이렇게 깨끗한 적이 없었다. (형용사)

핵심테스트   해설 p. 51

다음 문장에서 제시어가 들어갈 정확한 위치를 찾아보세요.

1 他坐（A）在那里一动（B）也不动，从来没有这么（C）安静（D）。
   过

2 自从两个人吵架（A）以后（B）他跟王峰没说（C）一句话（D）。
   过

3 他（A）今年夏天（B）和爸爸（C）一起（D）去中国。
   没有

4 学校湖边（A）树林里有一条小路（B）从（C）来没人走（D）。
   过

5 他独立生活能力很强，从来（A）没让（B）父母担（C）一次心（D）。
   过

6 我以前（A）从没见（B）这种树，也不知道（C）它叫（D）什么名字。
   过

11 복문(复句)

복문은 단문과 상대되는 의미로, 둘 혹은 그 이상의 단문으로 구성되어 하나의 완전한 의미와 일정한 어조를 갖는 형식을 말한다. 복문에서 단문과 단문의 사이에는 각종 관련어구가 사용되어 여러 종류의 관계를 나타낸다. 복문의 종류로는 병렬복문, 승접복문, 점층복문, 선택복문, 조건복문, 가설복문, 전환복문, 목적복문, 인과복문, 양보복문, 긴축복문 등이 있다.

핵심 ① 병렬복문

각각의 단문이 순서에 상관 없이 발생한 여러 가지의 사건이나 상황, 또는 한 가지 사물의 여러 가지 측면을 설명하거나 묘사하는 복문을 가리킨다. 복문과 복문 사이에 접속사를 사용하지 않을 수도 있다. 병렬복문에 사용되는 접속사로는 也 / 又 / 又…又… / 既…也… / 一边…一边… / 一面…一面… 등이 있다.

- 我们复习生词，写汉字，做练习。 우리는 단어를 복습하고, 한자를 쓰고, 연습을 한다.
- 我从日本来，我同屋从韩国来。 나는 일본에서 왔고, 내 룸메이트는 한국에서 왔다.
- 这是新书，那也是新书。 이것은 새 책이고, 저것 역시 새 책이다.
- 面包我(也)吃，米饭我也吃。 나는 빵도 먹고, 쌀밥도 먹을 거야.
- 他又会汉语，又会英语。 그는 중국어도 할 줄 알고, 영어도 할 줄 안다.
- 晚会上，大家又唱歌，又跳舞，高兴极了。
  저녁파티에서, 모두들 노래도 부르고, 춤도 추면서, 매우 즐거웠다.
- 我一边吃饭，一边看电视。 나는 밥을 먹으면서 TV를 본다.
- 玛丽一边听录音，一边写汉字。 메리는 녹음을 들으면서 한자를 쓴다.
- 孩子们一边跳舞，一边唱歌。 아이들은 춤을 추면서 노래를 부른다.
- 我们一面走，一面谈话。 우리는 걸으면서 이야기를 나눈다.

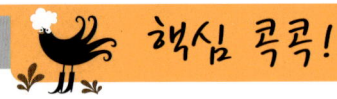

既A又B
A이기도 하고 B이기도 하다, A하면서 B하다. 하나의 주체가 동시에 가지고 있는 성질 혹은 상황을 나타낸다. 구조나 음절 수가 같은 동사나 형용사를 연결한다.

- 这种家具既漂亮，又实用。 이 가구는 예쁘기도 하고 실용적이기도 하다.
- 玛丽既漂亮又活泼。 메리는 예쁘면서도 활발하다.
- 这双旅游鞋既经济，又美观。 이 여행 신발은 경제적이면서도 예쁘다.
- 马丁的房间既宽敞，又干净。 마틴의 방은 넓기도 하고 깨끗하기도 하다.
- 做任何事情既要有干劲，又必须实事求是。
  어떤 일이든 열의가 있어야 하고 반드시 실제적이어야 한다.

既A也B
A뿐만 아니라 B도 한다. 뒷부분은 한층 발전된 상황을 나타낸다. 구조와 음절 수가 같고, 의미가 가까운 두 개의 단어를 연결한다.

- 她既会跳舞，也会唱歌。 그녀는 춤을 출 줄도 알고, 노래도 부를 줄 안다.
- 他既没来过，也没打过电话。 그는 온 적이 없을 뿐만 아니라, 전화를 걸어본 적도 없다.
- 他既懂英语，也懂日语。 그는 영어뿐만 아니라, 일어도 안다.
- 既要有革命的干劲，也要有实事求是的科学态度。
  혁명적인 열의를 갖춰야 할 뿐 아니라, 사실을 토대로 한 과학적인 태도도 가져야 한다.

一方面A, 一方面B
한편으로는 A하고 또 다른 한편으로는 B하다. 두 개의 단문 또는 전치사구를 연결하며, 두 가지 상호 관련 있는 사물 혹은 하나의 사물의 두 가지 측면을 연결한다. 뒤의 方面 앞에는 另을, 뒤에는 부사 又 / 也 / 还를 붙일 수 있다.

- 工厂一方面增加生产，一方面厉行节约。
  공장에서는 한편으로는 생산을 늘리고, 한편으로는 절약도 실행한다.
- 吸烟一方面损害自己的身体健康，一方面也损害他人的身体健康。
  흡연은 한편으로는 자신의 건강을 해치며, 또 한편으로는 타인의 건강에도 해를 끼친다.
- 学习哲学，一方面可以增加知识，一方面也可以使人聪明。
  철학을 공부하면 한편으로는 지식을 넓힐 수 있고, 또 한편으로는 사람을 총명하게도 한다.
- 一方面由于土质，一方面由于气候，使同一品种的植物在不同地区发生不同的变异。
  토질 및 기후로 인해, 동일 품종의 식물이 각기 다른 지역에서 다른 변이가 일어난다.
- 一方面为了父母，一方面为了自己，我必须尽全力把这件事做好。
  부모님과 나 자신을 위해서, 나는 반드시 전력을 다해 이 일을 잘 해낼 것이다.

一面(边)A, 一面(边)B

A하면서 B하다. 一面과 一边의 의미가 같아서 서로 바꿔쓸 수 있고, 앞의 一面(边)은 생략할 수 있다. 둘이나 그 이상의 동작이 동시에 진행됨을 나타낸다.

- 他一面听，一面记笔记。 그는 들으면서, 필기를 했다.
- 他一面倾听着别人发言，一面整理自己的意见。
  그는 다른 사람의 발언을 들으면서, 자신의 의견을 정리했다.
- 我一面工作，一面学习。 나는 일하면서, 공부를 했다.
- 玛丽一面用心地听着，一面记着笔记。 메리는 열심히 들으면서, 필기를 하고 있다.

一时A, 一时B

때로는 A하고 때로는 B하다. 时而 / 忽而의 의미를 가지며, 상황이 자주 바뀌거나 번갈아 가며 출현함을 나타낸다.

- 黄梅时节，江南地区一时晴，一时雨，天气变化无常。
  장마 때, 강남 지역은 맑았다가, 비가 왔다가 하면서 날씨가 변화무쌍하다.

핵심 ❷ 승접복문

각 단문이 일정한 선후 순서에 의해 연이어 발생한 몇 가지 동작이나 일을 순서대로 서술한다. 각 단문은 모두 관련어구를 사용하지 않을 수 있다. 승접복문에 사용되는 관련 형식은 (首先)… , 然后(再)… 이며, 便 / 就 / 于是 등은 뒷절에만 사용한다.

- 吃了饭，我们去散步。 밥을 먹고 나서, 우리 산책 가자.
- 看着看着，他睡着了。 보다가, 그는 잠이 들었다.
- 他一说，大家都笑起来。 그가 말을 하자, 모두 웃기 시작했다.
- 走着走着，他停住了。 걷다가, 그는 멈추었다.
- 星期日我先去书店买书，再去商店买东西。
  일요일에 나는 먼저 책을 사러 서점에 갔다가, 물건을 사러 상점에 다시 갈 거야.
- 大会主席首先讲了话，然后大家讨论。 먼저 대회 주석께서 연설을 한 후에, 모두 토론을 합시다.
- 我们先参观工厂，然后访问家庭。 우리 먼저 공장을 참관한 다음에, 가정을 방문합시다.
- 他刚说完，便站起身走了。 그는 말을 끝내자, 바로 몸을 일으켜서 갔다.
- 坐汽车去那里不方便，于是我骑车去。 차 타고 그곳에 가는 건 불편해서, 나는 자전거를 타고 갔다.

핵심 콕콕!

先A , 然后B
먼저 A하고 이어서 B하다. 하나의 일에 이어서 또 다른 일이 발생함을 나타낸다.

- 放学以后，他总是先做功课，然后帮着做些家务劳动。
  방과 후, 그는 언제나 먼저 공부를 하고 나서, 그런 다음에 집안일을 돕는다.
- 先讨论一下，然后再做决定。 먼저 토론을 좀 하고 나서, 그 다음에 결정하자.
- 先是刮了几天风，然后又下了几天雨。
  처음엔 바람이 며칠 간 불더니, 나중엔 또 며칠 간 비가 내렸다.
- 大家先议论议论，然后咱们再决定如何解决这个问题。
  모두 먼저 논의를 한 다음에, 어떻게 이 문제를 해결할지 다시 결정합시다.
- 每天傍晚，王大夫总是先去病房看一下，然后才回家。
  매일 저녁, 닥터 왕은 언제나 먼저 병실을 돌아보고 나서야 집에 간다.

先A 接着B
먼저 A하고 이어서 B하다

- 大会主席先讲，接着大家讨论。 대회 의장이 먼저 발언하고, 이어서 모두 토론을 했다.
- 我们先参观工厂，接着访问家庭。
  우리는 먼저 공장을 참관하고 나서, 이어서 가정을 방문했다.

- 他先发表了他的意见，接着大家也谈了各自的看法。
  그가 먼저 그의 의견을 발표하고 나서, 모두 각자의 생각을 이야기했다.
- 先把事情弄清楚，接着我们马上采取行动。
  먼저 일을 확실하게 해놓고 나서, 우리 바로 행동을 취했다.
- 先由部长讲话，接着你做补充发言。 부장께서 연설을 하신 다음에, 당신이 보충발언을 하세요.

…于是…

그래서, 그리하여. 于是는 '이로써 곧(这就), 이렇게 해서 비로소(这才), 이 때문에(因此)'라는 의미로서 뒷절 앞에 사용된다. 뒷절의 내용은 앞절 내용에 이어서 혹은 앞절로 말미암아 발생함을 나타낸다. 뒷절이 길 경우, 于是 뒤에 쉼표를 둔다.

- 大家这么一鼓励，我于是又恢复了信心。
  모두가 격려해주어서, 나는 자신감을 다시 회복했다.
- 他说王老师生病不能来上课，于是学生们都各自回家去了。
  그가 왕 선생님께서 아프셔서 수업에 올 수 없다고 말해서, 학생들은 모두 각자 집으로 돌아갔다.
- 司机告诉我们，长城到了，于是我们都下了汽车。
  기사가 만리장성에 도착했다고 해서, 우리는 모두 차에서 내렸다.
- 坐汽车去那里不方便，于是我骑车去。
  차 타고 그곳에 가는 건 불편해서, 나는 자전거를 타고 갔다.
- 王华忘了报名的地点，于是跑到单位打听了一下。
  왕화는 접수 장소를 잊어버려서, 회사까지 뛰어가 물어보았다.

…就 / 又…

就와 又는 뒷절의 맨 앞이나 뒷절 주어의 뒤에 위치하여, 뒷절의 동작이 앞절 동작에 긴밀하게 연이어서 발생함을 나타낸다.

- 她用小刀削去橘子的一层皮，又用两只手把底下的一大半轻轻地揉着。
  그녀는 작은 칼로 귤 껍질을 한 겹 벗긴 다음, 두 손으로 밑 부분을 가볍게 문질렀다.
- 他看了看停在旁边的火车，又看了看火车上下来的人，微笑了一下，就闭上了眼睛。
  그는 옆에 멈춰 있는 기차를 보고, 또 기차에서 내리는 사람을 보면서, 미소를 짓고는 눈을 감았다.
- 他放下背包就到地里干活。 그는 배낭을 내려놓은 다음 바로 밭에 가서 일을 했다.
- 送他上了火车，我就回来了。 그를 기차까지 배웅하고 나서, 나는 바로 돌아왔다.

…(又…)便…

便의 의미와 용법은 就와 동일하여, 동작이 긴밀하게 이어서 발생함을 나타낸다.

- 他说完便走。 그는 이야기를 끝내자 바로 갔다.
- 送他上了飞机，我便回来了。 그를 비행기까지 배웅하고 나서, 나는 바로 돌아왔다.
- 我放下书包便到厨房帮妈妈做饭。
  나는 책가방을 내려놓고 나서, 바로 주방으로 가서 엄마가 밥 짓는 걸 도와주었다.

핵심테스트 해설 p. 51

다음 문장에서 제시어가 들어갈 정확한 위치를 찾아보세요.

1 他出国后常常写信来，(A) 我妹妹 (B) 出国后 (C) 总写信来 (D)。
　　　　　　　　　也

2 (A) 大家 (B) 商量完会议议程，(C) 又把一些细节问题讨论了一下 (D)。
　　　　　　　　接着

3 我 (A) 想起了带来的布娃娃，(B) 拿出来放在了 (C) 床边的小桌上 (D)。
　　　　　　　　就

4 (A) 他 (B) 听完录音，(C) 开始 (D) 翻译。
　　　　　　就

5 (A) 雨 (B) 下 (C) 得 (D) 大又猛。
　　　　　　既

6 (A) 为什么 (B) 我们总是 (C) 为自己着想，(D) 不会替别人着想呢？
　　　　　　　而

7 他 (A) 小心探下身去，(B) 又过了一道门，(C) 到了一个小湖边了 (D)。
　　　　　　　便

8 (A) 在老师的帮助下，(B) 同学们 (C) 决定组织起来，(D) 一个课外小组就这样成立了。
　　　　　　　于是

9 (A) 司机 (B) 告诉我们，(C) 长城到了，(D) 我们都下了汽车。
　　　　　　于是

10 山本 (A) 要回日本 (B) 看病，(C) 去办公室 (D) 向老师请假。
　　　　　　于是

핵심 ❸ 점층복문

뒷절은 앞절보다 한층 발전된 의미를 갖는다. 점층복문의 앞절에는 不但 / 不仅, 뒷절에는 而且 / 并(且) / 也 / 还 / 更 등의 접속사가 사용된다.

- 那个地方我早就去过，去了两次。 그곳에 나는 벌써 가본 적이 있으며, 두 번이나 가봤다.
- 她(不但)会说汉语，而且说得很好。 그녀는 중국어를 할 줄 알 뿐만 아니라, 정말 잘한다.
- 不但玛丽会唱中国民歌，(而且)约翰也会。
  메리가 중국 민요를 부를 수 있을 뿐만 아니라, 존도 할 줄 안다.
- 这个市场的水果很多，而且价钱相当便宜。 이 시장에는 과일이 많고, 게다가 가격도 상당히 싸다.
- 他不但考上了那个学校，而且成绩很好。
  그는 그 학교에 합격했을 뿐만 아니라, 게다가 성적도 매우 좋다.
- 她不但会唱歌，而且还会跳舞。 그녀는 노래를 할 수 있을 뿐 아니라, 춤도 출 수 있다.
- 我珍惜这件礼物，更珍惜他对中国人民的友情。
  나는 이 선물을 소중히 여기지만, 그의 중국인에 대한 우정을 더 소중히 여긴다.

핵심 콕콕!

…更… | 더욱, 더더욱(= 更加, 越发). 동사나 형용사 앞에서 비교를 통하여 정도가 심화되었거나 수량이 증가 또는 감소됨을 나타낸다.

- 你都没有这种本事，我就更不行了。 너도 이런 능력이 없는데, 나는 더 안 될 거야.
- 这件衬衫我喜欢，阿里更喜欢。 이 셔츠를 나도 좋아하지만, 아리가 더 좋아한다.
- 通过你这样一讲，我更加明白了。 네가 이렇게 얘기해줘서, 나는 이해가 더 잘 되었다.
- 最近我又买了几本书，这下桌上堆的书就更多了。
  요즘 나는 책을 몇 권 또 샀다. 그래서 책상 위에 쌓인 책은 더 많아졌다.
- 学习不是容易的事，谋生更不容易。 공부가 쉬운 일은 아니지만, 돈 버는 것이 더 어렵다.
- 这种方法好，那种方法更好。 이 방법도 좋지만, 저 방법이 더 좋다.

…还… | ~도, 또한. 更 / 又 / 再 / 而且의 뜻으로 한층 발전된 상황을 나타낸다. 접속사 不但과 동반하여 사용할 경우 어기는 더욱 강해진다.

- 他会英语，还会日语。 그는 영어도 할 줄 알며, 일어도 할 줄 안다.
- 不要只管个人，还应该关心群众。 개인에게만 신경 쓰지 말고, 군중에게도 관심을 가져야 한다.
- 这本书真好，看了一遍还想看一遍。 이 책은 참 좋다. 한 번 봤는데도 또 보고 싶다.
- 我们不但要提高产量，还要保证质量。 우리는 생산량을 늘리고, 품질도 보증해야 한다.

不仅A而且B

A일 뿐 아니라 게다가 B이기도 하다. 뒷절은 앞절보다 한층 발전된 의미를 나타내며 의미의 핵심은 뒷절에 있다. 앞뒷절의 주어가 동일한 경우, 주어는 앞절의 접속사 不仅 앞에 위치하고, 동일하지 않을 경우 주어는 不仅 뒤에 위치한다.

- 鲁迅不仅是伟大的文学家，而且是伟大的思想家和革命家。
  루쉰은 위대한 문학가일 뿐 아니라, 게다가 위대한 사상가이자 혁명가이다.
- 北京不仅是中国的政治经济中心，而且是中国的文化中心。
  베이징은 중국의 정치경제 중심지일 뿐만 아니라, 중국문화의 중심이기도 하다.
- 她不仅给他借来书，而且还简单地给他介绍了一下书的内容。
  그녀는 그를 위해 책까지 빌려왔을 뿐만 아니라, 게다가 책의 내용도 간략하게 설명해주었다.
- 他不仅非常聪明，而且还很用功。 그는 매우 똑똑할 뿐만 아니라, 게다가 또한 매우 열심히 한다.
- 我们不仅要学会这门技术，而且要精通这门技术。
  우리는 이 기술을 습득해야 할 뿐만 아니라, 이 기술에 정통해야 한다.
- 这种钢笔不仅式样美观，而且书写流畅。
  이 만년필은 디자인이 아름다울 뿐 아니라, 게다가 잘 써진다.
- 不仅玛丽会唱中国民歌，而且约翰也会。
  메리가 중국 민요를 부를 줄 알 뿐 아니라, 게다가 존도 부를 줄 안다.

不但A还(也)B

A일 뿐 아니라 또한 B이다. 이미 말한 내용 외에 진일보한 의미를 나타내거나, 병렬된 명사성 성분이나 전치사구를 연결한다. 不但은 보통 앞절의 주어 뒤에 위치하지만, 앞뒷절의 주어가 다를 경우에는 주어 앞에 놓인다.

- 他不但去过中国，还在中国学过汉语。
  그는 중국에 가봤을 뿐만 아니라, 중국에서 중국어를 배운 적도 있다.
- 他不但帮我到书店里买了书寄来，还简单地向我介绍了书的内容。
  그는 나를 위해 서점에 가서 책을 사 부쳐줬을 뿐만 아니라, 책의 내용도 간략하게 설명해주었다.
- 在老师的培养教育下，小王不但学会了技术，还懂得了做人的道理。
  선생님의 교육으로, 샤오왕은 기술을 습득했을 뿐만 아니라, 사람의 도리도 깨달았다.

…甚至…

심지어. 열거된 마지막 항목의 앞에 위치하여 정도가 가장 두드러짐을 나타낸다. 부사 也 / 都와 사용되기도 하며, 접속사 不但 / 不仅과 호응하여 '不但 / 不仅A, 甚至(也)B' 형식으로도 자주 쓰인다.

- 他非常顽固，甚至到了不可救药的地步。 그는 매우 완고해서, 구제할 수 없는 지경까지 갔다.
- 这孩子非常调皮，甚至老师对他也无可奈何。
  이 아이는 매우 개구쟁이여서, 심지어 선생님까지도 어쩌지 못한다.
- 大院儿里50多岁甚至60多岁的人们也参加了植树活动。
  큰 정원에는 50여 세부터 심지어는 60여 세 되는 사람까지도 식목행사에 참가하였다.
- 全国各地的群众，甚至国际友人，都常常到这儿参观访问。
  전국 각지의 군중들부터 심지어 외국 손님까지 모두 자주 이곳을 방문한다.

(不但 / 不仅) A 甚至于 B
(A뿐만 아니라) 심지어 B조차도. 甚至于는 뒷절에 쓰여 정도가 두드러짐을 강조한다.

- 这支歌不但青年会唱，老人会唱，甚至于幼儿园的小朋友也会唱了。
  이 노래를 청년과 노인뿐 아니라, 심지어 유치원의 어린아이도 부를 줄 안다.
- 我们这儿，不但大人，甚至于连六七岁的小孩儿都会游泳。
  우리 이곳에는 어른뿐만 아니라, 심지어 6~7세의 어린아이까지도 수영할 줄 안다.
- 这个地方解放前不但没有水浇地，甚至于吃的水也得从几十里外挑来。
  이곳은 해방 전에 땅에 뿌릴 물도 없었을 뿐만 아니라, 심지어 먹을 물까지도 몇십 리 밖에서 길어와야 했다.
- 开展足球运动以后，不但男同志踊跃参加，甚至于女同志也想试一试了。
  축구 시합을 시작한 후, 남학생들이 앞다투어 참가했을 뿐만 아니라, 심지어 여학생까지도 해보고 싶어했다.

况且(也 / 还 / 又)…
게다가, 하물며, 더구나. 부사 又 / 也 / 还 등과 결합하여 이유나 근거를 추가하고 보충한다.

- 这录像机样子好看，况且也不贵，可以买一台。
  이 비디오는 모양이 예쁘고, 게다가 비싸지도 않으니, 한 대 사도 되겠다.
- 这一带地广人稀，况且不知道详细地址，还是打听清楚再去的好。
  이 일대는 땅이 넓고 사람은 적은 데다가, 자세한 주소도 모르니, 역시 확실하게 알아보고 가는 게 낫겠다.
- 路不算太远，况且还是快车，准能按时赶到。
  길이 그다지 멀지 않은 데다가 급행열차여서, 분명히 시간에 맞춰 도착할 수 있겠다.

不只 / 不仅 A 而且 / 并且 B
단지 A일 뿐 아니라 게다가 B이기도 하다. 의미가 한층 심화 발전됨을 나타내며, 중요한 의미는 뒷절에 있다.

- 水库不仅要修，而且一定要修好。 댐은 수리해야 할 뿐만 아니라, 반드시 잘 수리해야 한다.
- 这种圆珠笔不只式样美观，并且价格也便宜。
  이 볼펜은 디자인이 아름다울 뿐만 아니라, 게다가 가격 또한 싸다.
- 他不仅是在国内是第一流的医生，而且在国际上也是闻名的。
  그는 국내 최고의 의사일 뿐만 아니라, 국제적으로도 널리 알려져 있다.
- 不仅是老师，而且几乎所有的学生都参加了义务劳动。
  선생님뿐만 아니라, 거의 모든 학생들이 봉사활동에 참가했다.

不仅不 A 还 B
A않을 뿐 아니라 B하다, A않을 뿐더러 B하다. 부정문에 쓰이며, 점층관계를 설명한다.

- 这件事不仅不怪你，还要表扬你。 이 일에 대해 너를 탓하지 않고, 너를 칭찬할 거야.
- 这次厂长不仅不会责备你，还会奖励你。
  이번에 공장장님이 너를 꾸짖지 않을 뿐 아니라, 너를 칭찬할 것이다.
- 困难不仅不会把我们吓倒，还会把我们锻炼得更加坚强。
  어려움은 우리를 쓰러뜨리지 않을 뿐만 아니라, 우리를 더 강하게 단련시킬 것이다.

不仅仅(是)A 也/都B

A뿐만 아니라 B도 (~하다). 不仅仅은 不仅 / 不但과 같은 의미로 자주 是 앞에 위치하며, 뒷절에는 부사 也 / 都가 호응하여 쓰인다. 서면어이며, 이미 말한 것 외에 발전된 내용이 또 있음을 나타낸다.

- 这不仅仅是你个人的事，也是大家的事。
  이 일은 네 개인적인 일일 뿐만 아니라, 모두의 일이기도 하다.
- 这项工作不仅仅对你是个考验，对所有的人都是个考验。
  이번 업무는 네게만 시련일 뿐만 아니라, 모든 사람에게도 시련이다.
- 那山峰不仅仅人上不去，连老鹰也很难飞上去。
  저 산봉우리는 사람이 오를 수 없을 뿐만 아니라, 심지어 독수리도 날아오르기 정말 힘들다.

핵심테스트

해설 p. 52

다음 문장에서 제시어가 들어갈 정확한 위치를 찾아보세요.

1 (A) 我 (B) 会说 (C) 汉语，他也 (D) 会说。
   不但

2 (A) 参加晚会的 (B) 都是熟人，(C) 你又不是头一次在大伙儿面前表演节目，(D) 有什么不好意思的呢？
   况且

3 (A) 我 (B) 要 (C) 去 (D) 而且还要带着我的好朋友一起去。
   不但

4 他们 (A) 提出 (B) 找到了解决问题的办法，(C) 值得称赞 (D)。
   并

5 他 (A) 不听我劝，(B) 不听老师的话 (C) 一个人 (D) 走了。
   甚至于

6 他 (A) 对于 (B) 父亲的许多行为 (C) 感到不解，(D) 感到愤怒。
   甚至

7 (A) 几年来，(B) 中国各地 (C) 都发生了很大的变化，(D) 是首都北京，每天都在变。
   尤其

핵심 ④ 선택복문

둘 이상의 단문이 선택 사항을 제시하는 복문이다. 평서문에서는 或者… / 或是… / 或… 형식을, 의문문에서는 是…还是… 형식을 사용한다.

- 这次去广州你坐火车，坐飞机？ 이번에 광저우 갈 때, 기차를 탈 거니, 비행기를 탈 거니?
- 教我们汉语的是张老师，还是王老师?
  우리에게 중국어를 가르치시는 선생님은 장 선생님이시니 아니면 왕 선생님이시니?
- 张老师是教语法，还是教汉字？ 장 선생님은 어법을 가르치시니, 아니면 한자를 가르치시니?
- 明天你们是去长城，还是颐和园？ 내일 너희 만리장성에 갈 거니, 아니면 이화원에 갈 거니?
- 这几天过得很轻松，或者游泳，或者爬山，或者听音乐。
  요 며칠 간 수영을 하거나, 등산을 하거나, 음악을 들으면서 정말 홀가분하게 보냈다.
- 或者你去，或者他去，我看都可以。 네가 가든, 그가 가든, 내가 볼 땐 다 괜찮다.

 핵심 콕콕!

或者A或者B
A하거나 B하거나. 평서문에서 몇 가지 사항 중 하나를 선택함을 나타낸다.

- 或者你去，或者我去，我看都可以。 네가 가든, 내가 가든, 내가 보기에는 다 괜찮다.
- 或者去北海，或者去颐和园，他都没意见。
  베이하이를 가든 이화원을 가든, 그는 별 의견이 없다.
- 每个同学都要参加体育活动，或者打球，或者下棋。
  모든 학생들은 공을 치거나 또는 장기를 두거나 체육활동에 참가해야 한다.
- 下课了，学生们或者回宿舍，或者去食堂。
  수업이 끝나면, 학생들은 기숙사에 돌아가거나 혹은 식당에 간다.
- 面对困难，你或者战胜它，或者被它吓倒。
  어려움에 부딪치면, 너는 그것을 극복하거나 아니면 쓰러지게 된다.

或A或B
或者A或者B와 의미는 같으나 주로 서면어에서 사용된다.

- 或问她，或问我，都可以。 그녀에게 물어보든, 나에게 물어보든, 다 괜찮다.
- 你或同意，或反对，总得表示个态度。
  네가 동의를 하든, 반대를 하든, 어쨌든 태도를 표시해야 한다.
- 或你来，或我去，都行。 네가 오든, 내가 가든, 다 괜찮다.

| 不(是)A就(是)B | A가 아니면 B이다, A이거나 B이다. 두 가지 항목 중 '이것 아니면 반드시 저것'의 의미를 나타낸다. 중간에는 동사, 형용사 혹은 구가 들어갈 수 있다. |

- 这孩子每天不是打球，就是游泳。 이 아이는 매일 공놀이를 하거나, 아니면 수영을 한다.
- 这几天，不是刮风，就是下雨。 요 며칠 간 바람이 불지 않으면 비가 온다.
- 他不是日本人，就是韩国人。 그는 일본인 아니면 한국인이다.
- 不是你去，就是我去，反正我们得去一个。
  네가 가지 않으면 내가 간다. 어찌됐든 우리 중 하나는 가야 한다.
- 不是你说错了，就是他听错了。 네가 말 실수한 게 아니면, 그가 잘못 알아들은 거다.

| 与其说A不如说B | A라기보다는 B하는 것이 옳다. 뒷절의 내용이 옳음을 판단한다. |

- 与其说你没学好，倒不如说我没教好。
  네가 잘 배우지 못했다기 보다, 오히려 내가 잘 가르치지 못했다고 하는 편이 옳다.
- 与其说是困难多，不如说主观努力不够。
  어려움이 많다고 하기보다는, 주관적인 노력이 부족하다고 말하는 것이 옳다.
- 与其说是鼓励，不如说是责备。 격려라기보다는, 차라리 꾸중이라고 보는 것이 낫다.

| 要就是A要就是B | A하든지 B하든지. 要就是의 의미는 要么와 같다. 要就是A要就是B에서는 두 가지 조건을 제시하고, 뒷절에서 결론을 내린다. |

- 要就是你，要就是我，总得有人去才行。 너 아니면 나, 결국 누군가가 가면 된다.
- 要就是亏了你，要就是亏了他，总得亏一个人。
  네가 손해 보든 그가 손해 보든, 결국 한 명은 손해를 보게 된다.
- 要就是前进，要就是后退，没有别的选择。
  전진을 하든 후퇴를 하든, 다른 선택의 여지가 없다.

| 与其A宁可B | A할 바에는 차라리 B하겠다, A하느니 B하는 것이 낫다. 두 가지를 비교한 후에 뒷절의 상황을 선택함을 나타낸다. 뒷절에는 宁可 이외에 宁愿/宁肯이 올 수 있다. |

- 与其在这里白白浪费时间，我宁可明天再来一趟。
  여기서 쓸데없이 시간을 낭비하느니, 나는 차라리 내일 다시 오겠다.
- 与其随便下结论，宁可再仔细研究一下。
  마음대로 결론을 내리느니, 차라리 다시 연구해보자.
- 与其多而质量不好，宁可少而质量好些。
  양이 많고 품질이 형편 없는 것보다 차라리 양은 적지만 품질이 조금 좋은 것이 낫다.

| 与其A不如B | A하느니 B하는 편이 낫다, A할 바에는 차라리 B가 낫다. 두 가지를 비교 후에 뒷절의 상황을 선택함을 나타낸다. |

- 与其让他们来欣赏，还不如我们自己来欣赏。
  그들보고 감상하라고 하느니, 우리가 직접 감상하는 게 낫겠다.

- 与其这样等着，不如找点事情做。 이렇게 기다리고 있느니, 차라리 일을 찾아서 하자.
- 与其你去，还不如我去。 네가 가느니 차라리, 내가 가는 게 낫다.
- 天气这么好，与其呆在家里，倒不如出去走走。
  날씨가 이렇게 좋은데 집에서 빈둥거리느니, 오히려 차라리 밖에 나가서 걷자.
- 与其在这里等车，不如慢慢走去。 여기서 차를 기다리느니, 차라리 천천히 걸어가는 게 낫겠다.
- 与其用这笔钱买汽车，不如修建学校。
  이 돈으로 차를 사느니, 차라리 학교를 수리하는 게 낫겠다.

| 要不 / 要不然… | 그렇지 않으면, 아니면, 안 그러면(= 不然, 否则). 앞절의 상황이 실현되지 않으면 뒷절의 결과가 발생함을 나타내거나, 앞절과 다른 상황이나 방법을 제시한다. |

- 该写信了，要不家里会不放心的。 편지 써야겠어, 안 그러면 집에서 걱정하실 거야.
- 可以打电话去找他，要不你就自己跑一趟。 전화해서 그를 찾던가, 아니면 네가 직접 가봐라.
- 这个练习题我们都不会做，要不去找郑教授吧。
  이 연습 문제를 우리는 다 못 풀잖아, 안 그러면 정 교수님을 찾아가보자.
- 我们应该把工作做好，要不就不能算是称职的干部。
  우리는 일을 다 해놓아야 해, 그렇지 않으면 제대로 된 간부라고 할 수 없어.
- 幸亏来得早，要不然就赶不上车了。 일찍 와서 다행이야. 그렇지 않았으면 차를 놓칠 뻔했어.
- 我们已经在这里等了他两个小时了，要不还是先回去吧。
  우리는 벌써 이곳에서 그를 두 시간째 기다리고 있어, 아니면 먼저 돌아가자.
- 他一定有事，要不的话，为什么这么晚还不回来?
  그는 분명히 일이 생긴 걸 거야. 그렇지 않다면, 이리 늦었는데도 왜 아직 오지 않겠어?

| 宁可A也不B | A할지언정 B않겠다, A하는 한이 있더라도 B않겠다, A하면 했지 B는 않겠다. 앞절의 상황을 선택함을 나타내며, 宁可는 주어의 앞이나 뒤에 사용 가능하다. |

- 宁可自己为难，也不为难大家受苦。 차라리 혼자 괴로울지언정, 모두를 고통 받게 할 순 없다.
- 宁可我自己多干点，也不能累着你。 차라리 내가 더 하는 게 낫지, 너를 힘들게 할 순 없다.
- 我宁可睡觉，也不去看那样儿没意思的电影。
  차라리 자는 게 낫지, 그렇게 재미없는 영화를 보러 가지 않을 것이다.

| 宁可A也要B | A할지언정 B하겠다, A하는 한이 있더라도 B하겠다, A하면 했지 B는 하겠다. 앞절에서는 어떤 것을 선택함을 표시하고, 뒷절에서는 이 선택의 목적을 나타낸다. 宁可는 주어의 앞이나 뒤에 사용 가능하다. |

- 宁可不吃饭不睡觉，也要完成任务。
  밥도 먹지 않고 잠도 자지 않더라도, 임무는 완성해야 한다.
- 宁可少睡点觉，也要把这篇文章写完。 잠을 적게 잘지언정, 이 문장을 다 끝낼 것이다.

핵심테스트

해설 p. 52

다음 문장에서 제시어가 들어갈 정확한 위치를 찾아보세요.

1 （A）不论在主席台上（B）在会场上，（C）人们（D）都找不到他的身影。

还是

2 （A）你（B）快去给他解释解释，（C）他要有意见了（D）。

要不

3 （A）他（B）自己吃亏，（C）也（D）要帮助朋友办事。

宁愿

4 （A）开学典礼的时间是定在（B）今天呢（C）明天（D）呢？

还是

5 （A）与其（B）明天去，（C）不如（D）今天就去呢。

你们

6 （A）要么你自己（B）做好这件事，（C）就（D）找别人帮忙。

要么

7 （A）申请表（B）请用英文（C）中文（D）填写。

或者

8 或是去（A）旅行，（B）回国，（C）你（D）决定吧。

或是

핵심 ⑤ 조건복문

앞절은 하나의 조건을 제시하고, 뒷절은 해당 조건하에서 발생할 결과를 나타낸다.

핵심 콕콕!

只有A才B
오로지 A해야만 비로소 B하다. 앞절에서는 유일한 조건을 제시하는데, 이 조건이 없다면 뒷절의 결과가 발생할 수 없음을 나타낸다.

- 只有在特殊情况下，才能用这笔钱。 특수한 상황에서만, 비로소 이 돈을 쓸 수 있다.
- 只有掌握了汉语，才能研究中国文学。 중국어를 마스터해야만, 중국문화를 연구할 수 있다.
- 只有他爱人才最了解他的脾气。 그의 부인만이 그의 성격을 제일 이해한다.
- 只有铁路修通了，这些木材才运得出去。
  철로가 개통되어야만, 이 목재들을 운송해 갈 수 있다.

只要A就B
A이기만 하면 반드시 B이다. 앞절에서는 반드시 필요한 조건을 제시하는데, 이 조건만 갖춰지면 반드시 뒷절의 결과가 발생한다는 의미를 나타낸다.

- 只要天不下雨，我们就去。 비가 오지만 않는다면, 우리는 가겠다.
- 只要他在北京，就一定能找到他。 그가 베이징에만 있으면, 반드시 그를 찾을 수 있다.
- 只要你肯努力，就一定能学好。 네가 노력하기만 하면, 반드시 잘 배울 수 있을 것이다.
- 只要你给他写一封信，他就会帮助你。
  네가 그에게 편지 한 통만 쓴다면, 그는 너를 도와줄 것이다.
- 我只要打个电话通知他，他就把东西送来。
  내가 전화해서 그에게 알리기만 하면, 그는 물건을 보낼 것이다.

既然A就B
기왕 이렇게 된 바에야, 기왕 그렇게 된 이상, 어차피 ~이니까. 앞절은 기정사실을 바탕으로 한 원인을, 뒷절은 앞절을 원인·근거로 하여 내리는 판단과 행위이다.

- 你既然来了，就别走。 너는 이왕 왔으니, 가지 마라.
- 你既然有病，就好好休息吧。 너는 병이 있으니, 푹 쉬어라.
- 你既然不想参加，那么就别去了。 네가 참석하고 싶지 않은 이상, 그럼 가지 마라.
- 既然你特别喜欢音乐，我就给你介绍一位音乐老师。
  어차피 네가 음악을 유난히 좋아한다니, 내가 음악 선생님 한 분을 네게 소개해주겠다.
- 既然已经买了，就不必后悔了。 기왕 이미 산 것이니, 후회할 것 없다.

不管 / 无论 A也 / 都B

A에 관계 없이 모두 B하다. A를 막론하고 모두 B하다. 앞절은 의문대사나 선택의문문 등 반드시 의문형식을 갖춰야 한다. 어떠한 상황이나 조건에서도 뒷절의 결과는 변함이 없음을 나타낸다.

- 不管有多大困难，我都要坚持下去。아무리 큰 어려움이 있어도, 나는 계속 할 것이다.
- 不管怎么忙，每天都要抽出一定的时间学习。
  아무리 바빠도 매일 일정한 시간을 내서 공부해야 한다.
- 不管你去还是我去，都要把情况了解清楚。
  네가 가든 내가 가든 상관 없이, 상황을 확실하게 이해해야 한다.
- 我们无论有什么事，都愿意找他谈。우리는 무슨 일이 생기든, 그를 찾아가 상담하길 원한다.
- 无论谁参加我们的组，我都欢迎。누가 우리 조에 참석하든, 나는 다 환영한다.
- 我们无论做什么工作，都要事先做好充分的准备。
  우리가 무슨 일을 하든, 사전에 먼저 충분히 준비해 놓아야 한다.
- 无论这个课题怎么难，我们也要把它攻下来。
  이 문제가 아무리 어렵더라도, 우리는 그래도 해내야 한다.
- 无论是演戏、唱歌，无论是游泳、打球，他们样样都不错。
  연극, 노래 혹은 수영이나, 공놀이든 간에 그들은 모든 것을 다 잘한다.

凡是A都B

무릇 모든 A는 다 B이다. 예외 없이 모두임을 나타낸다. 凡是는 주어 앞에 사용한다.

- 凡是重要的问题，都应当经过集体讨论。모든 중요한 문제는 모두의 토의를 거쳐야 한다.
- 凡是符合以上规定条件的人，都可报名参加。
  위와 같은 규정 조건에 부합되는 모든 사람은 다 접수하여 참가할 수 있다.
- 凡是当面答应人家的事，都要尽可能办到。
  다른 사람의 면전에서 일을 허락하였으면, 가능한 다 처리해야 한다.
- 凡是技术性强的工作，都必须由专家分工负责。
  모든 높은 기술을 요하는 업무는 반드시 전문가들이 나눠서 책임을 져야 한다.

任…都(也)

~을 막론하고, ~에 관계 없이, ~에 상관 없이. 任은 无论 / 不管의 의미로, 也 / 都 등의 부사와 호응한다. 어떠한 상황하에서도 결과는 마찬가지라는 의미를 나타낸다. 任은 주어 앞에 사용되며, 뒤에는 의문형식이 뒤따른다.

- 任你怎么说，她都不听劝告。당신이 뭐라고 하든 간에, 그녀는 충고를 듣지 않을 것이다.
- 任你是谁，也不能威胁别人。당신이 누구든 간에, 다른 사람을 위협할 수는 없다.
- 任你三番五次地催他，他就是不动。
  네가 아무리 그를 여러 번 재촉해도, 그는 움직이지 않을 것이다.
- 任你是谁，都不应该违反制度。당신이 누구든 간에, 제도를 위반해서는 안 된다.

除非A才B

오로지 A해야만이 비로소 B하다. 除非는 只有의 의미로, 뒷절의 결과가 발생하도록 하는 유일한 조건을 나타낸다.

- 除非有足够的技术力量，才能完成这次任务。
  충분한 기술 역량이 있어야만, 이번 임무를 완수할 수 있다.

- 除非你劝他一下，他才会想到休息。 네가 그에게 권해야지만, 그가 쉴 생각을 할 것이다.
- 除非下大雨，我们才不出操。 비가 많이 내려야만, 우리는 비로소 훈련하러 나가지 않을 것이다.
- 没有做完的功课除非赶紧补，才能够跟上去。
  끝내지 못한 공부를 빨리 보충해야만, 따라갈 수 있다.

| 除非A否则 / 不然B | 오직 A해야만 하지 그렇지 않으면 B하다. 除非는 只有 나 除了의 의미를 갖고, 뒷절의 결과가 실현되기 위한 조건을 나타낸다. |

- 除非你答应我的条件，否则我绝不会帮你这个忙。
  네가 내 조건을 허락해야만 해, 그렇지 않으면 나는 절대 너를 도와주지 않을 거야.
- 除非你有充分的理由说服他，不然他是不会同意的。
  네가 충분한 근거를 가지고 그를 설득해야만 하지, 그렇지 않으면 그는 동의하지 않을 것이다.
- 除非现在就抓紧，否则怕来不及了。 오직 지금 열심히 해야지, 그렇지 않으면 늦을 것이다.
- 除非你也去，不然我才不去呢！ 네가 가야만 하지, 그렇지 않으면 나는 안 갈 것이다!

핵심테스트

해설 p. 52

다음 문장에서 제시어가 들어갈 정확한 위치를 찾아보세요.

1 (A) 你 (B) 去请他，(C) 他才会来 (D) 。

    除非

2 这孩子 (A) 太淘气了，(B) 只要他 (C) 在家 (D) 不得安宁。

    就

3 (A) 无论 (B) 他来不来，(C) 这个会得按时开 (D) 。

    反正

4 (A) 比赛的水平 (B) 怎么 (C) 低，(D) 球迷们还是喜欢看足球。

    不论

핵심 ⑥ 가정복문

가정에 따른 결과를 나타낸다. 가정복문의 관련어구로는 如果A就B와 要是A就B 등이 있다.

- 如果明天下雪，我们就不去了。 만약 내일 눈이 내리면, 우리는 가지 않을 것이다.
- 你如果有不认识的字，就可以查词典。 만약 모르는 글자가 있으면, 사전을 찾아도 된다.
- 你要是明天有空儿，就到我家吃晚饭吧。 내일 시간이 있으면, 우리 집에 저녁 식사하러 와라.

핵심 콕콕!

| 没有A就没有 / 不B | A가 없다면 B도 없다 |

- 没有劳动，就没有收获。 노동이 없으면, 수확도 없다.
- 没有努力，就没有好的成绩。 노력이 없으면, 좋은 성적도 없다.
- 没有太阳，就没有月亮。 태양이 없으면, 달도 없다.

| 如果A就B | 만약 A라면 B이다. 앞절에서는 가정을 나타내고 뒷절에서는 그러한 상황에서의 결과를 나타낸다. 如果는 주어의 앞이나 뒤에 모두 위치할 수 있다. |

- 如果他是你的朋友，就一定会帮助你的。
  만약 그가 너의 친구라면, 반드시 너를 도와줄 것이다.
- 如果明天不下雨，他就不会来了。 만약 내일 비가 오지 않는다면, 그는 오지 않을 것이다.
- 如果我是你，我也会这样做的。 만약 내가 너라면, 나도 이렇게 할 것이다.

| 否则… | 그렇지 않으면 ~이다. 뒷절의 맨 앞에 위치하여, 앞절에서 말한 대로 실현되지 않을 경우 발생할 결과를 나타낸다. 뒷절은 선택을 제공할 수도 있고, 반문이 될 수도 있다. |

- 你最好下午去，否则就明天一早去。
  네가 오후에 가는 게 가장 좋고, 그렇지 않으면 내일 아침 일찍 가라.
- 他一定有把握，否则他是不会答应的。
  그는 분명히 자신이 있다. 그렇지 않았다면 그는 허락하지 않았을 것이다.

| 假若 / 假如 / 假使A就B | 만약 A라면 B이다. 假若 / 假如 / 假使는 모두 가정을 표시하는 접속사이며, 就는 가정에 따른 결과를 이끌어낸다. |

- 假若每个人都能奉献一点儿爱，世界就将会变成美好的人间。
  만일 모든 사람들이 작은 사랑을 나누어준다면, 세상은 아름다운 세상으로 변할 것이다.
- 假若没有有利的条件，整个计划就会遭到破坏。
  만일 유리한 조건이 없다면, 모든 계획은 망가져서 수포로 돌아갈 것이다.
- 假使没有政府的支持，这项工程就不会顺利竣工。
  만일 정부의 지지가 없었더라면, 이 공사는 순조롭게 준공되지 못했을 것이다.
- 假如我是一名老师，我就会把毕生的精力都奉献给教育事业。
  만일 내가 선생님이라면, 나는 평생의 힘을 모두 교육사업에 바칠 것이다.

| (幸亏)A不然B | (다행히) A했다 그렇지 않았으면 B할 뻔하다. 유리한 조건의 출현으로 인해 나쁜 결과를 피했음을 나타낸다. 幸亏는 종종 주어 앞에 사용된다. |

- 幸亏你叫醒我，不然我就迟到了。
  네가 나를 깨웠기에 망정이지, 그렇지 않았으면 지각했을 거야.
- 我已经忘了，幸亏你提醒我。나는 벌써 잊고 있었는데, 다행히도 네가 나를 환기시켜주었어.

| 要不是A(就)B | 만약 A가 아니었더라면 B일 것이다 |

- 要不是你提醒我，我就忘了。네가 나를 일깨워주지 않았더라면, 나는 잊어버렸을 거다.
- 要不是今天的天气不好，我们早就出去郊游了。
  오늘의 날씨가 나쁘지 않았다면, 우리는 벌써 교외로 소풍을 갔을 것이다.

핵심테스트

해설 p. 52~53

다음 문장에서 제시어가 들어갈 정확한 위치를 찾아보세요.

1. 如果你认为（A）可以这么办，（B）咱们就（C）赶紧去（D）办吧？
   那么

2. （A）他的热情招待，（B）客人（C）早就走了（D）。
   要不是

3. （A）他一定接到通知了，（B）他（C）会打电话来问的（D）。
   否则

핵심 ⑦ 전환복문

앞절에서는 하나의 사실을 이야기하고, 뒷절에서는 이와 상반된 의미를 나타낸다.

- 这次去饭店我们虽然花钱不多，可是吃得不错。
  이번에 호텔에 갔을 때 우리는 비록 많은 돈을 쓰지 않았지만, 잘 먹었다.
- 这篇课文虽然不长，可是生词不少。 이 문장은 비록 길지 않지만, 새 단어가 많다.
- 虽然外边下着大雨，但是他还要骑车进城。
  밖에 비가 많이 내리고 있지만, 그는 그래도 자전거를 타고 시내로 가려고 한다.
- 你的病虽然好了，但是你还要多休息。 당신의 병은 좋아졌지만, 더 많이 쉬어야 한다.
- 虽然已到了冬天，可是天气还很暖和。 비록 겨울이 왔지만, 날씨는 아직 매우 따뜻하다.
- 路上很辛苦，但是他们觉得很高兴。 오는 길이 힘들었지만, 그들은 정말 즐겁다고 생각한다.
- 他没来过中国，可是对北京的情况了解得很多。
  그는 중국에 와본 적이 없지만, 베이징 상황에 대해 많이 알고 있다.

 핵심 콕콕!

…可是 / 可…
그러나(= 但是). 虽然(비록)과 호응한다.

- 这篇文章虽然不长，可是内容却很丰富。 이 글은 길지 않지만, 내용은 오히려 매우 풍부하다.
- 他爱热闹，可是这里极安静。 그는 번화한 걸 좋아하지만, 이곳은 매우 조용하다.
- 看上去不怎么样，可是吃起来挺不错。 보기에는 별로 안 좋지만, 먹어보면 매우 괜찮다.
- 北京我虽然住过，可是时间不长。 비록 내가 베이징에 산 적은 있지만, 오래 살지는 않았다.

…不过…
하지만. 但是보다 약간 가벼운 어기이다.

- 这人很面熟，不过我一时想不起来他是谁。
  이 사람은 낯이 익은데 누구인지 잠시 생각이 나질 않는다.
- 他性子一向很急，不过现在好多了。 그는 항상 성질이 급했지만, 지금은 많이 나아졌다.
- 对于各种意见都要听，不过听了以后要做分析。
  모든 의견에 대해서 다 들어야 하지만, 듣고 나서 분석을 해야 한다.
- 这篇课文我能读，不过还有些生词要查词典。
  이 문장을 나는 읽을 수 있지만, 어떤 단어들은 사전을 찾아봐야 한다.
- 你身体比以前好多了，不过还要注意。
  네 몸은 예전에 비해 많이 좋아졌지만, 아직 주의해야 한다.
- 刚到中国时，他生活不习惯，不过现在好多了。
  중국에 막 왔을 때, 그는 생활에 익숙하지 못했지만, 지금은 많이 나아졌다.

| 尽管A但是 / 可是 / 然而 / 还是B | 비록 A이지만(~임에도 불구하고, 설령 ~라 하더라도) 그러나(여전히) B이다. 尽管은 虽然에 해당하는 의미로, 뒷절에서는 但是 / 可是 / 然而 / 可 등의 접속사나 还是(역시), 仍然(여전히), 却(오히려) 등의 부사가 호응한다. |

- 他尽管身体不好，可是仍然坚持工作。 그는 몸이 안 좋음에도 불구하고, 여전히 일을 한다.
- 尽管跟他谈了半天，他还是想不通。
  그와 한참 이야기를 나누었지만, 그는 아직도 이해하지를 못한다.
- 尽管大家都赞扬这部影片，然而各人的侧重点却不尽相同。
  비록 모두가 다 이 영화를 칭찬하였지만, 사람마다 중요하게 여기는 부분은 다르다.
- 尽管下这么大的雨，我还是要去。 비가 이렇게 많이 오지만, 나는 그래도 가야 한다.

| 虽A但B | 비록 A이지만 그러나 B이다. 주로 서면어에서 虽는 앞절 주어의 뒤에 위치하며, 단음절 동사나 형용사가 뒤따른다. |

- 文章虽短，但内容不错。 글은 비록 짧지만, 내용은 괜찮다.
- 天气虽冷，但屋子却很温暖。 날씨는 비록 춥지만, 방은 오히려 매우 따뜻하다.
- 孩子们虽失去了父母，但有更多的人在关心着他们。
  아이들은 비록 부모님을 잃었지만, 더 많은 사람들이 그들에게 관심을 갖고 있다.
- 奶奶虽上了年纪，但身体却很好。 할머니는 비록 연세가 드셨지만, 건강은 오히려 매우 좋으시다.
- 虽是两家人，但跟一家人一样亲热。 비록 다른 집안이지만, 마치 한 가족처럼 친밀하다.
- 事情虽小，但影响却很大。 일은 비록 작지만, 영향은 오히려 정말 크다.

| 虽说A可是 / 但是 / 不过B | 비록 A이지만 그러나(하지만) B이다. 虽说는 虽然과 같은 의미로, 주로 구어체에서 사용된다. |

- 虽说我已做了请示，可是仍旧弄不懂领导的意思。
  비록 나는 이미 재가를 신청했지만, 여전히 지도자의 뜻을 모르겠다.
- 虽说他还是个孩子，可是你可不能轻视他。
  비록 그는 아직 아이이지만, 너는 그를 얕보아서는 안 된다.
- 虽说他有些不愿意，可是还是去了。 비록 그는 원하진 않았지만, 그래도 갔다.
- 虽说是房间小一点儿，可是挺干净。 비록 방은 좀 작지만, 정말 깨끗하다.
- 虽说他有病，可是工作仍照样干。 비록 그는 병이 있지만, 일을 여전히 원래대로 한다.

| …其实… | 사실은. 其实는 实际上(실제로는)과 같은 뜻으로, 앞의 내용에 대해 한층 발전된 설명, 수정 혹은 보충 설명을 가한다. 앞절에 나올 수도 있고, 뒷절에 올 수도 있다. |

- 都说敌人狡猾，其实并没有什么了不起的。
  모두가 적이 교활하다고 하는데, 사실은 뭐 그리 대단한 건 없다.
- 听口音像北京人，其实他是广州人。
  말투를 들으면 베이징 사람 같지만, 사실 그는 광저우 사람이다.
- 我说有家，其实我家里就我一个人。 가족이 있다고 말하긴 했지만, 사실은 집에 나 혼자다.
- 说是秋天了，其实还是夏天的样子。 가을이라고는 하지만, 사실 아직도 여름의 모습이다.
- 虽然他向你做了检讨，其实你并没有说服他。
  비록 그가 네 앞에서 잘못을 인정했지만, 사실 너는 그를 전혀 설득하지 못했다.

不过 / 只是…罢了 / 而已

단지 ~일 뿐이다, 그저 ~일 따름이다. 不过 / 只是는 仅仅과 같은 뜻으로, '겨우, 다만'이란 뜻을 가지며, 의도나 행동의 범위를 좁혀준다. 不过와 只是는 주어 앞에는 오지 않는다.

- 人们都觉得他这个人太自私了，只是不愿意说罢了。
  사람들은 그가 너무 이기적이라고 생각하지만, 단지 말하고 싶지 않을 뿐이다.
- 我不过做了应该做的事罢了。 나는 마땅히 해야 할 일을 했을 뿐이다.
- 她抄写得很好，只不过慢一点儿罢了。 그녀는 잘 베껴 쓴다. 다만 좀 느릴 뿐이지.
- 这篇文章，我只是翻翻罢了，没有仔细看。
  이 글을 나는 단지 대충 넘겨봤을 뿐이고, 자세히 보지는 않았어.

是A而不是B

A이지 B가 아니다. 앞절을 긍정하고 뒷절을 부정하며, 의미의 중점은 앞절에 있다.

- 你是在出洋相，而不是在做演说。
  당신은 웃음거리가 되고 있는 거지, 연설을 하고 있는 게 아니다.
- 真正能承担这项工作的是那些能吃苦的人，而不是像你这样只知道享受的人。
  진정 이 일을 맡을 수 있는 사람은 고생을 견딜 수 있는 사람이지, 너처럼 이렇게 즐길 줄만 아는 사람이 아니다.
- 你是在玩，而不是在听课。 너는 놀고 있는 거지, 수업을 듣고 있는 것이 아니다.

固然A但是 / 可是 / 不过B

물론 A이지만 그러나 B이다.
① 固然은 어떤 일이 사실임을 인정하지만 뒷문장에서 이와 상반된 결과가 발생함을 나타낸다. 虽然과 용법이 비슷하지만, 虽然은 주어의 앞에 오고, 固然은 주로 주어의 뒤에 온다.
② 固然은 的确 / 确实(확실히)의 뜻을 가지며, 어떤 사실을 인정하면서 동시에 다른 한 가지 사실도 부정하지 않거나, 혹은 다른 방면으로 의미를 확대시킨다. 앞뒷절의 내용이 모순되지도 않고, 전환의 의미도 비교적 약하다. 중심되는 의미는 뒷절에 있으며, 뒷절에 也 / 但是 / 可是 / 不过 등을 사용하여 앞절과 호응한다.

- 困难固然很多，不过总有办法解决。① 어려움이 물론 매우 많지만, 늘 해결할 방법은 있다.
- 钱多固然是好事，但是，如果不把钱用在合适的地方，也会变成坏事。①
  돈이 많은 건 물론 좋은 일이지만, 돈을 적합한 곳에 쓰지 않는다면 나쁜 일로 변할 것이다.
- 能够苦干固然是好的，但是只顾埋着头，不肯动动脑筋来想想自己做的事情，其实并不值得赞美。①
  열심히 일한다는 것은 물론 좋지만, 일에 매달려서 하기만 하고, 머리를 굴려가며 자신이 하는 일을 생각해보지 않는다면, 사실 칭찬할 가치가 없다.
- 学校离我们这里固然很远，不过交通还算方便。①
  학교에서 여기까지 멀기는 좀 멀지만, 그러나 교통은 그런대로 편리한 셈이다.
- 这次运动会我们能够夺取冠军，运动员的功劳固然很大，可是教练员的功劳也不小。②
  이번 운동회에서 우리가 우승을 획득할 수 있었던 것은, 운동선수의 공로가 확실히 크긴 하지만, 코치의 공로 역시 작지 않다.
- 彩色胶卷固然好，黑白胶卷也不错。②
  칼라 필름이 확실히 좋기는 하지만, 흑백 필름도 괜찮다.

- 考上了大学固然很好，考不上大学也不必灰心。②
  대학에 붙으면 확실히 좋기는 하지만, 대학에 붙지 못해도 낙심할 필요가 없다.

…反而…
도리어, 오히려, 반대로. 反而은 동사나 형용사의 앞에서, 앞절의 내용과 상반된 의미나 의외의 결과를 표시하는 것 이외에, 전환의 작용을 하기도 한다.

- 风不但没停，反而更大了。 바람은 그치지 않고 오히려 더 세차졌다.
- 这一不幸事件反而使他更加坚强起来。 이 불행한 일은 오히려 그를 더 강하게 만들었다.
- 这个问题本来很简单，经过这么一解释反而变得复杂了。
  이 문제는 원래 간단했는데, 이렇게 설명함으로 오히려 복잡하게 변했다.
- 本来是他邀请我去长城的，结果我去了，他反而没去。
  원래는 그가 나에게 만리장성에 가자고 청한 것이고, 결국 나는 갔는데, 그는 오히려 가지 않았다.

虽A却/但/可/也B
비록 A이지만 오히려 B이다. 虽(비록)는 却 / 但 / 也 등과 호응하여 전환을 나타낸다. 한 가지 일이 사실임을 인정하지만, 상반되는 결과가 발생함을 설명한다. 虽는 서면어로, 주어 뒤에 사용된다.

- 她虽不是北京人，却能说一口标准的普通话。
  그녀는 비록 베이징 사람이 아니지만, 표준어를 할 수 있다.
- 此事虽小，但关系和影响却甚大。 이 일은 비록 작지만, 깊은 관계와 영향이 매우 크다.
- 小镇虽不热闹，但街道却很宽大。
  읍내는 비록 번화하지는 않지만, 그러나 거리는 오히려 넓다.
- 话虽尖刻，却不无道理。 말이 비록 신랄하지만, 그러나 일리가 없는 것은 아니다.

…仍旧/仍然/仍…
여전히. 仍旧 / 仍然은 还是 또는 照旧의 의미로, 동사, 형용사 앞에서 동작, 행위, 상황이 변함없이 계속됨을 표시하거나, 원래의 상태로 회복됨을 나타낸다. 주로 可是 / 但是 / 却 등의 뒤에 위치하며, 仍旧 / 仍然 / 仍 등과 기본적으로 같다.

- 她虽然老了，仍旧美丽。 그녀는 비록 늙었지만, 여전히 아름답다.
- 到四月初，白天变得温暖，夜晚仍旧寒冷。
  4월 초가 되면, 낮에는 따뜻해지고, 밤에는 여전히 매우 춥다.
- 张老师生病了，仍然坚持工作。 장 선생님은 병이 났는데, 여전히 일을 하신다.
- 尽管有残疾，我仍然幸福。 장애가 있음에도 불구하고, 나는 여전히 행복하다.
- 他虽然年过半百，却仍然精力充沛。
  그는 비록 나이를 쉰을 넘겼지만, 오히려 여전히 정력이 넘친다.
- 报纸看完后，仍然放回原处。 신문을 보고 나서, 그대로 제자리에 갖다 놓아라.
- 她渐渐发胖了，但仍不锻炼。 그녀는 점점 뚱뚱해지고 있음에도, 여전히 운동을 하지 않는다.

不是A而是B
A가 아니라 B이다. 앞절에서 한 가지 사실을 부정하고, 뒷절에서는 다른 한 가지 사실을 인정한다. 앞뒷절의 주어가 다를 경우에는 不是와 而是 모두 주어의 앞에 놓고, 주어가 같을 경우에는 不是가 주어의 뒤에 위치한다.

- 他不是日本人而是韩国人。 그는 일본인이 아니고 한국인이다.

- 我不是去上海，而是去广州。 나는 상하이에 가는 게 아니고 광저우에 가는 것이다.
- 不是他不来，而是我们没有通知他。
  그가 오지 않는 게 아니라, 우리가 그에게 알리지 않은 것이다.
- 普及普通话不是一项简单的工作，而是一项非常复杂的工作。
  표준어를 대중화하는 것은 간단한 일이 아니라, 매우 복잡한 일이다.

핵심테스트

해설 p. 53

다음 문장에서 제시어가 들어갈 정확한 위치를 찾아보세요.

1 春天快到了，(A) 为什么 (B) 天气 (C) 比 (D) 冬天还冷呢?
   反而

2 (A) 他们 (B) 只知道他 (C) 会说汉语，(D) 他的日语也挺好。
   其实

3 (A) 我虽然有他的地址，(B) 却 (C) 没能找到他的家 (D)。
   可是

4 (A) 他以前 (B) 爱干净了，现在 (C) 倒好，有时脸 (D) 都不洗。
   可

5 我有很多话 (A) 说，一时 (B) 不知 (C) 从何 (D) 说起。
   却

6 (A) 他的功课 (B) 不怎么样，(C) 数学 (D) 比较突出。
   只是

7 (A) 参加工作以后，(B) 他的性格 (C) 没有改变 (D)。
   仍旧

8 尽管他 (A) 不接受我们的意见，我 (B) 有意见 (C) 要向他提 (D)。
   还

핵심 ⑧ 목적복문

앞절은 행위를 나타내고, 뒷절은 그 행위의 목적을 나타낸다.

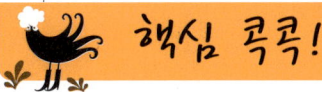

| …为的是A | A를 위해서이다. 为的是는 항상 뒷절에 사용되어 앞절의 목적을 설명한다. 앞뒤의 주어가 동일한 경우, 为的是는 뒷절 맨 앞에 위치한다. |

- 她早就起来了，为的是跟我们一起去长城。
  그녀는 벌써 일어났어. 우리와 함께 만리장성에 가려고 말야.
- 约翰买了一本汉语大词典，为的是学习汉语。
  존은 중국어를 공부하려고 중국어 대사전을 샀다.
- 早起晚睡，为的是学好汉语。 일찍 일어나고 늦게 자는 건, 중국어 공부를 잘하기 위해서이다.
- 他六点起床，为的是去医院看病人。 그가 6시에 일어나는 건, 병원에 문병가기 위해서이다.
- 这次来中国，为的是做生意。 이번에 중국에 온 건, 장사를 하기 위해서이다.

| …好A | A하도록, A하기 위해서. 好는 可以(~할 수 있도록) 또는 以便(~하도록)의 의미로, 뒷절에 위치하여 앞절 행위의 목적을 나타낸다. |

- 他生起火来，好让屋里暖和一点儿。 그는 방을 좀 따뜻하게 하려고 불을 피웠다.
- 科长提高了声音，好让大家都能听到。 과장은 모두가 들을 수 있도록 목소리를 높였다.
- 别忘了带伞，下雨好用。 비가 오면 쓰게 우산 잊지 말고 가져가.
- 多去几个人，有事好商量。 일이 생기면 상의하기 더 좋도록 몇 사람 더 가라.
- 你留个电话，到时候我好通知你。 전화번호를 남겨줘, 때가 되면 내가 연락할 수 있게.

| …省得A | A하지 않도록, A하지 않기 위해서. 省得는 뒷절의 맨 앞에서 원하지 않는 일을 피하고자 하는 목적을 설명한다. |

- 请把窗户、门关上吧，省得吵了邻居。
  창문과 문을 닫아 주세요. 이웃에게 시끄럽게 하지 않도록 말이죠.
- 报纸还是订阅好，省得每天上街去买。
  신문은 역시 정기구독이 나아, 매일 사러 가지 않아도 되니까.
- 请你替我当面说一声，省得我写回信。 네가 나 대신 직접 말해줘. 내가 답장하지 않게.
- 把水龙头开小一点儿，省得浪费。 수도꼭지를 조금만 틀어. 낭비하지 않게.
- 你在幼儿园里应该好好听话，省得让大人操心。
  어른들이 걱정하지 않게, 너는 유치원에서 말 잘들어라.

…免得A

A하지 않도록. 免得는 省得(~하지 않도록) 또는 避免(~을 피하다)의 의미로, 뒷절의 맨 앞에서 원하지 않는 일을 피하고자 하는 목적을 나타낸다.

- 多问几次，免得走错路。 몇 번 더 물어보자, 길을 잘못 가지 않게 말야.
- 快穿上雨衣吧，免得淋湿你的衣服。 빨리 비옷을 입어, 네 옷이 젖지 않게 말야.
- 请你给我讲清楚一些，免得我不懂再来打扰你。
  제게 확실하게 이야기를 좀 해주세요. 제가 몰라서 또 당신을 방해하지 않도록 말이에요.
- 任务完成后要及时和厂里联系，免得同志们担心。
  임무를 완성한 후에 바로 공장에 연락하세요. 동지들이 걱정하지 않게요.

…以便A

A하도록, A하기 위해서. 以便은 뒷절의 맨 앞에서 내용이 쉽게 실현되기 위한 목적을 나타낸다.

- 我们要吸取教训，总结经验，以便今后使我们少犯错误。
  우리는 교훈을 흡수하고, 경험을 총동원하여 앞으로 우리의 작은 실수를 줄이도록 해야 합니다.
- 会议内容最好及早通知，以便大家充分准备。
  모두가 충분히 준비하도록 회의 내용을 빨리 통지하는 게 좋겠다.
- 你先把材料准备好，以便小组开会研究。
  네가 먼저 자료를 잘 준비해, 팀에서 회의를 열어 연구를 할 수 있도록 말이야.

…以A

A하도록. 以는 접속사로서 주로 서면어에서 목적을 나타낸다.

- 希望你以后多运动，以增强体质。
  네가 이후에 운동을 많이 하길 바래, 체력 강화를 위해서 말이야.
- 我经常找中国朋友聊天，以锻炼我的口语。
  회화를 연습하려고, 나는 자주 중국 친구를 찾아가 이야기를 나눈다.
- 两国进行会谈以增进了解和信任。
  양국이 회담을 진행하는 건 이해와 신임을 증진시키기 위함이다.

핵심테스트

해설 p. 53

다음 문장에서 제시어가 들어갈 정확한 위치를 찾아보세요.

1 (A) 我们要 (B) 早点儿准备，(C) 到时候手忙脚乱 (D)。

　　　　　　　　　省得

2 (A) 你 (B) 说慢点儿，(C) 让我们 (D) 记下来。

　　　　　　　　　好

핵심 ⑨ 인과복문

종속절에서는 원인을, 주절에서는 그로 인한 결과를 나타낸다. 인과복문은 주절과 종속절에서 모두 관련사를 사용한다.

- 他病了，所以今天没来上课。 그는 병이 나서, 오늘 수업에 오지 못했다.
- 因为天气不好，所以我不想去公园了。 날씨가 좋지 않기 때문에, 공원에 가고 싶지 않아졌다.
- 由于太累，所以他的身体越来越不好。 너무 힘들어서, 그의 건강은 점점 안 좋아지고 있다.
- 他还不来，只好我一个人去了。 그는 아직 오지 않아서, 나 혼자서 갈 수밖에 없었다.
- 因为要准备考试，所以他决定不去旅行了。
  시험을 준비해야 하기 때문에, 그는 여행을 가지 않기로 결정했다.
- 因为张老师生病了，所以王老师替他上课。
  장 선생님이 병이 나셔서, 왕 선생님이 그를 대신해서 수업을 하신다.

핵심 콕콕!

| …因此A | 따라서(그래서) A하다. 因此는 결과나 혹은 결론을 표시하는 구절의 맨 앞이나 주어의 뒤에 위치한다. 앞절에 由于가 쓰이면 호응은 할 수 있지만, 因为는 쓸 수 없다. |

- 现在你们都是在校学生，因此，学习是你们的首要任务。
  지금 너희들 모두는 학생이기 때문에, 공부가 너희의 가장 중요한 임무이다.
- 事先做好了充分准备，因此会议开得很成功。
  사전에 충분한 준비를 해놓았기 때문에, 회의는 매우 성공적이었다.
- 他生病了，因此不能上课。
  그는 병이 났기 때문에, 수업을 받을 수 없다.
- 他在这儿住了三年，因此对这里的情况很了解。
  그는 여기에서 3년간 살았다. 그래서 여기 상황에 대해 잘 안다.

| A是由于B | A는 B때문이다. 是由于는 항상 뒷절에 위치하여, 앞절의 상황에 대한 원인을 설명한다. |

- 他最近身体不太好，是由于锻炼太少。 그가 요즘 몸이 안 좋은 건, 운동을 적게 하기 때문이다.
- 字写成这样，是由于钢笔不好。 글자를 이렇게 쓴 건, 만년필이 좋지 않기 때문이다.
- 他犯了这么大的错误，是由于平时太骄傲。
  그가 이렇게 큰 잘못을 저지른 건, 평상시에 매우 교만했기 때문이다.

由于…

~으로 인하여, ~으로 말미암아. 由于는 항상 인과복문의 앞절에서 원인을 표시하며, 때때로 뒷절의 才 / 所以 / 因此 / 以致 / 因而 등과 호응하여 결과를 나타낸다.

- 由于天气不好，我们没去颐和园。 날씨가 안 좋기 때문에, 우리는 이화원에 가지 않았다.
- 由于天气冷，参观的人大大减少。 날씨가 추워져서, 참관하는 사람들이 많이 줄었다.
- 由于教师指导有方，所以学生的成绩提高得相当快。
  교사의 지도가 적절했기 때문에, 학생들의 성적은 상당히 빠르게 향상됐다.
- 由于约翰努力学，所以他的汉语说得好。 존은 열심히 배웠기 때문에, 중국어를 잘한다.
- 由于太累，所以他的身体越来越不好。 너무 힘들어서, 그의 몸은 점점 안 좋아졌다.
- 由于他每天练习，他的发音特别好。 그는 매일 연습하기 때문에, 그의 발음은 매우 좋다.
- 由于他平时不好好学习，毕业考试没有通过。
  그는 평상시에 공부를 열심히 하지 않았기 때문에, 졸업시험을 통과하지 못했다.

之所以A是因为B

A인 것은 B이기 때문이다. 因为A所以B가 도치된 구문으로 之所以는 주어 뒤에 위치한다.

- 我之所以伤心，是因为我偷偷地爱上了他。
  내가 상심한 이유는, 내가 그를 몰래 사랑하게 되었기 때문이다.
- 这本小说之所以受欢迎，是因为它内容生动，富有教育意义。
  이 소설책이 인기 있는 것은, 내용이 생동감 있고, 교육적인 의미를 가득 담고 있기 때문이다.
- 我们之所以赞成，是因为它反映了群众的迫切愿望。
  우리가 찬성하게 된 이유는, 그것이 군중의 절박한 바람을 반영했기 때문이다.
- 案情之所以能很快弄清楚，是因为在现场发现了一个重要的物证。
  사건의 내막을 빠르고도 확실하게 파악한 것은 현장에서 중요한 물증을 발견했기 때문이다.

由于A以致B

A 때문에 B를 초래하다, A로 인해 B하게 되었다. 由于는 원인을 나타내며 以致는 뒷절에 쓰여서 대체로 희망하지 않는 결과가 초래됨을 나타낸다.

- 由于你放松了警惕，以致让犯人逃跑了。 네가 경계를 느슨하게 해서, 범인을 도망가게 했다.
- 由于你粗心大意，以致仓库着了火。 네가 꼼꼼하지 못했기 때문에, 창고에 불이 난 것이다.
- 由于他的腿受了伤，以致几个月都起不来床。
  그는 다리를 다쳐서, 몇 달 동안 일어날 수 없었다.

由于…的缘故

~의 까닭으로, ~ 때문에. 여기에서 由于는 뒤의 내용과 전치사구를 이루어 원인을 표시하는 부사어 역할을 하며, 주어 앞뒤에 모두 올 수 있다.

- 由于疾病的缘故，他平时很少出门。 질병으로 인해, 그는 평소에 외출을 잘하지 않는다.
- 由于下雪的缘故，我们耽误了上课的时间。
  눈이 내리는 바람에, 우리는 수업 시간에 늦었다.
- 由于任务十分紧急的缘故，他只好夜以继日地干。
  임무가 매우 급박한 이유로, 그는 밤낮없이 계속 일을 할 수밖에 없었다.

…可见A

A임을 알 수 있다. 可见은 항상 뒷절의 맨 앞에 쓰여 앞절의 내용을 근거로 한 판단이나 결론을 나타낸다. 앞절이 조금 길거나 문장 또는 단락 뒤에서 결론을 내는 문장을 이끌 때는 由此可见을 쓰는데, 이때 由此는 앞에 나온 절, 문장 또는 단락을 받는다.

- 由于他平时不注意身体，所以不到50岁就去世了，可见锻炼身体是多么重要。
  그가 평상시에 건강을 주의하지 않아 나이가 50세도 안 되어 사망한 걸 보면, 운동하는 것이 얼마나 중요한지를 알 수 있다.
- 连基本形式都弄错了，可见没有认真学。
  기본적인 형식도 틀리는 걸 보면, 열심히 공부하지 않은 것을 알 수 있다.
- 由此可见，只有实践才是检验真理的惟一标准。
  이로써, 실천만이 진리를 검증하는 유일한 기준임을 알 수 있다.
- 词语搭配不当，句子结构混乱，表达重复，这些都违反了语言规律。由此可见，学点语法修辞是必要的。
  단어 조합은 맞지 않고, 문장 구성은 뒤죽박죽이고, 표현은 중복되어 있고, 이 모든 것은 다 언어의 규칙을 어긴 것이다. 여기서 알 수 있듯이, 어법과 수사를 배우는 것은 반드시 필요하다.
- 他最近常常发病，可见他身体不如以前了。
  그가 최근에 자주 발병하는 걸 보면, 건강이 예전만 못하다는 것을 알 수 있다.
- 连这几道附加题都答对了，可见他学得不错。
  몇 개의 부가적인 문제도 다 맞힌걸 보면, 그가 잘 배웠다는 걸 알 수 있다.

由于A所以B   A이기 때문에 그래서 B하다

- 由于他们准备得很充分，所以会开得不错。
  그들이 충분히 준비했기 때문에, 회의는 잘 진행됐다.
- 由于节日快到了，所以很多人都忙着买礼物。
  명절이 곧 다가오기 때문에, 많은 사람들은 바쁘게 선물을 사고 있다.
- 由于教练指导有方，所以运动员的成绩提高得相当快。
  코치의 지도가 적절했기 때문에, 운동선수들의 성적은 상당히 빠르게 향상됐다.
- 由于事情比较复杂，又由于各人的观点不同，所以意见不完全一致。
  일이 비교적 복잡하고, 또 각자의 관점이 다르기 때문에, 의견이 완전히 일치되지는 않았다.

由于A就B   A이기 때문에 B하다

- 由于我们没有经验，这次试验就失败了。
  우리는 경험이 없기 때문에, 이번 실험이 실패했다.
- 由于问题提得单纯、明确，大家的讨论也就集中充分。
  문제가 단순하고 명확하게 제시됐기 때문에, 모두 토론에 집중하기에 충분했다.
- 由于临时有事，就在北京逗留了两天。 잠시 일 때문에, 베이징에서 이틀 간 머물렀다.

既然 / 既…只好

이왕 이렇게 된 바에야 어쩔 수 없이 ~하다. 既 / 既然은 인과복문의 앞절에서 이미 일어난 사실을 나타내며, 유추해낸 결론인 뒷절의 근거가 된다. 只好는 不得不와 같은 뜻으로, 뒷절의 동사성 단어의 앞에 위치하여 별다른 선택이 없음을 나타낸다.

- 既然他们多次邀请我去讲课，我只好去了。
  그들이 기왕 여러 번 내게 강의를 요청한 이상, 나는 갈 수밖에 없다.
- 他既然不听劝告，我只好随他去了。
  그가 충고를 듣지 않는다면, 나는 그가 하는 대로 놔둘 수밖에 없다.
- 你既然想不出好的对策，那就只好这么办了。
  기왕 당신이 좋은 대책을 세우지 못한다면, 그럼 이렇게 할 수밖에 없다.

既然 / 既…一定

이왕 이렇게 된 이상 반드시 ~하다. 一定은 '반드시, 꼭(= 必定)'이란 뜻을 가지며, 뒷절의 동사성 단어 앞에 쓰여 의심할 바가 없음을 뜻한다. 주관적인 바람이 담긴 추측, 단정적 표현이다.

- 既然你想去，我一定陪你。 기왕 당신이 가고 싶다니, 내가 반드시 함께 가겠습니다.
- 我既然答应了你的请求，一定会办好。 내가 너의 부탁을 허락한 이상, 반드시 잘 해낼 것이다.
- 双方既已签了合同，就一定无条件遵守有关规定。
  양측이 이미 계약을 한 이상, 반드시 관련된 규정을 무조건 준수해야 한다.

既然 / 既…只有

기왕 그렇게 된 이상 오로지 ~할 수 밖에 없다. 只有는 只好와 같은 의미이며, 뒷절의 동사성 단어 앞이나 절 앞에 써서 모종의 상황에서 어쩔 수 없이 동작을 행함을 의미한다.

- 既然自己不懂外文，只有请教别人。
  자신이 외국어를 모르는 이상, 그저 다른 사람에게 부탁할 수밖에 없다.
- 既然天下大雨，球赛只有延期了。 이왕 비가 이렇게 많이 온 이상, 경기는 연기할 수밖에 없다.

…以致A

A(결과)를 초래하다, A하게 되다(= 致使). 어떤 원인으로 인해 원치 않는 결과가 초래됨을 나타낸다.

- 他工作太累，以致身体都累垮了。 그는 일이 너무 힘들어서, 몸이 녹초가 되었다.
- 考前没有好好复习，以致考试中出了不少错误。
  시험 전에 열심히 복습해두지 않아서, 시험 볼 때 많이 틀렸다.
- 他的钱包丢了，以致不能买东西。 그는 지갑을 잊어버려서, 물건을 살 수 없다.
- 他俩只顾谈话了，以致没发现已经下雨了。
  그 두 사람은 오로지 이야기에만 열중해서, 이미 비가 내리고 있는 것을 알지 못했다.

…不免A

아무래도 A를 면할 수 없다, A할 수밖에 없다. 不免은 免不了의 의미로서 앞절의 원인으로 인해, 뒷절의 결과를 피할 수 없음을 나타낸다. 주로 원치 않는 내용 다음에 나오는 절의 동사나 형용사 앞에서 긍정형식으로 표현한다.

- 第一次面对这么多观众，我不免有些紧张。
  처음으로 이렇게 많은 관중 앞에 서니, 나는 아무래도 긴장할 수밖에 없다.

- 这段路太窄，有时不免有些拥挤。 이 길은 너무 좁아서, 간혹 붐빌 수밖에 없다.
- 初次见面，不免陌生。 첫 만남은 아무래도 서먹할 수밖에 없다.
- 他是南方人，说普通话不免夹杂一些方言。
  그는 남방 사람이라, 표준어로 말해도 사투리가 섞일 수밖에 없다.
- 这是新的任务，开头不免有点生疏。 이것은 새 임무라, 처음에는 아무래도 생소할 것이다.
- 刚接手会计工作，有时不免忙乱一些。
  막 회계업무를 인계받았기에, 간혹 일에 두서가 없는 것은 어쩔 수 없다.

…以至A

A한 결과를 낳다, A하게 되다. 甚至(심지어)의 의미를 내포하며, 앞절의 상황으로 인해 발생하는 결과를 나타낸다. 앞절의 원인을 강조하는 작용을 한다.

- 他在聚精会神地看书，以至我来到他身边，他都没有发觉。
  내가 그의 옆에 왔는데도, 그는 전혀 알아차리지 못할 정도로 집중해서 책을 보고 있었다.
- 事情发展得太快了，以至使许多人感到惊奇。
  일의 진전이 너무 빨라서, 많은 사람들이 이상하게 여길 정도였다.
- 他专心致志地工作，以至有人招呼他也没听见。
  그는 일에 너무 몰두해서, 누가 인사를 해도 못 들을 정도였다.
- 形势发展很快，以至于使很多人觉得必须重新学习。
  추세의 변화가 매우 빨라져서, 많은 사람들이 반드시 다시 공부를 해야겠다고 느꼈다.

핵심테스트

해설 p. 53

다음 문장에서 제시어가 들어갈 정확한 위치를 찾아보세요.

1 （A）星期一（B）去公园的游人（C）最少，（D）我喜欢星期一去公园。
   　　　　　　　　　　因此

2 这些经验极其平凡和普通，（A）人们（B）常常没意识到（C）它们（D）是经验。
   　　　　　　　　　　以至于

3 （A）这次比赛（B）天气的关系，（C）只好延期了（D）。
   　　　　　　　　　　由于

핵심 ⑩ 양보복문

종속절에서는 어떤 사실이나 가정을 인정하고 양보를 이끌어내며, 주절에서는 상반된 각도에서 보더라도 결과는 변함 없음을 적극적으로 설명하는 형식이다. 양보복문에 사용되는 관련사로는 종속절에 쓰이는 尽管 / 纵然 / 固然 / 即使 / 哪怕 / 就是 등과 주절에 사용되는 也 / 都 등이 있다.

핵심 콕콕!

哪怕 A 也 B

설사 A라도 역시 B이다, 설령 A일지라도 역시 B이다. 어떤 상황이라고 가정하더라도 결과는 마찬가지임을 나타낸다. 哪怕는 가설의 내용을 표시하고 뒷절에서는 都 / 也 / 还 등이 호응한다. 두 절은 서로 상반되는 내용을 설명한다.

- 要记住别人给你的帮助，哪怕一点点帮助呢，也要记住。
  다른 사람이 네게 준 도움을 기억해야 한다. 설령 작은 도움일지라도, 역시 기억해야 한다.
- 哪怕天气不好也要去。 날이 안 좋아도 가야 한다.
- 哪怕工作到深夜，他也要抽出时间学习。
  늦은 밤까지 일한다 해도, 그는 시간을 내서 공부를 한다.
- 哪怕在非常困难的条件下，我们也要继续坚持下去。
  설령 아주 어려운 조건에서라도, 우리는 계속 밀고 나갈 것이다.

就是 A 也 B

설령 / 설사 A일지라도 역시 B하다

- 就是我不在，也还是会有人接待的。 설사 내가 없더라도, 여전히 누군가 접대할 것이다.
- 你就是说错了，那也没有什么关系。 네 말이 설사 틀렸다 하더라도, 뭐 별 상관은 없다.
- 就是三岁孩子也不会干这种莫名其妙的事。
  3살짜리 아이라도 이런 영문도 모르는 일은 하지 않을 거야.
- 就是家里有事，他也不随便请假。 설사 집에 일이 있어도, 그는 마음대로 휴가를 내지 않는다.
- 就是事情没有办，也要谢谢你。 설사 일을 처리하지 않았더라도, 네게 고마울 뿐이다.

即使 A 也 B

설령 / 설사 A일지라도 역시 B하다, 설령 A일지라도 B일 것이다. 앞절에서는 양보를, 뒷절에서는 한발 양보한 상황의 결과를 예상하여 설명한다.

- 即使下雨也去。 설령 비가 오더라도 간다.
- 即使你说错了，也不要紧。 네 말이 설사 틀려도 괜찮다.
- 即使条件再好，也要靠自己努力。
  설령 조건이 아무리 더 좋을지라도, 스스로의 노력에 의지해야 한다.
- 即使再晚一小时出发，也还来得及。 설사 한 시간 더 늦게 출발한다 해도, 역시 늦지 않다.
- 即使下雨也不会太大。 비가 오더라도 많이 오진 않을 것이다.

固然A也B

물론 A이지만 역시 B이다. 固然은 的确 / 确实(정확하다, 확실하다)의 의미로, 한 가지 사실을 인정하면서도 이어서 다른 한 가지 사실도 인정해야만 함을 나타낸다. 두 절의 내용은 상반된 내용이지만, 전환의 어기는 비교적 가볍다.

- 他的意见对固然应该接受，就是不对也可作为参考。
  그의 의견이 맞다면 물론 당연히 받아들이겠지만, 설사 맞지 않더라도 참고로 삼을 수 있다.
- 考上了固然很好，考不上也不必灰心。
  시험에 붙으면 물론 좋지만, 붙지 못한다 해도 낙심할 필요는 없다.
- 数量固然要紧，质量也很重要。 수량이 당연히 중요하지만, 품질도 매우 중요하다.
- 妈妈的态度固然不太好，你也不应该总是发牢骚。
  엄마의 태도도 물론 좋지 않지만, 너도 자꾸 불평해서는 안 된다.

핵심테스트

해설 p. 53

다음 문장에서 제시어가 들어갈 정확한 위치를 찾아보세요.

1 就算（A）没有（B）你的责任吧，你说话（C）应该（D）客气点儿呀？
    也

2 （A）在生活中，（B）永远不要失去笑容和信心，（C）有（D）再多的烦恼和困难。
    哪怕

3 （A）领导不在，（B）我们也（C）要照常把工作做好（D）。
    就是

4 （A）有点小小的不舒服，他（B）也一定（C）会表现出高兴的样子（D）。
    即使

핵심 ⑪ 긴축복문

단문의 형식을 빌어 복문의 내용을 표시하는 형식으로, 일반적으로 복문이 축소되어 이루어진 것으로 간주한다. 긴축복문에서 두 개의 술어 사이에는 서로 수식이나 보완관계가 없으며, 구절 중간에 쉼표로 끊지도 않아, 형식상으로는 하나의 단문과도 같다.

- 上课不要说话。 수업할 때는 잡담하면 안 된다.
- 钱少不够花。 돈이 적어서 쓰기에 부족하다.
- 你有事先走。 너 일 있으면 먼저 가라.
- 你有事明天再说。 너 일 있으면 내일 다시 말하자.
- 他披上了皮袄还冷。 그는 안감을 댄 가죽상의를 걸치고도 춥다고 한다.

 핵심 콕콕!

一A就B

A이면 B이다, A하자마자 B하다, A라서 B하다. 두 개의 술어는 모두 동사일 수도, 모두 형용사 일 수도, 혹은 동사와 형용사가 각각 하나씩 위치할 수도 있다. 일반적으로 가설, 인과, 조건 등을 나타낸다.

- 同学们一下课就去食堂吃饭。 학생들은 수업이 끝나자 바로 식당에 밥을 먹으러 간다.
- 明天一起床我们就去爬山。 내일 일어나자마자 우리 등산하러 가자.
- 母亲一知道就着急了。 어머니는 알게 되자 마음이 다급해졌다.
- 奶奶年龄大了，一着急就糊涂。 할머니는 연세가 드시더니, 마음이 급해지면 깜빡하신다.
- 这把刀稍微一磨就很快。 이 칼을 좀 더 갈면 잘 들 것이다.

…也…

그래도, ~해도. 때때로 조건 관계인 无论A也B의 뜻을 나타내기도 한다.

- 他说什么也不敢收。 그가 뭐라고 하든 못 받겠다.
- 风多大也要出海。 바람이 아무리 세도 바다로 나가야 한다.
- 妈妈怎么劝他也听不进去。 엄마가 아무리 그를 설득해도, 그는 들으려고 하지 않는다.
- 电脑出问题了，怎么修也不好用了。
  컴퓨터에 문제가 생겼는데, 아무리 수리해도 사용할 수가 없다.

越A越B

A할수록 점점 B하다. 관련된 내용은 모두 연쇄적인 관계를 갖는다. 앞절의 동사가 나타내는 동작이나 변화가 뒷절로 하여금 상응한 변화를 갖게 한다. 越A越B절의 앞뒤에 들어갈 것은 모두 동사이거나, 모두 형용사이거나, 혹은 동사와 형용사가 하나씩 들어갈 수도 있다.

- 他们越干越有劲儿。 그들은 (일을) 하면 할수록 더 힘차게 한다.
- 这本书越看越觉得有意思。 이 책은 보면 볼수록 재미있다.
- 越忙越是应该巧安排。 바쁘면 바쁠수록 계획을 세워야 한다.

不A不B

A 않으면 B 않다. A하지 않으면 B하지 않다. 가정의 의미로 要是不A就不B와 같다.

- 咱们不见不散啊！ 우리 꼭 만나자!
- 不要不行，一定要收下。 안 된다고 하지 마시고, 꼭 받으십시오.
- 棉衣不晒不暖和。 솜옷은 마르지 않으면 따뜻하지 않다.
- 不重要就不这样着急了。 중요하지 않으면 이렇게 조급해하지도 않아.

没有A就没有B

A가 없으면 B도 없다

- 没有国家的富强就没有个人的幸福。 국가의 부강이 없으면 개인의 행복도 없다.
- 没有刻苦努力就没有好成绩。 각고의 노력이 없었다면 좋은 성적이 없었을 것이다.
- 没有你的帮助就没有我今天的幸福。 네 도움이 없었다면 오늘의 내 행복은 없었을 것이다.

愈(是)A愈(是)B

A할수록 B하다, A일수록 B하다. 越A越B와 뜻과 용법이 같지만, 주로 서면어에서 사용한다.

- 愈是困难愈是要冷静。 어려우면 어려울수록 더욱 냉정해야 한다.
- 愈忙愈应该巧安排。 바쁠수록 계획을 잘 세워야 한다.
- 这一老一少愈干愈有劲儿。 이 노인과 아이는 일을 하면 할수록 점점 더 힘이 솟는다.

핵심테스트
해설 p. 54

다음 문장에서 제시어가 들어갈 정확한 위치를 찾아보세요.

1 (A) 我爸爸 (B) 让我 (C) 学 (D) 医学不可，我该怎么办呢?

　　　　　　　　　　非

적중! 新HSK 실전 문제   PART 4 특수문형

해설 p. 54~60

[1 - 10] 보기 중에서 괄호에 알맞은 어휘를 고르세요. 4급 독해 1부분

보기   A 不但   B 被   C 对   D 坚持   E 把   F 不管

例如   她每天都（ D ）走路上下班，所以身体一直很不错。

1. 美国好几家公司（   ）参加提炼石油工程感兴趣。

2. 她（   ）在参观博物馆时买的那件漂亮的手工艺品送给了朋友。

3. 她心中的一丝希望，就（   ）这个消息无情地粉碎了。

4. （   ）男人衣柜里的领带多不多，看见好看的他还是要买的。

5. 他（   ）帮我打扫了房间，而且还做了一顿可口的饭菜。

보기   A 被   B 即使   C 温度   D 要不然   E 连   F 但是

例如   A：今天真冷啊，好像白天最高（ C ）才2℃。
       B：刚才电视里说明天更冷。

6. A：幸亏你昨晚给我打了个电话，（   ）我今天就要白跑一趟了。
   B：我也是昨天下午才接到的通知，怕你不知道，就赶紧告诉你。

7. A：我后背上特别痒，你看看怎么回事？
   B：红了，是不是（　　）虫子咬了？

8. A：小孙，你妈妈现在怎么样了？
   B：现在病情已经稳定了，（　　）还需要住院观察一段时间。

9. A：你怎么（　　）最基本的数学常识都不知道？
   B：我从小就地数学得很差。

10. A：你看，小明很会说话，他真是个很幽默的人。
    B：就是嘛，（　　）是很普通的经历，从他嘴里说出来也会变得十分有趣。

[1–7] 빈칸에 들어갈 어휘를 보기 중에서 고르세요. 5급 독해 1부분

　　工作中那种不懂装懂的人，喜欢说："这些工作真无聊。"但他们内心的真正感觉是："我做不好任何工作。"他们希望年纪轻轻就功成名就，但是他们又不喜欢学习、求助或征求意见，因为这样会__1__人认为他们"不胜任"，__2__他们只好装懂。而且，他们要求完美却又不懂必要的业务知识。这些人必须注意的是要把握分寸，不要一味夸张，否则__3__人产生一种虚伪的感觉，从而失去别人对您的信任。

1. A 被　　　B 把　　　C 对　　　D 比
2. A 要不　　B 所以　　C 而是　　D 但是
3. A 使　　　B 把　　　C 被　　　D 所

我们曾说　4　，我们不在乎批评或者表扬，其实更重要的　5　是一个"真"字。所以我们特意做了这样一个专栏。本专栏是老师和学生、学生和学生之间交流思想感情的园地。只有真言才有价值，只有真诚对待，友情才能永远保持下去。
　　有些学生也许还不明白，现在老师的责任不是单方面的，既为学生负责，也为学校负责。所以交流就显得十分必要，　6　是学生还是老师，要想摆脱交流几乎是不可能的。本专栏的方针是改善老师和同学之间的关系，只要做到这一点，我们　7　心满意足了。

4. A 了　　　　B 着　　　　C 过　　　　D 的
5. A 才　　　　B 只　　　　C 还　　　　D 不仅
6. A 哪怕　　　B 虽然　　　C 无论　　　D 固然
7. A 倒　　　　B 才　　　　C 也　　　　D 就

[1 – 10] 다음 제시된 단어를 사용하여 하나의 문장을 만드세요.　4·5급 쓰기 1부분

1. 一种蔬菜　　西红柿　　是　　也
   _____

2. 请你　　复习资料　　递给　　把　　我
   _____

3. 一个　　隔壁　　搬来　　小姑娘
   _____

4. 被临时　广州的航班　取消了　飞往
_____

5. 大型公司　被　小王　录取了　一家
_____

6. 弄糊涂了　把　这个消息　王师傅
_____

7. 医生　辣椒　建议他　吃　少
_____

8. 阳台上　紫色的　花　一盆　有
_____

9. 既　那个　能干　又可爱　小伙子
_____

10. 保持　永远　要是　就好了　年轻
_____

[1-5] 다음 문장을 읽고 틀린 부분을 고쳐 다시 써보세요. **6급 독해 1부분**

1. 怀疑别人，则缺乏安全感让我们，总是生活在自己假象的危险中。
   _____

2. 随着科技的进步，现在很多电脑被设计得非常小巧，甚至可以把它放一个很薄的文件袋里。
   _____

3. 我总觉得江西庐山的云海比安徽黄山特别美。
   _____

4. 不但他喜欢京剧脸谱，而且也喜欢京剧的各种服饰。
   _____

5. 我觉得这篇文章写得不错，但是还存在一些缺点，只有好好地修改修改，那就更好了。
   _____

전 세계 20만 학습자가 검증한

北京大学
중국어 어법의 모든 것

李宝贵 지음
임정빈 · 강혜성 · 장미라 · 郑琴 편역

별책 부록
핵심테스트와 실전 문제
해설서

동양북스

전 세계 20만 학습자가 검증한

北京大学
중국어 **어법**의 모든 것
해설서

李宝贵 지음
임정빈・강혜성・장미라・郑琴 편역

동양북스

PART 1

품사의 종류

정답

01 명사	p.16	1 C	2 A	3 B	4 C	5 A	6 D	7 A	8 B	p.20	1 B	2 B	3 B	4 A	5 B
	p.22	1 B													
02 대사	p.25	1 D	2 D	p.28	1 D	2 C	3 A	4 B	5 D	p.31	1 B	2 C	3 C		
03 동사	p.42	1 B	2 B	3 C	4 B	5 B	6 B	7 B	8 B						
04 조동사	p.47	1 B													
05 형용사	p.51	1 A													
06 수사	p.56	1 C	2 D	3 D	4 D	5 D	6 D	7 C	8 C	9 C	10 B				
07 양사	p.60	1 B	2 A	3 B	4 C	p.63	1 B	2 A	3 D						
08 부사	p.67	1 A	2 C	3 B	4 C	5 D	6 D	7 D	8 A	9 D	10 A	p.75	1 D	2 B	3 D
	4 B	5 D	6 B	7 C	8 D	9 C	10 A	p.78	1 C	2 C	3 A	4 C	5 B	6 C	7 B
	8 C	9 C	p.83	1 D	2 C	3 C	p.86	1 C	2 B	3 B	4 B	5 C	6 A	p.89	1 C
	2 A	3 B	4 B	5 D	6 C	7 B	8 A	9 C	10 D	p.99	1 D	2 C	3 D	4 C	5 D
	6 B	7 B	8 D	9 D	10 B										
09 접속사	p.105	1 C	2 C												
10 전치사	p.109	1 C	2 A	3 C	4 D	5 C	p.114	1 A	2 B	3 B	4 A	5 A			
	p.118	1 B	2 D	3 A	4 C	5 A									
11 조사	p.120	1 C	2 A	p.123	1 A	2 A	3 B	4 B	5 A	6 B	7 C	p.127	1 C	2 B	3 C
	4 A	5 D	6 C	7 D	8 D	9 D	10 C								
12 이합사	p.131	1 D	2 A	3 A	4 B	5 D	6 B								
13 단어의 중첩	p.134	1 C	2 A	3 A	4 A	p.136	1 A	2 A	p.138	1 B	2 C	3 C	4 D		

적중! 新HSK 실전 문제

PART 1 품사의 종류
p.139~143

1-10	1 E	2 C	3 F	4 B	5 A	6 E	7 F	8 D	9 B	10 A
1-7	1 B	2 C	3 A	4 A	5 A	6 C	7 D			

1-10
1 老师要善于发现学生的错误。
2 老师的表情显得有点儿尴尬。
3 你们必须按时完成任务。
4 同学们在商场里进行了调查。
5 那条狗朝主人摇了摇尾巴。
6 她又重新打扫了一遍。
7 那台机器终于又能正常运行。
8 火灾原因导致物价上涨。
9 要养成写日记的好习惯。
10 妈妈偶尔会去养老院照顾老人。

1-5
1 不同的声音会产生不同的心理反应，从而对健康<u>产生</u>积极的影响。
2 在王洛宾改编的<u>歌曲中</u>，最著名的是《在那么遥远的地方》。
3 算起来到今年年底已经整整三年没<u>见我姐姐</u>了。
 / 算起来到今年年底已经整整三年没<u>跟我姐姐见面</u>了。
4 敬酒也是一门学问。一般情况下，敬酒时一定要把握好敬酒的顺序，<u>主次分明</u>。
5 两个人在一起，总比一个人好，是因为遇到事情至少可以<u>商量一下</u>。
 / 两个人在一起，总比一个人好，是因为遇到事情至少可以<u>商量商量</u>。

01 명사(名词)

핵심 ❶ 명사

핵심테스트 p.16

1 C
一带는 장소명사 뒤에서 소재하는 지역 및 그 부근을 표시한다.

2 A
명사 书本은 知识의 앞에서 수식어가 되어 '책 지식'이란 명사구를 이루어야 내용이 전체적으로 자연스럽게 완성된다.

3 B
人群은 过往的의 수식을 받아 '지나가는 인파'가 된다.

4 C
在…方面은 (在)…上처럼 '일(구체적인 업무나 분야)에 있어서'라는 뜻을 나타낸다.

5 A
纸张은 집합명사로서 양사 뒤에 위치한다.

6 D
车辆은 过往的의 수식을 받아 '지나가는 차량'이 된다. 车辆을 빼고 문장을 읽었을 때 어색한 부분을 찾으면 되는데, 구조조사 的와 부사 都는 바로 연이어 쓸 수 없는 조합이므로 해석하지 않고도 바로 문제를 풀 수 있다.

7 A
一带는 지시대사 这의 수식을 받아 '이 일대'라는 뜻으로 쓰일 수 있다.

8 B
上은 방위를 나타내는 명사로 방위사이다. 上은 추상명사 뒤에 붙어 분야를 표시한다.

핵심 ❷ 방위사

핵심테스트 p.20

1 B
방위사 中은 '~중에, ~가운데'라는 뜻으로, 中 앞에 쓰인 명사의 범위 안에 포함됨을 나타낸다.

2 B
前后는 '때'나 '시점'을 표시하는 명사의 뒤에서 사건이 일어나는 시간의 전후를 나타낸다.

3 B
除了…以外，还…는 '~이외에 또한 ~하다'라는 뜻이다. 많이 사용되는 문형이므로, 문형 자체를 외워두는 것이 좋다.

4 A
방위사 里는 주로 장소명사 뒤에 오는데, 이 문장에서 장소명사는 我心과 世界 두 개가 있다. 그런데 世界 뒤에는 이미 방위사 上이 있으므로 里의 위치는 我心 뒤가 가장 적당하다. 또 里는 종종 전치사 在와 함께 전치사구를 이루어 在…里 형식으로도 쓰인다.

5 B
以内는 장소, 시간, 범위, 수량 등이 어느 기준점을 초과하지 않고, 그 안에 포함됨을 표시하며, 다른 방위사들과 마찬가지로 在…以内 형식으로 자주 쓰인다.

핵심 ❸ 시간사

핵심테스트 p.22

1 B
自…以来 '~이래로'라는 뜻으로 과거의 어느 시점 이후로 지금까지 이어짐을 나타낸다.

02 대사(代词)

핵심 ❶ 인칭대사

핵심테스트 p.25

1 D
彼此는 '피차, 서로, 양측'이란 뜻으로, 두 사람 간의 쌍방을 표시하며, 한정어로 쓰일 경우에는 뒤에 的나 之间的를 붙인다.

2 D
自我总结는 '자아 결산, 스스로 평가하여 결산하다'라는 뜻이다. 自我는 주로 이음절 동사 앞에서 자기자신에 대한 행위임을 표시할 때 사용한다.

핵심 ❷ 의문대사

핵심테스트 p. 28

1 D
'의문대사 + 也 / 都…'는 임의의 전체 대상을 표시한다. 谁也…는 '누구라도, 아무도'라는 뜻이다.

2 C
怎么能…呢는 '어찌 ~할 수 있겠는가'라는 뜻으로, 불가능함을 표현하는 반어문 형식이다.

3 A
접속사 不管은 '~을 막론하고, 상관없이'라는 뜻으로, 그 뒤에는 의문 형식의 구나 절이 주로 나온다. 이 문장에서는 不管做什么事라는 구문으로 쓰여, '무슨 일을 하든 상관없이'라는 뜻이다.

4 B
의문대사 如何는 怎么와 같이 동사 앞에서 동작의 방식을 표시한다.

5 D
'任何 + 명사'는 '어떠한 ~이라도'라는 뜻이며, 대사 任何는 명사의 앞에서 모든 범위의 명사를 가리킨다. 이 문제는 '업무에 있어서 어떠한 실수도 하지 않는다'는 의미가 되어야 한다.

핵심 ❸ 지시대사

핵심테스트 p. 31

1 B
'这么 + 형용사'는 '이처럼, 이토록 ~하다'라는 의미를 나타내며, 这么는 형용사의 정도가 높거나 심함을 강조한다.

2 C
대사 这会儿은 '지금(现在)' 또는 '이때(这个时候)'의 뜻이며, 乌云은 '먹구름'이란 뜻이다.

3 C
대사 这么 / 那么의 뒤에 수량을 표현하는 단어가 오면 '겨우, 그 정도의 적은 수량'이라는 뜻을 나타낸다.

03 동사 (动词)

핵심 ❶ 동사

핵심테스트 p. 42

1 B
显得는 '~처럼 보이다'의 뜻으로 일반적으로 '显得 + 정도부사 + 형용사' 형식을 띠므로 정답은 정도부사의 앞인 B이다.

2 B
以A为B는 'A를 B로 삼다'라는 뜻이다. 부사는 전치사구 앞에 위치해야 하므로, 以는 都의 뒤에 와야 한다.

3 C
搞는 목적어에 따라 '하다, 종사하다'의 뜻을 가지지만, 일반적으로 搞明白, 搞糊涂, 搞清楚처럼 '搞 + 형용사' 형식으로 보어를 동반해서 사용되므로 정답은 C이다.

4 B
进行은 동사이므로, 부사의 수식을 받을 수 있고, 뒤에 목적어를 가질 수 있다. 따라서 부사인 正在와 목적어인 一场足球比赛 사이에 놓인다.

5 B
作为는 '~로서' 또는 '~로 삼다'라는 뜻으로, 신분이나 자격을 표시하는 동사이며, 목적어로 명사 또는 명사구를 취한다. (의미와 용법이 일반적으로 생각하는 동사와 다른 점이 있으므로 설명을 다시 한 번 자세히 읽어보고 익히는 것이 좋다.)

6 B
수식어가 많은 긴 문장 속에서 주어와 목적어를 구분할 수 있어야 술어인 동사구 引起了의 자리를 찾을 수 있다. '주어 + 술어 + 목적어'의 어순이므로, 주어구인 他的出现과 목적어구인 现场的一片混乱의 사이에 놓인다.

7 B
善于는 '~에 능숙하다, ~을 잘하다'의 뜻으로 동사이지만 동사를 목적어로 수반한다. 괄호 뒤에 위치한 단어의 품사를 살펴보면 동사 发现의 앞에 위치하는 것이 가장 적당하다.

8 B
给A以B는 'A에게 B를 주다'라는 뜻으로, 고정격식 문형이다.

04 조동사 (能愿动词)

핵심 ❶ 조동사

핵심테스트 p. 47

1 B
전치사구가 쓰인 문장에서 조동사는 전치사구의 앞에, 동사는 전치사구의 뒤에 위치한다. 따라서, 把는 전치사이므로 应该는 把 앞에 위치해야 한다.

05 형용사 (形容词)

핵심 ❶ 형용사

핵심테스트 p. 51

1 A
이음절 이상의 형용사가 명사를 수식하는 한정어로 쓰일 때는 구조조사 的를 사용한다. 五星红旗는 중국 국기의 이름인 고유명사이다.

06 수사 (数词)

핵심 ❶ 수사

핵심테스트 p. 56

1 C
多는 끝자리가 0인 '수사 + 多 + 양사 (+ 的 + 명사)'의 순서로 쓰인다.

2 D
多는 끝자리가 1~10 이내의 수사는 '수사 + 양사 + 多 (+ 명사)'의 순서로 쓰인다. 여기서 天은 양사로 쓰였다.

3 D
把는 百 / 千 / 万과 일부 양사의 뒤에서 어떤 숫자에 가까움을 나타낸다. 百把人은 '약 100명쯤'이란 뜻이다.

4 D
左右는 수사의 뒤에서 그 숫자와 차이가 크지 않은 대략의 수를 표시하며, 시간사가 있으면 시간사 뒤에 쓰인다.

5 D
上下는 높이, 무게를 표시하는 수량사의 뒤에 사용된다.

6 D
上下는 나이를 표시하는 수량사의 뒤에 사용 될 수 있다.

7 C
十之八九는 '열에 여덟 아홉, 십중팔구, 대부분'이란 뜻으로, 가능성이 매우 큼을 표현한다.

8 C
半은 정수가 없을 때 '半 + 양사 + 명사'이므로 半片(药)이 된다.

9 C
半은 정수가 있을 때 '수사 + 양사 + 半 + 명사'이므로 两瓶半汽水가 된다.

10 B
来는 끝자리가 0인 '수사 + 来 + 양사 + 명사 / 형용사' 순서로 쓴다.

07 양사 (量词)

핵심 ❶ 명량사

핵심테스트 p. 60

1 B
颗는 마음, 별, 알갱이 등을 세는 양사

2 A
位는 존경하는 사람 등을 세는 양사

3 B
件은 옷 혹은 상의(上衣) 등을 세는 양사

4 C
把는 손으로 쥘 수 있는 길다란 모양이나 손잡이가 있는 사물 등을 세는 양사

핵심 ❷ 동량사와 차용양사

핵심테스트 p. 63

1 B
비난이나 욕, 구타 및 식사, 끼니를 하는 동작의 횟수를 셀 때는 顿이 동량사로 사용된다.

2 A
吓了一跳는 '깜짝 놀라다'의 의미로 고정구문이다.

3 D
양사 场은 연극, 운동경기, 일 등의 경과나 처음부터 끝까지 전 과정을 거칠 때 사용한다.

08 부사 (副词)

핵심 ❶ 긍정·부정부사

핵심테스트 p. 67

1 A
没有A比B更…的了는 'B보다 더 ~한 A는 없다'는 뜻의 최상급 표현이다.

2 C
怎么不…는 '왜 ~않는가?'라는 뜻의 표현이다. 연동문에서 부정부사는 첫 번째 동사 앞에 위치한다.

3 B
未必는 '꼭, 반드시 ~인 것은 아니다'란 의미로 완곡한 부정의 어기를 나타낸다.

4 C
既然A就B는 '기왕에 A인 바에 그렇다면 B이다'란 의미의 접속사로, 不用은 就 뒤에 쓰인다.

5 D
不曾A过는 '일찍이 ~한 적이 없다'란 의미의 고정구문이다.

6 C
부사 必定은 확실한 판단이나 예상을 표현한다.

7 D
'曾 + 동사 + 过'의 형식이므로 정답은 D가 적합하다. 不曾은 曾经의 부정형이다.

8 A
别는 '~하지 말라'는 뜻의 부정명령문에 쓰이며, 不要와 같은 뜻이다.

9 D
'동사 + 了没有'는 '~했는가 안 했는가?'라는 뜻으로 동작 완료의 여부를 묻는 정반의문문이다.

10 A
不는 부정부사이며, 부사는 동사나 형용사의 앞에 온다. 내용상 봄놀이가 엉망이 되었다고 하는 것으로 보아 '날씨가 좋지 않다'는 것을 알 수 있다. 泡汤은 '수포로 되다, 허사가 되다'라는 뜻이다.

핵심 ❷ 시간부사

핵심테스트 p. 75

1 D
부사 早는 早就와 같이 '진작에, 이미, 벌써'의 의미로 쓰인다.

2 B
'시간 / 수량 + 才'는 '비로소, 그제서야'라는 뜻으로, 시간이 늦거나 오래 걸림을 나타낸다. 把자구에서 시간부사는 전치사인 把의 앞에 위치한다.

3 D
始终은 '시종, 내내, 줄곧'이라는 의미의 부사이므로 동사 술어 앞에 위치한다.

4 B
早晚은 '조만간, 머지않아'라는 의미이며, 부사는 조동사 앞에 위치한다.

5 D
恰好는 '마침, 꼭'이란 의미로 수량을 나타내는 구 앞에서 수량이

정확히 들어맞음을 설명할 수 있다.

6 B
偶尔은 '가끔, 이따금' 의미의 부사로 조동사 앞에 온다. 가능이나 실현을 표시하는 조동사 会와 함께 쓰여 '이따금 ~할 수 있다'는 뜻을 나타낸다.

7 C
顿时는 갑작스런 변화를 나타내며 '갑자기, 삽시간에'란 의미를 가지고 있다.

8 D
回头는 '나중에'란 의미로, 동사 앞에서 동작이 잠시 후 발생할 것임을 표시한다.

9 C
老는 '늘, 언제나' 의미로, 老是의 형태로 쓰이기도 하며, 总是와 같다.

10 A
'都 + 시간 / 나이 + 了'는 '이미, 벌써'라는 뜻을 나타내는데, 대체적으로 불만이나 책망의 어기를 나타낸다.

핵심 ❸ 범위부사

핵심테스트 p. 78

1 C
범위부사 都는 전체를 표시하는 단어나 문장의 뒤에 붙는다. 同学们은 주어이며, 학생이라는 범위를 나타낸다.

2 C
到处는 '곳곳, 도처에'라는 뜻으로, 장소의 범위를 나타낸다.

3 A
都是는 이유를 표시하거나 '~탓'이라는 뜻을 나타낸다. 都是他不好는 '다 그가 나쁜 탓이야'라는 의미이다.

4 C
부사는 일반적으로 주어와 술어의 사이에 놓이며, 여기에서는 C에 놓여야 뒷절과 의미가 연결된다.

5 B
부사는 기본적으로 동사 앞에 위치하며, 一共은 특성상 수량사의 앞쪽에 위치하므로 B가 정답이다.

6 C
不管A都B는 'A에 관계없이 모두 B하다'란 의미의 접속사이다.

7 B
부사 光은 범위를 한정하는 대상 앞에 사용되므로, 의미상 B가 가장 적합한 위치이다.

8 C
'仅A就 + 수량사'는 '단지 A만 해도 자그마치 ~만큼이다'라는 뜻으로, 수량의 정도를 표시한다.

9 C
부사 净은 '온통, 오로지'의 의미로 사물의 전체 범위를 나타내며, 是와 자주 사용된다.

핵심 ❹ 정도부사

핵심테스트 p. 83

1 D
'A比B更 + 술어'는 'A는 B보다 더욱 ~하다'란 의미로서 비교문을 나타낸다.

2 C
大大는 '크게'란 의미로 주로 증가나 감소를 표시하는 增加 / 提高 / 发展 / 减少 / 下降 등의 동사 앞에서 부사어가 된다.

3 C
'才 + 수량사'는 '겨우, 고작'이라는 의미의 수량이 적음을 표시한다.

핵심 ❺ 빈도부사

핵심테스트 p. 86

1 C
부사 还는 조동사 앞에 위치하여 앞으로 반복하여 발생할 일을 표시한다.

2 B
'一 + 양사 + 又 + 一 + 양사'는 '반복하여, 거듭'이란 뜻을 나타내며 동사 앞에서 부사어가 된다.

3 B
不时는 '수시로, 자주'라는 뜻의 부사다.

4 B
再三은 '재차, 거듭, 여러 차례'라는 뜻으로, 반복해서 발생하는 동작을 수식할 때 사용한다.

5 C
还能…은 '(그런데도, 그러고도) ~할 수 있겠는가'라고 해석할 수 있는 반어문이다.

6 A
一再는 '수 차례, 몇 번이나'라는 뜻으로, 동사 앞에서 동작이 여러 차례 반복됨을 표현한다.

핵심 ❻ 정태부사

핵심테스트 p.89

1 C
亲自는 '친히, 직접'이라는 뜻으로 쓰여 직접 맛을 봐야 한다는 내용이다.

2 A
一口气는 '단숨에, 단번에'라는 뜻으로 쉬지 않고 빠른 시간에 어떤 결과에 이름을 설명한다. 把자구이므로 부사 一口气는 전치사 把 앞에 놓여야 한다.

3 B
一下子는 '돌연, 갑자기'라는 뜻으로 쓰여 짧은 시간에 발생함을 표시하므로 부사 就와 함께 쓰인다.

4 B
纷纷은 '잇달아, 계속하여'라는 뜻이며 举手와 回答는 연동관계이므로 부사 纷纷은 첫 번째 동사 앞에 위치한다.

5 D
亲眼은 '직접, 제 눈으로'라는 의미로 동사 目睹와 호응한다.

6 C
亲手는 '(제 손으로) 직접, 손수'라는 뜻으로 동사 交给와 호응하며, 把의 앞이나 동사 앞에 위치한다.

7 B
仍然은 '여전히'라는 뜻으로 쓰여 비교를 표시하는 동사 像 앞에 위치한다.

8 A
渐渐은 '점점, 점차'의 의미로 새로운 변화의 시작을 표시하는 방향보어 起来와 종종 호응한다.

9 C
仍은 '여전히'라는 뜻으로 쓰여 변함없이 상태가 지속되는 의미이므로 C의 자리가 적합하다.

10 D
仍旧는 '여전히'라는 뜻으로 쓰이는 부사이다. 상태의 지속을 표시하는 곳은 뒷절이며, 어기부사인 却가 정태부사보다 우선한다.

핵심 ❼ 어기부사

핵심테스트 p.99

1 D
竟은 '의외에, 뜻밖에'란 뜻이며, 谁知에 의해서 竟은 그 뒤에 나오는 동사 앞에 위치한다.

2 C
不免은 '~을 면할 수 없다, ~일 수 밖에 없다'란 뜻이며, 앞절의 원인으로 인해 뒷절에서 결과를 표시한다.

3 D
其实는 '사실은, 실제로는'의 의미로, 진실된 사실을 보충 설명하며 주어 앞에 위치할 수 있다.

4 C
反正은 '어쨌든, 아무튼'의 의미로, 상황이 어찌되든 관계없이 확정된 사실을 표시하며 주어 앞에 위치할 수 있다.

5 D
万万은 '절대로, 도저히'란 의미이며, 주로 부정형식 앞에서 부정의 어기를 강조한다.

6 B
分明은 '분명히, 확실히'란 의미로 사실을 확신하는 어기를 표시한다.

7 B
并은 '결코'란 의미로 쓰이며, 부정부사의 앞에서 '결코 ~이 아니다'란 의미로 부정의 어기를 강조한다.

8 D
居然은 '의외에'란 의미로 쓰이며, 没想到의 뒤에서 의외의 상황에 놀란 듯한 어기를 표시한다.

9 D
简直는 '그야말로, 정말'이라는 의미로 쓰이며, 주로 감정이나 기분을 표시하는 문장에 사용된다.

10 B
不禁은 '참지 못하다, 견디지 못하다'란 뜻이며, 뒤에 반드시 동사가 온다.

09 접속사(连词)

핵심 ❶ 접속사

핵심테스트 p. 105

1 C
要不는 '그렇지 않으면(= 不然 / 否则 / 要不然)'의 의미로 뒷절의 앞에 쓰여 앞절에 제시된 조건대로 하지 않으면 뒷절의 결과가 발생할 것임을 가정하여 설명한다.

2 C
况且는 '게다가, 하물며'의 의미로 근거나 이유를 보충하거나 추가 설명한다.

10 전치사(介词)

핵심 ❶ 시간·공간·방향 표시

핵심테스트 p. 109

1 C
从은 장소를 표시하는 단어와 함께 쓰여 '~을 경유하여, ~로 하여'라는 뜻을 나타내며, 통과하거나 경유하는 지점을 표시하고, 종종 동사 뒤에 过를 사용한다.

2 A
顺着는 '~을 따라'라는 의미로 길게 뻗은 것을 따라감을 표시한다.

3 C
由는 행동의 주체자, 책임자를 표시한다.

4 D
从…出发는 '~에서 출발하다'는 시작점을 표시한다.

5 C
朝는 '~을 향하여'란 의미로 동작의 방향을 표시한다.

핵심 ❷ 대상·목적·원인 표시

핵심테스트 p. 114

1 A
为了는 '~을 위하여'란 뜻으로, 목적을 표시하며 주로 앞절의 맨 앞에 위치한다.

2 B
对A热情은 'A에게 친절하다'란 의미로, 전치사 对는 사람간의 관계를 표시할 수 있으며 대상 앞에 위치한다.

3 B
向은 '~에게, ~로 부터'란 의미로 쓰일 경우 추상적 행위의 대상을 표시한다.

4 A
关于는 '~에 관하여'란 뜻으로, 내용 혹은 범위를 표시한다.

5 A
对于는 '~에 대하여, ~에 대해'란 의미로 동작의 영향이 미치는 구체적인 대상을 표시한다.

핵심 ❸ 근거·행위주체·배제 표시

핵심테스트 p. 118

1 B
把는 '~을, ~를'의 의미로, 뒤에 행동의 영향을 받는 대상을 이끈다.

2 D
按照는 '~에 따라'란 뜻으로 쓰여 행동의 방법이나 기준을 표시한다.

3 A
趁은 '기회를 이용하여, 틈을 타서'라는 의미로 시기나 조건을 이용하여 실현시킬 때 사용한다.

4 C
被는 '~에 의하여'란 뜻으로, 피동문에서 주어에게 행위를 시키는 주체를 표시한다.

5 A
凭은 '~에 의지하여, ~에 근거하여'란 의미로, 바탕이나 근거를 표시한다.

11 조사(助词)

핵심 ❶ 구조조사

핵심테스트 p. 120

1 C
형용사 뒤에 的를 붙여 명사화한 的자구를 이루어 문장에서 주어로 쓰였다.

2 A
동사 뒤에 的를 붙여 的자구를 이룰 수 있다.

핵심 ❷ 동태조사

핵심테스트 p. 123

1 A
'동사 + (목적어 +) 了没(有)'는 완료태의 정반의문문이다.

2 A
두 가지 동작이 연이어 발생할 경우, 동사1 뒤에 了를 붙여서 '동사1 + 了 + 목적어, 再 / 就 + 동사2' 형식으로 쓴다.

3 B
동사의 바로 뒤에서 지속을 나타내는 동태조사이므로 동사 保持 뒤에 위치한다.

4 B
'동사1 + 着 + 동사2'는 '동사1하면서 동사2하다'라는 의미로 두 가지 동작이 동시에 일어남을 의미하며, 동사2는 동사1의 원인이나 목적이 된다.

5 A
'동사 + 过 + (목적어 +) 没有'는 경험태의 정반의문문 형식이다.

6 B
경험이나 이전에 발생한 일을 나타내는 동태조사이므로 동사 看 뒤에 위치한다.

7 D
평서문 끝에 쓰여 동작이 진행 중임을 나타내며, 在 또는 正在 등과 같이 쓰인다.

핵심 ❸ 어기조사

핵심테스트 p. 127

1 C
A呢, 还是B呢는 'A인가 아니면 B인가'라는 뜻이며, 여기서 선택의문문에 쓰인 어기조사 呢는 어기를 부드럽게 완화하는 역할을 한다.

2 D
어기조사 啊는 평서문 끝에서 감탄의 어기를 표시한다.

3 C
就要…了는 '곧 ~할 것이다'라는 뜻으로, 가까운 미래에 발생할 일을 표시한다.

4 A
别…了는 '이제 그만 ~해라'라는 뜻이며, 여기서 어기조사 了는 하던 동작을 중지할 것을 요구함을 나타낸다.

5 D
会…的는 '반드시 ~일 것이다'라는 뜻이며, 여기서 조사 的는 예상, 추측을 표시하는 조동사 会의 뒤에서 단정적인 어기를 표시한다.

6 C
…不然的话는 '그렇지 않으면'이라는 뜻으로, 앞의 상황이 아닐 경우를 가정한다. 많이 쓰이므로 표현을 그대로 외워두는 것이 좋다.

7 D
…来着는 '~이었는가'라는 의미로, 문장 맨 뒤에서 어떤 일이 발생했었는지를 묻는다.

8 D
어기조사 吧는 문장의 끝에 위치하며, 뒷절이 명령문이므로 D가 정답이 된다.

9 D
如果…的话는 '만약 ~이라면'의 뜻으로 가정의 상황을 나타내며, 고정구문으로 많이 쓰인다.

10 C
둘 이상의 단어를 열거할 때에는 마지막 단어 뒤에 等이 쓰이며, 열거된 단어들을 종합하는 수량사 앞에 와야 한다.

12 이합사 (离合词)

핵심 ❶ 이합사

핵심테스트 p. 131

1 D
报仇는 '복수하다'라는 의미로, 为…报仇 형식으로 '~을(를) 위하여 복수하다'라는 의미로 쓰인다.

2 C
请客는 '초대하다, 한 턱 내다'라는 뜻으로 목적어를 갖지 않는다.

3 A
结了婚은 목적어를 따로 갖지 않는다.

4 B
帮忙은 동사이면서 명사이다. 앞에 한정어가 있다면 명사로 쓰인 것이다.

5 D
担心은 명사로 쓰여 문장에서 목적어 역할을 하고 있다.

6 B
毕业는 한정어로 쓰일 경우 다른 명사를 수식할 수 있다. 여기에서는 考试를 수식하여 '졸업시험'이라는 의미로 쓰였다.

13 단어의 중첩

핵심 ❶ 명사와 양사의 중첩

핵심테스트 p. 134

1 C
人人都는 '사람마다'란 의미이다. 人 단음절 명사는 중첩하여 주어로 사용되며, 뒤에 종종 부사 都가 붙는다.

2 A
年年都는 '해마다'란 의미이다. 年 단음절 명사는 중첩하여 부사어로 사용되며, 뒤에 종종 부사 都가 붙는다.

3 A
次次는 '매번'의 의미로 시험의 중복을 나타내고 있으므로, 명량사로 쓰였다.

4 A
명량사 天天은 부사어로서 주어의 뒤에 사용될 수 있다.

5 C
上上下下는 '(위 아랫사람) 모두, 전부'의 의미로 방위사의 중첩이다.

핵심 ❷ 동사의 중첩

핵심테스트 p. 136

1 A
단음절 동사중첩의 완료형은 중첩한 동사 사이에 조사 了를 넣는다.

2 A
이음절 동사중첩의 경우 동태조사 了를 동사 사이에 놓는다.

핵심 ❸ 형용사의 중첩

핵심테스트 p. 138

1 B
중첩한 묘사성 형용사가 술어로 사용되면 조사 的를 붙인다.

2 C
이음절 형용사의 중첩형은 조사 地와 함께 동사 앞에서 부사어로 쓰일 수 있다.

3 C
整整은 단음절 형용사의 중첩으로 부사어로 쓰일 수 있으며 주로 수량사 앞에서 사용된다.

4 D
이음절 형용사중첩은 '동사 + 得'의 뒤에서 정도보어로 사용될 수 있다.

적중! 新HSK 실전 문제 PART 1 품사의 종류 p.139-143

1 – 10

보기
A 관찰하다 B 여러 번 C 분명하다
D 견지하다 E 조금 F 야기되다

1 E

你很聪明，只要（稍微）努力一下，学习成绩就能大幅度提高。

해석
너는 매우 똑똑하니 (조금) 더 노력하기만 하면 학업성적이 크게 향상 될 것이다.

단어
只要…就… zhǐyào…jiù… 접 ~하기만 하면 ~하다 | 稍微 shāowēi 부 조금, 약간, 다소 | 大幅度 dàfúdù 형 대폭적이다 | 提高 tígāo 동 향상시키다

풀이
동사 努力 앞의 괄호에는 부사 자리일 가능성이 크며, 동사 努力 뒤의 一下를 힌트로 稍微가 정답임을 유추할 수 있다. 稍微는 '조금, 약간'의 뜻을 지닌 정도부사로 일반적으로 '稍微 + 동사 / 형용사 + 一下 / 一点儿 / 一些'의 형식으로 쓰인다.

2 C

树上的小鸟朝着我们欢叫，（显然）是在欢迎我们。

해석
나무 위의 새들이 우리를 향해 즐겁게 지저귀는 것이, (분명히) 우리를 환영하고 있다.

단어
朝 cháo 동 ~을 향하다 | 欢叫 huānjiào 기뻐하며 소리치다 | 显然 xiǎnrán 형 (상황, 이치가) 분명하다. 명백하다

풀이
앞절은 '새들이 즐겁게 지저귄다'는 의미이며 뒷절의 내용은 '우리를 환영하고 있다'고 했으므로 새들이 즐겁게 지저귀는 것은 환영을 나타낸다는 확신을 하고 있다. 따라서 보기에서 명확하다는 의미를 지닌 显然이 정답임을 알 수 있다. 显然은 형용사이기는 하나 부사어로도 쓰인다.

3 F

人与人之间如果缺少交流，可能就会（引起）误会。

해석
사람과 사람 사이에 만일 교류가 부족하다면, 어쩌면 오해가 (야기될) 수도 있다.

단어
缺少 quēshǎo 동 부족하다. 모자라다 | 引起 yǐnqǐ 야기하다. 불러 일으키다 | 误会 wùhuì 명 동 오해(하다)

풀이
명사 误会 앞에 위치하는 동사를 찾아야 한다. 误会는 좋지 않은 결과를 나타내므로 引起가 정답임을 알 수 있다. 引起는 결과의 앞에 위치하며 결과의 좋고 나쁨에 관계없이 쓰이는 동사이다.

4 B

她对每首乐曲都（再三）推敲，希望能在出版后不留遗憾。

해석
그녀는 모든 곡을 (여러 번) 다듬으면서, 앨범이 나온 후에 유감을 남기지 않기를 바랐다.

단어
乐曲 yuèqǔ 명 악곡 | 再三 zàisān 부 재차, 거듭 | 推敲 tuīqiāo 동 (문장을) 고치고 다듬다 | 出版 chūbǎn 동 (서적, 음반 등을) 출판하다. 발행하다 | 不留 bùliú 남기지 않다 | 遗憾 yíhàn 명 유감

풀이
힌트는 对每首乐曲와 동사 推敲다. '후회를 남기지 않기 위해 모든 곡을 여러 번(재차) 다듬었다'라는 의미가 적당하므로 '반복하다'의 뜻을 지닌 부사 再三이 정답임을 알 수 있다.

5 A

他意识到在晚会上有人一直在（打量）着站在门口的他。

해석
그는 저녁파티에서 어떤 사람이 문 앞에 서있는 그를 계속 (관찰하고) 있는 것을 의식했다.

단어
意识到 yìshídào ~을 의식하다 | 打量 dǎliang 동 (사람의 복장이나 외모를) 살펴보다, 관찰하다

풀이
부사 在와 동태조사 着 사이에 들어갈 단어의 품사는 동사임을 알 수 있다. 목적어가 他이니 지속이 되는 행위와 사람을 목적어로 가질 수 있는 '보다'의 의미를 지닌 동사 打量이 정답임을 알 수 있다.

보기	A 어울리다	B ~에 따라서	C 온도
	D 겸사겸사	E 하마터면	F 그리고

6 E

A : 今天是星期四吧？（差点儿）忘了今天下午还要开会。
B : 幸亏你提醒，不然我也忘了。

해석
A : 오늘이 목요일이죠? (하마터면) 오늘 오후에 회의가 있다는 걸 잊을 뻔 했네요.
B : 다행히 당신이 상기시켜 주었기에 망정이지, 그렇지 않았으면 저도 잊었을 거예요.

단어
差点儿 chàdiǎnr 튀 하마터면, 자칫하면 | 幸亏 xìngkuī 튀 다행히, 덕분에 | 提醒 tíxǐng 동 일깨우다, 상기시키다 | 不然 bùrán 접 그렇지 않으면

풀이
동사 忘 앞에는 부사어 자리이므로 부사를 찾아야 한다. B의 대화 중에 A 덕분에 잊지 않았다고 했으므로, A 역시 오후에 회의가 있는 걸 잊지 않았다는 것을 알 수 있다. 따라서 '~할 뻔하다'의 의미를 지닌 부사 差点儿이 정답이다.

7 F

A : 听说你跟李教授见了面？他跟你说了些什么？
B : 他问我许多问题，生活习惯不习惯、工作忙不忙（以及）那里的气候怎么样等。

해석
A : 듣자 하니 너 이 교수님 뵀다면서? 네게 뭐라고 하시더니?
B : 생활은 적응이 됐는지, 일이 바쁘진 않은지 (그리고) 그곳의 기후는 어떤지 등 많은 것을 물어 보셨어.

단어
教授 jiàoshòu 명 교수 | 许多 xǔduō 형 매우 많다 | 以及 yǐjí 접 및, 그리고 | 气候 qìhòu 명 기후

풀이
명사나 문장을 병렬로 연결시켜주는 문장부호 '、(모점)'가 힌트이다. 보기에 나열된 단어 중에서 이와 같은 역할을 하는 것은 접속사 以及이다.

8 D

A : 王经理，这次出差还顺利吧？
B : 挺顺利的，日程安排得很好，还（顺便）在上海玩了几天。

해석
A : 왕 사장님, 이번 출장은 순조로우셨죠?
B : 네, 일정이 매우 잘 짜여졌고 (겸사겸사) 상하이에서 며칠 쉬기도 했습니다.

단어
出差 chūchāi 동 출장 | 顺利 shùnlì 형 순조롭다 | 挺 tǐng 튀 매우, 아주 | 日程 rìchéng 명 일정, 스케줄 | 安排 ānpái 동 안배하다 | 顺便 shùnbiàn 튀 ~하는 김에, 겸사겸사

풀이
B의 첫 번째 목적은 출장가는 것이었지만 일정이 잘 짜여진 바람에 상하이에서 며칠 쉬기까지 했다는 점으로 미루어보아 한 가지 주된 동작을 나열하며 뒤에 부가적인 동작을 연결하는 부사 顺便이 정답임을 알 수 있다.

9 B

A : 我确认一下，那批货后天可以送到吧？
B : 是的，我们已经（按照）合同上要求的日期发货了，您放心，后天肯定能到。

해석
A : 확인 좀 할게요. 그 물건들이 모레 도착할 수 있겠죠?
B : 그렇습니다. 저희는 이미 계약서상에서 요구한 날짜(에 따라서) 물건을 보냈으니, 안심하세요. 모레 분명히 도착할 테니까요.

단어
确认 quèrèn 동 확인하다 | 批 pī 양 무리를 세는 양사 | 货 huò 명 상품, 물품 | 按照 ànzhào 전 ~에 따라 | 合同 hétong 명 계약서 | 发货 fāhuò 동 출하하다, 수하물을 발송하다

풀이
괄호의 위치가 부사 已经의 뒤, 명사 合同上要求的日期의 앞이므로 보기에 나열된 단어 중에서 전치사를 찾아야 한다. 按照는 일반적으로 '(규칙이나 규율, 날짜, 시간 등에) 따라서'란 의미의 전치사로 쓰인다.

10 A

A : 你对小刘的印象怎么样？
B : 他诚实，有礼貌，能吃苦，就是太马虎、太粗心了，不（适合）我们的工作。

해석
A : 샤오리우에 대한 인상이 어떠세요?
B : 그는 성실하고 예의가 바르며 어려워도 잘 견딜 줄 아는데, 단지 너무 덜렁대고 너무 세심하지 못해서 우리 작업에는 (적합하지) 않습니다.

단어
诚实 chéngshí 형 성실하다 | 吃苦 chīkǔ 동 고생하다 | 马虎 mǎhu 형 소홀하다, 경솔하다 | 粗心 cūxīn 형 세심하지 못하다 | 适合 shìhé 동 적합하다, 어울리다

풀이

부정부사 不의 뒤, 명사 我们的工作의 앞에 위치하는 것은 동사이므로, 보기에 나열된 단어 중에서 동사를 찾으면 된다. 어떤 사람에 대한 평가로 여러 가지 장점이 있지만 한 가지 단점으로 인해 우리가 하는 일에 적합하지 않음을 뜻하고 있으므로 일에 '어울리다, 알맞다'의 뜻을 지닌 适合가 정답이다.

1-7

人生在世，被人误解是难免的。有的时候，你选择沉默，因为你不想跟对方解释什么。不是所有的人都得了解你，因此你___1___对全世界解释。也有的时候，最亲的人误解了你，让你伤心到不想解释什么，只好选择沉默。即使全世界的人都误解了你，但是他应该理解你。要是连他都不能理解你，还说什么呢？___2___不是所有的对错都能讲清楚，甚至可能___3___没有对与错。不管你说什么都没有用的时候，选择沉默也许是最好的。

해석

사람이 살아가는데 있어서 다른 사람들에게 오해를 받는 것은 어쩔 수 없는 일이다. 때때로, 당신은 침묵을 선택하기도 하는데 이는 상대방에게 어떤 것도 해명하고 싶지 않기 때문이다. 모든 사람들이 다 당신을 이해해야 하는 것은 아니기에, 당신은 세상을 향해 변명<u>할 필요가 없다</u>. 또 어떤 경우, 가장 친한 사람이 당신을 오해하는 바람에 당신이 그 무엇도 변명하고 싶지 않을 정도로 속상해서, 어쩔 수 없이 침묵을 선택하기도 한다. 설령 전세계가 다 당신을 오해할지라도, 그는 당신을 이해해야 한다. 만일 그 사람 조차도 당신을 이해하지 못한다면, 더 무슨 할 말이 있겠는가? <u>어쨌거나</u> 모든 잘잘못을 다 확실히 말할 수는 없는 것이며, 심지어 어쩌면 <u>아예</u> 맞고 틀리고가 없는지도 모른다. 당신이 무엇을 말해도 아무런 소용이 없을 때, 침묵을 선택하는 것은 아마도 가장 좋을 수도 있다.

단어

在世 zàishì 통 (사람이) 세상에 살다 | 误解 wùjiě 통 오해하다 | 难免 nánmiǎn 통 면하기 어렵다, ~하게 마련이다 | 沉默 chénmò 명통 침묵(하다) | 解释 jiěshì 통 설명하다, 해명하다 | 亲 qīn 형 사이가 좋다 | 伤心 shāngxīn 통 슬퍼하다 | 只好 zhǐhǎo 튀 부득이, 어쩔 수 없이 | 即使 jíshǐ 접 설령 ~하더라도 | 对错 duìcuò 명 잘잘못 | 甚至 shènzhì 튀 심지어

1 B

A 千万 qiānwàn 튀 제발, 부디
B 不必 búbì 튀 ~할 필요가 없다
C 互相 hùxiāng 튀 서로, 상호
D 继续 jìxù 통 계속하다

풀이

접속사 因此가 힌트로, 因此는 원인을 나타내는 문장 뒤에 쓰여 원인에 따른 결과를 나타낸다. 따라서 앞 문장을 먼저 살펴보면 '모든 사람이 다 당신을 이해할 수 있는 것은 아니기에, 너 역시 그 어떤 것도 설명할 필요가 없다'는 의미가 되야 하므로 不必가 적당하다. 千万은 청유문에만 쓰이며, 继续는 동사로 동사목적어를 수반한다.

2 C

A 终于 zhōngyú 튀 마침내, 드디어
B 即使 jíshǐ 접 설령 ~라 할지라도
C 毕竟 bìjìng 튀 어쨌거나
D 一连 yìlián 튀 연이어, 잇달아

풀이

终于는 결과를 나타내며 일반적으로 了와 함께 쓰인다. 접속사 即使는 가정에 따른 상반된 결과를 내놓는 역할을 하며, 또한 뒷절의 甚至와 호응을 이루지나 않는다. 一连은 '연이어, 잇달아'의 뜻으로 뒤에 반드시 수량구조를 동반해야 하는 부사이므로, 답이 될 수 없다. 毕竟은 '어쨌든, 어차피'의 뜻으로 원인의 앞에 쓰이며 문맥상 가장 적당하다.

3 A

A 根本 gēnběn 튀 도무지, 아예
B 难怪 nánguài 튀 어쩐지
C 凡是 fánshì 튀 대체로, 모든
D 未必 wèibì 튀 반드시 ~인 것은 아니다

풀이

밑줄 뒤 부정부사 没有가 힌트다. 根本은 부사로 '전혀, 아예, 도무지'의 의미이며, 뒤에 不나 没같은 부정부사를 수반하여 쓰인다. 难怪는 '어쩐지'의 뜻으로 문장의 맨 앞에 위치해 결과를 알고는 더 이상 궁금하지 않음을 나타내는 부사이기에 위치적으로 소거한다. 凡是는 부사이지만 주로 '凡是…都…'의 용법으로 쓰이며 凡是의 是가 살아있어 凡是 뒤에는 명사성어구가 위치한다. 未必는 '반드시 ~인 것은 아니다'로 밑줄 뒤의 부정부사 没有와 함께 쓰이면 긍정을 나타내 의미상 적합하지 않다.

"沉默是金"是一种处世哲学。它告诉人们做人做事要多___4___别人的意见与建议，自己的言行要___5___，千万别乱发表评价，一定要小心"祸从口出"。

过去很多人认为"沉默是金"是一种智慧的表现。但是随着社会的发展，竞争越来越激烈，当我们遇到问题时，要敢于发表自己的意见。而且面对确实存在问题的时候，去___6___机遇，要找出问题的根源，这才是解决问题的最好方法。所以，我们要记住，沉默___7___是金。

해석

'침묵은 금이다'는 일종의 처세철학이다. 사람들에게 사람을 대하거나 일을 처리할 때 다른 사람의 의견과 제안에 더 귀를 기울여야 하고 스스로의 언행에 신중해야 하며, 절대로 함부로 평가를 내리지 말아야 하며 '화는 입에서 나온다'를 조심해야 함을 알려준다.

예전에 많은 사람들은 '침묵은 금이다'는 일종의 지혜의 표현이라고 생각했다. 하지만 사회가 발전함에 따라서 경쟁이 점점 더 치열해졌고, 문제에 봉착했을 때, 우리는 용감하게 자신의 의견을 발표해야 한다. 게다가 확실히 존재하는 문제에 마주 대했을 경우, 기회를 잡아야 하며 문제의 근원을 찾아야 한다. 이것이야말로 문제를 해결하는 가장 좋은 방법이다. 그래서 우리는 침묵이 꼭 금이라고는 할 수 없다는 것을 기억해야 한다.

단어

处世哲学 chǔshìzhéxué 몡 처세철학, 인생철학 | 做人 zuòrén 동 처신하다 | 做事 zuòshì 동 일을 하다 | 千万 qiānwàn 부 부디, 제발 | 评价 píngjià 몡 평가 | 祸从口出 huòcóng kǒuchū 셩 말을 신중히 하지 않으면 화를 불러온다 | 智慧 zhìhuì 몡 지혜 | 表现 biǎoxiàn 몡 행동, 표현 | 随着 suízhe 전 ~에 따르면 | 竞争 jìngzhēng 몡 경쟁, 경쟁력 | 激烈 jīliè 혱 치열하다, 격렬하다 | 敢于 gǎnyú 동 대담하게 ~을 하다 | 面对 miànduì 동 직면하다 | 确实 quèshí 부 정말로, 확실히 | 机遇 jīyù 몡 찬스, 좋은 기회 | 根源 gēnyuán 몡 근원, 근본원인

4 A

A 听取 tīngqǔ 동 귀담아듣다, 귀를 기울이다
B 欣赏 xīnshǎng 동 감상하다, 구경하다
C 观察 guānchá 동 관찰하다
D 进行 jìnxíng 동 진행하다

풀이

밑줄 뒤의 意见与建议가 힌트로 보기 중에서 이들을 목적어로 취하는 동사를 찾으면 된다. 欣赏과 观察는 눈으로 보는 것을 의미하므로 정답에서 소거하며 进行은 동사목적어를 취하므로 답이 될 수 없다. 听取는 다른 사람의 말이나 건의, 의견 등을 귀담아듣는 것을 뜻하므로 정답은 A임을 알 수 있다.

5 A

A 谨慎 jǐnshèn 혱 (언행이) 신중하다, 조심스럽다
B 诚恳 chéngkěn 혱 (태도가) 진실하다, 간절하다
C 乐观 lèguān 혱 낙관적이다
D 出色 chūsè 혱 뛰어나다

풀이

밑줄 앞의 言行이 힌트로 이와 호응하는 형용사를 찾아야 한다. 诚恳과 乐观은 태도에 관련된 단어이므로 정답에서 배제되며, 出色는 성적이나 행동이 탁월하고 뛰어남을 나타낸다. 谨慎은 말과 행동에 있어서 신중함을 나타내는 단어이므로 정답은 A 이다.

6 C

A 保存 bǎocún 동 보존하다, 간수하다
B 统治 tǒngzhì 동 통치하다, 지배하다
C 把握 bǎwò 동 포착하다, 잡다
D 产生 chǎnshēng 동 생기다, 발생하다

풀이

밑줄 뒤의 机遇가 힌트로 이와 호응을 이루는 동사를 찾아야 한다. 保存과 统治는 의미상으로도 기회와는 호응을 이루지 않으며 产生은 矛盾(갈등), 怀疑(의심), 兴趣(흥미) 등과 호응을 이루어 자연스럽게 생겨남을 의미하는 단어이다. 把握는 구체적인 사물을 '잡다'와 추상적인 기회나 찬스를 '잡다'라는 의미이며 机会(기회) 등과 호응을 이루어 쓰이므로 정답은 C이다.

7 D

A 渐渐 jiànjiàn 부 점차, 차츰
B 始终 shǐzhōng 부 시종일관, 한결같이
C 反正 fǎnzhèng 부 어쨌든, 아무튼
D 未必 wèibì 부 꼭 ~하다고는 할 수 없다

풀이

글의 앞부분과 뒷부분의 의미를 정확하게 파악해서 정답을 선택해야 하는 문제이다. 글의 앞부분에서는 침묵하는 것이 세상을 살아가는데 있어서 좋은 것임을 나타내고 있지만 뒤에 이르러서는 경쟁이 치열한 사회에서 자신의 의견을 적극적으로 피력해야 함을 서술하고 있기에 현대사회에서 침묵이 꼭 좋은 것만은 아니라는 의미가 되야 하므로 '반드시 ~하다고는 할 수 없다'는 의미의 부사 未必를 정답으로 선택해야 한다.

1 – 10

1 学生的   要善于   发现   错误   老师
➡ 老师要善于发现学生的错误。

해석

선생님은 학생들의 잘못을 잘 발견해야 한다.

단어

善于 shànyú 동 ~을 잘하다, ~에 능하다 | 错误 cuòwù 몡 착오, 잘못

풀이

핵심어는 동사 善于이다. 善于는 '~을 잘하다'의 뜻으로 동사목적어를 수반하는 동사이다. 따라서 조동사는 善于의 앞에, 동사는 善于의 뒤에 배열하게 되므로 '주어 + 要善于发现'으로 배열된다. 发现은 발견하거나 알아차린 명사를 수반하므로 전체문장은

'老师要善于发现学生的错误.'로 배열된다.

老师	要	善于	发现学生的错误。
주어	조동사	동사 술어	목적어구

2 表情　老师的　尴尬　有点儿　显得
➡ 老师的表情显得有点儿尴尬。

해석
선생님의 표정이 약간 난처해 보인다.

단어
尴尬 gāngà 혱 입장이 곤란하다, 난처하다 | 显得 xiǎnde 동 ~하게 보이다

풀이
핵심어는 동사 显得이다. 显得는 '~처럼 보이다'의 뜻으로 주로 형용사목적어를 수반해 '주어 + 显得 + 정도부사 + 형용사' 형식으로 쓰인다. 따라서 전체문장은 '老师的表情显得有点儿尴尬.'로 배열된다.

老师的表情	显得	有点儿	尴尬。
주어구	동사 술어	정도부사	형용사

3 必须　任务　你们　完成　按时
➡ 你们必须按时完成任务。

해석
당신들은 반드시 제때에 임무를 완수해야 한다.

단어
必须 bìxū 부 반드시 ~해야 한다 | 按时 ànshí 부 제때에, 시간에 맞추어

풀이
必须와 按时 두 개의 부사 중, 按时는 동작의 바로 앞에 쓰여서 '제때에' 동작을 해야 함을 강조하는 부사이므로 먼저 '必须 + 按时 + 동사'의 순으로 나열한다. 동사 完成의 목적어는 任务이므로, 전체문장은 '你们必须按时完成任务.'로 배열된다.

你们	必须按时	完成	任务。
주어	부사구	동사 술어	목적어

4 在　同学们　商场里　调查　进行了
➡ 同学们在商场里进行了调查。

해석
학우들은 쇼핑몰에서 조사를 진행했다.

단어
商场 shāngchǎng 명 쇼핑센터 | 调查 diàochá 동 (현장에서) 조사하다

풀이
在는 장소 앞에 쓰여 '~에서'를 나타내는 전치사로 쓰이므로 '在 + 장소 + 동사'에 따라 배열하면 우선적으로 '在商场里进行了'로 나열된다. 进行은 동사목적어를 취하는 동사이므로 '조사하다'의 调查를 목적어로 수반한다. 따라서 전체문장은 '同学们在商场里进行了调查.'로 배열된다.

同学们	在商场里	进行了	调查。
주어구	전치사구	동사 술어구	목적어

5 那条狗　尾巴　主人　摇了摇　朝
➡ 那条狗朝主人摇了摇尾巴。

해석
그 강아지는 주인을 향해 꼬리를 흔들었다.

단어
尾巴 wěiba 명 꼬리 | 摇 yáo 동 흔들다 | 朝 cháo 전 ~쪽으로, 향하여

풀이
핵심어는 전치사 朝이다. 朝는 뒤에 대상이나 방향을 이끌어서 '朝 + 대상 / 방향 + 술어'의 형식으로 문장이 이루어지며 제시어 중 술어로 쓰이는 동사는 摇了摇이다. 따라서 먼저 'A朝B摇了摇C'로 어순이 배열되며 해석에 따라 나머지 명사의 위치를 정해주면 되므로 전체문장은 '那条狗朝主人摇了摇尾巴.'로 배열된다.

那条狗	朝主人	摇了摇	尾巴。
주어구	전치사구	동사 술어구	목적어

6 重新　又　她　一遍　打扫了
➡ 她又重新打扫了一遍。

해석
그녀는 또 다시 청소를 한 차례 했다.

단어
重新 chóngxīn 부 거듭, 재차 | 打扫 dǎsǎo 동 청소하다

풀이
一遍은 동사의 뒤에 쓰여 동작의 횟수를 나타내는 동량사이므로 일단 '打扫了一遍'으로 배열을 한다. 重新과 又는 모두 부사이지만 重新은 동작의 상태를 나타내는 상태부사로 일반적으로 술어의 바로 앞에서 직접적으로 수식해준다. 따라서 부사의 배열은 '又 重新'이 되며 전체문장은 '她又重新打扫了一遍.'으로 배열된다.

她	又重新	打扫了	一遍。
주어	부사구	동사 술어구	보어

7 终于　那台机器　正常　又能　运行
➡ 那台机器终于又能正常运行。

해석
그 기계는 마침내 또 정상적으로 운행할 수 있게 되었다.

단어
终于 zhōngyú 📘 마침내, 드디어 | 机器 jīqi 📘 기기, 기계 | 正常 zhèngcháng 📘 정상적인 | 运行 yùnxíng 📘 운행하다

풀이
주어는 那台机器가 되고, 술어가 될 수 있는 것은 동사 运行이므로 큰 테두리는 '那台机器运行'이다. 终于는 다른 부사보다 앞에 위치하거나 주어의 바로 뒤에서 전체문장의 어감을 나타내는 어기부사이며, 正常은 형용사로 술어로 쓰이기도 하지만 동사의 앞에서 동작을 수식해주는 부사어로 쓰인다. 따라서 전체문장은 '那台机器终于又能正常运行。'으로 배열된다.

那台机器	终于又	能	正常	运行。
주어	부사구	조동사	부사어	동사 술어

8 导致　火灾　物价　上涨　原因
➡ 火灾原因导致物价上涨。

해석
화재의 원인은 물가의 상승을 초래했다.

단어
导致 dǎozhì 📘 초래하다, 야기하다 | 火灾 huǒzāi 📘 화재 | 上涨 shàngzhǎng 📘 (수위, 물가 등이) 오르다

풀이
핵심어는 동사 导致이다. 导致는 '원인 + 导致 + 나쁜결과'의 형태를 띠므로 원인과 결과를 찾아본다. 문맥상 결과는 '물가의 상승'이며 원인은 '화재'가 될 것이다. 上涨은 수위나 가격이 '오르다'라는 뜻의 동사로 목적어를 수반하지 않으므로 导致 뒷부분의 배열은 '物价上涨'이 된다. 따라서 전체문장은 '火灾原因导致物价上涨。'으로 배열된다.

火灾原因	导致	物价上涨。
주어구	동사 술어	목적어구

9 写　好习惯　要养成　日记的
➡ 要养成写日记的好习惯。

해석
일기를 쓰는 좋은 습관을 길러야 한다.

단어
养成 yǎngchéng 📘 습관이 되다, 길러지다

풀이
동사와 목적어 호응구조를 잘 이용하면 되는 문제이다. 养成은 습관이나 성격 등을 '기르다'의 뜻을 지니고 있으므로 술어는 养成이 되며 목적어는 习惯이 된다. 동사 写의 목적어는 日记가 되므로 '写日记的'가 하나의 구로 연결된다. 구조조사 的 뒤에는 명사성분이 위치해야 하므로 전체문장은 '要养成写日记的好习惯。'으로 배열된다.

要	养成	写日记的好习惯。
조동사	동사 술어	목적어구

10 去　妈妈　照顾老人　养老院　偶尔会
➡ 妈妈偶尔会去养老院照顾老人。

해석
어머니는 가끔 양로원에 가서서 노인들을 돌보신다.

단어
照顾 zhàogù 📘 돌보다, 보살피다 | 养老院 yǎnglǎoyuàn 📘 양로원 | 偶尔 ǒu'ěr 📘 간혹, 때때로

풀이
동사의 배열이 핵심이다. 제시어 중 동사는 去와 照顾가 있으며 두 개의 동사가 나왔을 경우 去가 먼저오고, 가는 목적이 뒤에 위치하므로 '去 + 장소 + 照顾老人'이 1차로 배열된다. 偶尔은 부사이며 会는 조동사로써, 첫 번째 동사 앞에 위치하므로 전체문장은 '妈妈偶尔会去养老院照顾老人。'으로 배열된다.

妈妈	偶尔	会	去	养老院	照顾	老人。
주어	부사	조동사	동사 술어1	목적어1	동사 술어2	목적어2

1 – 5

1 不同的声音会产生不同的心理反应，从而对健康造成积极的影响。
➡ 不同的声音会产生不同的心理反应，从而对健康产生积极的影响。

해석
각기 다른 소리는 각기 다른 심리반응을 불러일으킬 수 있기에 건강에 좋은 영향이 생겨나게도 한다

단어
从而 cóng'ér 📘 따라서, 그리하여 | 积极 jījí 📘 긍정적이다

풀이
동사 造成은 뒤에 나쁜 결과를 이끌어야 하는데 '积极的影响'은 좋은 영향을 뜻하므로 동사가 잘못 쓰였다. 造成을 产生으로 바꾸어 产生积极的影响으로 고쳐야 한다.

2 在王洛宾改编的歌曲，最著名的是《在那么遥远的地方》。
  ➡ 在王洛宾改编的歌曲中，最著名的是《在那么遥远的地方》。

🔸**해석**
왕뤄빈이 각색한 곡 중에서, 가장 유명한 것은 〈그렇게 먼 곳에서〉이다.

🔸**단어**
王洛宾 Wáng luò bīn 명 왕뤄빈(인명) | 改编 gǎibiān 동 (원작을) 각색하다, 개작하다 | 歌曲 gēqǔ 명 노래, 가곡

🔸**풀이**
전치사 在는 명사를 수반할 경우 명사가 '시간, 장소'를 뚜렷하게 지칭하지 않는 이상 뒤에 방위사를 꼭 써줘야 한다. 歌曲는 시간도 장소도 아닌 일반명사이므로 방위사 中을 넣어서 在王洛宾改编的歌曲中으로 쓰여져야 한다.

3 算起来到今年年底已经整整三年没见面我姐姐了。
  ➡ 算起来到今年年底已经整整三年没见我姐姐了。
  ➡ 算起来到今年年底已经整整三年没跟我姐姐见面了。

🔸**해석**
따져보니 올해 말이면 벌써 꼬박 3년 동안이나 우리 언니를 만나지 못했다.

🔸**단어**
年底 niándǐ 명 연말 | 整整 zhěngzhěng 부 온전히, 꼬박

🔸**풀이**
이합사 오류다. 见面은 이합사로 목적어를 수반할 수 없으며 '见 + 사람'이나 전치사를 사용해 '跟 / 和 + 사람 + 见面'으로 쓰여야 한다. 따라서 见面我姐姐를 见我姐姐나 혹은 跟我姐姐见面으로 바꾸어야 한다.

4 敬酒也是一门学问。一般情况下，敬酒时一定要把握好敬酒的顺序，分明主次。
  ➡ 敬酒也是一门学问。一般情况下，敬酒时一定要把握好敬酒的顺序，主次分明。

🔸**해석**
술을 권하는 것도 일종의 지식이다. 일반적인 상황에서 술을 권할 때는 반드시 술을 권하는 순서를 파악해서 주와 부를 분명히 해야 한다.

🔸**단어**
敬酒 jìngjiǔ 동 술을 권하다 | 学问 xuéwen 명 학식, 지식 | 把握 bǎwò 동 장악하다, 파악하다 | 顺序 shùnxù 명 순서, 차례 | 分明 fēnmíng 형 명확하다, 분명하다 | 主次 zhǔcì 명 주된 것과 부차적인 것

🔸**풀이**
품사 사용의 오류문제이다. 分明은 형용사로 목적어를 수반할 수 없다. 따라서 分明主次를 主次分明으로 바꾸어 써야 한다.

5 两个人在一起，总比一个人好，是因为遇到事情至少可以商量商量一下。
  ➡ 两个人在一起，总比一个人好，是因为遇到事情至少可以商量一下。
  ➡ 两个人在一起，总比一个人好，是因为遇到事情至少可以商量商量。

🔸**해석**
두 사람이 함께 있는 것이 어쨌거나 한 사람보다 나은 것은 문제에 부딪혔을 때, 적어도 상의는 할 수 있기 때문이다.

🔸**단어**
总 zǒng 부 어쨌든 | 至少 zhìshǎo 부 적어도, 최소한

🔸**풀이**
동사중첩 오류문제이다. 이음절 동사를 중첩할 경우 'ABAB'나 'AB一下' 또는 'AB了AB'의 중첩형식이 있는데 商量商量一下는 두 개의 중첩 형식이 함께 쓰인 경우이므로 이를 하나의 형식으로 바꾸어서 商量一下나 혹은 商量商量으로 써야 한다.

PART 2

문장성분

정 답

01 기본성분	p.147	1 B	2 B	3 A	4 B	p.149	1 B	2 D	3 C	p.152	1 D	2 C	3 D	
02 수식어	p.155	1 B	2 D	3 C	4 C	5 A	6 C	7 B	p.157	1 C				
03 보어	p.160	1 A	2 A	3 D	4 C	5 D	6 D	7 C	8 C	p.167	1 C	2 D	p.172	1 D	2 C
	3 D	4 C	5 C	6 B	7 C	8 A	p.178	1 D	2 D	3 D	4 D	p.181	1 C	2 D	3 D
	4 C	p.182	1 D												

적중! 新HSK 실전 문제 PART 2 문장성분 p.183~187

1-10	1 E	2 C	3 F	4 A	5 B	6 D	7 A	8 B	9 E	10 F
1-7	1 A	2 C	3 B	4 B	5 A	6 C	7 B			

1-10
1 春节是一个传统的节日。
2 姥姥的话给我留下了很深刻的印象。
3 那两家公司竞争非常激烈。
4 老王的汉语说得越来越流利。
5 人们都希望保持健康的身体。
6 你的领带打得太紧了。
7 那座古建筑历史非常悠久。
8 黄老板是一个相当自信的人。
9 今天的会议进行得比较顺利。
10 任何人都有属于自己的秘密。

1-5
1 大家都知道吧，我曾经做过<u>五年司机</u>。
2 因为他尽快赶<u>回北京去</u>，所以他向单位领导请假了。
3 南京是中国著名的古都，我们<u>游览完中山陵</u>以后，又急着去夫子庙。
4 虽然没什么丰盛的晚餐，但是他们俩还是<u>高兴得不得了</u>。
5 今天下课后回家时才发现忘记带钥匙了，<u>我只好</u>在门外等妈妈回来。

01 기본성분

핵심 ❶ 주어

핵심테스트 p. 147

1 B
동사 迟到가 명사 同学를 수식하는 한정어로 쓰여 的자구 주어를 만드는 문제이다. 이때 반드시 구조조사 的를 사용한다.

2 B
聪明과 努力는 형용사로서 문장의 주어가 된다. 따라서 병렬관계를 나타내는 和는 B에 위치한다.

3 A
两大碗饭은 동작, 행위의 대상이 주어가 되는 '대상 주어'이다.

4 B
연동문인 이 문장의 두 동사 躺과 听이 주어 역할을 한다.

핵심 ❷ 술어

핵심테스트 p. 149

1 B
목적어구는 一种幸福的表情이며, 이에 대한 행위는 流露出로 동사구 술어이다.

2 D
뒷절에서 주어는 这双鞋이며, 그 뒤에 형용사 술어가 필요하다.

3 C
'의문대사 + 都'는 불특정한 모든 범위를 가리킨다. 哪儿都는 '어느 곳이나 모두'라는 뜻이다.

핵심 ❸ 목적어

핵심테스트 p. 152

1 D
의문대사는 평서문에서 불특정한 대상이나 사물을 대신하여 목적어가 될 수 있다.

2 C
'장소 / 범위 + 동사 + 着 + 명사'는 어디에 무엇이 존재하고 있는지를 나타내는 존현문 형식이며, 문제에서는 주술구 목적어로 쓰였다.

3 D
의문문에서 의문의 대상(의문대사)은 부사 都의 뒤에 온다. 이 문제는 '나는 어제 누가누가 동물원에 갔는지 궁금해'란 뜻이며, 지각동사 知道는 주술구 목적어를 가진다.

02 수식어(修饰词)

핵심 ❶ 한정어

핵심테스트 p. 155

1 B
명사와 명사(구) 사이에 소유관계를 표시할 경우 조사 的를 사용한다.

2 D
소속, 장소, 방식, 모양을 표시하는 한정어에는 的를 표시한다. 지시대사 혹은 수량사 뒤에는 조사 的를 사용하지 않는다.

3 C
수량사가 성질을 표시할 경우 조사 的를 사용한다.

4 C
이음절 형용사가 명사를 수식할 경우 조사 的를 형용사와 명사 사이에 사용한다.

5 A
동사 买 뒤에 的를 붙여 的자구(동사나 형용사 뒤에 的를 붙여 '~인 것, ~인 사람'이란 뜻으로 명사의 성질을 가지게 되는 구)로 만들어 주어 역할을 하게 한다.

6 C
전치사구가 명사를 수식할 경우 조사 的를 사용한다.

7 B
동사구가 명사(구)를 수식할 경우 조사 的를 사용한다. 단음절 형용사가 명사를 수식할 때는 조사 的를 사용하지 않는다.

핵심 ❷ 부사어

핵심테스트 p. 157

1 C
이음절 이상의 형용사가 동사를 수식할 경우 조사 地를 사용한다.

03 보어(补语)

핵심 ❶ 결과보어

핵심테스트 p. 160

1 A
没A就B는 '미처 A하기도 전에 벌써 B하다'란 의미이며, 동사 吃뒤에 결과보어 完이 있으므로 동사의 부정형은 没를 사용한다.

2 A
不A不B는 'A하지 않으면 B하지 않는다'란 뜻으로, 결과보어가 있는 동사를 不로 부정하면 가설의 의미를 갖는다.

3 D
결과보어 光은 동작의 결과 하나도 남지 않게 되었음을 표시한다.

4 C
결과보어 遍은 단음절 동사, 형용사의 뒤에서 '전부, 도처에, 전체'의 의미를 가진다

5 D
결과보어 错는 동작의 결과가 틀렸음을 표시한다.

6 D
결과보어 在는 동작의 결과로 존재하게 된 장소를 표시한다.

7 C
把자구에서 동사 뒤에는 가능보어를 제외한 결과보어, 정도보어 등이 위치할 수 있고, 결과보어 给는 전달의 대상을 표시한다. 따라서 어순은 '把 + 목적어 + 동사 + 결과보어'의 형식을 이루어야 한다.

8 C
'동사1 + 了 / 完 + 목적어 + 就 / 再 + 동사2'는 '동사을 마치고 곧바로 동사2 하다'란 의미의 구문이다.

핵심 ❷ 방향보어

핵심테스트 p. 167

1 C
방향보어 上은 어떤 동작으로 인해 합쳐지거나(关上门), 첨가 또는 추가되거나(写上姓名), 새로운 결과가 발생함(爱上你) 등을 표시한다.

2 D
방향보어 下来는 동작이 과거부터 계속 지속되어 옴을 나타내거나 동작의 완성 또는 결과를 나타낸다.

핵심 ❸ 정도보어

핵심테스트 p. 172

1 D
'A比B + 형용사 + 多了'는 비교구문에서 차이 정도가 매우 큼을 표시한다.

2 C
得는 동사 / 형용사 술어 뒤에 놓이며, 得 뒤의 정도보어 자리에는 '형용사 + 多了'의 형식을 가질 수 있다.

3 D
부사 很은 得의 뒤에서 정도보어로 쓰일 수 있는 유일한 부사이다.

4 C
형용사가 정도보어로 쓰일 경우 그 앞에 부사를 놓을 수 있다.

5 C
太A了는 '대단히 ~하다'란 의미로 고정구문 형식이다.

6 B
'형용사 / 동사 + 要命 / 要死'는 과장된 어기로 정도가 극한 상태에 달하였음을 표시한다.

7 C
'형용사 / 심리동사 + 透了'는 주로 부정적 의미의 형용사 뒤에서 정도가 지극히 심함을 표시한다.

8 A
정도보어에 명사 목적어가 있을 경우 '주어 + 목적어 + 동사 + 得 + 정도보어'의 어순이다.

핵심 ❹ 가능보어

핵심테스트 p. 178

1 D
'동사 / 형용사 + 不 + 了 + 几 / 多少'는 '얼마 ~하지 못하다'는 의미의 구문이다.

2 D
가능보어의 긍정형 앞에는 能 / 可를 붙일 수 있다.

3 D
'동사 + 不 / 得 + 动'은 힘이나 무게와 관련하여 동작을 할 수 있는지의 여부를 표시한다.

4 D
'동사 + 不 + 방향보어'는 가능보어의 부정형이 된다.

핵심 ❺ 수량보어

핵심테스트 p. 181

1 C
동태조사가 있을 경우 수량보어의 위치는 '동사 + 동태조사(了 / 过) + 수량보어 + 명사 목적어'이다.

2 D
명사 목적어가 있을 경우 수량보어의 위치는 '동사 + 명사 목적어 + 동사 + 수량보어'이다.

3 D
동태조사와 목적어가 있을 경우 수량보어의 위치는 '동사 + 명사 목적어 + 동사 + 동태조사(了 / 过) + 수량보어'이다.

4 C
'一A就A + 시량보어'는 'A하기만 하면 / A했다 하면 ~동안 A하다'란 의미의 고정구문이다.

핵심 ❻ 정태보어

핵심테스트 p. 182

1 D
'형용사 / 동사 + 得 + 고정구' 형식의 정태보어로 不可开交는 '끝이 없다, 어쩔 수 없다'란 의미로 쓰인다.

적중! 新HSK 실전 문제 PART 2 문장성분 p.183~187

1 – 10

보기
A 형용사 뒤에 쓰여서 정도가 계속 심해짐을 나타냄
B 동사나 형용사 뒤에 쓰여 정도가 심함을 나타냄
C 동사 뒤에 쓰여, 동작의 완성이나 결과를 나타냄
D 견지하다
E (정도가) 심하다
F 동사 뒤에 쓰여 정상적인 상태로 돌아옴을 나타냄

1 E

你知道吗？李真听到这个消息后，着急得（不得了），真好笑！

해석
너 아니? 리쩐이 이 소식을 듣고는 (굉장히) 서두르던걸, 정말 우스웠어!

단어
消息 xiāoxi 몡 소식, 정보 | 着急 zháojí 동 조급해하다, 안달하다 | 不得了 bùdéliǎo 형 (정도가) 심하다 | 好笑 hǎoxiào 형 웃긴다, 우습다

풀이
힌트는 정도보어를 나타내는 조사 得이다. 정도보어의 경우 조사 得 뒤에서 정도부사의 도움을 받지 않고 정도를 나타내는 것으로는 일반적으로 慌, 不得了, 要命 등이 있다. 보기 중 정도보어 형식에서 정도를 나타내는 표현은 不得了임을 알 수 있다.

2 C

杭州西湖的风景真美，我恨不得要把它画（下来）。

해석
항저우 서호의 풍경이 정말 아름다워서, 나는 서호를 그려 (내고) 싶은 마음이 간절하다.

단어
杭州 Hángzhōu 몡 항저우(지명) | 西湖 Xīhú 몡 서호 | 恨不得 hènbude 동 간절히 ~하고 싶다 | 下来 xiàlai 동 동사 뒤에 쓰여 완성이나 결과의 의미를 나타냄

풀이
동사의 뒤에서 방향을 나타내는 보어를 고르는 문제로 직접적인 방향보다는 동사를 살펴서 확장된 의미를 지닌 보어를 찾아야 한다. 下来는 '위에서 아래로 내려오다'의 뜻도 있지만 일부 동사의 뒤에서 '완성됨'을 나타내는 확장의 의미가 있다. 서호의 풍경이 아름다워 그것을 그려놓고 싶다는 완성의 의미이므로 정답은 下来이다.

3 F

王老师已经昏迷两天了，到现在还没醒（过来）。

해석
왕 선생님은 이미 이틀째 의식불명으로, 지금까지도 아직 (깨어나지) 않으셨다.

단어
昏迷 hūnmí 동 의식불명이다 | 醒 xǐng 동 깨다, 깨어나다 | 过来 guòlai 동 동사 뒤에 쓰여 비정상에서 정상으로 돌아옴을 나타냄

풀이
동사를 살펴서 확장된 의미를 지닌 방향보어를 찾아야 한다. 过来는 '이쪽으로 건너오다'의 뜻도 있지만 잠에서 깨어난다든지, 이해 못하다가 깨닫게 되었다든지, 마취에서 깨어나는 등, 일부 동사 뒤에서 비정상의 상태에서 정상으로 돌아온다는 확장의 의미가 있다. 의식불명에서 깨어남을 나타내야 하므로 정답은 过来이다.

4 A

别吃了，你要是这样胖（下去），以前买的衣服就都穿不了了。

해석
먹지 마, 만일 이렇게 살이 찌다(가는) 예전에 산 옷은 입을 수 없게 될 거야.

단어
要是 yàoshi 접 만약 | 下去 xiàqu 동 형용사 뒤에 쓰여 정도가 계속 심해짐을 나타냄

풀이
괄호의 위치가 胖이라는 형용사의 뒤에 있으므로 보기 중에서 형용사 뒤에 쓰이는 보어를 찾아야 한다. 방향보어 下去는 확장된 의미로 형용사 뒤에 쓰여 정도의 지속이 심해짐을 의미한다. 뚱뚱해져서 예전에 산 옷을 입지 못하게 되는 것은 안 좋은 일이므로 정답은 下去이다.

5 B

像你这么大时，我们学习比你努力（得多）。

해석
너만 할 때, 우리는 공부를 너보다 (훨씬 더) 열심히 했다.

단어
像 xiàng 동 ~와 같다 | 得多 deduō 동사나 형용사 뒤에서 정도가 심함을 나타냄

풀이
힌트는 전치사 比로 비교문이다. 비교문에서 비교의 결과를 나타낼 때는 술어 뒤에 쓰며, 'A가 B보다 훨씬 ~하다'일 경우 술어 뒤에 접미사 得多나 多了를 사용해서 나타낸다.

| 보기 | A 동사 뒤에 쓰여 동작이 완성되거나 실현됨을 표시함
B ~에 있다
C 온도
D 동사나 형용사 뒤에 쓰여 결과나 정도를 나타내는 보어와 연결시킴
E 한정어 뒤에 쓰여, 한정어와 중심어 사이가 일반적인 수식 관계임을 나타냄
F 동사 뒤에 쓰여, 어떤 동작이 완성되거나 일정한 목적이 달성됨을 나타냄 |

6 D

A : 我觉得你们的动作好像还不熟练，配合（得）不太理想。
B : 我们俩才练了一个月，练习的时间比较短。

해석
A : 너희들 동작이 아무래도 익숙하지 않은 것 같아 보이네, 팀워(이) 그리 이상적이지 않아요.
B : 우리 둘은 겨우 한달 연습했을 뿐이에요. 연습시간이 좀 짧은 편이에요.

단어
熟练 shúliàn 형 능숙하다 | 配合 pèihé 동 호흡을 맞추다 | 得 de 조 동사나 형용사 뒤에 쓰여 결과나 정도를 나타내는 보어와 연결시킴 | 理想 lǐxiǎng 형 이상적이다 | 练 liàn 동 연습하다

풀이
괄호 앞의 동사 配合와 괄호 뒤의 정도부사 不太가 힌트이다. 동사 뒤에서 정도부사를 포함한 형용사구를 이끌어 동작의 정도를 나타내는 조사는 得이다.

7 A

A : 数据统计怎么样了？做好了没有？
B : 统计（出来）了，销售量没那么理想。

해석
A : 데이터 통계는 어떻게 되었나요? 다 했나요?
B : 통계 (나왔습니다). 판매량이 그리 이상적이지 않습니다.

단어
数据 shùjù 명 데이터 | 统计 tǒngjì 동 통계(하다) | 出来 chūlai 동 동사 뒤에 쓰여 동작이 완성되거나 실현됨을 나타냄 | 销售量 xiāoshòuliàng 명 판매량

풀이
동사 统计 뒤에 쓰이는 방향보어를 고르는 문제이다. 出来는 동작이 완성되거나 실현됨을 나타내는 방향보어로 대화에서는 통계를 내지 않고 있다가 결과가 눈앞에 나왔음을 의미하고 있으므로,

정답은 出来이다.

8 B

A：我明明把文件存（在）移动硬盘里了，怎么找不着了。
B：你是不是设置了文件隐藏?

해석
A：내가 분명히 문서를 외장 하드(에) 저장해 두었는데, 어째서 찾을 수가 없지.
B：네가 문서 숨기기로 해 놓은 것 아니야?

단어
明明 míngmíng 틧 분명히, 명백히 | 在 zài 동 (사람이나 사물이) ~에 있다 | 移动硬盘 yídòngyìngpán 명 외장 하드 | 设置 shèzhì 동 설치하다 | 隐藏 yǐncáng 동 숨기다, 감추다

풀이
괄호의 위치가 동사의 뒤에 있으며 힌트는 전치사 把이다. 전치사 把는 동사 술어 뒤에 기타성분이 위치하기 때문이다. 보기 중에서 동사 뒤에 쓰여 장소를 끌 수 있는 것은 在이다.

9 E

A：这星期我给你们安排的任务怎么样了？
B：我们已经围绕这个项目，制定了一个比较全面（的）计划。

해석
A：이번 주에 여러분들에게 안배해 준 임무는 어떻게 되고 있나요?
B：이미 이 프로젝트를 중심으로 비교적 전면적(인) 계획을 세웠습니다.

단어
安排 ānpái 동 안배하다 | 围绕 wéirào 동 (문제, 일을 중심에 놓다 | 项目 xiàngmù 명 프로젝트, 사업 | 全面 quánmiàn 형 전면적이다 | 的 de 조 한정어 뒤에 쓰여, 한정어와 중심어 사이가 일반적인 수식 관계임을 나타냄

풀이
이 문장의 구조를 살펴보면 크게 '我们 + 制定了 + 一个…计划' 로 명사 计划를 수식할 수 있는 조사를 찾으면 정답은 的이다. 的는 동사(구), 형용사(구) 등을 명사와 연결해서 한정어를 만들어주는 역할을 하는 구조조사이다.

10 F

A：你感冒了？声音听（起来）怪怪的。
B：也许是嗓子发炎了，昨天晚上就不舒服。

해석
A：감기 걸렸어요? 목소리가 듣(기에) 이상하네요.
B：아마도 목에 염증이 생긴거 같아요. 어제 저녁부터 아팠어요.

단어
起来 qǐlai 동 동사 뒤에 쓰여 동작이 완성됨을 나타냄 | 怪 guài 형 이상하다 | 也许 yěxǔ 틧 어쩌면, 아마도 | 嗓子 sǎngzi 명 목소리 | 发炎 fāyán 동 염증이 생기다

풀이
동사 听 뒤에 쓰이는 방향보어를 고르는 문제이다. 起来는 아래에서 위로 향한다는 방향을 나타내기도 하지만 '~하기에'라는 뜻으로 일부 동사 뒤에서 동작이 완성됨을 나타내는 확장의미도 있다. 목소리가 듣기에 이상함을 뜻하므로 정답은 起来이다.

1-7

每一瓶香水都由不同的香料调配而成，而不同的香料所需散发出来香气的时间也不同，于是，每一瓶香水就有了它__1__而丰富的前中后味的变化。前味一般较浓烈，它像一首乐曲中突然拨起的高音，立即吸引人的注意，但它只能维持几分钟而已。在前味__2__之后开始发出香味，中味是香水中最重要的部分。也就是说洒上香水的你就是带着这种味道示人，以这种味儿来表达自己其时的心境、情感等等信息。后味的作用是给予香水一种绕梁三日不绝的深度，它持续的时间最长久，可__3__整日或者数日之久。

해석
모든 향수는 각각 다른 향료를 배합해서 만들었기에, 향료마다 향기를 내뿜는데 필요한 시간 역시 다르다. 그래서 모든 향수는 향수마다 <u>독특하고</u> 풍부한 처음 향, 중간 향, 마지막 향의 변화가 있다. 첫 향은 보통 진한 편인데 노래 중에서 갑자기 높아지는 고음과 같아서 즉시 사람의 주목을 끈다. 하지만 첫 향은 단지 몇 분만 지속될 뿐이다. 첫 향이 <u>사라진</u> 후에 향기가 나기 시작하는데, 중간 향은 향수 중에서 가장 중요한 부분이다. 다시 말해서 향수를 뿌린 당신이 이 향기를 가지고 사람들 앞에 서며 이 냄새로 자신의 그때의 심경이나 감정 등등의 정보를 드러낸다. 마지막 향의 작용은 향수 여운이 오래도록 남는 농도이며, 마지막 향이 지속되는 시간이 가장 길고 하루 종일이나 며칠 동안이나 <u>머무를</u> 수 있다.

단어
香水 xiāngshuǐ 명 향수 | 香料 xiāngliào 명 향료 | 调配 tiáopèi 동 고루 섞다, 배합하다 | 散发 sànfā 동 내뿜다, 퍼지다 | 香气 xiāngqì 명 향기 | 浓烈 nóngliè 형 강렬하다, 짙다 | 乐曲 yuèqǔ 명 악곡 | 拔 bá 동 뽑다 | 立即 lìjí 틧 즉시, 금방 | 吸引 xīyǐn 동 매료시키

다 | 注意 zhùyì 통 주의 | 维持 wéichí 통 유지하다 | 洒 sǎ 통 뿌리다 | 示人 shìrén 통 남에게 보이다 | 以 yǐ 전 ~로서 | 表达 biǎodá 통 나타내다, 드러내다 | 其时 qíshí 대 그때 | 心境 xīnjìng 명 심경 | 给予 jǐyǔ 통 주다 | 绕梁三日 ràoliáng sānrì 여운이 오래도록 남다 | 不绝 bùjué 통 끊어지지 않다 | 深度 shēndù 명 깊이, 심도 | 持续 chíxù 통 지속하다 | 长久 chángjiǔ 형 매우 길고 오래다

1 A

A 独特 dútè 형 독특하다
B 鲜艳 xiānyàn 형 화려하다
C 单纯 dānchún 형 단순하다
D 优美 yōuměi 형 우아하고 아름답다

풀이
형용사와 형용사를 병렬로 연결해주는 而이 힌트이며 味를 수식해 줄 수 있는 어휘를 찾아야 한다. 鲜艳은 颜色와 호응을 이루는 어휘이며, 优美는 环境이 편안하고 아름다움을 일컫기 때문에 정답에서 제외된다. 独特는 사물의 모양이나 냄새, 향이 독특하다는 뜻을 지니고 있으므로 냄새를 수식해 줄 수 있는 独特가 정답이다.

2 C

A 消化 xiāohuà 통 소화하다
B 消费 xiāofèi 통 소비하다
C 消失 xiāoshī 통 사라지다
D 消灭 xiāomiè 통 소멸하다, 없어지다

풀이
밑줄 앞의 주어 前味와 호응을 이루는 동사를 찾아야 한다. 消化는 먹은 것을 소화한다는 의미이며 消费는 돈을 쓰는 것을 뜻하고, 消灭는 모기나 벌레, 쥐 등을 없애고 소멸하는 것을 의미하므로 정답에서 배제된다. 消失는 천천히 사라짐을 나타내며 연기나, 냄새 등에 쓸 수 있으므로 정답은 消失이다.

3 B

A 称 chēng 통 부르다, 칭하다
B 呆 dāi 통 머물다
C 除 chú 통 제거하다
D 趁 chèn 전 ~을 틈타

풀이
힌트는 밑줄 뒤의 整日或者数日로 지속되는 시간을 목적어로 지니는 동사를 찾아야 한다. 称은 뒤에 별명이나 명칭이 등장해야 하며, 除와 趁는 의미상 적합하지 않다. 呆는 여러 가지 의미가 있지만 그 중에서도 얼마 동안 '머물다, 거주하다'의 뜻을 가지고 있기에 뒤에 시량보어가 올 수 있다. 따라서 정답은 呆이다.

森林里住着乌鸦和它的孩子。一只狐狸来到了森林里，看见乌鸦正站在树枝上，嘴里叨着一块又肥又大的肉，狐狸馋得一直流口水。狐狸眼珠一转说："____4____的乌鸦，您好吗？"乌鸦没有回答。狐狸带着微笑说："您的孩子好吗？"乌鸦看了看狐狸，还是没有回答。狐狸只好____5____尾巴说："您的羽毛真漂亮，比孔雀还漂亮；您的____6____真好，谁都喜欢听您唱歌，您就唱几句吧！"乌鸦一听，就高兴地唱了____7____，刚一开口，肉就掉了下来。狐狸叼起肉就跑了。

해석
숲속에 까마귀와 그의 새끼가 살고 있었다. 여우 한 마리가 숲 속에 와서 까마귀가 나뭇가지에 서서 입에 살찌고 큰 고기를 한 덩어리 물고 있는 것을 보고는 게걸스럽게 군침을 흘렸다. 여우는 눈알을 굴리면서 "친애하는 까마귀님, 안녕하세요?"라고 말했지만, 까마귀는 대답이 없었다. 여우는 미소를 띠면서 "새끼는 잘 있나요?"라고 물었고, 까마귀는 여우를 흘깃 쳐다보고는 여전히 대답을 하지 않았다. 여우는 어쩔 수 없이 꼬리를 흔들면서 "당신의 깃털은 정말 예쁘네요. 공작새보다도 더 예쁩니다. 당신의 목청은 정말 좋아서, 누구라도 당신이 노래하는 걸 듣기를 좋아한답니다. 몇 소절 불러보세요!"라고 말했다. 까마귀는 듣자마자 기분이 좋아 노래를 부르기 시작했고, 막 입을 떼자마자 고기가 떨어졌다. 여우는 고기를 물고는 도망가 버렸다.

단어
森林 sēnlín 명 삼림, 숲 | 乌鸦 wūyā 명 까마귀 | 狐狸 húli 명 여우 | 树枝 shùzhī 명 나뭇가지 | 叨 diāo (입에) 물다 | 肥 féi 형 토실토실하다 | 馋 chán 통 눈독을 들이다 | 流口水 liú kǒushuǐ 침을 흘리다 | 眼珠 yǎnzhū 명 눈알 | 转 zhuǎn (방향 등을) 바꾸다, 돌다 | 尾巴 wěiba 명 꼬리 | 羽毛 yǔmáo 명 깃털 | 孔雀 kǒngquè 명 공작(새)

4 B

A 诚恳 chéngkěn 형 진실하다, 간절하다
B 亲爱 qīn'ài 형 친애하다, 사랑하다
C 调皮 tiáopí 형 장난스럽다, 짓궂다
D 害羞 hàixiū 통 수줍어하다

풀이
구조조사 的의 앞에서 乌鸦를 수식해 주는 형용사를 찾는 문제로, 처음 만났을 때 인사로 할 수 있는 어휘인 亲爱가 적당하다.

5 A

A 摇摇 yáoyáo 통 흔들다
B 闪闪 shǎnshǎn 통 반짝이다

C 绕绕 ràorào 동 맴돌다, 감다
D 咬咬 yǎoyǎo 동 물다, 깨물다

풀이
밑줄 앞의 只好는 부사이며 밑줄 뒤 尾巴는 명사이므로 尾巴를 목적어로 가지는 동사를 찾는 문제이다. 闪은 별빛이나 빛이 반짝거릴 때 사용하는 어휘이며 绕는 중심을 두고 이를 휘감거나 맴도는 것을 의미하고, 咬는 입으로 깨무는 것을 뜻한다. 摇는 좌우로 흔드는 것을 의미하는데, 꼬리를 '흔들거나' 고개를 '젓다'에 쓰이므로 정답은 摇摇이다.

6 C
A 心情 xīnqíng 명 심정, 마음
B 语气 yǔqì 명 어투, 말투
C 嗓子 sǎngzi 명 목소리, 목청
D 肌肉 jīròu 명 근육

풀이
밑줄 뒤의 술어가 好인데 보기 중 肌肉를 제외하고는 모두 好를 술어로 둘 수 있다. 힌트는 뒤의 문장으로 '谁都喜欢听您唱歌(누구나 당신이 노래하는 걸 듣기를 좋아한다)'라고 했으므로 아부를 떨 수 있는 것은 嗓子임을 알 수 있다.

7 B
A 上来 shànglai 동 동사 뒤에 쓰여 방향을 나타내는 보어로 쓰임
B 起来 qǐlai 동 동사나 형용사 뒤에서 동작, 상황이 시작됨을 의미
C 下来 xiàlai 동 동사나 형용사 뒤에서 방향을 나타내는 보어로 쓰임
D 过来 guòlai 동 동사 뒤에서 정상적인 상태로 돌아옴을 의미

풀이
동사 唱의 뒤에서 방향을 나타내는 보어를 고르는 문제이다. 上来는 아래에서 위로 향하는 동작을 의미하며, 下来는 과거에서 현재까지 지속이 되거나, 고정의 의미를 지닌 보어이다. 过来는 저쪽에서 이쪽으로 건너오는 방향을 나타내기도 하지만 비정상에서 정상으로 돌아온다는 의미도 지닌 보어이다. 起来는 '~하기에'라 하여 평가를 나타내기도 하고 '~하기 시작하다'로 시작을 의미하기도 한다. 따라서 이 문제의 정답은 시작의 의미를 지닌 起来이다.

1 - 10

1 传统的 春节 一个 是 节日
➡ 春节是一个传统的节日。

해석
춘절은 전통적인 명절이다.

단어
传统 chuántǒng 형 전통적이다 | 节日 jiérì 명 명절

풀이
핵심어는 동사 是로 'A是B'의 형식으로 순서를 배열하면 '春节是节日'이며, 한정어의 어순에서 수량구는 형용사보다 앞에 위치하므로 '一个 + 传统的'의 순서가 된다. 따라서 전체문장은 '春节是一个传统的节日。'로 배열된다.

春节	是	一个传统的节日。
주어	동사 술어	목적어구

2 很深刻的 给我 姥姥的话 留下了 印象
➡ 姥姥的话给我留下了很深刻的印象。

해석
외할머니의 말은 나에게 매우 깊은 인상을 남겨주었다.

단어
深刻 shēnkè 형 (인상이) 깊다 | 姥姥 lǎolao 명 외할머니 | 印象 yìnxiàng 명 인상

풀이
주어와 술어, 목적어의 중심어를 먼저 찾으면 '姥姥的话 + 留下了 + 印象'이며, 给我는 전치사구로 주어 뒤, 술어 앞에 위치한다. 深刻는 '(인상 등이) 깊다'라는 뜻으로 印象을 수식한다. 따라서 전체문장은 '姥姥的话给我留下了很深刻的印象。'으로 배열된다.

姥姥的话	给我	留下了	很深刻的印象。
주어구	전치사구	동사 술어	목적어구

3 激烈 那 竞争 非常 两家公司
➡ 那两家公司竞争非常激烈。

해석
그 두 회사의 경쟁은 굉장히 치열하다.

단어
激烈 jīliè 형 치열하다, 격렬하다 | 竞争 jìngzhēng 명 경쟁

풀이
정도부사 非常을 힌트로 형용사의 위치를 정해준다. 형용사는 문장에서 주로 술어로 쓰이거나 뒤에 구조조사 的를 동반하여 한정어의 역할을 한다. 제시어 중에서 정도부사 非常과 형용사 激烈를 연결한 후 이들이 술어로 쓰였는지 한정어로 쓰였는지를 확인해 본다. 제시된 단어 중 激烈 뒤에 쓰일 구조조사 的가 없기 때문에 非常激烈는 술어의 역할을 한다는 것을 알 수 있으므로, 나머지 제시어는 모두 주어의 위치에 둔다. 激烈의 직접적인 주어는 竞争이며 지시대사는 수량사보다 앞에 위치하므로 전체문장은 '那两家公司竞争非常激烈。'로 배열된다.

那两家公司竞争	非常	激烈。
주어구	부사	형용사 술어

4 越来越　流利　说　得　老王的汉语
➡ 老王的汉语说得越来越流利。

해석
라오왕은 중국어를 점점 더 유창하게 말한다.

단어
越来越 yuèláiyuè 📖 점점 더 | 流利 liúlì 📖 유창하다

풀이
먼저 정도부사 越来越와 형용사 流利를 연결시킨다. 이 문제의 핵심어는 정도보어를 나타내주는 구조조사 得로 정도보어 문장의 배열 순서는 '주어 + 동사 + 得 + 보어'가 된다. 형용사구는 정도를 나타내며 보어로 쓰일 수 있으므로 '说得越来越流利'의 구가 형성이 될 수 있다. 따라서 老王的汉语가 주어로 쓰여 전체문장은 '老王的汉语说得越来越流利。'로 배열된다.

老王的汉语	说	得	越来越流利。
주어구	동사 술어	구조조사	정도보어

5 身体　人们都　保持　希望　健康的
➡ 人们都希望保持健康的身体。

해석
사람들은 다 건강한 몸을 유지하기를 희망한다.

단어
保持 bǎochí 📖 유지하다

풀이
핵심어는 동사 希望이다. 希望은 주어의 뒤에 쓰여 목적어를 문장으로 이끌 수 있는 동사이므로 우선 人们都希望으로 정리해 놓는다. 保持는 '유지하다'의 뜻을 지닌 동사이며, 身体를 목적어로 수반할 수 있다. 따라서 전체문장은 '人们都希望保持健康的身体。'로 배열된다.

人们	都	希望	保持健康的身体。
주어	부사	동사 술어	목적어구

6 领带　你的　太　紧　打得　了
➡ 你的领带打得太紧了。

해석
너는 넥타이를 너무 팽팽하게 맸다.

단어
领带 lǐngdài 📖 넥타이 | 紧 jǐn 📖 팽팽하다 | 打 dǎ 📖 (손이나 기구를 이용하여) 때리다, 당기다

풀이
먼저 정도부사 太와 형용사 紧을 연결시킨다. 이 문제의 핵심어는 정도보어를 나타내는 구조조사 得로 정도보어 문장의 배열 순서를 보면, '주어 + 동사 + 得 + 보어'가 된다. 형용사구는 정도를 나타낼 수 있으므로 打得太紧了의 구가 형성이 될 수 있으며, 你的 领带는 주어로 쓰여 전체문장은 '你的领带打得太紧了。'로 배열된다.

你的领带	打	得	太紧了。
주어구	동사 술어	구조조사	보어

7 悠久　那座　历史　非常　古建筑
➡ 那座古建筑历史非常悠久。

해석
그 고건축물은 역사가 굉장히 오래되었다.

단어
悠久 yōujiǔ 📖 유구하다 | 古建筑 gǔjiànzhù 📖 고건축물

풀이
정도부사 非常을 힌트로 형용사의 위치를 정해준다. 형용사는 문장에서 주로 술어로 쓰이거나 뒤에 구조조사 的를 동반하여 한정어의 역할을 한다. 제시어 중에서 的가 없으므로 非常悠久는 술어의 역할을 하며 나머지 제시어는 모두 주어의 위치에 둔다. 悠久의 직접적인 주어는 历史이며, 양사 座는 고정된 큰 사물을 세는 양사로 古建筑와 함께 쓰인다. 따라서 전체문장은 '那座古建筑历史非常悠久。'로 배열된다.

那座古建筑历史	非常	悠久。
주어구	부사	형용사 술어

8 黄老板　一个　相当　是　人　自信的
➡ 黄老板是一个相当自信的人。

해석
황 사장님은 상당히 자신감이 있는 사람이다.

단어
相当 xiāngdāng 📖 상당히, 꽤 | 自信 zìxìn 📖 자신감 있다

풀이
일단 정도부사 相当을 형용사와 연결시켜 '相当 + 自信的'로 형용사구를 만든다. 이 문제의 핵심어는 동사 是로 'A是B' 형식으로 순서를 배열하면 黄老板是一个이 된다. 한정어의 어순에서 수량구는 형용사보다 앞에 위치하므로 전체문장은 '黄老板是一个相当自信的人。'으로 배열된다.

黄老板	是	一个相当自信的人。
주어	동사 술어	목적어구

9 顺利　进行　今天的会议　得　比较
➡ 今天的会议进行得比较顺利。

해석

오늘 회의는 비교적 순조롭게 진행되었다.

단어

顺利 shùnlì ⑱ 순조롭다 | 进行 jìnxíng ⑧ 진행하다

풀이

먼저 정도부사 比较와 형용사 顺利를 연결시킨다. 이 문제의 핵심어는 정도보어를 나타내주는 구조조사 得로 정도보어 문장의 배열 순서는 '주어 + 동사 + 得 + 보어'가 된다. 형용사구는 정도를 나타낼 수 있으므로 进行得比较顺利의 구가 형성이 될 수 있다. 今天的会议는 주어로 쓰여 전체문장은 '今天的会议进行得比较顺利.'로 배열된다.

今天的会议	进行	得	比较顺利。
주어	동사술어	구조조사	보어

10 自己的　任何人　秘密　都有　属于
➡ 任何人都有属于自己的秘密。

해석

모든 사람들은 다 자신만의 비밀이 있다.

단어

任何 rènhé ⓓ 어떠한 | 秘密 mìmì ⑲ 비밀 | 属于 shǔyú ⑧ ~에 속하다

풀이

동사 有를 술어로 놓는다. 任何의 경우 '任何 + 명사 + 都'의 구조를 지니므로 일단 任何人都有로 배열이 된다. 동사 属于는 '~에 속하다'의 뜻이며, 일반적으로 한 가지에 속하는 것을 나타내는 어휘이므로 自己를 목적어로 수반한다. 따라서 전체문장은 '任何人都有属于自己的秘密.'로 배열된다.

任何人	都	有	属于自己的秘密。
주어	부사	동사술어	목적어구

1 - 5

1 大家都知道吧，我曾经做过司机五年。
➡ 大家都知道吧，我曾经做过五年司机。

해석

모두들 알다시피, 나는 이미 5년 동안 운전기사를 했다.

단어

曾经 céngjīng ⑲ 일찍이, 이전에

풀이

시량보어가 있는 문장에서 목적어의 위치에 관한 문제이다. 목적어가 일반명사일 경우 '동사 + 동태조사(了 / 过) + 시량보어 + 목적어'의 순서로 배열이 되어야 한다. 술어는 做이며 시량은 五年, 목적어는 司机라는 일반명사이므로 司机는 五年의 뒤에 위치해야 한다.

2 因为他尽快赶回去北京，所以他向单位领导请假了。
➡ 因为他尽快赶回北京去，所以他向单位领导请假了。

해석

그는 되도록 빨리 베이징으로 가야 했기 때문에, 회사 사장에게 휴가를 냈다.

단어

尽快 jǐnkuài ⑲ 되도록 빨리 | 赶 gǎn ⑧ 서두르다, 재촉하다 | 单位 dānwèi ⑲ 직장, 회사 | 请假 qǐngjià ⑧ (휴가, 조퇴 등을) 신청하다

풀이

来 / 去가 쓰인 방향보어 문장에서 목적어가 장소일 경우 '동사 + 장소 + 来 / 去'로 위치 되어야 하므로 回去北京을 回北京去로 바꾸어야 한다.

3 南京是中国著名的古都，我们游览中山陵完了以后，又急着去夫子庙。
➡ 南京是中国著名的古都，我们游览完中山陵了以后，又急着去夫子庙。

해석

난징은 중국의 유명한 도읍으로, 우리는 중산릉을 유람한 후, 다시 급하게 부자묘에 갔다.

단어

古都 gǔdū ⑲ 옛 도읍 | 游览 yóulǎn ⑧ 유람하다 | 中山陵 zhōngshānlíng ⑲ 중산릉 | 夫子庙 fūzǐmiào ⑲ 부자묘

풀이

결과보어는 동사의 바로 뒤에 위치하며 가능보어를 제외하고는 그 어떤 성분도 동사와 결과보어 사이에 들어갈 수 없다. 따라서 游览中山陵完을 游览完中山陵으로 바꾸어야 한다.

4 虽然没什么丰盛的晚餐，但是他们俩还是很高兴得不得了。
➡ 虽然没什么丰盛的晚餐，但是他们俩还是高兴得不得了。

해석

비록 풍성한 저녁만찬은 아니었지만, 그들은 그래도 너무 기뻐했다.

단어

丰盛 fēngshèng ⑱ (음식 등이) 풍성하다

> **풀이**

정도보어 문장에서 술어가 형용사일 경우 정도부사를 붙일 수 없으므로 很高兴得不得了를 高兴得不得了로 바꾸어야 한다.

5 今天下课后回家时才发现忘记带钥匙了，只好我在门外等妈妈回来。

→ 今天下课后回家时才发现忘记带钥匙了，我只好在门外等妈妈回来。

> **해석**

오늘 수업이 끝나고 집에 돌아갈 때, 비로소 열쇠를 가져오지 않은 것을 알고 나서, 나는 어쩔 수 없이 문 밖에서 엄마가 오기만을 기다렸다.

> **단어**

钥匙 yàoshi 명 열쇠 | 只好 zhǐhǎo 부 부득이, 어쩔 수 없이

> **풀이**

일부 부사를 제외하고 부사의 위치는 일반적으로 주어의 뒤이다. 只好는 부사로 주어의 앞에 위치할 수 없으므로 只好我를 我只好로 바꾸어야 한다.

PART 3

구와 고정격식

정답

01 구의 종류	p.198	1 D	2 C	3 C	4 D	5 C	6 D	p.200	1 A	2 C	3 C	4 C	5 C	6 C	7 C
02 고정구	p.207	1 C	2 A	3 D	4 B	5 C	6 B	7 C							
03 관용어	p.213	1 D	2 B	3 C	4 C										
04 사자성어	p.217	1 D	2 C												
05 고정격식	p.226	1 A	2 D	3 B	4 B	5 D	6 A								

적중! 新HSK 실전 문제
PART 3 구와 고정격식
p.227~231

	1-10	1 C	2 F	3 A	4 E	5 B	6 E	7 F	8 B	9 D	10 A
	1-7	1 A	2 C	3 B	4 A	5 A	6 A	7 C			

1-10
1 他收集了很多关于月亮的资料。
2 躺着看书对眼睛不好。
3 姥姥让我帮弟弟做作业。
4 这个代表团由40多个国家领导组成。
5 我每天过开心而愉快的日子。
6 大家充满信心地迎接这次博览会。
7 普通话以北京语音为标准音。
8 抽烟对你一点儿也没有好处。
9 王教授对服装设计特别感兴趣。
10 所有的鲜花都离不开阳光。

1-5
1 昨天下午，婺源县1000多名学生兴高采烈地参加了学校举行的课外活动。
2 当我大学毕业的时候，我们一家人都搬到北京来了。
3 许多有抱负的人都不够重视积少成多的道理，一心只想一鸣惊人，而不去努力耕耘。
4 九寨沟的水是世间最清澈的，无论是平静的湖泊，还是飞泻的瀑布，都那么美妙迷人，让人流连忘返。
5 到目前为止，中国城镇居民中还有很多人仍然处于生活条件相对贫困的状态。

01 구의 종류

핵심 ❶ 구조 형태별 구의 종류

핵심테스트 p.198

1 D
是는 형용사구 앞에 위치해서 형용사를 강조한다.

2 C
둘 이상의 형용사가 열거될 경우 맨 마지막 형용사 앞에 又를 사용한다.

3 C
晒太阳은 '햇볕을 쬐다'란 의미의 동목구 구조다.

4 D
坐飞机는 '비행기를 타다'란 의미로 행위 방식을 의미하는 동목구 구조다.

5 C
'형용사 + 极了'는 '대단히 ~하다'란 의미로 정도부사 极는 형용사의 뒤에서 정도보어가 될 수 있다.

6 D
구체적인 수량을 제시하며 비교할 때의 어순은 'A比B + 동사 / 형용사 술어 + 수량보어'이다.

핵심 ❷ 성질·기능별 구의 종류

핵심테스트 p.200

1 A
방위사 里는 명사 뒤에 쓰여 명사구 중에서 방위구를 이룬다.

2 C
형용사 高兴은 구조조사 得 앞에 쓰여 형용사구 중에서 보어구를 이룰 수 있다.

3 C
而은 형용사와 형용사를 병렬로 연결시켜 형용사구 중에서 병렬구를 만들 수 있다.

4 C
동사 有는 겸어문에서 겸어동사로 쓰여 동사구 중에서도 겸어구를 만든다.

5 C
起는 '동사 + 起'의 형태로 동사구 중에서 보어구를 만들 수 있다.

6 C
的는 '명사 + 的' 형식으로 명사구 중에서 的자구를 만든다.

7 C
一次는 동량사로 동사 뒤에서 동량사구를 만들 수 있다.

02 고정구

핵심테스트 p.207

1 C
不是A吗는 'A이지 않은가'란 의미로, A를 강조하는 반어문이다.

2 A
看样子는 '보아하니, ~인 것처럼 보인다'란 의미로, 주로 문장의 첫머리에서 삽입구로 쓰인다.

3 D
不一定은 '반드시(꼭) ~인 것은 아니다'란 의미의 확정할 수 없는 사실을 나타낸다.

4 B
好容易는 '가까스로, 겨우, 힘들게'란 뜻으로 쓰이며, 과정이 순탄치 않거나 시간이 많이 걸림을 나타낸다. 好不容易와 같은 의미이다.

5 C
没什么大不了는 '그다지 큰일이 아니다'란 의미의 고정구다.

6 B
不一会儿就는 '얼마 되지 않아 곧'이란 뜻으로 쓰이는 고정구다.

7 C
哪知道는 '어떻게 알겠는가'란 의미로, 반문의 어기를 나타낸다.

03 관용어

핵심테스트 p. 213

1 D
打个招呼는 '인사하다'란 의미의 관용어로, 종종 앞에 전치사 跟이나 和가 쓰인다.

2 B
忍不住는 '못 참다, 견디지 못하다'란 의미의 관용어다.

3 C
不见得는 '반드시 꼭 ~은 아니다'란 의미로 쓰이며, 不一定과 같다.

4 C
不由得는 '자기도 모르게, 무의식 중에, ~하지 않을 수 없다(= 不容)'란 의미의 관용어다.

04 사자성어

핵심테스트 p. 217

1 D
无可奈何는 '어쩔 수 없다, 방법이 없다(= 没有办法)'란 의미의 사자성어다.

2 C
总而言之는 '아무튼, 어쨌든'의 의미로 총괄적인 결론을 나타낸다.

05 고정격식

핵심테스트 p. 226

1 A
当…时 / 的时候는 '~할 때'란 의미의 고정격식으로, 전치사 当은 동작이나 상황이 발생하는 때나 시점을 표시한다.

2 D
为 / 被A所B는 'A에 의하여 B되다'란 의미의 고정격식이다. 구조조사 所는 동사 앞에 위치하며, 피동구의 형식을 이룰 수 있다.

3 B
到…为止는 '~까지'란 의미로, 시간이 끝나는 시점을 표시한다.

4 B
以A为B는 'A로써 B를 삼다'란 의미의 고정격식이다.

5 D
由A组成은 'A로 이루어지다'란 의미의 고정격식으로, 전치사 由는 구성요소를 표시한다.

6 A
应A邀请은 'A의 초청으로, A의 초청에 응하여'란 의미의 고정격식이다.

적중! 新HSK 실전 문제 PART 3 구와 고정격식
p.227~231

1 - 10

보기
A 간신히, 힘들게   B 반드시 ~한 것은 아니다
C ~로써, ~을 가지고   D 견지하다
E 더욱더, 점점   F ~조차도

1 C

剧中的风格不是一成不变的，就（拿）京剧来说，现在和梅兰芳时代就有很大不同。

해석
극의 스타일은 불변이 아니다. 경극을 (예를) 들어보면, 현재와 메이란팡 시대와는 매우 다른 점이 존재한다.

단어
风格 fēnggé 명 스타일, (작품의) 기풍 | 一成不变 yìchéng búbiàn 성 변함이 없다 | 梅兰芳 méilánfāng 명 메이란팡(중국의 극계를 대표하는 배우)

풀이

힌트는 来说로 이와 호응을 이루어 하나의 고정구문을 나타내는 단어는 拿이다. 拿…来说는 '예를 들어 말하자면'이라는 의미를 지니고 있다.

2 F

这道题（连）他都不会做，更别说我了。

해석

이 문제는 그 (조차도) 못 푸는데, 나는 더 말할 것도 없다.

단어

道 dào 양 문제를 세는 양사 | 更别说 gèng bié shuō 더 말할 나위도 없다

풀이

힌트는 괄호 뒤의 부사 都와 뒷절의 更别说…了로, 이들과 호응을 이루어 고정구로 쓰이는 것은 连이다. 连A都B更别说C了는 'A조차도 B한데, C는 말할 것도 없다'의 뜻을 지니고 있다.

3 A

找了半天，（好不容易）才找到舅舅送我的那块手表。

해석

한참을 찾아서야, (간신히) 외삼촌이 나에게 선물해 준 그 손목시계를 찾았다.

단어

半天 bàntiān 명 한참 | 好不容易 hǎo bu róngyì 간신히, 겨우 | 舅舅 jiùjiu 명 외삼촌 | 块 kuài 양 손목시계 등을 세는 양사 | 手表 shǒubiǎo 명 손목시계

풀이

힌트는 괄호 앞 시간의 양을 나타내는 半天과 괄호 뒤의 부사 才이다. 半天은 '한참 동안'의 뜻으로 시간이 오래되었음을 나타내며, 才는 시량과 함께 쓰였을 때는 시량이 오래되어 '그제서야, 비로소'의 뜻을 지니고 있으므로 괄호에 들어갈 단어는 부사 好不容易가 가장 적당하다. 好不容易는 부사 才와 함께 쓰여 어떠한 일을 '간신히, 가까스로' 해냈음을 의미한다.

4 E

上了高中以后我一直觉得父母对我的要求（越来越）高。

해석

고등학교에 들어간 후로, 나는 줄곧 나에 대한 부모님의 요구가 (점점) 높아진다는 생각이 들었다.

단어

上 shàng 통 (학교에) 다니다 | 要求 yāoqiú 명 요구 | 越来越 yuèláiyuè 부 점점

풀이

힌트는 괄호 뒤의 형용사 高로 형용사를 직접 수식해 줄 수 있는 정도부사인 越来越가 정답이다.

5 B

金钱可以买到东西，但（不一定）买到真诚。

해석

돈으로는 물건을 살 수 있지만, 진심을 살 수 있는 (것은 아니다).

단어

金钱 jīnqián 명 금전, 돈 | 不一定 bùyídìng 부 반드시 ~한 것은 아니다 | 真诚 zhēnchéng 형 진실하다, 성실하다

풀이

핵심어는 괄호 앞의 접속사 但이다. 但은 앞절과 상반된 결과를 내놓을 때 쓰는 전환관계 접속사다. 앞절의 내용이 '살 수 있다'이므로 뒷절은 '살 수 없다'의 부정형이 들어가야 한다. 따라서 정답은 부사 不一定이다.

보기	A 말해주다	B 접촉	C 온도
	D 거절당하다	E 어쩌면	F 수천수만

6 E

A：我已经试了六次了，还是不行，我看干脆放弃好了。
B：别轻易就说放弃，（说不定）下次就成功呢。

해석

A : 저는 이미 여섯 번이나 시도해 봤는데도 안되네요. 차라리 그만 두는 게 낫겠어요.
B : 포기한다고 함부로 말하지 말거라. (어쩌면) 다음 번엔 성공할 수도 있잖니.

단어

试 shì 통 시도해보다, 시험하다 | 干脆 gāncuì 부 차라리, 아예 | 放弃 fàngqì 통 버리다, 포기하다 | 轻易 qīngyì 형 경솔하다, 함부로 하다 | 说不定 shuōbúdìng 통 어쩌면 ~일 것이다, ~일지도 모른다

풀이

힌트는 괄호의 위치로, 문장의 맨 앞에 위치할 수 있는 어휘를 찾으면 된다. 의미상으로는 다음 번의 일을 얘기하는 것이므로 추측을 나타내는 어휘가 정답이 될 수 있다. 제시어 중 문장의 맨 앞에서 추측을 나타낼 수 있는 어휘는 说不定이다.

7 F

A : 妈！吃饭前为什么一定要洗手？
B : 当我们用脏手抓食物吃的时候，会有（成千上万）的细菌进入肚子的。

해석

A : 엄마, 밥 먹기 전에 왜 꼭 손을 씻어야 하나요?
B : 우리가 더러운 손으로 음식을 집어서 먹을 때, (수 많은) 세균이 뱃속으로 들어가기 때문이란다.

단어

当…的时候 dāng…de shíhou ~일 때, ~할 때 | 脏手 zāngshǒu 뗑 더러운 손 | 抓 zhuā 통 쥐다, 잡다 | 食物 shíwù 뗑 음식물 | 成千上万 chéngqiān shàngwàn 셍 수천수만 | 细菌 xìjūn 뗑 세균 | 肚子 dùzi 뗑 복부

풀이

힌트는 괄호 뒤의 细菌을 세균이라는 뜻으로 수식해 줄 수 있는 표현을 찾아야 한다. 의미적으로 '손을 씻지 않을 경우 많은 세균이 배로 들어간다'이므로 수량이 많다는 의미를 지닌 성어 成千上万이 정답이다.

8 B

A : 出版社的那个冯编辑，你认识？
B : 在一个会议上见过面，但是没打过（交道）。

해석

A : 출판사에 있는 그 펑 편집자와는 아는 사이세요?
B : 회의에서 만난 적 있지만, (연락)하고 지내지는 않아요.

단어

出版社 chūbǎnshè 뗑 출판사 | 编辑 biānjí 뗑 편집자, 편집인 | 打交道 dǎ jiāodao (사람끼리) 왕래하다, 연락하다

풀이

힌트는 괄호 앞에 위치한 동사 打로, 이와 호응을 이루는 어휘를 찾아야 한다. 제시어 중 동사 打와 함께 쓰이는 것은 交道뿐이며 打交道는 '사람끼리 왕래하거나 연락을 하다'란 뜻을 지니고 있다.

9 D

A : 小明今天有什么事吗？看起来心情没那么好。
B : 他总喜欢乱花钱，今天又向妈妈要钱，结果（碰钉子）了！

해석

A : 샤오밍한테 오늘 무슨 일 있어? 기분이 그리 썩 좋아 보이지 않네.
B : 샤오밍이 늘 돈을 함부로 쓰는데, 오늘 또 엄마한테 돈 달라고 했다가, 결국 (거절 당했거든)!

단어

乱 luàn 뛴 함부로, 멋대로 | 花钱 huāqián 통 돈을 쓰다 | 结果 jiéguǒ 뛴 결국, 결과적으로 | 碰钉子 pèng dīngzi 거절당하다, 퇴짜맞다

풀이

먼저 술어로 쓰일 수 있는 어휘를 찾은 후 두 사람의 대화 내용을 파악해서 정답을 유추하는 문제이다. 샤오밍이 기분이 안 좋은 이유는 엄마한테 돈을 달라고 했지만 엄마가 돈을 주지 않았기 때문일 것으로 '요구에 대해 거절당하다'라는 의미를 지닌 碰钉子가 정답이다.

10 A

A : 下周一你直接去人事部办手续吧。我会跟他们（打招呼）的。
B : 好的，谢谢您。

해석

A : 다음 주 월요일에 인사부에 직접 가서 수속을 처리하시면 됩니다. 제가 그들에게 (말해 놓을게요).
B : 알겠습니다. 감사합니다.

단어

直接 zhíjiē 톙 직접적이다 | 办手续 bàn shǒuxù 수속을 하다 | 打招呼 dǎ zhāohu (사전, 사후에) 통지하다, 알리다

풀이

힌트는 괄호 앞의 전치사 跟으로, 이와 호응을 이루어 술어로 쓰일 수 있는 어휘를 찾아야 한다. 제시어 중 打招呼는 혼자 하는 동작이 아닌 누구에게 어떠한 일이나 사실을 '통지하다, 알리다'의 의미를 지녀 일반적으로 '跟 + 사람 + 打招呼'의 형식으로 쓰인다.

1 – 7

　　有一天，一个男孩儿跑到山上，对着山谷喊了起来："喂……"声音刚落，从四面八方传来了一阵阵"喂……"的回声。大山答应了，小孩儿很惊讶，因此又喊了一声："你是谁？"大山也问："你是谁？"男孩儿又喊："为什么不告诉我？"大山也喊："为什么不告诉我？"男孩儿__1__生气了，喊道："我恨你。"他__2__这一喊不得了，整个世界传来的声音都是："我恨你，我恨你……"小男孩儿哭着回家，跟妈妈说了这件事。妈妈对小男孩儿说："孩子，你回去再对着大山喊'我爱你。'，试试看结果会怎样，好吗？"小男孩儿又跑到山上。果然这次小男孩儿被包围__3__"我爱你，我爱你。"的回声中。小男孩儿笑了，大山也笑了。

🔸 **해석**

어느 날, 한 소년이 산으로 뛰어가서는 골짜기를 향해 "야호…"라고 소리를 쳤고, 소리가 땅에 닿자마자 사방에서 "야호…"하고 메아리가 울렸다. 산이 대답을 했다. 소년은 매우 놀라서 또 고함쳤다. "너는 누구니?" 산도 물었다. "너는 누구니?" 소년은 또 "나한테 왜 안 가르쳐주니?"라고 물었고, 산 역시 "나한테 왜 안 가르쳐주니?"라고 소리쳤다. 소년은 화가 나는 걸 <u>참지 못하고</u>, "나는 네가 미워."라고 소리쳤다. 그가 이 고함이 그렇게 심할지 <u>어떻게 알았겠는가</u>, 온 세상에서 들려오는 소리가 다 "나는 네가 미워, 나는 네가 미워…"였다. 소년은 울면서 집에 돌아가서 엄마에게 이 일을 말했다. 엄마는 소년에게 "얘야, 가서 다시 산을 향해 '나는 너를 사랑해.'라고 소리쳐 보렴. 결과가 어떤지 한 번 해 보는 게 어떨까?"라고 말했다. 소년은 또 산으로 뛰어갔다. 과연 이번에 소년은 "나는 너를 사랑해, 나는 너를 사랑해"라는 메아리 <u>속에</u> 둘러 쌓였다. 소년은 웃었고, 산도 웃었다.

🔸 **단어**

对着 duìzhe 통 ~을 향하다 | 山谷 shāngǔ 명 산골짜기 | 喊 hǎn 통 외치다, 소리치다 | 落 luò 통 떨어지다 | 四面八方 sìmiàn bāfāng 명 사방팔방, 방방곡곡 | 传来 chuánlái 통 전해오다, 들리다 | 回声 huíshēng 명 메아리 | 答应 dāying 통 대답하다, 응답하다 | 惊讶 jīngyà 형 의아스럽다, 놀랍다 | 恨 hèn 통 원망하다, 증오하다 | 不得了 bùdéliǎo 형 큰일났다, 야단났다 | 整个 zhěnggè 명 온통, 모든 것 | 果然 guǒrán 부 과연 | 包围 bāowéi 통 포위하다, 둘러싸다

1 A

A 忍不住 rěnbúzhù 통 견딜 수 없다, 참을 수 없다
B 怪不得 guàibude 부 어쩐지
C 舍不得 shěbude 통 섭섭하다, 아쉽다
D 说不定 shuōbúdìng 부 아마

🔸 **풀이**

밑줄 뒤의 生气가 힌트로 감정적인 색채를 지닌 어휘를 수식해주는 단어를 골라야 한다. 怪不得는 문장의 맨 앞에서 '어쩐지'의 뜻으로 쓰이는 부사이며, 说不定은 추측을 나타내는 표현으로 제3자가 짐작할 때 쓰이기 때문에 아이가 직접 느끼는 감정과는 거리가 멀다. 忍不住는 '참을 수 없다, 견딜 수 없다'의 뜻이며, 마음의 상태를 나타낼 때 쓰이므로 정답은 A이다.

2 C

A 不得不 bùdébù 부 어쩔 수 없이
B 了不起 liǎobuqǐ 형 대단하다
C 哪知道 nǎ zhīdào 어떻게 알았겠느냐
D 感兴趣 gǎn xìngqù 흥미가 있다

🔸 **풀이**

哪知道는 반어문의 형태로 不知道의 뜻을 지닌다. 뒤이어 일어날 결과를 예측하지 못할 때 쓰이며 문맥상 소년이 소리친 我恨你가 사방에서 들려올지는 생각도 못했다는 의미이므로 정답은 C이다.

3 B

A 使 shǐ 통 (~에게) ~하게 하다
B 在 zài 전 ~에서
C 了 le 조 동사나 형용사 뒤에 쓰여 완료나 변화를 나타내는 조사
D 给 gěi 전 ~에게 (~을 주다)

🔸 **풀이**

힌트는 전치사 被와 범위를 나타내는 中이다. 피동문에서 술어는 기타 성분을 동반해야 하며 보기 중 동사 뒤에서 보어로 쓰이는 어휘는 在와 给이다. 이 중 中과 함께 쓰여 범위를 나타내는 것은 B이다.

> 有一个人想挂一张照片，他有钉子，不过家里没有锤子。他想到邻居有锤子，于是他决定去找邻居借锤子。
> 　　就在这 __4__ ，他想：要是邻居不愿意借我锤子，那怎么办？昨天他跟我 __5__ 的时候，他很不在意，也许他匆匆忙忙，也许这种匆忙是他装出来的，其实他心里对我是非常不满呢？那么什么事不满呢？我又没有做过对不起他的事，是他自己在多心罢了。要是有人向我借工具，我马上就借给他。而他为什么不借呢？怎么能拒绝帮别人这么点儿忙呢？而他还自以为我依赖他，仅仅因为他有一个锤子！我受够了。
> 　　于是他迅速跑过去，按响门铃。邻居开门了，还没 __6__ 说声"你好"，这个人就 __7__ 着他喊道："留着你的锤子给自己用吧，你这个混蛋！"

🔸 **해석**

어떤 이가 사진을 한 장 걸고 싶었는데, 그에게는 못은 있었으나 집에 망치가 없었다. 그는 옆집에 망치가 있는 것이 생각이 나서 옆집에 망치를 빌리러 가기로 했다.

바로 이<u>때</u>, 그는 생각했다. 만일 옆집에서 나에게 망치를 빌려주길 원하지 않으면, 어쩌지? 어제 그가 나에게 <u>인사를 할</u> 때 별로 개의치 않았잖아. 어쩌면 바빠서 일 수도 있겠고, 또 어쩌면 그 바쁜 것이 그가 꾸며낸 것일 수도 있어. 사실, 그 사람 마음 속으로는 내게 굉장히 불만이 있을지도 모르지? 그럼 뭐가 불만이지? 나는 그에게 미안한 일을 한 적이 없는데. 그 스스로가 민감하게 반응하는 것뿐일 거야. 만일 누가 나에게 공구를 빌려달라고 하면, 나는 바로 빌려줄 텐데. 하지만 그는 왜 안 빌려주는 거지? 어떻게 다른 사람의 사소한 일을 돕는 걸 거절할 수가 있지? 겨우 망치 하나 있다는 것 때문에 그는 내가 그에게 의존하고 있다고 착각하는가 보군! 더 이상 못 참겠다.

그래서 그는 빠르게 가서 초인종을 눌렀다. 옆집 사람이 문을 열었고 '안녕하세요'라는 말을 채 하기도 전에 이 사람은 그에게 돌진하며 소리쳤다. "당신 망치 혼자나 써요. 이 나쁜 놈 같으니라고!"

단어

挂 guà 동 걸다 | 钉子 dīngzi 명 못 | 锤子 chuízi 명 쇠망치 | 邻居 línjū 명 이웃집 | 于是 yúshì 접 그리하여 | 不在意 búzàiyì 개의치 않다 | 也许 yěxǔ 부 어쩌면, 아마도 | 匆忙 cōngmáng 형 매우 바쁘다 | 装 zhuāng 동 연기하다, 가장하다 | 其实 qíshí 부 사실 | 多心 duōxīn 멋대로 의심하다, 민감하게 반응하다 | 罢了 bàle 조 단지 ~일 따름이다 | 拒绝 jùjué 동 거절하다, 거부하다 | 自以为 zì yǐwéi 제 딴엔, 착각하다 | 依赖 yīlài 동 의존하다, 기대다 | 仅仅 jǐnjǐn 부 단지, 다만 | 受够了 shòu gòu le 참을 만큼 참았다 | 迅速 xùnsù 형 신속하다, 재빠르다 | 按响 àn xiǎng (벨을) 울리다 | 门铃 ménlíng 명 초인종 | 喊 hǎn 동 외치다, 고함치다 | 混蛋 húndàn 망할 놈, 머저리 같은 놈

4 A

A 时候 shíhou 명 때, 무렵
B 时间 shíjiān 명 시간
C 以后 yǐhòu 명 이후
D 后来 hòulái 명 그 후, 그 다음

풀이

힌트는 밑줄 앞의 这이다. 지시대사 这의 뒤에서 '순간, 때'를 나타내는 어휘는 时候이며 这时候는 '이때, 이 무렵'의 뜻이다.

5 A

A 打招呼 dǎ zhāohu (말, 행동으로) 인사하다
B 打交道 dǎ jiāodao 왕래하다, 연락하다
C 受得了 shòu deliǎo 견딜 수 있다, 참을 수 있다
D 打太极 dǎ tàijí 태극권을 하다

풀이

힌트는 밑줄 앞의 전치사 跟으로 보기에서 전치사 跟과 쓰일 수 있는 것은 A, B, D이며, 이 중 打太极는 의미상 소거 할 수 있다. 밑줄 뒤의 내용을 보면 직접 만나서 얘기를 하고 지나치는 상황이 전개되고 있으므로 '왕래하고 연락하다'의 뜻을 지닌 打交道는 적당하지 않으며, '(아는 사람과) 인사하다'는 의미를 지닌 打招呼가 정답이다.

6 A

A 来得及 láidejí 동 늦지 않다
B 分不开 fēnbukāi 부 밀접하게 연관되다, 떼어 놓을 수 없다
C 不一定 bùyídìng 반드시 ~한 것은 아니다
D 有的是 yǒude shì 얼마든지 있다

풀이

힌트는 밑줄 앞의 부정부사 没로 이와 호응을 이루는 어휘를 찾아야 한다. 分不开와 不一定은 이미 어휘 자체에 부정부사가 있으므로 정답에서 제외되며, 有的是는 관용어로 没有的是라는 표현은 없다. 来得及는 '늦지 않다'의 뜻이며 부정부사 没와 함께 쓰이면 '채 ~하기 전이다'의 뜻으로 문맥상 적합하다.

7 C

A 挥 huī 동 흔들다
B 甩 shuǎi 동 휘두르다, 떼어놓다
C 冲 chòng 동 맹렬하다, 힘차다
D 抢 qiǎng 동 빼앗다, 약탈하다

풀이

단음절 동사를 묻는 문제이다. 단음절 동사는 어휘의 뜻을 알면 정답을 쉽게 고르지만 어휘의 뜻을 모르면 정답 찾기가 힘드니 평소 단어의 뜻 암기에 심혈을 쏟아야 한다. 밑줄에는 사람의 동작을 묘사하는 단어가 필요하다. 挥와 甩는 손 동작을 묘사하며, 抢은 물건을 약탈하는 것을 뜻하므로 정답이 아니다. 冲은 사람의 동작이 맹렬하고 세찬 모습을 묘사하는데, 문맥상 자신의 상상을 사실로 착각한 남자가 이웃을 향해 세찬 기세로 소리치는 내용이므로 정답은 冲이다.

1 - 10

1 很多　　收集了　　月亮的　　关于　　资料　　他
➡ 他收集了很多关于月亮的资料。

해석

그는 달에 관한 많은 자료를 수집했다.

단어

收集 shōují 동 수집하다 | 月亮 yuèliang 명 달 | 关于 guānyú 전 ~에 관하여 | 资料 zīliào 명 자료

풀이

한정어의 어순을 묻는 문제이다. 일단 문장의 중심어인 '주어 + 술어 + 목적어'를 알맞게 배열하면 '他 + 收集了 + 资料(그는 자료를 수집했다)'이며, 资料를 수식하는 한정어의 어순은 '수량 + 전치사 + 명사 + 的'이므로 전체문장은 '他收集了很多关于月亮的资料.'로 배열된다.

他	收集了	很多关于月亮的资料。
주어	동사 술어구	목적어구

2 看书　　躺着　　不好　　对眼睛
➡ 躺着看书对眼睛不好。

해석
누워서 책을 보면 눈에 좋지 않다.

단어
躺 tǎng 동 눕다 | 眼睛 yǎnjing 명 눈

풀이
전치사 对는 주로 '주어 + 对 + 명사 + 형용사 술어'의 형태를 띠므로 술어 不好와 결합하여 '对眼睛 + 不好'가 된다. 눈에 안 좋다는 내용의 주어에 해당하는 '~이'는 '躺着看书(누워서 책보다)'가 될 수 있으므로 전체문장은 '躺着看书对眼睛不好.'로 배열된다.

躺着看书	对眼睛	不好。
주어구	전치사구	형용사 술어구

3 帮弟弟　让我　做作业　姥姥
➡ 姥姥让我帮弟弟做作业。

해석
외할머니께서 나에게 남동생 숙제하는 것을 도와주라고 하셨다.

단어
姥姥 lǎolao 명 외할머니

풀이
겸어문의 어순 및 동작의 배열 순서를 묻는 문제로 핵심어는 사역동사 让이다. 让은 '주어 + 让 + 명사 + 술어 + 기타 성분'의 형식을 띠므로 먼저 '让我 + 帮弟弟 + 做作业'의 순서로 배열한다. 我가 하는 직접적인 동작은 做作业이며, 남동생을 도와주는 방식을 이야기하므로 방식을 나타내는 동사가 직접하는 동작동사보다 앞에 위치한다. 따라서 전체문장은 '姥姥让我帮弟弟做作业.'로 배열된다.

姥姥	让	我	帮	弟弟	做	作业。
주어1	술어1	목적어1/주어2	술어2	목적어2	술어3	목적어

4 由　40多个国家领导　组成　这个代表团
➡ 这个代表团由40多个国家领导组成。

해석
이 대표단은 40여 개국의 지도자로 구성되었다.

단어
由…组成 yóu…zǔchéng ~로 구성되다 | 领导 lǐngdǎo 명 리더, 지도자 | 代表团 dàibiǎotuán 명 대표단

풀이
전치사와 동사 고정격식을 이용해서 어순을 배열하는 문제이다. '由…组成(~로 구성되다)'은 구성요소를 나타낼 때 쓰이는 고정격식이므로 전체문장은 '这个代表团由40多个国家领导组成.'으로 배열된다.

这个代表团	由40多个国家领导	组成。
주어구	전치사구	동사 술어

5 愉快的　我每天　过　而　日子　开心
➡ 我每天过开心而愉快的日子。

해석
나는 매일 즐겁고 유쾌한 나날을 보낸다.

단어
过 guò 동 보내다, 지내다 | 而 ér 접 그리고 | 日子 rìzi 명 날, 시간

풀이
한정어의 어순을 묻는 문제로 일단 문장의 중심어인 '주어 + 술어 + 목적어'를 알맞게 배열하면 '我每天 + 过 + 日子(나는 매일 나날을 보낸다)'이며, 日子를 한정해주는 어순은 접속사 而을 중심으로 배열한다. 而은 형용사와 형용사를 연결하는 접속사이므로 전체문장은 '我每天过开心而愉快的日子.'로 배열된다.

我	每天	过	开心而愉快的日子。
주어	시간사	동사 술어	목적어구

6 大家　这次博览会　迎接　充满信心地
➡ 大家充满信心地迎接这次博览会。

해석
모두들 자신감이 충만하게 이번 박람회를 맞이했다.

단어
博览会 bólǎnhuì 명 박람회 | 迎接 yíngjiē 동 맞이하다, 영접하다 | 充满 chōngmǎn 동 충만하다, 넘치다

풀이
부사어의 어순을 묻는 문제로 일단 문장의 중심어인 '주어 + 술어 + 목적어'를 알맞게 배열하면 '大家 + 迎接 + 这次博览会(모두들 이번 박람회를 맞이하다)'이며, 구조조사 地는 동사 술어 앞에서 술어의 상황을 수식해주는 부사어의 역할을 하므로 전체문장은 '大家充满信心地迎接这次博览会.'로 배열된다.

大家	充满信心地	迎接	这次博览会。
주어	부사어	동사 술어	목적어구

7 以　北京语音　普通话　标准音　为
➡ 普通话以北京语音为标准音。

해석
보통화는 베이징말을 표준음으로 한다.

단어

以…为… yǐ…wéi… ~을 ~으로 삼다 | 普通话 pǔtōnghuà 명 (현대 중국) 표준어 | 标准音 biāozhǔnyīn 명 표준음

풀이

전치사와 동사 고정격식을 이용해서 어순을 배열하는 문제이다. '以…为…(~을 ~로 삼다)'는 고정격식이므로 이를 중심으로 제시된 명사 北京语音, 普通话, 标准音의 각각의 의미를 생각해서 배열하면 전체문장은 '普通话以北京语音为标准音。'이다.

普通话	以北京语音	为	标准音。
주어	전치사구	동사 술어	목적어

8 一点儿也　没有　抽烟对你　好处
　➡ 抽烟对你一点儿也没好处。

해석

흡연은 네게 조금도 좋은 점이 없다.

단어

抽烟 chōuyān 동 담배를 피우다

풀이

핵심어는 一点儿也로 이는 일반적으로 부정부사 不나 没와 짝을 이루어 '조금도 ~하지 않는다' 혹은 '조금도 ~이 없다'의 뜻으로 쓰인다. 이를 중심으로 어순을 배열하면 우선 '一点儿也 + 没有 + 好处'의 순서가 되며 抽烟对你를 주어로 써서 전체문장은 '抽烟对你一点儿也没好处。'로 배열된다.

抽烟	对你一点儿也没	有	好处。
주어	부사어	동사 술어	목적어

9 服装设计　感兴趣　对　王教授　特别
　➡ 王教授对服装设计特别感兴趣。

해석

왕 교수님은 의상디자인에 대해 굉장히 관심이 있다.

단어

服装设计 fúzhuāngshèjì 명 의상 디자인 | 教授 jiàoshòu 명 교수

풀이

전치사와 술어 고정격식을 이용해서 어순을 배열하는 문제이다. '对…感兴趣(~에 대해 흥미가 있다)'는 고정격식이므로 이를 중심으로 명사의 뜻을 생각하며 어순을 배열하면 우선 '王教授 + 对 + 服装设计 + 感兴趣(왕 교수님은 의상 디자인에 흥미가 있다)'의 순으로 배열된다. 전치사 对가 쓰인 문장에서 정도부사 特别는 형용사 술어 앞에 쓰이므로 전체문장은 '王教授对服装设计特别感兴趣。'로 배열된다.

王教授	对服装设计	特别	感兴趣。
주어	전치사구	부사	형용사 술어

10 阳光　鲜花　都　所有的　离不开
　➡ 所有的鲜花都离不开阳光。

해석

모든 꽃들은 햇빛이 없어서는 안 된다.

단어

阳光 yángguāng 명 햇빛 | 鲜花 xiānhuā 명 생화, 꽃 | 所有 suǒyǒu 형 모든, 전부의 | 离不开 líbukāi 동 벗어날 수 없다, 없어서는 안 된다

풀이

핵심어는 동사 离不开(없어서는 안 된다)로 문장에서 'A离不开 B'의 형태로 쓰인다. 먼저 A와 B 자리에 들어갈 명사를 정해 주면 의미상 '鲜花 + 离不开 + 阳光'으로 배열되며, 所有는 '所有 + 명사 + 都'의 형태로 쓰여 주로 사물의 범위를 나타내므로 鲜花를 수식할 수 있다. 따라서 전체문장은 '所有的鲜花都离不开阳光。'으로 배열된다.

所有的鲜花	都	离不开	阳光。
주어구	부사	동사 술어	목적어

1-5

1 昨天下午，婺源县1000多名学生十分兴高采烈地参加了学校举行的课外活动。
　➡ 昨天下午，婺源县1000多名学生兴高采烈地参加了学校举行的课外活动。

해석

어제 오후, 무원현 1,000여 명의 학생들이 매우 기뻐하며 학교에서 개최한 방과 후 활동에 참여했다.

단어

婺源县 Wùyuánxiàn 명 무원현(지명) | 十分 shífēn 부 매우, 대단히 | 兴高采烈 xìnggāo cǎiliè 성 매우 기쁘다

풀이

묘사성 네 글자나 성어는 정도부사의 수식을 받을 수 없으므로, 十分兴高采烈地를 兴高采烈地로 고쳐야 한다.

2 我当大学毕业的时候，我们一家人都搬到北京来了。
　➡ 当我大学毕业的时候，我们一家人都搬到北京来了。

해석

내가 대학을 졸업할 때, 우리 가족은 모두 베이징으로 이사 왔다.

단어

当…的时候 dāng…de shíhou ~일 때, ~할 때 | 搬 bān 동 옮겨 가다, 이사하다

> **풀이**

전치사 当은 주로 '当…的时候'의 형식으로 쓰이며, 当이 전치사임에도 불구하고 주어 앞에 위치해서 '当 + 주어 + …的时候'의 형식으로 쓰인다. 따라서 我当大学毕业的时候,를 当我大学毕业的时候,로 고쳐야 한다.

3 许多有抱负的人都不够重视积少成多的道理，一心只想**一丝不苟**，而不去努力耕耘。

→ 许多有抱负的人都不够重视积少成多的道理，一心只想**一鸣惊人**，而不去努力耕耘。

> **해석**

큰 뜻을 지닌 많은 사람들은 티끌 모아 태산이라는 도리를 중요시 여기지 않고, 오로지 한 번에 사람을 놀라게만 하고 싶어해서 열심히 일하지 않는다.

> **단어**

抱负 bàofù 명 포부, 큰 뜻 | 积少成多 jīshǎo chéngduō 성 티끌 모아 태산 | 一丝不苟 yìsī bùgǒu 성 (일을 함에 있어) 조금도 빈틈이 없다 | 耕耘 gēngyún 동 근면하게 일하다, 정성을 기울이다 | 一鸣惊人 yìmíng jīngrén 성 뜻밖에 사람을 놀라게 하다

> **풀이**

성어의 뜻을 알고 문장에서 알맞게 쓰였는지 파악하는 문제로 난이도가 높은 문제이다. 一丝不苟는 '일하는데 소홀함이 없음'을 의미하는 뜻으로 문맥에 어울리지 않는다. 큰 뜻을 가진 사람은 티끌모아 태산보다는 한 번에 성공하기를 바란다는 내용이므로 一丝不苟를 一鸣惊人으로 바꾸어 써야 한다.

4 九寨沟的水是世间最清澈的，无论是平静的湖泊，还是飞泻的瀑布，都那么美妙迷人，让人**目不转睛**。

→ 九寨沟的水是世间最清澈的，无论是平静的湖泊，还是飞泻的瀑布，都那么美妙迷人，让人**流连忘返**。

> **해석**

구채구의 물은 세상에서 가장 맑고 투명하다. 고요한 호수이거나 쏟아지는 폭포를 막론하고 그렇게 아름답고 사람을 매혹시켜서, 사람들로 하여금 그 자리를 떠나기 싫게 만든다.

> **단어**

九寨沟 Jiǔzhàigōu 명 구채구(지명) | 清澈 qīngchè 형 맑고 투명하다 | 湖泊 húpō 명 호수 | 飞泻 fēixiè 동 쏟아지다, 내리퍼붓다 | 瀑布 pùbù 명 폭포 | 美妙 měimiào 형 아름답다 | 迷人 mírén 동 사람을 홀리다 | 目不转睛 mùbù zhuǎnqíng 뚫어져라 쳐다보다 | 流连忘返 liúlián wàngfǎn 성 아름다운 경치에 빠져 떠나기 싫어하다

> **풀이**

성어의 뜻을 알고 문장에서 알맞게 쓰였는지 파악하는 문제로 난이도가 높은 문제이다. 目不转睛은 한 곳만 뚫어져라 쳐다보는 행동을 의미하는 관용어로 문맥에 어울리지 않는다. 경치가 아름다워서 어떠한 곳을 떠나기 싫어한다는 의미를 지닌 성어는 流连忘返이므로 目不转睛을 流连忘返으로 바꾸어 써야 한다.

5 到目前为止，中国城镇居民中还有很多人仍然处于生活条件相对**贫困的**。

→ 到目前为止，中国城镇居民中还有很多人仍然处于生活条件相对**贫困的状态**。

> **해석**

현재까지는, 중국 도시 거주민 중 아직 매우 많은 사람이 여전히 생활 조건이 상대적으로 빈곤한 상황에 있다.

> **단어**

到…为止 dào…wéizhǐ ~까지 | 城镇居民 chéngzhènjūmín 명 도시 거주민 | 仍然 réngrán 부 여전히, 아직도 | 处于 chǔyú 동 처하다, 놓이다 | 相对 xiāngduì 형 상대적이다 | 贫困 pínkùn 형 빈곤하다, 곤궁하다

> **풀이**

동사 处于는 뒤에 반드시 범위를 한정해 주는 표현과 함께 해야 하며, 주로 '之中，状态，阶段' 등과 함께 쓰인다. 따라서 处于生活条件相对贫困的를 处于生活条件相对贫困的状态로 써야 한다.

특수문형

정답

01 是자구	p.237	1 D	2 D	3 D	4 C	5 C	6 C						
02 有자구	p.241	1 A	2 C	3 B	4 D	5 A	6 D	7 B	8 C				
03 존현문과 연동문	p.243	1 B	2 C	p.245	1 C	2 C	3 C	4 C	5 B	6 B			
04 겸어문	p.248	1 B	2 B	3 D	4 B	5 C							
05 是…的구	p.252	1 C	2 B	3 C	4 C	5 A							
06 피동문	p.255	1 A	2 B	3 B	4 D								
07 비교문	p.258	1 C	2 D	3 D	4 D	5 B	6 D	p.260	1 D	p.261	1 D		
08 把자구	p.265	1 A	2 C										
09 강조의 방법	p.267	1 C	2 D	3 D	4 D	5 B	p.268	1 B	2 B	p.270	1 C	2 B	p.272	1 B	2 C
		3 D	4 C	5 B	6 C	7 D	8 C						
10 동사의 태	p.276	1 D	2 B	3 B	4 B	p.278	1 C	2 A	3 C	p.280	1 D	2 C	3 B	4 D	5 C
		6 B											
11 복문	p.286	1 C	2 C	3 B	4 C	5 D	6 D	7 C	8 D	9 D	10 C	p.290	1 A	2 C	3 B
		4 B	5 C	6 D	7 D	p.294	1 B	2 C	3 B	4 C	5 A	6 C	7 C	8 B	p.297	1 A
		2 D	3 C	4 A	p.299	1 B	2 A	3 B	p.304	1 C	2 D	3 B	4 C	5 B	6 C	7 C
		8 B	p.306	1 C	2 C	p.311	1 D	2 A	3 B	p.313	1 C	2 C	3 A	4 A	p.315	1 B

적중! 新HSK 실전 문제

PART 4 특수문형
p.316~320

1-10	1 C	2 E	3 B	4 F	5 A	6 D	7 A	8 F	9 E	10 B
1-7	1 A	2 B	3 A	4 C	5 A	6 C	7 D			

1-10
1 西红柿也是一种蔬菜。　2 请你把复习资料递给我。
3 隔壁搬来一个小姑娘。　4 飞往广州的航班被临时取消了。
5 小王被一家大型公司录取了。　6 王师傅把这个消息弄糊涂了。
7 医生建议他少吃辣椒。　8 阳台上有一盆紫色的花。
9 那个小伙子既能干又可爱。　10 要是永远保持年轻就好了。

1-5
1 怀疑别人，则让我们缺乏安全感，总是生活在自己假象的危险中。
2 随着科技的进步，现在很多电脑被设计得非常小巧，甚至可以把它放在一个很薄的文件袋里。
3 我总觉得江西庐山的云海比安徽黄山更美。
4 他不但喜欢京剧脸谱，而且也喜欢京剧的各种服饰。
5 我觉得这篇文章写得不错，但是还存在一些缺点，只要好好地修改修改，那就更好了。

01 是자구

핵심 ❶ 是자구

핵심테스트 p. 237

1 D
不是A而是B는 'A가 아니라 B이다'란 의미의 是…的구로 여기에서는 재료를 강조한다.

2 D
幸运的는 的자구로 명사화하여 문장에서 주어로 쓰였으므로 그 뒤에는 술어인 是가 온다.

3 D
只是因为…는 '단지 ~이기 때문이다'란 의미로 쓰인다.

4 C
之所以A是因为B는 'A인 까닭은 B이기 때문이다'란 의미의 是자구가 쓰인 접속사이다.

5 C
'전체 + 都是…'는 '온통 ~이다'란 의미의 是자구이다.

6 C
就是…는 '바로 ~이다'란 의미로, 사실을 강조한다.

02 有자구

핵심 ❶ 有자구

핵심테스트 p. 241

1 A
了는 목적어에 수식어가 있으면 동사의 뒤에 붙고, 수식어가 없으면 문장 끝에 온다. 문제에서 목적어에 한정어가 있으므로 '동사 + 了 + 한정어 + 목적어'의 순서가 된다.

2 C
동사 有에 了가 있으므로 목적어 变化는 수식어를 가진다.

3 B
大概는 부사이므로 동사 有 앞에 붙는다.

4 D
A有B那么…는 'A는 B만큼 ~하다'라는 뜻이다.

5 A
'曾经 + 동사 + 过'는 '일찍이 ~(동사)한 적이 있다'라는 뜻이다.

6 D
有자는 有…的 혹은 有的…형식으로 병렬형식을 만들 수 있다.

7 B
'주어 + 有着 + 명사'는 소유, 구비를 나타낸다.

8 C
'주어 + 有所 + 이음절 동사'는 서면어로, 소유나 구비 또는 준비를 표현한다.

03 존현문과 연동문

핵심 ❶ 존현문

핵심테스트 p. 243

1 B
'장소 단어 + 동사 + 着 + 명사'는 어떤 장소에 어떤 사람 혹은 사물이 존재함을 나타낸다.

2 C
'장소 단어 + 是 + 명사'는 어떤 장소에는 '오로지 ~뿐임'을 나타낸다.

핵심 ❷ 연동문

핵심테스트 p. 245

1 C
목적어에 수식어가 있을 경우 了를 동사 뒤에 놓는다.

2 C
'장소 단어 + 동사 + 명사' 형식의 존현문에서 동사 뒤에 방향보어를 사용하여 사람이나 사물의 출현을 표시할 수 있다. 무엇보다도 방향보어는 동사 뒤에 놓여야 한다.

3 C
'동사1 + 完了 + 就 + 동사2'의 연동문에서 첫 번째 동작 완료 후 두 번째 동작이 연이어 발생할 경우 동사2의 앞에 부사 就나 再를 놓는다.

4 C
'동사1 + 了 + 就 + 동사2'의 연동문은 첫 번째 동사 완료 후 곧바로 두 번째 동사가 이어져 발생하는 것을 나타낸다.

5 B
연동문의 부정형은 '不 + 동사1 + 동사2'이다.

6 B
'동사1 + 着 + 명사 + 동사2'의 연동문에서 着는 반드시 첫 번째 동사에 붙여 수단 또는 방식을 표시한다.

04 겸어문(兼语句)

핵심 ❶ 겸어문

핵심테스트 p. 248

1 B
겸어문에서 조동사나 부정부사 등의 부사어는 첫 번째 동사 앞에 놓인다. 雪糕 : 아이스크림

2 B
사역동사는 주로 사람이나 명사 앞에 놓이며, 그 뒤에는 '주어 + 술어'의 형식이 놓인다.

3 D
称A为B는 'A를 B라 부르다'란 의미의 호칭을 표시하는 겸어문이다.

4 B
准이 동사1 吸烟이 동사2로서, 부정부사는 准 앞에 놓인다.

5 C
选择A作为B는 'A를 B로 선택하다'란 의미로 호칭이나 인정을 표시하는 겸어문이다.

05 是…的구

핵심 ❶ 是…的구

핵심테스트 p. 252

1 C
是…的구문으로 방법을 강조한다.

2 B
일반 是…的구문의 부정형식은 不是…的이다.

3 C
是…的구문으로 화자의 견해, 의견, 태도 등을 강조할 경우, 부정형식은 是不…的이다.

4 C
是…的구문으로 화자의 견해, 의견, 태도 등을 강조할 경우, 부정형식은 是不…的이다.

5 A
是자로 구문을 시작하는 是…的구는 주어를 강조한다.

06 피동문(被动句)

핵심 ❶ 피동문

핵심테스트 p. 255

1 A
피동문에서 조동사나 부사는 피동을 나타내는 전치사 앞에 위치한다.

2 B
피동을 나타내는 전치사 被는 명사 없이 직접 동사 앞에 올 수 있으며, 연동문에서 전치사는 동사1 앞에 쓰인다.

3 B
피동문뿐만 아니라 일반적으로 부정부사는 전치사 앞에 위치한다.

4 D

피동문의 기본 형식은 '주어 + 被 / 叫 / 让(피동을 나타내는 전치사) + 목적어 + (给 +) 동사 + 기타 성분'이다.

07 비교문(比較句)

핵심 ❶ 比자구

핵심테스트 p. 258

1 C
'A比B + 단음절 형용사 + 동사 + 수량사' 형식에서 단음절 형용사는 동사(특히 단음절 동사) 앞에서 부사어로 쓰인다.

2 D
'A比B + 술어 + 수량사' 형식에서 수량사는 두 가지 사물의 대략적인 차이를 표시할 때 一点儿 혹은 一些를 사용하여 차이가 작음을 나타낸다.

3 D
'A比B + 단음절 형용사 + 동사 + 수량사' 형식은 수량사를 동사 뒤에 놓아(수량보어) 구체적인 차이를 표시한다.

4 D
'A比B + 更 / 还 + 형용사 술어'의 형식에서 更과 还의 위치를 기억해야 한다.

5 B
不会는 부정부사와 조동사이므로 전치사 比의 앞에 놓인다.

6 D
정도보어로 쓰인 형용사 快 뒤에 수량사 一点儿이 쓰인다.

핵심 ❷ 比가 없는 비교문

핵심테스트 p. 260

1 D
'A(没)有B这么 / 那么 + 술어'는 'A는 B만큼 이렇게 / 그렇게 ~하다'란 의미로, 那么 혹은 这么는 성질이나 정도를 표시한다.

핵심 ❸ 수량 표시 비교문

핵심테스트 p. 261

1 D
多는 비교문에서 술어 역할을 하는 단음절 동사 앞에 쓰여 'A가 B보다 많이 ~하다'의 뜻으로 쓰인다.

08 把자구

핵심 ❶ 把자구

핵심테스트 p. 265

1 A
把자구에서 부정부사는 반드시 把의 앞에 위치한다.

2 C
把자구에는 가능보어를 제외한 보어가 사용될 수 있다. 전치사 给는 동사 뒤에서 수여의 대상을 표시하는 결과보어로 사용된다.

09 강조의 방법

핵심 ❶ 반어문

핵심테스트 p. 267

1 C
'의문대사 + 都'는 불특정한 모든 대상을 강조한다.

2 B
不是A吗는 'A 아닌가'란 의미로 A임을 강조하는 반어문이다.

3 D
怎么可能A(= 不可能A)는 '어찌 A일 수 있겠는가'란 의미로 A일

가능성을 부정하는 반어문이다.

4 D
还A는 '그런데도, 그래도, 그러면서도 A인가'란 뜻으로 A가 아님 혹은 A할 수 없음을 강조하는 반어문이다.

5 B
哪 / 哪儿 / 哪里A는 '어딜 / 어찌 A인가'란 의미의 의문대사 반어문으로 A가 아님을 강조하는 뜻이다.
冷落 : 냉대하다, 푸대접하다

핵심 ❷ 连A也 / 都B

핵심테스트 p. 268

1 B
连A都B는 '심지어 A조차도 역시 B하다'란 의미로, A부분을 강조한다.

2 B
连A都B, 更别说C了는 'A조차도 역시 B한데, C는 더욱 말할 필요도 없다'란 의미의 강조구문이다. 跳水 : 다이빙

핵심 ❸ 강조의 부사 是 / 就 / 可

핵심테스트 p. 270

1 C
就는 '就是'의 형식으로 술어가 나타내는 상황이나 동작을 강조한다.

2 B
可는 명령문에서 강조나 간절한 권유를 나타내며 부사 千万은 '절대, 부디, 아무쪼록'의 뜻으로 청유문에 쓰이므로 可는 千万의 앞에 위치한다.

핵심 ❹ 강조의 고정격식

핵심테스트 p. 272

1 B
非得A는 '반드시 A하다'란 의미의 이중부정 형식을 이용하여 긍정을 강조하며 끝에 不行 / 不可 등이 올 수도 있다.

2 C
非要(得)A不可는 '반드시 A해야만 하다'란 뜻으로, 긍정을 강조하는 이중부정 형식이다.

3 D
没有A不B는 'B하지 않는 A는 없다, 모든 A는 다 B하다'란 의미의 이중부정을 통한 강조형식이다.

4 C
'一 + 양사 + (명사 +) 也 / 都 + 没 / 不 + 동사 / 형용사'는 '하나도 ~ 않다, 한번도 ~ 않다, 전혀 ~ 않다'란 의미의 완전부정으로 강조의 어기를 지닌다.

5 B
不A不B는 'A하지 않으면 B하지 않는다'란 뜻으로 가정구문의 긴축형태이다. 把자구에서 부정부사는 把의 앞에 위치한다.

6 C
부사와 조동사의 이중부정 형식이며, 조동사와 부사 둘 다 동사 앞에 위치해야 하므로, C만이 가능하다.

7 D
부사 都가 올 수 있는 위치는 동사의 앞인 D뿐이며, 也都의 순서이다.

8 C
没有A不B는 'B하지 않은 A가 없다'란 의미의 이중부정 강조구문이다.

10 동사의 태

핵심 ❶ 완성태와 변화태

핵심테스트 p. 276

1 D
구문 끝에 위치하는 了는 이미 발생한 일을 표시할 수 있다. 연동문에서 일반적으로 了는 동사2의 뒤에 위치한다.

2 B
목적어를 수식하는 한정어가 있을 경우, 了는 동사 뒤에 붙인다.

3 B
'동사1 + 了 + 就 + 동사2' 형식의 연동문에서 두 개의 동사가 긴밀히 연이어 발생함을 표시할 때는 了를 동사1에 붙인다.

4 B

'비지속성동사 + 목적어 + 시량보어 + 了'는 '~한지 얼마 되었다'란 의미로 동작 완료 후 경과한 시간을 표시한다.

핵심 ❷ 지속태와 진행태

핵심테스트 p. 278

1 C

'동사1 + 着 + 동사2' 형식이 되어야 한다. 연동문에서는 동사1 뒤에 着를 붙여 동사2의 방식, 수단임을 표시한다. 强忍은 '애써 참다'라는 뜻이다.

2 A

红은 '붉히다'라는 뜻의 동사로 문장에서 동사1로 쓰여, 동사2 倾诉의 방식을 표시한다.

3 C

着는 동사 뒤에서 진행 혹은 지속태를 나타낸다. 还…着는 '아직도 ~하고 있다'란 의미로 쓰인다.

핵심 ❸ 경험태

핵심테스트 p. 280

1 D

'从来没有 + 这么 + 형용사 + 过'는 '지금까지 이처럼 ~한 적이 없다'란 의미로 지금이 가장 높은 정도의 상태임을 표시한다.

2 C

경험태는 没를 사용하여 부정한다. 吵架는 이합사로 过는 吵의 뒤에 붙어야 하므로, A는 답이 될 수 없다.

3 B

부정부사는 전치사 앞에 위치한다.

4 D

从…过는 '~을 경유해서 지나가다'란 의미이며, '从来没(有) + 동사 + 过'는 경험태의 부정형식이다.

5 C

겸어문에서 동태조사 过는 동사2의 뒤에 온다.

6 B

'从没 + 동사 + 过'는 '여태껏 ~해본 적이 없다'란 의미이다.

11 복문(复句)

핵심 ❶ 병렬복문 / ❷ 승접복문

핵심테스트 p. 286

1 C

서로 다른 주어가 같은 행위를 반복할 경우 부사 也를 사용한다. 부사는 시간명사 뒤에 위치한다.

2 C

接着는 두 문장의 내용이 이어서 발생함을 표시하므로, 뒷절의 맨 앞에 위치한다. 뒤에는 부사 又 / 再 등이 올 수 있다.

3 B

부사 就는 뒷절에서 원인에 대한 결과를 표시할 수 있다.

4 C

부사 就는 연동문에서 두 번째 동사 앞에 위치하여, 두 개의 동작이 연이어 발생함을 표시할 수 있다.

5 D

既A又B는 'A하기도 하고 B하기도 하다'란 의미로 두 가지의 성질을 병렬시켜 설명한다.

6 D

접속사 而은 앞절과 뒷절을 순접 혹은 역접으로 연결한다.

7 C

便은 '~하자마자, ~하고는'이라는 의미의 부사로 就와 같은 용법이며, 두 가지 상황이 연이어 발생함을 표시한다.

8 D

于是는 '그리하여, 그래서'란 의미로, 원인의 결과를 표시하는 접속사다.

9 D

于是는 '그리하여, 그래서'란 의미로, 원인의 결과를 표시하는 접속사다.

10 C

于是는 '그리하여, 그래서'란 의미로, 원인의 결과를 표시하는 접속사다.

핵심 ❸ 점층복문

핵심테스트 p.290

1 A
不但은 두 절의 주어가 다를 경우 앞절의 주어 앞에 위치한다.

2 C
况且는 '게다가, 하물며'란 의미의 접속사로 원인이나 근거를 덧붙일 때 사용한다.

3 B
不但은 두 절의 주어가 같으므로 앞절 주어 뒤에 위치한다.

4 B
并은 '또한, 게다가'란 의미의 접속사로 두 개의 동작이 나란히 순서대로 발생됨을 표시한다.

5 C
甚至于는 '심지어 ~조차도'란 뜻으로, 정도가 두드러짐을 강조한다.

6 D
甚至는 '심지어'란 의미의 접속사로 열거되는 명사, 형용사, 구 등의 맨 마지막 항 앞에서 마지막 항목을 강조한다.

7 D
尤其는 '특히'란 의미로 복문을 만들며 주로 뒷절에서 전체 가운데 정도가 가장 심한 것을 강조한다.

핵심 ❹ 선택복문

핵심테스트 p.294

1 B
不论A还是B, 都C는 'A이건 아니면 B이건 상관없이 모두 C하다'란 의미이며, 접속사 不管 / 无论 / 不论 등 뒤에는 반드시 의문 형식이 이어져야 한다. 还是는 선택의문형에 사용될 수 있다.

2 C
要不는 '그렇지 않으면'의 뜻으로, 要不 / 否则의 위치는 언제나 뒷절 맨 앞이다.

3 B
宁愿A也B는 'A하는 한이 있더라도 B하겠다'란 의미로 어떤 상황이라도 B를 선택하는 선택문형이다.

4 C
A还是B는 'A인가 아니면 B인가'란 의미이며, 선택의문문에 사용될 수 있다.

5 A
你们은 문장 전체의 주어로서 맨 앞에 위치한다. 与其A不如B는 'A하느니 B만 못하다'란 의미로 쓰인다.

6 C
要么A要么B는 'A하든지 혹은 B하든지'란 의미의 복문으로 선택을 표시한다.

7 C
或者는 '또는, 혹은'의 선택복문이며, 선택사항을 제시한다. 선택사항은 주로 명사가 온다.

8 B
或是A或是B는 '혹은 A이든지 혹은 B이든지'란 의미로, 선택을 표시한다.

핵심 ❺ 조건복문

핵심테스트 p.297

1 A
除非A才B는 '오로지 A이어야 비로소 B하다'란 뜻으로, B의 상황이 발생하기 위한 유일한 조건을 표시한다.

2 D
只要A就B는 'A이기만 하면 반드시 B하다'란 의미의 조건복문으로 결과가 발생하기 위해 충분한 조건을 표시한다.

3 C
无论A反正B는 'A와 상관없이 어쨌든 B하다'란 뜻으로, 어떤 상황이나 조건에서도 결과는 변하지 않음을 나타낸다.

4 A
不论A还是B는 'A에 관계없이 여전히 B하다'란 뜻으로, 어떤 상황이나 조건에서도 결과는 변하지 않음을 나타낸다.

핵심 ❻ 가정복문

핵심테스트 p.299

1 B
如果A, 那么就B는 '만약 A라면, 그렇다면 B이다'란 가정을 나타내는 복문으로 뒷절의 접속사는 주어 앞에 위치한다.

2 A
要不是A, 就B는 '만약 A가 아니었다면, B였을 것이다'란 뜻으로 부정적 의미의 가정을 표시한다.

3 B
否则는 '그렇지 않으면'이란 의미로 앞절의 내용이 아닐 경우를 가정하며, 뒷절 앞에 위치한다.

핵심 ❼ 전환복문

핵심테스트 p.304

1 C
A反而B는 'A인데 도리어 B이다'란 뜻으로, 내용의 전환을 표시하는 부사이므로 뒷절 주어 뒤, 전치사 앞에 위치한다.

2 D
A, 其实B는 'A이지만 사실은 B이다'란 뜻으로, 앞절의 내용을 보충 설명하거나 사실을 밝힐 때 사용하며, 주어 앞에 자주 쓰인다.

3 B
虽然A可是B는 '비록 A이지만, 그러나 B이다'란 뜻이며 앞뒷절의 내용이 서로 상반되는 전환관계이다. 뒷절에서 접속사는 맨 앞에 위치한다.

4 C
可倒好는 '그야말로, 오히려'란 뜻이며, 可는 전환을 나타낸다.

5 B
却는 '오히려'란 뜻이며 뒷절에서 전환이나 의외의 어기를 표시한다.

6 C
只是는 '다만, 단지'의 의미로 약한 어기의 전환을 표시한다.

7 C
仍旧는 '여전히'란 뜻으로 쓰여 상황의 변함없는 지속을 표시한다.

8 B
还는 '그래도, 역시, 여전히'란 의미로 상황의 지속을 표시한다.

핵심 ❽ 목적복문

핵심테스트 p.306

1 C
A, 省得B는 'B하지 않도록 A하다'란 의미로 B는 발생을 피하고자 하는 목적을 표시하며, 省得는 뒷절 앞에 위치한다.

2 C
好A는 'A하도록'이란 의미로 뒷절의 동사 앞에 쓰여 앞절 행위의 목적을 나타낸다.

핵심 ❾ 인과복문

핵심테스트 p.311

1 D
因此는 '따라서(그래서) ~하다'란 의미의 접속사로 원인의 결과나 혹은 결론을 표시하는 구의 맨 앞이나 주어 뒤에 온다. 따라서 因此의 위치는 뒷절 맨 앞이다.

2 A
A, 以至于B는 'A로 인하여 B의 결과를 낳다, B하게 되다'란 의미로 以至于는 뒷절 앞에 위치하여, 앞절의 상황으로 인해 발생하는 결과를 표시한다. 접속사 以至于는 뒷절 맨 앞에서 원인에 대한 결과를 표시한다.

3 B
由于는 '~으로 인하여, ~으로 말미암아'란 의미의 접속사로 앞절 앞에 위치하여 원인을 표시한다.

핵심 ❿ 양보복문

핵심테스트 p.313

1 C
就算A也B는 '설사 A라 하더라도 역시 B이다'란 의미로, 也는 뒷절 주어와 조동사의 사이에 위치한다.

2 C
哪怕A는 '설령 A라 하더라도'란 의미로, 哪怕 / 即使 / 就算 등은 가설을 표시하는 절의 앞에 위치한다.

3 A
就是A也B는 '설령 A라 해도 역시 B이다'란 의미의 양보관계를 나타낸다.

4 A
即使A也B는 '설령 A라 해도 역시 B이다'란 의미로 쓰이는 양보관계 복문이다.

핵심 ⑪ 긴축복문

핵심테스트 p.315

1 B

非A不可는 '반드시 A하다, 기필코 A하다'란 의미로 A의 내용을 강조한다.

적중! 新HSK 실전 문제 PART 4 특수문형 p.316~320

1 - 10

보기	A ~일 뿐만 아니라	B ~에 의해 당하다
	C ~에 대하여	D 견지하다
	E ~을, ~를	F ~에 관계없이

1 C

美国好几家公司（对）参加提炼石油工程感兴趣。

해석
미국에 있는 회사 몇 곳이 석유추출 공사에 참가하는 것(에 대해) 흥미를 가지고 있다.

단어
对 duì 젠 ~에 대해 | 提炼 tíliàn 동 추출하다, 정련하다 | 石油 shíyóu 명 석유 | 工程 gōngchéng 명 공사, 공정 | 感兴趣 gǎn xìngqù 관심이 있다, 흥미가 있다

풀이
핵심어는 술어 感兴趣이다. 感兴趣는 전치사 对와 짝을 이루어 对…感兴趣의 형식으로 쓰여 '~에 대해 흥미가 있다'로 해석되므로 정답은 对이다. 전치사와 짝을 이루는 술어를 짝궁 형식으로 암기해 두면 문제를 풀거나 회화를 구사하는데 큰 도움이 될 수 있다.

2 E

她（把）在参观博物馆时买的那件漂亮的手工艺品送给了朋友。

해석
그녀는 박물관을 견학할 때 산 그 예쁜 수공예품(을) 친구에게 선물했다.

단어
把 bǎ 젠 ~을, ~를 | 手工艺品 shǒugōngyìpǐn 명 수공예품

풀이
주어는 她이며 술어구는 送给了이다. 주어 뒤 술어 앞에서 명사를 이끄는 것은 전치사이며 그녀가 친구에게 선물한 것이 수공예품이므로 문장을 간단하게 해석해보면 '그녀는 수공예품을 친구에게 선물했다'이다. 따라서 빈칸에는 '~을, ~를'의 뜻을 지닌 전치사 把가 필요한 把자문이다.

3 B

她心中的一丝希望，就（被）这个消息无情地粉碎了。

해석
그녀 마음 속의 한 가닥 희망이 이 소식(에 의해) 무정하게 부숴졌다.

단어
一丝 yìsī 형 한 오라기, 한 가닥 | 被 bèi 젠 ~에 의해 당하다 | 无情 wúqíng 형 무정하다, 잔혹하다 | 粉碎 fěnsuì 형 산산조각나다, 박살나다

풀이
이 문장의 주어는 希望이며 술어구는 粉碎了이다. 희망이 부서졌는데, 무엇이 부서지게 만들었는지 살펴보니 이 소식때문이라는 것을 알 수 있다. 이 문장은 被자문으로 동작의 주체는 被의 뒤에 위치한다.

4 F

（不管）男人衣柜里的领带多不多，看见好看的他还是要买的。

해석
남자의 옷장 안에 넥타이가 많던 적던(것에 관계없이) 예쁜 넥타이를 보면 그는 그래도 사려한다.

단어
不管 bùguǎn 접 ~을 막론하고 | 衣柜 yīguì 명 옷장 | 领带 lǐngdài 명 넥타이

풀이
힌트는 빈칸 뒤의 정반의문문 형태인 多不多이다. 접속사 不管은 뒷절이 병렬이나 의문구조 형식이어야 하는데, 多不多가 정반의문문 형식이므로, 정답은 不管이다.

5 A

他（不但）帮我打扫了房间，而且还做了一顿可口的饭菜。

해석

그는 나를 도와 방 청소를 해 주었(을 뿐만 아니라), 또한 맛있는 반찬도 해주었다.

단어

不但 búdàn 접 ~뿐만 아니라 | 打扫 dǎsǎo 동 청소하다 | 顿 dùn 양 끼니를 세는 양사 | 可口 kěkǒu 형 맛있다, 입에 맞다 | 饭菜 fàncài 명 식사, 반찬

풀이

힌트는 뒷절에 위치한 접속사 而且와 부사 还이다. 不但은 不但A, 而且还B의 형식으로 'A일 뿐만 아니라, 게다가 또 B이기까지 하다'의 뜻을 지닌 점층관계를 나타내는 접속사이므로 정답은 不但이다.

보기	A ~에 의해 당하다	B 설령 ~하더라도
	C 온도	D 그렇지 않으면
	E ~조차도	F 그러나

6 D

A : 幸亏你昨晚给我打了个电话, (要不然) 我今天就要白跑一趟了。
B : 我也是昨天下午才接到的通知, 怕你不知道, 就赶紧告诉你。

해석

A : 다행히 네가 어제 저녁에 나에게 전화를 해주었기에 망정이지, (그렇지 않았으면) 나는 오늘 헛걸음 할 뻔 했어.
B : 나 역시 어제 오후에서야 통지를 받았어. 네가 모를까 봐 염려되어 재빨리 네게 알려준 거야.

단어

幸亏 xìngkuī 부 다행히, 덕분에 | 要不然 yàoburán 접 그렇지 않으면 | 白 bái 부 공연히, 헛되이 | 赶紧 gǎnjǐn 부 서둘러, 재빨리

풀이

문두에 위치한 幸亏가 힌트이다. 幸亏는 부사로 '다행히, 덕분에'의 뜻이며 주로 '그렇지 않으면'의 뜻을 지닌 '要不然, 不然, 否则' 등과 호응을 이루어 幸亏A, 要不然B(다행히 A했기에 망정이지, 그렇지 않았으면 B하다)로 쓰이므로 정답은 要不然이다.

7 A

A : 我后背上特别痒, 你看看怎么回事?
B : 红了, 是不是(被)虫子咬了?

해석

A : 나 등이 굉장히 가렵거든, 어찌된 일인지 좀 봐줄래?
B : 붉어졌어, 모기(한테) 물린 거 아니야?

단어

后背 hòubèi 명 등 | 痒 yǎng 형 가렵다, 간지럽다 | 被 bèi 전 ~에 의해 당하다 | 虫子 chóngzi 명 벌레 | 咬 yǎo 동 깨물다

풀이

괄호가 명사 앞에 있으며 술어 咬의 주체가 虫子이고, 당한 사람은 你이므로 你가 모기에 물린 것을 의미하고 있다. 따라서 행위의 주체를 뒤에 가져오며 피동의 의미를 지닌 전치사 被가 정답이다.

8 F

A : 小孙, 你妈妈现在怎么样了?
B : 现在病情已经稳定了, (但是) 还需要住院观察一段时间。

해석

A : 샤오순, 너희 어머니는 지금 어떠시니?
B : 지금은 병세가 이미 안정이 되었어요. (하지만) 입원해서 얼마 동안은 관찰을 해야 해요.

단어

病情 bìngqíng 명 병세 | 稳定 wěndìng 형 안정적이다 | 观察 guānchá 동 관찰하다, 살피다

풀이

괄호의 위치가 문장의 맨 앞이며 앞절에서 병세가 안정이 되었다고 했지만 뒷절에서 다시 입원을 해야 한다고 했다. 뒷절의 내용이 앞절과 상반된 결과를 나타내고 있으므로 접속사이며 전환관계에 쓰이는 但是가 정답이다.

9 E

A : 你怎么(连)最基本的数学常识都不知道?
B : 我从小就数学得很差。

해석

A : 너는 어째서 가장 기본적인 수학상식(조차도) 모르니?
B : 나는 어릴 때부터 수학을 잘 못했어.

단어

连 lián 전 ~조차도, ~마저도 | 常识 chángshí 명 상식, 일반 지식 | 差 chà 형 나쁘다, 좋지 않다

풀이

힌트는 부사 都이다. 전치사 连은 부사 都나 也와 함께 쓰여 连A 都 / 也B(A조차도 B하다)의 형식을 띠므로 정답은 连임을 알 수 있다.

10 B

A : 你看, 小明很会说话, 他真是个很幽默的人。
B : 就是嘛, (即使) 是很普通的经历, 从他嘴里说出来也会变得十分有趣。

해석

A: 좀 봐봐, 샤오밍은 말을 정말 잘한다니까. 정말이지 유머러스한 사람이야.
B: 그러게나 말이야, (설사) 매우 평범한 경험(이라도) 그의 입에서 나오면 매우 재미있게 변한단 말이야.

단어

幽默 yōumò 휑 유머러스하다 | 即使 jíshǐ 접 설령 ~하더라도 | 普通 pǔtōng 휑 보통이다, 평범하다 | 经历 jīnglì 뎡 경험, 경력 | 嘴 zuǐ 뎡 입 | 变得 biànde 툉 ~로 되다

풀이

힌트는 뒷절의 부사 也이다. 제시어 중 부사 也와 호응을 이루는 접속사는 即使뿐이며, 即使는 가정관계이면서도 전환관계에 쓰이는 접속사이다. 앞절에서 아주 평범한 경험이라고 했는데 뒷절에서는 굉장히 재미있다라고 했으므로 앞뒷절 문맥이 서로 상반되고 있음을 알 수 있다. 따라서 가정과 전환관계에 쓰이는 即使가 정답이다.

1-7

工作中那种不懂装懂的人，喜欢说："这些工作真无聊。"但他们内心的真正感觉是："我做不好任何工作。"他们希望年纪轻轻就功成名就，但是他们又不喜欢学习、求助或征求意见，因为这样会 __1__ 人认为他们"不胜任"，__2__ 他们只好装懂。而且，他们要求完美却又不懂必要的业务知识。这些人必须注意的是要把握分寸，不要一味夸张，否则 __3__ 人产生一种虚伪的感觉，从而失去别人对您的信任。

해석

일을 하면서 모르면서 아는 척하는 사람들은 "이런 작업은 너무 무료해."라고 말하기를 좋아하지만, 그들 마음 속으로 진정 느끼는 것은 '나는 어떠한 일도 잘 해낼 수 없어.'이다. 그들은 젊어서 이름이 나고 성공하기를 바라지만, 공부를 하거나 도움을 청하거나 또는 의견을 구하기를 원하지 않는다. 왜냐하면 이렇게 하면 다른 사람들<u>에 의해</u> 그들이 '능력이 안 된다'라고 여겨 질 수 있기 때문에 <u>그래서</u> 그들은 어쩔 수 없이 아는 척을 한다. 게다가 그들은 완벽함을 요구하면서도 또 필요한 업무지식을 모른다. 이런 사람들이 반드시 주의해야 할 점은 한계를 파악해야 하며, 무턱대고 과장하는 말만 해서는 안 된다. 그렇지 않으면, 사람들<u>로 하여금</u> 일종의 가식적인 느낌만 생기게 해서 당신에 대한 타인의 신임을 잃게 만든다.

단어

不懂装懂 bùdǒng zhuāngdǒng 모르면서 아는 척하다 | 任何 rènhé 떼 어떠한, 무슨 | 功成名就 gōngchéng míngjiù 공을 세워 이름을 떨치다 | 求助 qiúzhù 툉 도움을 청하다 | 征求 zhēngqiú 툉 탐방하여 구하다(묻다) | 胜任 shèngrèn 툉 능히 감당하다 | 只好 zhǐhǎo 튀 부득이, 어쩔 수 없이 | 完美 wánměi 휑 완전무결하다, 매우 훌륭하다 | 把握 bǎwò 툉 장악하다, 붙들다 | 分寸 fēncun 뎡 (일, 말 등의) 분수, 한계, 한도 | 一味 yíwèi 튀 단순히, 무턱대고 | 夸张 kuāzhāng 툉 과장하여 말하다 | 否则 fǒuzé 접 만약 그렇지 않으면 | 虚伪 xūwěi 휑 허위의, 거짓의 | 失去 shīqù 툉 잃다, 잃어버리다

1 A

A 被 bèi 젠 ~에 의해 당하다
B 把 bǎ 젠 ~을, ~를
C 对 duì 젠 ~에 대해
D 比 bǐ 젠 ~보다 (~하다)

풀이

밑줄 뒤 술어 认为가 힌트이다. 认为는 감각인지동사로 把자문에는 쓰이지 않으며 对는 그들이 사람들에 대해서 생각하는 것이므로 정답에서 벗어난다. 의미상 사람들이 그들을 능력이 안 된다고 여길 수도 있기에 의견도 안 묻고 도움도 청하지 않는 것이므로 认为의 주체는 人이 되어야 한다. 보기 중 被는 'A + 被 + 행위주체 + 술어'의 형태로 행위의 주체가 被 뒤에 나올 수 있기에 의미적으로도 어법적으로도 被가 정답이다.

2 B

A 要不 yàobù 접 그렇지 않으면
B 所以 suǒyǐ 접 그래서
C 而是 érshì 접 ~이다
D 但是 dànshì 접 하지만

풀이

힌트는 밑줄 앞절의 접속사 因为이다. 因为는 접속사 所以나 부사 就 등과 호응을 이루므로 정답은 B임을 쉽게 알아차릴 수 있다. 접속사 간의 호응구조를 암기해 두는 것이 문제 푸는 관건이다.

3 A

A 使 shǐ 툉 ~로 하여금 ~하게 하다
B 把 bǎ 젠 ~을, ~를
C 被 bèi 젠 ~에 의해서 당하다
D 所 suǒ 조 피동문에서 술어 앞에 쓰이는 조사

풀이

产生은 느낌이나 호감, 호기심, 흥미 등이 '생겨나다'의 뜻을 지닌 동사로 人을 목적어로 지닐 수 없다. 따라서 목적어를 술어 앞으로 도치시키는 역할을 하는 전치사 把는 정답이 아니며, 피동문에서 술어를 강조하는 역할을 하거나 동사 앞에 쓰이는 조사 所 역시 정답에서 제외된다. 产生은 주로 전치사 对와 사역동사의 뒤에 쓰여 '~에 대해 ~가 생겨나다' 혹은 '~로 하여금 ~이 생겨나게 하다'로 쓰이므로 정답은 使이다.

我们曾说 __4__ ，我们不在乎批评或者表扬，其实更重要的 __5__ 是一个"真"字。所以我们特意做了这样一个专栏。本专栏是老师和学生、学生和学生之间交流思想感情的园地。只有真言才有价值，只有真诚对待，友情才能永远保持下去。

有些学生也许还不明白，现在老师的责任不是单方面的，既为学生负责，也为学校负责。所以交流就显得十分必要， __6__ 是学生还是老师，要想摆脱交流几乎是不可能的。本专栏的方针是改善老师和同学之间的关系，只要做到这一点，我们 __7__ 心满意足了。

해석

우리는 예전에 우리가 비평이나 칭찬에 신경 쓰지 않으며 사실 더 중요한 것은 비로소 '진실'이라는 글자라고 말한 적이 있다. 그래서 우리는 특별히 이 칼럼을 만들었다. 이 칼럼은 교사와 학생, 학생과 학생 간에 생각이나 정을 교류하는 공간이다. 사실만이 가치가 있고, 진심으로 대해야만 우정은 영원히 유지될 수 있다.

어떤 학생들은 어쩌면 아직 이해가 안될 수도 있을 것이다. 지금 교사의 책임은 일방적인 것이 아니며, 학생을 위해서도 책임을 다해야 하며 학교를 위해서도 책임을 다해야 한다. 그래서 교류는 분명히 반드시 필요하며 학생이든 교사이건 간에 교류에서 벗어나고 싶어하는 것은 거의 불가능한 일이다. 본 칼럼의 방침은 교사와 학생간의 관계를 개선하는 것으로, 여기까지라도 되기만 하면 우리는 바로 만족한다.

단어

不在乎 búzàihu 동 마음에 두지 않다 | 表扬 biǎoyáng 동 칭찬하다, 표창하다 | 特意 tèyì 부 특별히, 일부러 | 专栏 zhuānlán 명 (신문, 잡지의) 특별란, 칼럼 | 园地 yuándì 명 (활동) 범위 | 真言 zhēnyán 명 참된 말 | 价值 jiàzhí 명 가치 | 真诚 zhēnchéng 형 진실하다, 성실하다 | 对待 duìdài 동 (상)대하다 | 保持 bǎochí 동 유지하다, 지키다 | 责任 zérèn 명 책임 | 单方面 dānfāngmiàn 명 일면, 일방 | 负责 fùzé 동 책임지다 | 显得 xiǎnde 동 분명히 ~해 보이다 | 摆脱 bǎituō 동 벗어나다, 빠져 나오다 | 几乎 jīhū 부 거의, 거진 다 | 方针 fāngzhēn 명 방침 | 改善 gǎishàn 동 개선하다 | 心满意足 xīnmǎn yìzú 성 매우 흡족하다

4 C

A 了 le 조 동사 뒤에 쓰여 동작의 완료를 나타내는 조사
B 着 zhe 조 동사 뒤에 쓰여 동작의 상태가 지속되거나 진행됨을 나타내는 조사
C 过 guo 조 동사의 뒤에 쓰여 동작이 이미 발생한 적이 있음을 나타내는 조사
D 的 de 조 한정어를 만들어 주는 조사

풀이

힌트는 밑줄 앞의 曾으로 이는 '일찍이, 예전에'의 뜻을 지닌 부사이며, 일반적으로 문장에서 '曾 + 동사 + 过'의 형식으로 쓰인다. 따라서 정답은 过임을 알 수 있다.

5 A

A 才 cái 부 비로소, 겨우
B 只 zhǐ 부 오직, 다만
C 还 hái 부 여전히, 아직도
D 不仅 bùjǐn 접 ~뿐만 아니라

풀이

밑줄 뒤의 동사 是가 힌트이다. 선택항의 어휘를 각각 是와 결합해서 해석을 해보면 只是는 '단지 ~일 뿐이다'이며, 还是는 '여전히, 그래도'의 뜻이고 不仅是는 '~일 뿐만 아니라'이다. 문맥상 앞에 전환을 나타내는 부사 其实이 있으므로, B와 C는 정답이 아니며, 不仅은 不仅A更B의 형태로 更이 不仅의 뒷절에 위치해야 한다. 才是는 '비로소 ~이다'의 뜻으로 강조할 때 쓰인다. 뒤의 真은 그 무엇보다도 더 중요하다고 강조한 문장이므로 정답은 才이다.

6 C

A 哪怕 nǎpà 접 설사, 설령
B 虽然 suīrán 접 비록 ~일지라도
C 无论 wúlùn 접 ~을 막론하고
D 固然 gùrán 접 물론 ~하지만

풀이

힌트는 밑줄 뒤의 선택의문문 还是이다. 제시된 어휘가 모두 접속사이며 이들 중 뒷절에 반드시 의문구조나 병렬구조를 동반하는 것은 无论뿐이다.

7 D

A 倒 dào 부 오히려, 도리어
B 才 cái 부 겨우, 비로소
C 也 yě 부 ~도
D 就 jiù 부 바로, 곧

풀이

밑줄 앞절의 접속사 只要는 부사 就와 함께 쓰여 '只要A, 就B'로 'A하기만 하면 B하다'라는 조건관계를 나타내는 접속사이다. 따라서 보기 중 이와 호응을 이루는 就가 정답이다.

1 - 10

1 一种蔬菜   西红柿   是   也

➡ 西红柿也是一种蔬菜。

🔸 해석
토마토 역시 일종의 야채이다.

🔸 단어
蔬菜 shūcài 명 채소, 야채 | 西红柿 xīhóngshì 명 토마토

🔸 풀이
A是B의 형식을 지닌 是자문의 배열이다. 문맥에 맞게 A와 B를 골라주면 우선 '西红柿 + 是 + 一种蔬菜'로 나열되며, 부사 也는 술어 앞에 위치하므로 전체문장은 '西红柿也是一种蔬菜。'로 배열된다.

西红柿	也	是	一种蔬菜。
주어	부사	동사 술어	목적어구

2 请你 复习资料 递给 把 我
➡ 请你把复习资料递给我。

🔸 해석
복습자료를 저에게 건네주세요.

🔸 단어
资料 zīliào 명 자료 | 递给 dìgěi ~에게 건네주다

🔸 풀이
把자문의 어순배열 문제이다. 把자문의 경우 '把 + 명사 + 술어'의 기본형태를 기억하고 먼저 술어를 찾아 '把A递给B'로 배열한다. 递给의 경우 뒤에 대상, 즉 사람을 취하므로 '递给 + 我' 구조가 만들어지며 이를 어순에 맞게 다시 배열하면 전체문장은 '请你把复习资料递给我。'이다.

请你	把复习资料	递给	我。
주어구	전치사구	동사 술어구	목적어

3 一个 隔壁 搬来 小姑娘
➡ 隔壁搬来一个小姑娘。

🔸 해석
옆집에 숙녀 한 명이 이사 왔다.

🔸 단어
隔壁 gébì 명 이웃집 | 姑娘 gūniang 명 처녀, 아가씨

🔸 풀이
존현문의 어순배열 문제이다. 존현문의 경우 '시간 / 장소 + 술어 + (的)명사'의 순으로 배열되므로 이에 대입하여 전체문장을 배열하면 '隔壁搬来一个小姑娘。'이다.

隔壁	搬来	一个小姑娘。
주어	동사 술어구	목적어구

4 被临时 广州的航班 取消了 飞往
➡ 飞往广州的航班被临时取消了。

🔸 해석
광저우로 향하는 비행기가 일시적으로 취소되었다.

🔸 단어
临时 línshí 형 일시적, 잠시 | 航班 hángbān 명 (비행기의) 운항편, 노선 | 飞往 fēiwǎng 동 비행기를 타고 ~로 향하다

🔸 풀이
동사와 보어의 형태로 이루어진 飞往과 전치사 被가 힌트. 飞往은 '飞往 + 지역 / 장소'의 형태로 이루어지므로 우선 '飞往 + 广州的航班'으로 배열된다. 피동문의 기본어순은 '被 + (행위주체 +) 술어'의 형식이며 술어로 쓰이는 어휘는 了를 수반한 取消了임을 알 수 있다. 따라서 '被临时 + 取消了'로 배열된다. 각각의 힌트를 동반한 두 개의 덩어리를 다시 연결하면 전체문장은 '飞往广州的航班被临时取消了。'이다.

飞往广州的航班	被	临时	取消了。
주어구	전치사	부사어	동사 술어구

5 大型公司 被 小王 录取了 一家
➡ 小王被一家大型公司录取了。

🔸 해석
샤오왕은 한 대기업에 채용되었다.

🔸 단어
大型公司 dàxínggōngsī 명 대기업 | 录取 lùqǔ 동 채용하다, 뽑다

🔸 풀이
피동문의 어순배열 문제이다. 피동문은 '被 + 행위주체 + 술어'의 형식이며 了를 동반한 录取了를 술어로 보고 일단 '被…录取了'로 배열한다. 피동문에서는 동작을 행한 주체가 被 뒤에 위치한다. 따라서 채용한 주체는 小王이 아닌 大型公司이므로 大型公司가 被의 뒤에 위치하며 전체문장은 '小王被一家大型公司录取了。'로 배열된다.

小王	被一家大型公司	录取了。
주어	전치사구	동사 술어구

6 弄糊涂了 把 这个消息 王师傅
➡ 王师傅把这个消息弄糊涂了。

🔸 해석
왕 아저씨는 이 소식을 착각했다.

🔸 단어
弄糊涂 nòng hútu 헷갈리다 | 师傅 shīfu 명 아저씨, 기사님

풀이

把자문의 어순배열 문제로 把자문은 '把 + 명사 + 술어'의 기본 형태이다. 제시어 중 술어로 쓰이는 것은 了를 수반한 弄糊涂뿐이므로 우선 '把⋯弄糊涂了'라는 큰 틀을 만든다. 술어의 주체는 把 앞에 위치하므로 전체문장은 '王师傅把这个消息弄糊涂了.' 로 배열된다.

王师傅	把这个消息	弄糊涂了。
주어	전치사구	형용사 술어구

7 医生　辣椒　建议他　吃　少
➡ 医生建议他少吃辣椒。

해석
의사는 그에게 고추를 적게 먹으라고 제안했다.

단어
辣椒 làjiāo 명 고추

풀이
겸어문의 어순을 묻는 문제로 겸어문은 'A + (겸어)동사1 + B + 동사2'의 형식이다. 위의 제시어 중 겸어동사는 建议이므로 '医生 + 建议他 + 吃 + 辣椒'라는 큰 틀이 만들어진다. 형용사 少의 경우 구체적인 동작동사 앞에서 '조금, 적게'의 뜻으로 쓰이며 이 문장에서는 吃의 앞에서 이를 수식해주는 역할을 한다. 따라서 전체문장은 '医生建议他少吃辣椒.'로 배열된다.

医生	建议	他	少	吃	辣椒。
주어	(겸어)동사1	목적어/주어	부사어	동사 술어	목적어

8 阳台上　紫色的　花　一盆　有
➡ 阳台上有一盆紫色的花。

해석
베란다에 자주색 꽃 화분이 하나 있다.

단어
阳台 yángtái 명 베란다 | 盆 pén 명 화분 등으로 담는 수량을 세는 양사

풀이
존현문의 어순배열 문제이다. 존현문의 경우 '시간 / 장소 + 술어 + (的)명사'의 순으로 배열되므로 이에 대입하여 전체문장을 배열하면 '阳台上有一盆紫色的花.'이다.

阳台上	有	一盆紫色的花。
주어구	동사 술어	목적어구

9 既　那个　能干　又可爱　小伙子
➡ 那个小伙子既能干又可爱。

해석
그 청년은 능력이 있으면서도 귀엽다.

단어
既⋯又⋯ jì⋯yòu⋯ ~하고 또 ~하다 | 能干 nénggàn 형 유능하다 | 小伙子 xiǎohuǒzi 명 젊은이, 총각

풀이
접속사 既A又B의 형식을 활용한 어순배열 문제이다. 既A又B는 '주어 + 既 + 형용사 / 동사 + 又 + 형용사 / 동사'의 형태를 띠므로 이에 대입을 하면 전체문장은 '那个小伙子既能干又可爱.'로 배열된다.

那个小伙子	既能干又可爱。
주어구	술어구

10 保持　永远　要是　就好了　年轻
➡ 要是永远保持年轻就好了。

해석
만일 영원히 젊음을 유지할 수 있다면 너무 좋겠다.

단어
保持 bǎochí 동 유지하다 | 永远 yǒngyuǎn 부 영원히 | 年轻 niánqīng 형 젊다, 어리다

풀이
접속사 要是의 형식을 활용한 어순배열 문제이다. 就好了는 조사로 문장의 맨 뒤에 위치하며 접속사 要是와 함께 쓰여 要是⋯就好了(만약 ~하면 좋겠다)의 구문을 지닌다. 保持는 형용사를 목적어로 취할 수 있기에 '保持 + 年轻'으로 연결이 되며, 부사 永远는 동사 앞에서 수식해주는 역할을 한다. 따라서 전체문장은 '要是永远保持年轻就好了.'로 배열된다.

要是	永远	保持	年轻	就好了。
접속사	부사	동사 술어	목적어	조사

1-5

1 怀疑别人，则缺乏安全感让我们，总是生活在自己假象的危险中。

➡ 怀疑别人，则让我们缺乏安全感，总是生活在自己假象的危险中。

해석
다른 사람을 의심하면, 우리로 하여금 안전감을 결여되게 하고 늘 자신이 거짓된 위험 속에서 생활하게끔 만든다.

단어
怀疑 huáiyí 동 의심하다 | 缺乏 quēfá 동 결핍되다, 결여되다 | 假象 jiǎxiàng 명 가상, 거짓 | 危险 wēixiǎn 명 위험

풀이
让은 겸어동사로 '让(동사1) + 명사 + 동사2'의 형식으로 문장이 이루어져야 한다. 따라서 缺乏安全感让我们을 让我们缺乏安全感으로 고쳐야 한다.

2 随着科技的进步，现在很多电脑被设计得非常小巧，甚至可以把它放一个很薄的文件袋里。
➡ 随着科技的进步，现在很多电脑被设计得非常小巧，甚至可以把它放在一个很薄的文件袋里。

해석
과학기술이 진보함에 따라서, 지금 많은 컴퓨터들이 매우 정교하게 설계되었으며, 심지어는 그것을 매우 얇은 서류봉투에 까지도 넣을 수 있다.

단어
科技 kējì 명 과학기술 | 设计 shèjì 동 설계하다, 디자인하다 | 小巧 xiǎoqiǎo 형 작고 정교하다 | 薄 báo 형 엷다, 얇다 | 文件袋 wénjiàndài 명 서류봉투

풀이
把자문에서 '把 + 명사 + 동사 + 명사'의 어순일 경우 동사 뒤에는 반드시 이를 보충해주는 보어가 동반되어야 하며 동사만 단독으로 쓰여서는 안 된다. 따라서 把它放一个很薄的文件袋里를 把它放在一个很薄的文件袋里로 고쳐야 한다. 在는 동사 뒤에서 장소나 시간을 보충해주는 결과보어이다.

3 我总觉得江西庐山的云海比安徽黄山特别美。
➡ 我总觉得江西庐山的云海比安徽黄山更美。

해석
나는 쟝시 루산의 운해보다는 안후이 황산이 더 아름답다고 생각한다.

단어
庐山 Lúshān 명 루산 | 云海 yúnhǎi 명 운해, 구름바다 | 安徽 Ānhuī 명 안후이(지명)

풀이
비교문 오류이다. 비교문에서 비교의 결과가 형용사일 경우 정도부사는 쓰지 않으며 비교를 나타내는 更이나 还를 쓴다. 따라서 比安徽黄山特别美를 比安徽黄山更美로 고쳐야 한다.

4 不但他喜欢京剧脸谱，而且也喜欢京剧的各种服饰。
➡ 他不但喜欢京剧脸谱，而且也喜欢京剧的各种服饰。

해석
그는 경극의 얼굴분장을 좋아할 뿐 아니라, 경극의 다양한 의상과 액세서리도 좋아한다.

단어
脸谱 liǎnpǔ 명 경극의 얼굴 화장(분장) | 服饰 fúshì 명 의복과 액세서리

풀이
접속사 不但의 경우 주어 수에 따라 주어의 위치가 달라진다. 주어가 한 개일 경우 不但은 주어 뒤에 위치하며, 주어가 두 개일 경우 不但은 주어 앞에 위치한다. 위 문장에서는 주어가 他 하나이기 때문에 不但他喜欢京剧脸谱를 他不但喜欢京剧脸谱로 고쳐야 한다.

5 我觉得这篇文章写得不错，但是还存在一些缺点，只有好好地修改修改，那就更好了。
➡ 我觉得这篇文章写得不错，但是还存在一些缺点，只要好好地修改修改，那就更好了。

해석
나는 이 글이 잘 썼지만, 그래도 약간의 부족한 점이 있다고 생각한다. 잘 좀 고치기만 하면 훨씬 더 좋을 것 같다.

단어
缺点 quēdiǎn 명 단점, 결점 | 修改 xiūgǎi 동 (원고를) 고치다, 수정하다

풀이
접속사 호응구조 오류이다. 접속사 只有는 부사 才와 호응을 이루어 '오직 A이어야만 B하다'의 유일조건을 나타내는데 문장에서는 뒷절에 就가 있으므로 就와 호응을 이루는 只要를 써서 只有好好地修改修改를 只要好好地修改修改로 고쳐야 한다.

전 세계 20만 학습자가 검증한
北京大学 중국어 어법의 모든 것

어법과 어휘, 기본어법과
新HSK 어법이 하나로!
중국인 전문가가 정리해준
핵심 중의 핵심

★ 어법과 어휘는 남이 아니다!
중국어는 어법과 어휘의 용법이 조화를 이루어야만 제대로 된 어법을 구현할 수 있다.
《北京大学 중국어 어법의 모든 것》에서는 어법과 어휘를 한꺼번에 거의 완벽히 다루고 있어,
이 책 한 권으로 중국어의 기본 어법을 마스터할 수 있다.

★ 중국인 전문가의 체계적이고 명쾌한 설명!
중국어 어법의 대가인 李宝贵 교수가 심혈을 기울인 부분이 바로 정확한 어휘 설명과, 어법 구조에
맞춰 풀이한 용법 설명이다. 때로는 HSK 전문 강사들도 설명하기 까다로운 부분을 명쾌하게 풀이했을
뿐만 아니라, 중국어의 전반적인 어법을 체계적으로 꼼꼼하게 빠진 부분 없이 모두 다루었다.

★ 문형을 휘어잡는 풍부한 예문!
중국어는 어법에 예외가 많고 어휘마다 여러 가지 뜻이 있어서 한두 개의 예문으로는 이해하기가
쉽지 않다. 이 책에는 해당 어법이나 어휘에 대한 예문이 적어도 3개 이상이 수록되어 있어,
실제적이고 실용적인 예문이 많아 이해도 쉽고, 회화에도 도움이 된다.

★ 新HSK 실력을 다질 수 있는 다량의 실전 문제!
앞에서 배운 어법 내용을 실용적으로 활용할 수 있도록 新HSK 문제 유형을 '핵심테스트' 및
'적중! 新HSK 실전 문제'에 적용했다. 연습문제를 통해 실력을 다질 수 있을 뿐만 아니라,
新HSK 문제에도 자신감을 가질 수 있다.

동양북스
www.dongyangbooks.com
m.dongyangbooks.com (모바일)

📖 동양북스 추천 교재

일본어 교재의 최강자, 동양북스 추천 교재

회화 코스북

일본어뱅크 다이스키　　　　　　일본어뱅크　　　　　　　일본어뱅크 도모다찌
STEP 1·2·3·4·5·6·7·8　　　좋아요 일본어 1·2·3　　　STEP 1·2·3

분야서

일본어뱅크　　　일본어뱅크　　　일본어뱅크　　　일본어뱅크　　　가장 쉬운 독학
NEW 스타일 일본어 문법　일본어 작문 초급　사진과 함께하는 일본 문화　항공 서비스 일본어　일본어 현지회화

수험서

일취월장 JPT　　　일취월장 JPT　　　일단 합격하고 오겠습니다　　　일단 합격하고 오겠습니다
독해·청해　　실전 모의고사 500·700　JLPT 일본어능력시험　　　JLPT 일본어능력시험
　　　　　　　　　　　　　　　　　　N1·N2·N3·N4·N5　　실전모의고사 N1·N2·N3·N4/5

단어·한자

특허받은　　　일본어 상용한자 2136　일본어뱅크　　　가장 쉬운 독학　　일단 합격하고 오겠습니다
일본어 한자 암기박사　이거 하나면 끝!　New 스타일 일본어 한자 1·2　일본어 단어장　JLPT 일본어능력시험
　　　　　　　　　　　　　　　　　　　　　　　　　　　　　　　　단어장 N1·N2·N3

중국어 교재의 최강자, 동양북스 추천 교재

중국어뱅크 북경대학 신한어구어
1·2·3·4·5·6

중국어뱅크 스마트중국어
STEP 1·2·3·4

중국어뱅크 집중중국어
STEP 1·2·3·4

중국어뱅크
문화중국어 1·2

중국어뱅크
관광 중국어 1·2

중국어뱅크
여행실무 중국어

중국어뱅크
호텔 중국어

중국어뱅크
판매 중국어

중국어뱅크
항공 서비스 중국어

중국어뱅크
시청각 중국어

정반합 新HSK
1급·2급·3급·4급·5급·6급

버전업! 新HSK 한 권이면 끝
3급·4급·5급·6급

버전업! 新HSK
VOCA 5급·6급

가장 쉬운 독학 중국어 단어장

중국어뱅크
중국어 간체자 1000

특허받은
중국어 한자 암기박사

📖 동양북스 추천 교재

기타외국어 교재의 최강자, 동양북스 추천 교재

중고급 학습

| 첫걸음 끝내고 보는 프랑스어 중고급의 모든 것 | 첫걸음 끝내고 보는 스페인어 중고급의 모든 것 | 첫걸음 끝내고 보는 독일어 중고급의 모든 것 | 첫걸음 끝내고 보는 태국어 중고급의 모든 것 |

단어장

버전업! 가장 쉬운 프랑스어 단어장 / 버전업! 가장 쉬운 스페인어 단어장 / 버전업! 가장 쉬운 독일어 단어장

여행 회화

NEW 후다닥 여행 중국어 / NEW 후다닥 여행 일본어 / NEW 후다닥 여행 영어 / NEW 후다닥 여행 독일어 / NEW 후다닥 여행 프랑스어 / NEW 후다닥 여행 스페인어 / NEW 후다닥 여행 베트남어 / NEW 후다닥 여행 태국어

수험서·교재

한 권으로 끝내는 DELE 어휘·쓰기·관용구편 (B2~C1) / 수능 기초 베트남어 한 권이면 끝! / 버전업! 스마트 프랑스어 / 일단 합격하고 오겠습니다 독일어능력시험 A1·A2·B1·B2(근간 예정)